CentOS 7 리눅스 서버 쿡북

CentOS 7 리눅스 서버 쿡북

CentOS의 설치부터 SELinux와
인프라 장비 모니터링까지

올리버 펠츠 · 조나단 홉슨 지음 | 김용환 옮김

이 책은 안타깝게도 2015년 10월 2일에 유산된 내 아들 Marlin Pelz에게 바친다. 그 날은 출산 예정일의 2주 전이었고, 이 책의 마지막 몇 장을 쓰는 중이었다. Marlin, 내가 얼마나 너를 그리워하는지 글로 표현할 수 없구나!

지은이 소개

올리버 펠츠 Oliver Pelz

소프트웨어 개발자와 시스템 관리자로 10년 이상의 경력이 있다. 바이오 인포매틱스 학위를 받았고, 현재 하이델베르크에 위치한 독일 암 연구소에서 근무 중이다. 또한 연구소의 바이오 인포매틱스 분야에서 여러 과학 논문을 저술했다. 자신이 속한 부서와 전 세계 과학자를 대상으로 웹 애플리케이션과 생물학 데이터베이스를 개발하고 있을 뿐 아니라, 전체 디비전의 리눅스 기반 데이터 센터를 관리하며, 성능 좋은 현미경과 일련의 게놈 데이터 분석을 위한 두 개의 성능 좋은 센트OS 클러스터를 구축했다. 수년 동안 리눅스와 오픈소스의 열렬한 지지자인 그는 코딩하는 것과 독일의 Black Forest에서 자전거 타는 것을 즐긴다. 또한 여러 오픈소스 프로젝트에 공헌해왔고, 팩트출판사의 『CentOS High Performance』를 감수했고, IT 블로그(www.oliverpelz.de)를 운영하고 있다.

가족에게 감사하고, 특히 이 글을 쓰는 동안 많은 시간을 인내하고 이해해 준 최고의 아내 Beatrice와 작은 아들 Jonah에게 감사의 마음을 전하고 싶다. 또한 이 책을 집필할 기회를 주고 아낌없이 지원해준 팩트출판사 여러분께 감사드린다. 이 책을 쓴 것은 나에게 큰 기쁨이었다. 마지막으로 이 책의 초판 저자인 Jonathan Hobson에게 정말 감사드린다. 그가 없었더라면 이 책의 개정판이 나오지 못했을 것이다.

지난 몇 년 동안 나의 멘토셨던 Tobias Dykerhoff 교수님께도 감사드린다. 교수님은 오래 전에 리눅스의 모든 세계를 내게 소개해주셨고, 열정적으로 오픈소스와 자유 소프트웨어 운동을 알려주셨다.

조나단 홉슨 Jonathan Hobson
웹 개발자, 시스템 엔지니어, 애플리케이션 프로그래머다. 디지털 야망을 실현하기 위해 전 세계의 회사, 기관, 개인을 지원하며, 20년 넘게 조용히 일하고 있다. 우수한 성적으로 영어학과 역사학 학사 학위를 받았고, 많은 언어를 다룰 줄 아는 존경받는 현역 개발자다. 프로그래밍, 논문 기고, 컴퓨터 만들기, 비디오 게임, 큰 야외에서 돌아다니는 것을 좋아한다. 센트OS가 출시될 때부터 수년 동안 센트OS를 사용해 왔다. 센트OS는 그에게 신뢰를 주어, 서버 솔루션으로 센트OS를 처음으로 사용하게 됐다. 센트OS는 최고 수준의 커뮤니티 기반 엔터프라이즈급 운영체제다. 그는 센트OS를 사용할 수 있어 기쁘고, 자신의 지식과 경험을 다른 이들에게 전달하기 위해 이 책을 썼다.

기술 감수자 소개

미타 레스맨 Mitja Resman

중부 유럽의 남부에 위치한 작고 아름다운 나라인 슬로베니아 출신이다. 리눅스 팬이고 오픈소스에 열광할 뿐 아니라 레드햇^{Red Hat} Certified Engineer와 리눅스^{Linux} Professional Institute professional 자격증을 보유하고 있다. 시스템 관리자로 일하면서 지역 및 전 세계 국제 프로젝트에서 오픈소스 소프트웨어와 리눅스 시스템 관리 분야에서 수년간 경력을 쌓았다. 스위스 군대 칼처럼 VMWARE 가상화, 마이크로소프트 시스템 관리, 안드로이드 시스템 관리 영역의 전문가이기도 하다.

다른 사람과 함께 배우고, 개발하고, 지식을 공유하고 싶은 강한 소망이 있다. 그것이 GeekPeek.Net이라는 블로그를 시작한 이유다. 블로그에 센트OS 리눅스의 내용을 소개하고, 센트OS의 초보자와 경력자를 위한 적절한 내용을 모두 다루는 "how to" 글을 기고하고 있다. 또한 센트OS 리눅스의 설치, 설정, 클러스터 관리 방법을 다룬 『CentOS High Availability』(팩트출판사)를 썼다.

헌신적인 남편이자 아버지다. 아내와 두 딸은 다가올 기쁨을 기다리게 해주고, 일에만 몰두하는 마음을 내려놓게 하고 생명력 있는 삶을 살게 해주고 있다.

옮긴이 소개

김용환 knight76@gmail.com

네이버, 라인Line을 거쳐 카카오Kakao에서 개발자로 일하고 있다. 현재 마흔 한 살의 평범한 개발자로 다양한 도전에서 에너지를 얻으며, 개발과 실무 경험을 블로그(http://knight76.tistory.com)에 기록하고 있다. 에이콘출판사의 『Ansible 설정 관리』(2015), 『Elasticsearch Cookbook 2/e』(2016), 『Redis 핵심정리』(2016)를 번역했다.

옮긴이의 말

코드를 좋아하는 개발자지만, 리눅스 운영체제도 좋아합니다. 리눅스 커널 프로그래밍을 하면서 리눅스와 조금씩 친해지기 시작했는데, 코드로는 어렵게 진행되지만 리눅스에서는 쉽게 할 수 있는 작업들을 알게 되면서 특히 리눅스를 좋아하게 됐습니다. 다양한 리눅스 배포판(레드햇 리눅스, 센트OS, 우분투, 페도라 리눅스 배포판)을 사용할 기회를 얻으면서 다양한 지식을 쌓게 됐습니다.

저는 네이버에서 개발자로 일하면서 1,000여 대의 센트OS 서버 시스템을 관리했고, 리눅스 커널 /tcpdump/ 자바 분석 툴을 통해 애플리케이션의 성능 문제와 장애를 해결했으며, 아파치 서버/메일 서버/배포 서버/ 모니터링 서버/캐시 서버/Mysql DB 등의 구축 및 운영을 했습니다. 그리고 네이버 전사 Web/Was 표준 거버넌스와 오픈소스 거버넌스를 주도했습니다. 이런 경험을 통해 안정적인 센트OS를 기반으로 다양한 기술들을 배우고 적용할 수 있었습니다. 그리고 라인과 카카오에서 리북스를 계속 좋아하는 개발자 (devOps)로 일하고 있습니다.

하지만 저는 센트OS 7에서 새로운 도전에 직면하게 됐습니다. 센트OS 7은 기존과는 달라진 명령어를 갖고 있습니다. 새로운 설치자, 시스템 관리 서비스 기능, 방화벽 데몬, 리눅스 컨네이너 기능(도커docker 지원), SELinux, 방화벽 관리 시스템, 새로운 파일 시스템이 추가됐는데, 생각보다 배우고 익혀야 할 내용이 많았습니다. 그때 마침 이 책을 보게 됐고, 센트OS 7에 대한 많은 지식을 얻을 수 있었습니다. 기존에 센트OS 6을 잘 아는 개발자/시스템 운영자뿐 아니라, 센트OS 7을 처음 접하는 개발자 및 시스템 운영자에게 이 책은 센트 OS 7의 길라잡이가 될 것입니다.

이 책을 번역할 수 있도록 기회를 제공해준 에이콘출판사 편집자와 모든 스탭께 깊이 감사드립니다.

특히 이 책을 번역하는 동안 어머니가 큰 수술을 하셨습니다. 어머니가 앞으로도 건강하길 기도합니다.

또한 언제나 힘이 되어주는 아내 지현과 딸 조안에게 감사의 마음을 전합니다. 사랑합니다.

김용환

차례

들어가며

이 책은 2013년 출간돼 좋은 평가를 받아온 『CentOS 6 Linux Server Cookbook』의 두 번째 개정판이다. 센트OS 7이 2014년 중반에 출현한 이후 엄청난 변경이 있었고, 새로운 기능이 추가됐는데, 몇 가지 예를 들자면 새로운 설치자, 시스템 관리 서비스 기능, 방화벽 데몬, 개선된 리눅스 컨테이너 기능, 새로운 파일 시스템 등이 있다. 새로운 기능이 추가됨으로써 『CentOS 6 Linux Server Cookbook』의 많은 예제가 쓸모없게 되거나 사용할 수 없게 돼 새롭게 내용을 변경했다. 이 책은 단지 초판에서 다뤘던 주제를 다시 상기하는 수준이 아니라 최신 오픈소스를 포함시키고 보안 문제를 더 다뤘으며, 운영체제 레벨의 가상화와 SELinux를 추가했다. 마지막으로 서버 관리에 대한 이해도를 높이기 위해 서버 모니터링을 다룬 장을 추가했다.

서버 구축 작업을 하다가 종종 도전에 직면하기도 한다. 서버 구축은 최적의 상황에도 종종 어렵고, 최악의 상황에는 좌절하는 경우가 있다. 가장 큰 고난을 주는 작업이지만 가장 자부심과 성과가 큰 작업이기도 하다. '서버'라는 단어는 많은 의미를 갖는데, 이 책에서 서버는 사용자가 전문 서버 솔루션을 선택해 엔터프라이즈급 컴퓨팅 시스템의 내부 작업을 의도적으로 노출시키고 내부의 내용을 공개하는 의미로 쓰인다. 센트OS는 무료며, 레드햇 엔터프라이즈 리눅스RHFL, Red Hat Enterprise Linux와 완벽히 호환되는 배포판이다. 또한 전 세계에서 서버를 실행하기 원하는 기관, 회사, 전문 기관, 일반 사용자가 첫 번째로 선택하는 운영체제다. 웹 서버, 파일 서버, FTP 서버, 도메인 서버, 여러 목적을 가진 솔루션 등 실행하려는 의도가 무엇이든 관계없이 센트OS는 매우 강력하고 유연한 리눅스 배포판으로 존중받고 있다. 이 책의 목적은 독자가 센트OS 운영체제를 사용해 원하는 서버, 즉 사용자가 원하는 기능이 있고 쓰기 쉬운 서버를 구축할 수 있도록 돕는 것이다. 이런 관점으로 본다면 이 책은 단지 센트OS 운영체제에 대한 소개 이상으로, 서버 기반의 운영체제를 설명하는 책이라 말할 수 있다. 엔터프라이즈 운영체제인 센트OS를 이해할 수 있도록 단계별 예제를 소개했다. 센트OS를 처음 접하든 이미 알고 있든지 모든 사람을 위한 내용을 담았다. 이 책은 센트OS를 잘 이해할 수 있게 돕는 실용적인 가이드이자 센트OS의 모든 내용에 대한 시작점이 될 것이다.

이 책의 구성

1장, 센트OS 설치에서는 서버를 설치하는 작업과 추가 툴을 사용해 센트OS 7의 미니멀을 변경하고 개선하는 작업을 소개하는 예제를 다룬다. 센트OS를 처음 설치하는 독자를 위해 작성됐고, 원하는 센트OS 버전을 설치하는 다양한 방법을 예제를 통해 소개한다.

2장, 시스템 설정에서는 리눅스 초보자들에게 도움의 손길을 제공하고자 예제를 통해 설치부터 쉽게 따라 하고, 서버 설정을 원하는 대로 진행할 수 있도록 돕는다. 텍스트 파일로 작업하는 방법을 보여주면서 시작하고, 언어와 시간 및 날짜 설정을 변경하는 방법을 소개하며, 네트워크를 설정하는 방법뿐 아니라 모든 도메인 이름을 찾는 방법, 커널 모듈과 연동하는 방법을 소개한다.

3장, 시스템 관리에서는 서버를 강화하고 환경을 통제할 수 있는 빌딩 블록을 제공한다. 전문 서버 솔루션 개발에 필요한 다양한 단계를 살펴보며 습득한 풍부한 지식을 널리 활용한다면 서버 관리자로 빨리 자리 잡을 수 있다.

4장, YUM으로 패키지 관리에서는 센트OS 7에서 소프트웨어 패키지로 작업하는 방법을 소개한다. 시스템 업그레이드부터 추가 저장소로 시스템을 검색, 설치, 삭제, 개선할 수 있는 내용까지 다룬다. YUM^{Yellowdog Updater Modified}

과 RPM 패키지 관리자로 알려진 오픈소스 커맨드라인 패키지 관리 유틸리티를 설명한다.

5장, 파일 시스템 관리에서는 서버의 파일 시스템에 집중한다. 가짜 디스크 디바이스의 생성부터 테스트 드라이브 개념 전문가 레벨 포매팅과 파티셔닝 커맨드까지, 논리 볼륨 매니저^{Logical Volume Manager}의 사용 방법을 소개하고, 파일 시스템을 유지 보수하는 방법, 디스크 쿼터로 작업하는 방법을 배운다.

6장, 보안 기능 제공에서는 성공적인 서버 솔루션 실행에 필요한 보호 레벨을 전달하는 다양한 방법을 다룬다. ssh 서비스와 FTP 서비스 보호부터 새로운 firewalld 매니저와 인증서 생성까지, 외부 공격의 위험을 낮출 필요성을 고려할 뿐 아니라 사용자에게 추가적인 보안 기능을 제공하는 서버 구축이 얼마나 쉬운지 살펴본다.

7장, 네트워크 구축에서는 내부 네트워크의 컴퓨터 간 여러 형태의 자원 공유를 구현하는 필수 단계를 다룬다. IP 주소와 프린트 디바이스부터 다양한 형태의 파일 공유 프로토콜까지, 홈 네트워크나 회사 네트워크 환경을 구축하는 데 있어서 모든 서버가 갖는 중요한 역할을 설명한다.

8장, FTP 작업에서는 센트OS 7 서버에 제공하고 싶은 FTP^{File Transfer Protocol}의 설치, 설정, 관리에 필요한 가이드 예제를 소개하고, VSFTP의 역할에 집중한다.

9장, 도메인 작업에서는 센트OS 7 서버의 도메인 이름, 도메인 해석, DNS 질의를 구현하기 위해 필요한 단계를 소개한다. 도메인 이름 시스템은 모든 서버가 필요로 하는 환경, 홈 네트워크 또는 회사 환경에서 중요한 역할을 한다. 미래 경쟁력을 갖춘 여러 솔루션을 예제로 소개한다.

10장, 데이터베이스 작업에서는 센트OS 7에 데이터베이스를 배포하는 필수 단계를 설명하기 위해 MySQL와 PostgreSQL의 접근 방법을 설명한다.

11장, 메일 서비스 제공에서는 센트OS 7에서 상위 도메인에 대한 메일 전송 에이전트^{Mail Transport Agent}를 활성화하는 방법을 소개한다. 내부 POP3/SMTP

서버의 구축부터 Fetchmail 설정까지 다루며, 미래에 이메일 기반의 모든 필요를 위한 기초를 제공한다.

12장, 웹 서비스 제공에서는 많이 알려진 아파치 서버 기술의 역할을 상세하게 분석한다. 여러분이 개발 서버나 실제 상용 서버를 실행하든 하지 않든 웹 기반 문서를 공개하는 솔루션의 장인이 되기 위해 필요한 웹 서비스 기능을 전달할 수 있는 필수 단계를 제공한다.

13장, 운영체제 레벨 가상화에서는 최신 오픈소스 플랫폼인 도커^{docker}를 사용한 리눅스 컨테이너를 소개하고, 처음 만들 도커 이미지의 생성 방법, 실행 방법, 공유 방법을 제공한다.

14장, SELinux로 작업에서는 센트OS 7의 가장 잘 알려지지 않은 주제 중 하나인 SELinux^{Security Enhanced Linux}를 쉽게 설명하고 분석한다.

15장, IT 인프라 장비 모니터링에서는 전체 IT 인프라 장비의 모니터링에 대한 사실상 업계 표준인 나기오스 코어^{Nagios Core}를 소개하고, 설정 방법을 보여준다.

준비 사항

이 책의 요구 사항은 상대적으로 간단한데, 센트OS 운영체제를 다운로드하기만 하면 된다. 센트OS는 무료지만, 서버 역할을 충족시킬 수 있는 컴퓨터, 설치 미디어(빈 CD-R/DVD-R 또는 USB 디바이스), 인터넷, 여유 시간, 즐거움을 향한 열정이 필요하다.

말하자면 많은 독자는 센트OS를 가상화 소프트웨어에 언제든지 설치할 수 있기 때문에 이 책을 활용할 때 여러분의 컴퓨터가 필요하지 않음을 알고 있을 것이다. 센트OS를 가상화 소프트웨어에 설치하는 방식은 매우 일반적이고 이 책의 예제에서 관련 내용을 설명할 것이다. 이 책에서는 가상화 소프트웨어의 사용 방법을 설명하지 않기 때문에 독자는 가상화 소프트웨어를 이미 알고 있어야 한다. 이런 이유로 가상화 소프트웨어의 사용과 관련된 지원은 관련 공급업체에 문의해야 한다.

이 책의 대상 독자

센트OS 자체에 대한 내용보다는 센트OS 서버 솔루션 구축에 대해 다루는 실용적인 가이드며, 센트OS 서버의 사용 방법을 보여준다. 또한 이 책은 센트OS를 처음 사용하고자 하은 리눅스 초보자부터 중급자를 위해 작성됐다. 하지만 이 운영체제가 생전 처음이더라도 걱정하지 않아도 된다. 이 책은 완벽한 서버 솔루션을 구축하는 방법과 추가적으로 전문 기술을 구축할 수 있는 많은 노하우가 포함된 단계별 접근 방식을 제공한다.

절의 구성

이 책에 자주 나타나는 여러 제목이 있다(준비, 예제 구현, 예제 설명, 부연 설명, 참고 사항).

하나의 절을 완성하기 위한 방법에 대해 명확한 지침을 전달하기 위해 다음과 같은 절들을 사용한다.

준비

이 절에서 설명하는 것을 알려주고, 어떤 소프트웨어를 준비하기 위한 방법이나 그 절에 필요한 주요 설정 사항을 기술한다.

예제 구현

이 절을 수행하기 위해 필요한 절차를 기술한다.

이전 절에 있었던 것에 대한 세부 설명으로 이뤄져 있다.

이 절에 관련된 더 많은 지식을 얻기 위한 추가 정보로 구성돼 있다.

편집 규약

이 책에서는 독자의 이해를 돕고자 다루는 정보에 따라 다음과 같이 글꼴 형식을 다르게 적용했다.

단어 단위의 코드는 텍스트, 데이터베이스 테이블명, 폴더명, 파일명, 파일 확장자, 경로명, 더미 URL, 사용자 입력 값, 트위터 핸들러에서 다음과 같이 표기한다.

"이 예제를 위해 윈도우의 C:\Users\<username>\Downloads 폴더에 다운로드 파일이 있다고 가정한다. OS X을 사용하고 있다면 다운로드 파일은 /Users/<username>/Downloads에 존재한다."

코드 블록은 다음과 같이 표기한다.

```
<?xml version="1.0" encoding="utf-8"?>
<service>
    <description>enable FTPS ports</description>
    <port protocol="tcp" port="40000-40100"/>
    <port protocol="tcp" port="21"/>
    <module name="nf_conntrack_ftp"/>
</service>
```

모든 커맨드라인 입출력은 다음과 같이 표기한다.

```
sudo diskutil unmountDisk /dev/disk3
sudo dd if=./CentOS-7-x86_64-Minimal-XXXX.iso of=/dev/disk3 bs=1M
```

새로운 용어와 중요한 단어는 고딕체로 표기한다. 메뉴나 대화상자처럼 컴퓨터 화면에 표시되는 단어는 다음과 같이 표기한다.

"Next 버튼을 클릭하면, 다음 화면으로 이동한다."

 경고나 중요한 내용 표시는 이와 같은 상자 안에 나타난다.

 유용한 팁과 요령을 이와 같이 표현한다.

독자 의견

독자 의견을 언제나 환영한다. 이 책에 대한 생각을 알려주기 바란다. 이 책의 좋은 점이나 싫었던 점을 가리지 않아도 된다. 독자에게 더욱 유익한 도서를 만들기 위해 무엇보다 독자 의견이 중요하다.

일반적인 의견이라면 도서 제목으로 이메일 제목을 적어서 feedback@packtpub.com으로 이메일을 보내면 된다.

자신의 전문 지식을 바탕으로 도서를 집필하거나 기여하는 데 관심이 있다면 http://www.packtpub.com/authors에 있는 저자 가이드를 읽어보기 바란다.

고객 지원

팩트출판사는 책을 구매한 독자에게 다양한 방식으로 최대한 지원한다.

오탈자

내용을 정확하게 전달하려고 최선을 다했지만 실수가 있을 수 있다. 팩트출판사의 도서에서 문장이건 코드건 간에 문제를 발견해서 알려준다면 매우 감사하게 생각할 것이다. 그런 참여를 통해 그 밖의 독자에게 도움을 주고, 다음 버전의 도서를 더 완성도 높게 만들 수 있다. 오자를 발견한다면 http://www.packtpub.com/submit-errata를 방문해 책을 선택하고, Errata Submission Form 링크를 클릭해서 구체적인 내용을 입력해주기 바란다. 보내준 오류 내용이 확인되면 웹사이트에 그 내용이 올라가거나 해당 서적의 정오표 부분에 그 내용이 추가될 것이다. http://www.packtpub.com/books/content/support에서 해당 도서명을 선택하면 기존 정오표를 확인할 수 있다. 한국어판은 에이콘출판사 도서정보 페이지 http://www.acornpub.co.kr/book/centos7에서 찾아볼 수 있다.

저작권 침해

인터넷의 모든 매체에서 저작권 침해가 심각하게 벌어진다. 팩트출판사에서는 저작권과 사용권 문제를 아주 심각하게 인식한다. 어떤 형태로든 팩트출판사 서적의 불법 복제물을 인터넷에서 발견한다면 적절한 조치를 취할 수 있도록 해당 주소나 사이트명을 알려주길 부탁한다.

의심되는 불법 복제물의 링크를 copyright@packpub.com으로 보내주기 바란다.

저자와 더 좋은 책을 위한 팩트출판사의 노력을 배려하는 마음에 깊은 감사의 마음을 전한다.

질문

이 책과 관련해 질문이 있다면 questions@packtpub.com으로 문의하기 바란다. 최선을 다해 질문에 답하겠다. 한국어판에 관한 질문은 이 책의 옮긴이나 에이콘출판사 편집 팀(editor@acornpub.co.kr)으로 문의해주길 바란다.

1

센트OS 설치

1장에서 다루는 내용은 다음과 같다.

- 윈도우 또는 OS X에서 센트OS 다운로드와 체크섬 확인
- 윈도우 또는 OS X에서 USB 설치 미디어 생성
- 그래픽 인스톨러를 사용한 센트OS 설치
- HTTP로 netinstall 설치
- 킥스타트 파일을 사용한 센트OS 설치
- 부트 로더 시작과 사용자 정의
- 복구 모드에서 시스템 문제 해결
- 시스템 업데이트 후 추가 관리 툴과 개발 툴로 센트OS 7 미니멀 설치 개선

소개

1장은 센트OS 7 운영체제의 설치에 대한 실제적인 기본 내용에 대한 예제들을 포함한다. 1장에서는 센트OS를 빠리 설치하고 실행하는 방법을 소개하고, 추가로 내가 가진 노하우를 기반으로 사용자 정의 설치를 진행한다.

윈도우 또는 OS X에서 센트OS 다운로드와 체크섬 확인

이 예제에서는 윈도우 또는 OS X 데스크톱 컴퓨터에서 하나 이상의 센트OS 7의 디스크 이미지를 다운로드하는 방법과 체크섬을 확인하는 방법을 설명한다. 세계 각지에 있는 미러 사이트^{mirror site}에서 HTTP, FTP, rsync 프로토콜 또는 비트토렌트^{BitTorrent} 네트워크에서 센트OS 이미지를 다양한 형태로 다운로드할 수 있다. 인터넷에서 센트OS 이미지를 다운로드한 후 다운로드한 이미지 파일을 제대로 실행할 수 있는지 확인하기 위해 설치하기 전에 해당 파일의 체크섬을 확인하는 것은 좋은 습관이다. 체크섬은 인터넷의 원본 이미지 파일과 다운로드한 이미지가 동일한지 확인할 때 사용된다.

준비

이 예제를 진행하기 위해 일반 윈도우 기반 운영체제(윈도우 7, 윈도우 비스타, 또는 비슷한 운영체제) 또는 OS X 컴퓨터에서 관리자의 모든 권한을 갖고 있다고 가정한다. 센트OS 이미지 파일에서 설치 디스크를 만들기 위해 필요한 설치 파일을 다운로드하기 위해 인터넷으로 연결이 필요하고, DVD/CD 소프트웨어로 DVD/CD를 만들 수 있는 표준 DVD/CD 디스크 라이터^{writer}가 필요하다. 이 예제를 진행하기 위해 윈도우를 사용 중이라면 C:\Users\<사용자_이름>\Downloads 폴더에 다운로드 파일이 있고, OS X을 사용 중이라면 /Users/<사용자_이름>/Downloads 폴더에 다운로드 파일이 존재해야 한다.

예제 구현

다운로드한 설치 파일의 종류가 무엇이든 센트OS 프로젝트에서 제공되는 모든 이미지 파일에 다음 기술을 적용할 수 있다.

1. 먼저 웹 브라우저에서 http://www.centos.org에 방문해 Get CentOS Now 링크 버튼을 찾아 클릭한다. 그리고 본문의 현재 미러^{mirror} 사이

트 목록 중 하나를 클릭한다(2016년 4월, http://www.centos.org 웹 페이지가 수정
됐다. 현재 웹 페이지는 iso 파일을 바로 다운로드하게 안내하고 있어서 책에 나온 대로
진행하려면 웹 브라우저에서 http://mirror-status.centos.org/#kr에 방문한 후 다음 순서대로
따라 한다. – 옮긴이)

2. 미러 사이트가 분류됐기 때문에 현재 위치에서 지역적으로 가까운 미
   러 사이트를 선택한다. 예를 들어 영국의 런던에 있다면 유럽연합과
   영국에 있는 미러 사이트를 선택할 수 있다. HTTP 또는 FTP 미러 사
   이트의 링크 중 하나를 선택한다.

3. 링크를 선택하면 다운로드할 수 있는 모든 센트OS 버전 이름으로 된
   디렉토리 목록을 볼 수 있다. 7로 시작하는 폴더 중 최신 버전을 클릭
   한다. 그런 다음 atomic, centosplus, cloud 등과 같은 여러 디렉토리
   목록을 볼 수 있다. isos 디렉토리를 클릭한다.

4. 센트OS 7은 현재 64비트 아키텍처만 지원하기 때문에 웹 브라우저에
   서 64비트 버전을 지원하는 'x86_64'라는 이름을 가진 하나의 디렉토
   리만 브라우저에서 볼 수 있다.

5. 이제 다운로드할 수 있는 파일 목록을 볼 수 있다. md5sum.txt라는
   체크섬 파일을 먼저 다운로드한다.

6. 센트OS가 처음이거나 이 책의 예제를 따라 해보려면 미니멀minimal 설치
   가 이상적이다. 미니멀 설치는 최소한의 패키지만 포함한다는 것을 의미
   한다. 이제 다음 파일을 선택한다(XXXX는 배포 일의 월 단위 정보를 표현한다).

   `CentOS-7-x86_64-Minimal-XXXX.iso`

7. 윈도우 기반 운영체제라면 브라우저로 http://mirror.centos.org/centos/
   dostools/에 접속한 후 md5sum.exe 프로그램을 설치한다. 맥 운영체제
   는 체크섬을 확인하는 툴이 이미 설치돼 있다.

8. 윈도우에서 커맨드 프롬프트(일반적으로 시작 ▶ 모든 프로그램 ▶ 보조프로그램 ▶ 명령
   프롬프트로 실행한다)를 연 후 다음 커맨드를 실행한다(라인의 끝에서 엔터 키를
   누른다).

```
cd downloads
dir
```

9. OS X은 Finder ❯ Applications ❯ Utilities ❯ Terminal로 실행한 후 다음 커맨드를 실행한다(모든 라인의 끝에서 엔터 키를 누른다).

```
cd ~/Downloads
ls
```

10. 다운로드 폴더에 많은 파일을 볼 수 있을 것이다. 해당 폴더에는 다운로드한 센트OS 설치 이미지 파일, md5sum.txt 파일이 있을 것이고, 윈도우에는 md5sum.exe 프로그램이 존재한다.

11. 다운로드한 ISO 이미지 파일의 체크섬을 확인하기 위해 다음 커맨드를 실행한다. 윈도우에서는 다음 커맨드를 실행한다(월 단위 정보인 XXXX를 파일명에 맞게 수정한다).

```
md5sum.exe CentOS-7-x86_64-Minimal-XXXX.iso
```

12. OS X에서는 다음처럼 실행한다.

```
md5 CentOS-7-x86_64-Minimal-XXXX.iso
```

13. 커맨드 처리를 위해 엔터 키를 누른 후 커맨드 프롬프트에서 응답을 기다리기 위해 엔터 키를 누른다. 응답은 MD5 합계 값이고, 결과는 다음과 같이 비슷할 것이다.

```
d07ab3e615c66a8b2e9a50f4852e6a77  CentOS-7-x86_64-Minimal-
1503-01.iso
```

14. md5sum.txt(텍스트 편집기에서 연다)에서 모든 이미지 파일의 정보에 대한 md5의 합계 값을 살펴보고, 미니멀 iso의 md5 결과 값과 비교한다. 두 값이 일치하면 다운로드한 센트OS 이미지 파일의 유효성을 확신할 수 있다. 두 값이 일치하지 않으면 다운로드 파일은 아마도 오염된 것이므로, 처음부터 센트OS 이미지 파일을 다시 다운로드한다.

15. 지금까지 정상적으로 동작한다면 선호하는 데스크톱 소프트웨어를 사

용해 센트OS 이미지 파일을 공 CD-ROM이나 DVD-ROM에 저장하거나, 다음 예제에서 센트OS 이미지 파일을 사용해 USB 설치 미디어를 만든다.

그렇다면 이 예제에서 무엇을 배울 수 있는가?

센트OS 설치 이미지의 다운로드는 완벽한 서버를 구축하기 위한 첫 번째 단계다. 다운로드 과정이 매우 간단할지라도 체크섬을 확인하는 것을 잊으면 안 된다. 이 책에서는 미니멀 설치 이미지로 작업하지만, NetInstall, DVD, Everything, 다양한 LiveCD 등과 같은 사용 가능한 여러 설치 옵션이 있다.

윈도우 또는 OS X에서 USB 설치 미디어 생성

이 예제에서는 윈도우 또는 OS X에서 사용할 수 있는 USB 설치 미디어를 생성하는 방법을 소개한다. 최근의 많은 서버 시스템, 데스크톱 시스템, 노트북은 광 드라이브를 내장하지 않는다. 센트OS 리눅스 같은 새로운 운영체제를 USB 디바이스로 설치하는 것은 필수적이다. 다른 설치 옵션은 설치 미디어를 부팅할 방법이 아예 없기 때문에 사용할 수 없다. 또한 센트OS 설치에 USB 미디어를 이용하면 CD/DVD를 사용하는 것보다 많이 빠르다.

이 예제를 진행하기 전에 센트OS 이미지를 다운로드한 후 해당 이미지의 체크섬을 확인한 이전 예제를 따라 했다고 가정한다. 또한 모든 다운로드 파일(다운로드한 ISO 파일을 포함)은 윈도우를 사용하는 경우 C:\Users\<사용자_이

름>\Downloads 폴더에 저장돼 있다, OS X을 사용하는 경우 /Users/<사용자_
이름>/Downloads 폴더에 저장돼 있다고 가정한다.

USB 미디어는 삭제될 수 있는 데이터가 있거나 비어 있어야 하고, 공간이
넉넉해야 하며, 센트OS 운영체제에서 발견될 수 있어야 한다. 센트OS 7 미
니멀을 위한 설치 미디어로 준비할 수 있도록 전체 USB 미디어의 용량은
최소 700MB 이상이어야 한다. 윈도우 컴퓨터를 사용하고 있다면 추가 소프
트웨어를 다운로드할 수 있는 인터넷 연결이 필요하다. OS X에서는 관리자
계정이 필요하다.

예제 구현

이 예제를 진행하기 위해 윈도우 또는 OS X 운영체제를 시작한 후 충분한
공간을 가진 USB 미디어를 연결하고, 윈도우의 **파일 관리자** 또는 OS X의
Finder가 USB 미디어를 찾을 때까지 기다린다.

1. 윈도우 기반 운영체제에서는 dd라 불리는 추가 소프트웨어를 다운로드
    해야 한다. 브라우저에서 http://www.chrysocome.net/dd를 방문한다.
    페이지에서 가장 최신인 **dd-XX.zip** 파일을 다운로드한다(예, dd-0.5.zip).
    XX는 가장 최신의 안정적인 버전 값을 의미한다.

2. 윈도우에서는 파일 관리자를 사용해 Downloads 폴더로 접근해 dd-05.
    zip 파일을 찾는다. 파일을 오른쪽 마우스로 클릭한 후 압축 풀기를
    선택한다. 그러면 하위 디렉토리가 특별히 생성되지 않고 dd.exe 파일
    에 대한 압축이 풀린다.

3. 윈도우에서는 명령 프롬프트(일반적으로 시작 ❯ 모든 프로그램 ❯ 보조프로그램 ❯ 명령
    프롬프트로 실행한다)를 열고 다음 커맨드를 실행한다.

    ```
    cd downloads
    dd.exe --list
    ```

4. OS X에서는 Finder ❯ Applications ❯ Utilities ❯ Terminal을 실행시켜 터미널을 실행한 후 다음 커맨드를 실행한다.

```
cd ~/Downloads
diskutil list
```

5. 윈도우에서는 설치 미디어로 쓰이기 원하는 USB 미디어의 이름을 찾기 위해 해당 커맨드 결과의 removable media 섹션을 살펴본다. 결과 바로 아래에 Mounting on으로 시작되는 라인과 해당 라인에서 드라이브 찾을 수 있을 것이다(예, \\e:). 암호화된 드라이브명은 다음 단계에서 필요한 매우 중요한 부분이니 잘 적어두길 바란다.

6. OS X에서 미디어 경로는 diskutil 커맨드의 결과에서 찾을 수 있으며, /dev/disk<숫자> 형식을 가진다. 여기서 <숫자>는 디스크의 유일한 식별자다. 디스크는 0부터 시작하는 번호를 가진다. 디스크 0은 OS X 복구 디스크를 가리킬 것이고, 디스크 1은 주요 OS X 설치를 가리킬 것이다. USB 디바이스를 식별하기 위해 USB 미디어의 상세 내용을 설명한 NAME, TYPE, SIZE 칼럼을 비교한다. 미디어 이름을 식별할 수 있으면 적어둔다(예, /dev/disk3).

7. 윈도우에서는 다음 커맨드를 실행하고 USB 미디어를 \\.e: 윈도우 미디어 이름을 가진 설치 미디어로 선택된 것이라 가정한다(필요하면 미디어 이름을 변경하고, 실행 시 주의해야 한다. 엄청 큰 데이터 손실을 야기할 수 있다). 또한 다음 커맨드에서 iso 파일의 버전 값인 XXXX를 올바른 값으로 변경한 후 커맨드를 실행한다.

```
dd.exe if=CentOS-7-x86_64-Minimal-XXXX.iso of=\\.\e: bs=1M
```

8. OS X에서 관리자 패스워드를 묻는 2개의 커맨드를 실행해야 한다 (XXXX와 disk3을 각각 올바른 버전 값과 올바른 USB 미디어 경로로 바꾼다).

```
sudo diskutil unmountDisk /dev/disk3
sudo dd if=./CentOS-7-x86_64-Minimal-XXXX.iso of=/dev/disk3
bs=1m
```

9. dd 프로그램이 종료된 후 실행 시간과 복사 과정에서 얼마나 많은 데이터가 전달됐는지에 대한 통계 결과가 있을 것이다. OS X의 디스크를 읽을 수 없다는 디스크 경고 메시지는 무시한다.

10. 축하한다! 센트OS 7 USB 설치 미디어를 생성했다. 윈도우 또는 OS X에서 USB 드라이브를 안전하게 제거한 후 물리적으로 USB 미디어를 뽑고, USB 미디어를 센트OS를 설치한 장비에 센트OS 7을 설치할 부트 미디어로 사용할 수 있다.

예제 분석

그렇다면 이 예제에서 무엇을 배울 수 있는가?

이 예제에서는 dd 커맨드라인 프로그램을 사용해 USB 미디어에 센트OS 설치 ISO 파일의 백업 파일을 만드는 과정을 소개했다. dd 프로그램은 원본에서 대상 파일로 데이터를 복사할 수 있는 유닉스 기반 툴이다. 즉, 원본에서 비트 단위로 읽어 대상 파일의 내용이나 파일 위치를 고려하지 않고 그대로 저장한다는 의미를 가지며, dd 프로그램은 순수 원시 데이터를 읽고 저장하는 것을 포함한다.

dd 프로그램은 매개변수 기반으로 2개의 파일명, 즉 입력 파일(if)과 출력 파일(of)을 받는다. USB 미디어에 정확하게 1:1로 복사하기 위해 센트OS 이미지 파일을 입력 파일로 사용한다. 해당 USB 미디어는 결과 파일 매개변수에서 미디어 파일을 통해 접근할 수 있다. bs 매개변수는 한 번에 복사될 데이터의 크기인 블록block 크기를 정의한다. dd 프로그램은 완전한 전문가 툴이므로 데이터를 복사할 때 어떠한 안정성을 확인하거나 확답을 요청하지 않고 대상 파일의 기존 내용을 덮어쓰기 때문에 주의해서 써야 한다. 따라서 대상 USB 미디어의 드라이브명을 적어도 최소 2번 확인해야 하며, 절대로 드라이버명을 혼동해서는 안 된다.

예를 들어 D:로 설치된 2번째 하드 디스크를 가지고, E:에 USB 미디어가 있는 상태(OS X에서는 각각 /dev/disk2와 /dev/disk3)에서 드라이브 이름 E:를 :D로 혼동했다고 가정하자(OS X에서는 /dev/disk3를 /dev/disk2로 혼동). 2번째 하드 디스크는 모두 지워져 데이터를 복구할 기회조차 없이 지워진다. 따라서 주의를 기울여 처리해야 한다. 미디어를 제대로 알고 있지 않는다면 절대로 dd 프로그램을 실행하지 않는다. 결론을 내면 dd 커맨드를 사용해 센트OS 7의 USB 설치 미디어를 사용하는 것보다 페도라 라이브Live USB 크리에이터Creator를 사용하는 것이 편리하다.

하지만 이 예제에서 즉시 사용할 수 있는 센트OS의 USB 설치자를 생성하는 방법뿐 아니라 dd 커맨드를 사용하는 방법을 소개했다. dd 커맨드는 모든 센트OS 시스템 관리자가 사용법을 알아야 할 일반적인 리눅스 커맨드다. dd 커맨드는 매일 배치 작업을 위해 폭넓고 다양하게 사용될 수 있다. 예를 들어 하드 디스크를 안전하게 삭제하기 위해 dd 커맨드는 네트워크 속도를 벤치마킹하거나 임의의 바이너리 파일을 생성할 때 사용할 수 있다.

그래픽 인스톨러를 사용한 센트OS 설치

이 예제에서는 센트OS 7에서 소개된 새로운 그래픽 인스톨러 인터페이스를 사용해 일반적인 센트OS 설치를 수행하는 방법을 배운다. 여러 방면으로 그래픽 인스톨러 인터페이스가 추천 설치 방법이며, 하드 디스크 파티션을 생성할 수 있는 기능을 제공할 뿐 아니라 많은 방법으로 사용자 정의 설치를 진행할 수 있다(예를 들어 키보드 배치, 패키지 선택, 설치 종류 등). 그리고 사용자 정의 설치는 추후에 제공할 여러 종류의 서비스를 빌드, 개발, 실행할 수 있는 서버의 기반을 다진다.

준비

시작하기 전에 센트OS 이미지를 다운로드하는 방법, 센트OS 이미지 파일의 체크섬을 확인하는 방법, 설치 가능한 광학 디스크 또는 USB 미디어를 생성하는 방법을 설명한 이전 예제를 따라했다고 가정한다. 그놈^{Gnome}과 같은 그래픽 윈도우 매니저를 설치한다면 시스템이 64비트 아키텍처(x64_86)여야 하고, 그래픽 인스톨러를 로드하기 위해 적어도 406MB의 램(1GB의 메모리를 추천)을 가져야 하며, 하드 디스크의 여유 공간은 적어도 10GB가 있어야 한다.

예제 구현

이 예제를 진행하기 위해 설치 미디어(CD/DVD 또는 USB 미디어)를 컴퓨터에 연결하고 컴퓨터를 재시작한 후 부팅하는 동안 부트 미디어를 선택하기 위해 키를 제대로 눌러야 한다. 그 다음에 부팅 미디어 목록에서 부팅할 미디어를 선택한다(이 과정을 진행하기 위해서 대부분의 컴퓨터에서는 F11 또는 F12를 눌러 사용할 수 있지만, 시스템마다 약간 다를 수 있다. 마더보드 매뉴얼을 참고한다).

1. 환영하는 시작 화면에서 Test this media & install CentOS 7 옵션을 선택하고 사용한다. 준비되면 다음으로 진행하기 위해 엔터 키를 누른다.

2. 인스톨러는 초기화 파일을 로딩한 후 설치 미디어를 테스트하기 시작한다. 하나의 테스트는 30초에서 5분까지 소요되고, 설치 미디어에 에러가 발생하면 알려준다. 이 과정이 완료된다면 시스템은 마지막으로 그래픽 인스톨러를 로드한다.

3. 이제 센트OS 인스톨러는 환영하는 설치 그래픽 화면을 보여줄 것이다. 이 시점 이후부터 키보드와 마우스를 사용할 수 있지만(마우스의 사용을 적극 추천한다), 키패드를 사용하고 싶다면 키보드의 number lock을 활성화한다.

4. 왼편에 주요 언어 카테고리가 있고, 오른편에는 인스톨러의 하위 언어가 있다. 왼쪽 끝에는 텍스트박스를 사용해 언어를 검색할 수도 있다. 언어 설정을 변경하면 즉시 언어가 변경된다. 준비가 다 됐다면 다음으로 진행하기 위해 Continue 버튼을 클릭한다.

5. 이제 Installation summary이라 부르는 설치 메뉴 화면을 볼 수 있다.

6. 대부분의 옵션은 이미 미리 정의한 값이며, 변경 없이 사용할 수도 있다. 기본 값을 갖지 않은 기타 옵션은 System 카테고리의 Installation Destination과 같은 빨간색 느낌표로 표현된 레이블을 주의해야 한다.

7. Installation Destination 버튼을 클릭하면 운영체제가 설치될 하드 디스크를 선택할 수 있도록 컴퓨터에 현재 연결된 모든 하드 디스크의 목록을 그래픽 화면으로 볼 수 있다. 올바른 하드 디스크 심볼을 클릭해 센트OS가 설치될 하드 디스크를 선택할 수 있다. 그리고 하드 디스크를 선택하면 체크 마크가 설치될 하드 디스크에 표시된다. 센트OS를 설치할 하드 디스크인지 확신할 수 없다면 메뉴에서 하드 디스크의 브랜드와 하드 디스크의 크기를 비교해야 한다. 설치를 진행하기 전에 반드시 하드 디스크를 선택해야 한다. 하드 디스크에 센트OS를 설치하면 선택된 하드 디스크의 모든 데이터를 삭제하기 때문에 주의를 기울여 센트OS가 설치될 하드 디스크를 선택한다. 준비가 되면 Done 버튼을 클릭한다.

8. 데이터가 이미 있는 하드 디스크를 선택하고 Done 버튼을 클릭하면 경고/에러 메시지를 보게 될 수 있다. "You don't have enough space available to install CentOS"라는 메시지를 받아 볼 수 있지만, 걱정하지 않아도 된다. 경고 메시지 문구에서 예상한 대로 센트OS가 비어 있는 하드 디스크에 설치할 수 있기 때문에 센트OS에게 하드 디스크의 재초기화를 알려줘야 할지 물어보는 것이다. 대부분의 경우 하드 디스크에 하나 이상의 파티션을 갖고 있다면 드라이브의 모든 파티션의 세부 목록을 새 창으로 표시하고 Reclaim space를 클릭한다. 여기서 하드 디스크의 모든 데이터를 삭제하기 위해 Delete All을 클릭한 후 다시 Reclaim space를 클릭한다. 이제 센트OS가 설치될 하드 디스크의 데이터 초기화 작업이 완료됐고, 다음 작업을 진행할 수 있다. 작업이 완료되면 Done 버튼을 클릭한다.

9. Installation Summary 화면에서 뒤로 이동한 후 Installation Destination 항목에 느낌표가 이제 사라졌는지 확인한다.

10. 추가적으로 System 카테고리에 Network & Hostname을 클릭할 수 있다. 다음 페이지에서 왼편에는 인터넷에 연결할 주요 네트워크 어댑터를 선택할 수 있고, 어댑터를 클릭해 선택한다. 선택된 미디어에서 활성화하기 위해 오른편의 스위치를 클릭하고, 스위치의 On을 사용해 미디어에 자동으로 연결한다. 마지막으로 하위 메뉴를 종료하기 전에 텍스트 필드의 장비 이름(한국어판에서는 'host name'을 현업에서 많이 사용하는 '장비 이름'이라는 용어로 표기했다. – 옮긴이)을 변경한다. Done 버튼을 클릭한다.

11. Installation Summary 화면으로 돌아간다. 중요한 모든 설정은 만들어졌거나 이미 정의된 값이 있으며, 모든 느낌표는 사라졌다. 모든 설정이 만족스럽다면 Start 설치 버튼을 클릭하거나 설정을 원하는 대로 변경한다.

12. 다음 화면에서 새로운 센트OS 7이 백그라운드로 설치되는 동안 root 사용자의 패스워드를 생성하고 결정해야 한다. 6개의 글자 미만이 아닌 안전한 패스워드를 선택한다.

13. 화면에서 표준 사용자 계정의 생성을 생성한다. 사용자 계정을 생성하는 것을 강력히 추천한다. 새로운 사용자를 생성할 때 사용자를 관리자로 설정하지 않는다. 준비가 됐을 때 Done 버튼을 클릭한다(보안에 약한 패스워드를 입력하면 두 번 클릭해 해당 패스워드를 확인해야 한다).

14. 센트OS는 이제 하드 디스크를 파티셔닝하고, 백그라운드로 하드 디스크를 포맷하며, 의존성을 해결하며, 인스톨러는 하드 디스크에 설치하기 시작한다. 이 작업이 시간이 좀 걸리지만, 진행 표시줄에서 설치 상태를 알려줄 것이다. 설치가 완료되면 인스톨러는 전체 과정이 완료됐고 설치가 성공적으로 완료됐다고 알린다. 준비가 다 되면 Reboot 버튼을 클릭한다. 이제 설치 미디어를 드라이브에서 꺼낸다.

15. 축하한다! 여러분의 컴퓨터에 센트OS 7을 설치했다.

이 예제에서 센트OS 7 운영체제의 설치 방법을 알게 됐다. 그래픽 설치 방법을 통한 일반적인 설치 방법을 다뤘기 때문에 여러분은 이제 추가적인 설정 변경과 서버가 수행할 역할을 하기 위한 패키지를 서버에서 개발할 수 있다. 그래픽 인스톨러는 매우 직관적이고 유연한 목적으로 개발됐고, 센트OS를 설치하기 전에 수행해야 할 필수 작업을 사용자에게 가이드를 제공해 센트OS를 매우 쉽게 설치할 수 있다.

HTTP로 netinstall 설치

이 예제에서 센트OS 7을 설치하기 위해 HTTP(URL 방식을 사용)로 netinstall를 설치하는 방법을 소개한다. netinstall은 컴퓨터를 부팅하기 위한 작은 이미지 파일의 프로세스고, 네트워크가 연결된 상태에서 사용자가 원하는 소프트웨어 패키지와 서비스를 선택하고 설치할 수 있는 큰 유연성을 제공한다.

이 예제를 시작하기 전에 센트OS 7 설치 미디어를 다운로드하고 체크섬하는 방법과 설치 미디어에서 연관 설치 미디어의 생성 방법을 이미 알고 있다고 가정하자. 이 예제에서는 이전 예제에서 설명한 미니멀 파일 대신 netinstall 이미지에 대한 설치 미디어(최신 CentOS-7-x86_64-NetInstall-XXXX.iso 파일을 다운로드한다)를 다운로드하고 설치해야 한다. 또한 설치 미디어로 부팅시키는 방법과 인스톨러 프로그램으로 작업하는 방법을 정확히 알고 있으며, 최소한 그래픽 설치 과정은 진행했다고 가정한다.

이 예제를 시작하기 위해 준비된 netinstall 미디어를 연결하고, 컴퓨터를 netinstall 미디어로 부팅해 환영 화면이 보일 때까지 기다린다.

1. 환영 화면에서 Test this media & install CentOS 7 옵션이 미리 선택돼 있고, 해당 옵션을 그대로 사용한다. 준비가 됐다면 진행하기 위해 엔 터 키를 누른다.

2. 테스트가 완료되면 그래픽 인스톨러가 로드돼 Installation Summary 화면을 볼 수 있다.

 일반적인 그래픽 설치 예제뿐 아니라 빨간 느낌표가 보이는 Network & HostName 과 Installation source 메뉴 아이템에서도 인스톨러의 설정 내용을 반드시 변경해야 한다.

3. 네트워크를 통해 센트OS를 설치하기 전에 네트워크 연결이 정상적인 지 확인해야 한다. 따라서 Network & HostName 메뉴 아이템을 먼저 클릭하고, 네트워크 어댑터 중 하나를 선택해서 네트워크에 연결된 상 태가 되게 해야 한다. 더 상세한 내용은 일반 설치 예제를 참고한다.

4. 다음에 실정을 넣기 위해 Installation source를 클릭한다. HTTP로 실 치하려면 Which installation source would you like to use? 섹션에서 On the network가 선택된 채로 그대로 둔다.

5. 필요한 모든 설치 패키지를 다운로드하기 위해 http:// 텍스트 필드에 http://mirror.centos.org/centos/7/os/x86_64/라는 URL을 입력한다.

6. 미리 생성한 개인 저장소를 대신 사용할 수도 있다(4장을 참고한다).

7. 준비가 다 되면 초기화 과정을 시작하기 위해 Done 버튼을 클릭한다.

8. 지금까지 문제없이 진행된다면 인스톨러는 install.img 파일을 찾기 시

작할 것이다. install.msg 파일을 찾는 시간이 몇 분 소요될 수 있지만, 한 번 연결되면 진행 표시줄에서 다운로드 상태를 알려준다. 다운로드를 성공적으로 완료하면 installation source의 느낌표 기호가 사라지고, software selection 팝업이 나타난다. 해당 팝업에서 클릭해 필요한 소프트웨어를 선택한다. 이 예제에서는 Base environment의 Minimal install을 선택하고 Done 버튼을 클릭한다.

9. Which installation source would you like to use? 섹션이 회색으로 돼 있고, 설치를 변경할 수 없다면 네트워크 어댑터에 연결 문제가 있다는 의미다. 이런 경우에는 Network & HostName 설정으로 돌아가 네트워크 연결 상태가 올바르게 될 때까지 네트워크 설정을 변경한다.

10. 이제 센트OS 7 운영체제를 설치할 수 있다. 모든 패키지를 인터넷에서 다운로드하기 때문에 설치 미디어에서 물리적으로 설치하는 것보다 느릴 수 있다.

예제 분석

이 예제에서는 센트OS의 네트워크 설치 과정과 방법이 얼마나 간단한지 소개했다. 이 예제를 진행하기 위해 설치에 필요한 모든 파일을 처음부터 다운로드하지 않는 방법을 사용해 시간을 아낄 수 있을 뿐만 아니라, DVD 없이 그래픽 설치 방법을 사용할 수도 있다.

킥스타트 파일을 사용한 센트OS 설치

서버 한 대에 센트OS 7을 그래픽 인스톨러로 직접 설치하는 것은 괜찮지만, 수많은 시스템에 센트OS 7을 일일이 설치하는 것은 지루한 일이다. 킥스타트kickstart 파일은 서버 시스템의 설치 과정을 자동화할 수 있으므로, 여기서 킥스타트 파일의 동작 방법을 소개한다. 킥스타트 파일은 타겟 시스템의 셋

업과 설치 방법에 대해 상세하고 정확한 내용을 제공하는 텍스트 기반의 간단한 설정 파일이다.

준비

이 예제를 성공적으로 완료하려면 자동 설치 기능을 지원하는 킥스타트 설정 파일을 얻기 위해 이미 설치된 센트OS 7 시스템에 접근할 수 있어야 한다. 또한 미리 설치된 센트OS 서버에서는 추가적인 소프트웨어를 다운로드할 수 있는 인터넷 연결이 필요하다.

이전 예제에서 설명한 최소 iso 파일 대신, DVD 또는 Everything 이미지(최신 CentOS-7-x86_64-DVD-XXXX.iso 또는 CentOS-7-x86_64-Everything-XXXX.iso를 다운로드한다)를 다운로드하고, 설치 미디어를 생성해야 한다. 그리고 리눅스 시스템에서 읽고 쓸 수 있는 다른 USB 미디어를 준비해야 한다. USB 미디어는 FAT16, FAT32, EXT2, EXT3, EXT4, XFS 파일 시스템으로 포맷돼야 한다.

예제 구현

이 예제를 시작할 때 먼저 이미 설치가 끝난 센트OS 7 장비의 킥스타트 파일에 대한 물리적인 접근이 필요하다. 새로 설치된 센트OS 7을 템플릿으로 사용한다.

1. 센트OS 7 시스템에 root 계정으로 로그인한 후 다음 커맨드를 실행해 킥스타트 설정 파일이 존재하는지 확인한다(해당 커맨드는 파일의 상세 내용을 출력한다).

   ```
   ls -l /root/anaconda-ks.cfg
   ```

2. 다음에는 센트OS 7에 USB 미디어를 물리적으로 연결하고 컴퓨터에 현재 연결된 모든 하드 디스크 목록을 알려주는 fdisk 커맨드를 실행한다.

   ```
   fdisk -l
   ```

3. `fdisk` 결과에서 미디어의 크기, 파티션, 식별된 파일 시스템을 비교해 연결된 USB 미디어의 사양 정보를 식별한다. 미디어 이름은 /dev/sdX 와 같은 형태가 될 것이고, X는 b, c, d, e 등과 같은 알파벳 문자가 될 것이다. `fdisk` 커맨드를 사용할 때 USB 미디어의 디바이스 이름을 찾을 수 없다면 `fdisk -l`을 두 번 실행하는 방법을 사용한다. 먼저 USB 미디어를 뺀 채로 `fdisk -l`을 실행하고 다음에 USB 미디어를 꽂고 `fdisk -l`을 실행해 두 결과의 변경된 부분을 비교한다. 첫 번째 결과에 추가된 디바이스 이름이 바로 찾고자 하는 USB 미디어의 디바이스 이름이다.

4. 목록에서 USB 미디어 이름을 잘 찾았다면 센트OS의 파일 시스템에서 USB 미디어를 마운트^{mount}할 디렉토리를 생성한다.

mkdir /mnt/kickstart-usb

5. 다음에 USB 미디어를 폴더에 마운트한다. USB 파티션 이름을 /dev/sdc1이라 가정하자(필요에 따라 변경한다).

mount /dev/sdc1 /mnt/kickstart-usb

6. 이제 킥스타트 파일에 사용자 설정을 하기 위해 킥스타트 파일의 백업 파일을 생성한다.

cp /root/anaconda-ks.cfg /mnt/kickstart-usb

7. 다음에 USB 미디어에 복사된 킥스타트 파일을 선호하는 텍스트 편집기로 연다(여기에서 nano라는 편집기를 사용할 것이다. nano가 설치돼 있지 않다면 yum install nano를 실행한다).

nano /mnt/kickstart-usb/anaconda-ks.cfg

8. 이제 센트OS를 설치할 시스템에 센트OS을 설치하기 위해 파일을 수정한다. nano에서 다음 라인으로 이동하기 위해 위/아래 화살표 키를 사용한다(<장비_이름>은 설치하는 동안 장비에 지어줄 이름을 의미한다. 예, minimal. home).

network --hostname=<장비_이름>

9. 새로운 장비를 유일한 장비 이름으로 짓기 위해 <장비_이름> 문자열을 수정한다. 예를 들어 다음처럼 장비 이름의 끝에 -2를 추가한다.

```
network --hostname=minimal-2.home
```

10. 이제 위/아래 화살표를 사용해 %packages라는 라인이 나올 때까지 커서를 아래로 이동시킨다. 그리고 바로 아래 줄에 다음과 같은 라인을 추가한다(나중에 이 부분을 필요에 따라 정의해 자동으로 설치하기를 원하는 추가 패키지를 제공할 수 있다).

```
mariadb-server
httpd
rsync
net-tools
```

11. 이제 파일을 저장하고 종료한다. nano 편집기에서 변경을 저장하기 위해 Ctrl+o를 사용(이 말은 키보드에서 Ctrl 키를 길게 누른 후 Ctrl 키를 떼지 않고 o 키를 누르는 것을 의미한다)한다. 파일명을 확인하고 엔터 키를 누른 후 nano 편집기를 종료하기 위해 Ctrl+x를 실행한다.

12. 이제, 다음 센트OS 패키지를 설치한다.

```
yum install system-config-kickstart
```

13. 이제 ksvalidator 프로그램을 사용해 설치 패키지가 포함된 킥스타트 파일의 문법을 확인한다.

```
ksvalidator /mnt/kickstart-usb/anaconda-ks.cfg
```

14. config 파일에 에러가 없다면 다음 커맨드를 사용해 USB 미디어를 언마운트^{unmount}한다.

```
cd
umount /mnt/kickstart-usb
```

15. 새 커맨드 프롬프트가 다시 나타나면 센트OS 7을 설치할 대상 장비에서 사용되고 킥스타트 파일이 있는 USB 미디어를 시스템에서 물리적

으로 제거한다.

16. 이제 이전에 만든 킥스타트 파일을 사용해 센트OS 7을 설치할 대상 장비에 물리적인 접근을 해야 한다. 설치하는 동안 필요하지 않은 기타 외부 파일 저장소에 대한 연결을 끊는다.

17. 서버의 전원을 켜서 센트OS 설치 미디어를 준비한다(센트OS DVD 또는 Everything 설치 디스크 이미지가 담긴 CD/DVD 디스크 또는 USB 미디어 인스톨러여야 한다). 이전에 생성한 킥스타트 파일이 들어있는 USB 미디어를 컴퓨터에 연결한다(센트OS를 설치할 때 USB 드라이브를 사용할 경우 이 예제를 실행하려면 최소한 2개의 USB 포트가 있어야 한다).

18. 다음에 서버를 부팅하고 컴퓨터의 초기 부팅 화면이 뜰 때 키를 눌러 서버에 연결된 센트OS 미디어에서 부팅이 되게 한다.

19. 센트OS 인스톨러가 로딩을 시작하면 일반적인 표준 센트OS 7의 설치 환영 화면이 보이고, Test this media & install CentOS 7 옵션이 미리 선택된 상태로 보일 것이다.

20. 다음에 `boot: prompt`로 전환하기 위해 키보드의 Esc 키를 누른다.

21. 이제 킥스타트 설치를 시작할 준비가 됐다. 킥스타트 설치를 진행하려면 킥스타트 파일이 있는 USB 미디어의 정확한 파티션 이름을 알아야 한다. USB 미디어의 파티션 이름이 `/dev/sdc1`(필요에 따라 파티션 이름을 변경한다)이라 가정하면 킥스타트 설치 과정을 진행하기 위해 다음 커맨드를 입력한다.

```
linux ks=hd:sdc1:/anaconda-ks.cfg
```

> USB 미디어를 찾지 못하거나 USB 미디어의 파티션 이름을 찾지 못하면 USB 미디어의 크기, 파티션, 사양으로 식별할 수 있는 파일 시스템을 비교해서 USB 디바이스 이름과 파티션 개수를 식별하기 위해 복구 모드로 시스템을 시작해야 한다('복구 모드에서 시스템 문제 해결' 절을 참고한다).

22. 새로운 시스템은 킥스타트 파일의 커맨드를 사용해 자동으로 설치된다. 상세한 설치 과정을 보여주는 설치 결과 메시지를 볼 수 있다.

23. 시스템의 설치가 완료되면 시스템을 재부팅한 후 킥스타트 파일에서 기술된 내용대로 설치됐는지 검증하기 위해 새로운 시스템에 로그인한다.

예제 분석

이 예제에서는 센트OS 7이 실행 중인 모든 서버의 root 디렉토리에 킥스타트 파일이 존재한다. 해당 킥스타트 파일은 시스템이 설치될 때 설치와 설정에 대한 상세한 정보를 포함한다. 킥스타트 파일을 사용하면 동일한 설정으로 한 번에 여러 시스템의 설치를 자동화할 수 있다. 킥스타트 파일을 사용해 설치가 진행되는 동안 사용자가 전혀 신경 쓰지 않아도 되기 때문에 반복적인 작업에 들어가는 시간을 줄일 수 있다. 또한 설치될 장비의 램이 센트OS 7의 그래픽 인스톨러 설치에 대한 최소 램 요구 사항보다 작을 때 이 방법을 사용할 수 있지만, 텍스트 모드 인스톨러는 시스템의 사용자 정의 파티셔닝과 같은 기능을 제공하지 않는다.

킥스타트 설정 파일은 처음부터 수동으로 생성할 수 있는 간단한 일반 텍스트 파일이다. 킥스타트 문법을 사용해 시스템을 구축할 수 있는 다양하고 많은 커맨드가 있기 때문에 처음부터 새로운 파일에서 시작하는 대신 기본 파일을 템플릿으로 사용했고, 필요에 따라 수정했다. 미니멀 ISO 파일에는 아파치 웹 서버와 같은 추가 패키지가 포함되지 않아서 따로 추가 패키지를 설치해야 하기 때문에 킥스타트를 설치할 때 센트OS 7의 미니멀 이미지로 설치하지 않았다.

부트 로더 시작과 사용자 정의

부트 로더^{boot loader}는 컴퓨터를 켜면 처음에 시작되는 프로그램이며, 설치된 운영체제를 로딩하고 운영체제에 제어권을 넘겨준다. 최근 배포된 대부분의 리눅스 배포판은 시스템을 시작할 때 GRUB2^{GRand Unified Bootloader version 2}를 사용한다. GRUB2는 설정에 대한 많은 유연성과 다양한 운영체제를 지원한다. 이 예제에서는 메뉴 화면의 대기 시간을 비활성화해 시스템을 부팅하는 데 걸리는 시간을 개선할 수 있는 GRUB2 부트 로더의 사용자 정의 방법을 보여준다.

준비

이 예제를 진행하려면 root 권한을 가진 이미 설치된 센트OS 7 운영체제가 필요하다. 또한 설정 파일을 변경하기 위해 nano와 같은 텍스트 편집기에 대한 기본 지식이 있어야 한다.

예제 구현

먼저 GRUB2의 설정 파일을 텍스트 편집기로 열고 수정한다.

1. 먼저 시스템에 root 계정으로 로그인한 후 추후 발생할 수 있는 백업과 롤백을 위해 GRUB2 설정 파일을 다음처럼 복사해둔다.

   cp /etc/default/grub /etc/default/grub.BAK

2. 다음 커맨드로 수정할 GRUB2의 주요 설정 파일을 연다(이 책에서는 nano 편집기를 사용할 것이다. nano 편집기가 설치돼 있지 않다면 `yum install nano`를 실행한다).

   nano /etc/default/grub

3. 커서를 사용해 첫 번째 라인에 다음을 입력하고 엔터 키를 누른다.

   GRUB_HIDDEN_TIMEOUT=0

4. 다음 라인의 맨 처음에 # 기호를 추가한다.

GRUB_TIMEOUT=0

5. Ctrl+o를 사용해 이제 nano 편집기로 파일을 저장한다(저장할 파일명이 맞는지 확인하고 엔터 키를 누른다). 편집기를 종료하기 위해 Ctrl+x를 사용하고 다음 커맨드를 실행한다.

dmesg | grep -Fq "EFI v"

6. 이전 커맨드의 결과가 없다면 다음 커맨드를 실행한다.

grub2-mkconfig -o /boot/grub2/grub.cfg

7. 결과가 있다면 다음을 실행한다.

grub2-mkconfig -o /boot/efi/EFI/centos/grub.cfg

8. grub2-mkconfig가 성공적이면 Done을 출력한다. 다음 커맨드를 사용해 시스템을 재부팅한다.

reboot

9. 재부팅할 때 GRUB2 부트 메뉴가 더 이상 보이지 않고 시스템이 빨라지는 것을 알 수 있을 것이다.

예제 분석

이 예제를 다 진행하면 이제 GRUB2 부트 로더에 대한 사용자 정의를 알수 있다. 매우 간단한 예제에서 부트 로더에 대한 기본적인 수정만 보여줬지만, 훨씬 많이 수정할 수 있다. 부트 로더는 다양한 종류의 파일 시스템을 지원하는 운영체제를 부팅할 수 있다. 동일 장비에 여러 운영체제를 실행할때 이 방식을 사용하는 것이 아주 유용하다. GRUB2 설정 파일의 문법 타입을 보고 싶다면 info grub2 | less 커맨드를 실행하며, GRUB2 매뉴얼의 6.1 Simple configuration handling 섹션(http://www.gnu.org/software/grub/manual/grub.html#Simple-configuration)을 참고한다(2장의 'less를 이용해 텍스트 파일 살펴보기' 절을 참고한다).

복구 모드에서 시스템 문제 해결

우리 모두는 실수를 저지르며, 리눅스 시스템을 처음 관리할 때는 특히 실수를 많이 저지른다. 리눅스는 가파른 학습 곡선이 있을 수 있고, 언젠가 하드웨어 문제나 설정 에러와 같은 사람의 실수를 포함하는 광범위한 이유로 인해 설치한 센트OS가 시작되지 않았을 때 여러분의 경력을 쌓을 수 있을 것이다. 이런 어려운 상황에서 센트OS의 복구 모드를 사용하면 부팅이 되지 않는 시스템에서 부팅이 되게 한 다음, 실수를 되돌리거나 문제의 원인을 찾아낼 수 있을 것이다. 이 예제에서는 문제가 발생했을 때 사용할 수 있는 일반적인 세 가지 사례를 소개한다.

- 센트OS가 부팅되지 않으면 중요한 데이터를 복구하고 설정 파일의 변경 내용을 되돌리기 위해 파일 시스템에 접근한다.
- root 패스워드를 잊어버렸다면 root 패스워드를 변경한다.
- 동일한 하드 디스크에 센트OS를 설치하고, 다른 운영체제를 설치할 때 손상될 수 있는 부트 로더를 재설치한다.

준비

이 예제를 진행하려면 표준 설치 미디어(CD/DVD 또는 USB 미디어)가 필요하다. 시스템의 데이터를 복구하려면 기존의 소중한 데이터를 다른 장소로 모두 복사하기 위해 시스템에 외부 하드 디스크가 있거나 다른 컴퓨터에 네트워크로 연결돼 있어야 한다.

예제 구현

이 예제를 시작하려면 센트OS 설치 CD/DVD 또는 USB 미디어에서 서버를 부팅해야 하고, Test this media & install CentOS 7 메뉴 옵션에 대기하는 커서와 리눅스 설치를 환영하는 첫 번째 화면에서 기다려야 한다.

복구 모드로 전환

1. 주 메뉴에서 아래 화살표 키를 사용해 Troubleshooting을 선택하고 엔터 키를 누른다.

2. Troubleshooting 화면에서 아래 화살표 키를 사용해 Rescue a CentOS system으로 이동하면 해당 글자는 강조체로 변한다. 준비가 되면 엔터 키를 누른다.

3. 로딩 시간이 지난 후 복구 화면으로 들어간다. 복구 화면에는 여러 내용을 확인하기 위해 구성된 하위 화면이 있다. 복구 섹션을 시작하려면 왼쪽과 오른쪽 화살표 키를 사용해 Continue를 선택하고 엔터 키를 누른다.

4. 첫 번째 하위 화면에서 OK 버튼을 선택하고 엔터 키를 누른다.

5. 다음 하위 화면에서 OK 버튼을 선택하고 엔터 키를 누른다.

6. 다음 화면에서 Start shell을 선택하고, 탭 키를 눌러 OK 버튼이 강조되게 한 후 엔터 키를 누른다.

7. 지금까지의 단계를 완료하면 셸 세션을 실행할 수 있다. 셸은 화면의 마지막에 사용할 수 있다. 셸 세션의 상태는 다음과 같다.

```
bash-4.2#_
```

8. 프롬프트에서 루트 파일 시스템을 변경하기 위해 다음 커맨드를 입력하고 엔터 키를 누른다.

```
chroot /mnt/sysimage
```

9. 축하한다. 이제 막 복구 모드로 진입했다. 언제든지 복구 모드를 나오려면 reboot 커맨드를 입력하고 엔터 키를 누른다(해당 커맨드는 시스템을 바로 재시작을 하기 때문에 지금 입력하지는 말자).

```
reboot
```

10. 기본 복구 모드에 진입한 후 문제의 종류에 따라 다음과 같은 해결 방식을 가진다.

파일 시스템에 접근

지금은 복구 모드 중이고 파일 시스템의 주요 파일을 백업해야 하는 상황이라면 데이터를 전달할 다른 장소를 알아야 한다. 복구할 데이터를 접속 중인 컴퓨터에서 다른 컴퓨터로 전달하려면 복구를 위한 외부 USB 미디어를 사용하거나 네트워크 저장소를 사용할 수 있다. 예를 들어 공유된 NFS 서버를 임포트^{import}해 데이터를 복사할 수 있다. 7장의 'NFS로 작업' 절을 참고한다.

1. 복구 모드의 커맨드라인에서 시스템에 연결된 현재 모든 파티션 정보를 보여주는 fdisk 커맨드를 실행한다.

   fdisk -l

2. fdisk 커맨드의 전체 파일 시스템 결과와 전체 크기를 이용해 연결된 미디어와 비교(파티션 개수, 사양)함으로써 연결된 미디어의 이름을 찾아낸다. 팁을 주자면 먼저 USB 미디어를 연결한 후 fdisk -l 커맨드를 실행한다. 그런 다음 USB 미디어를 빼낸 후 fdisk -l 커맨드를 실행해 두 결과 값을 비교하면 찾고자 하는 미디어 이름을 발견할 수 있다.

3. fdisk 목록에서 원하는 미디어를 발견하면 파일 시스템으로 마운트하기 위해 디렉토리를 생성한다.

   mkdir /mnt/hdd-recovery

4. 생성된 디렉토리에 디스크 파티션을 마운트한다. 추가할 USB 미디어는 sdd1이라는 이름을 가진 미디어라 가정하자(USB 미디어가 다르다면 수정한다).

   mount /dev/sdd1 /mnt/hdd-recovery

5. 원래 시스템의 하드 디스크의 루트 파티션은 자동으로 복구 시스템에 의해 특정 폴더(/mnt/sysimage)로 마운트돼 있다. 예를 들어 사용자가 운영체제의 시동 문제를 일으킬 설정 파일을 변경하거나 전체 또는 부분 백업을 하기 위해 해당 폴더에 접근할 수 있다. 예를 들어 아파치 웹 서버 설정 파일을 백업하고 싶다면 다음과 같이 사용한다.

   ```
   cp -r /mnt/sysimage/etc/http /mnt/hdd-recovery
   ```

6. 현재 마운트된 루트 파티션이 아닌 다른 파티션에 존재하는 데이터에 접근하려면 fdisk -l 커맨드를 사용해 해당 파티션을 식별한다. 그리고 디렉토리를 생성하고 파티션을 마운트한 후 USB 미디어를 마운트할 때 한 것처럼 데이터를 접근하기 위해 해당 디렉토리에 접근할 수 있다.

7. 파일 백업을 종료하기 위해 reboot 커맨드를 실행한다.

   ```
   reboot
   ```

파일 시스템에 접근

1. 복구 모드에서 root 패스워드를 변경하려면 password 커맨드를 사용하고 패스워드를 입력한다.

   ```
   passwd
   ```

2. 패스워드를 변경한 후 적용하려면 reboot 커맨드를 실행한다.

   ```
   reboot
   ```

센트OS 부트 로더 재설치

1. 현재 모든 파티션의 이름을 찾기 위해 fdisk -l 커맨드를 사용한다.

   ```
   fdisk -l
   ```

2. 다음 커맨드를 실행한다.

```
dmesg | grep -Fq "EFI v"
```

3. 시작 파티션을 찾기 위해 `fdisk`의 결과 목록에서 boot 칼럼에서 * 기호를 찾는다. * 기호를 보지 못했다면 다음 커맨드를 사용해 부트 디스크를 `/dev/sda1`(필요에 따라 변경한다)로 변경한다.

```
grub2-install /dev/sda
```

4. 이전 커맨드의 결과 내용이 있다면 다음을 실행한다.

```
yum reinstall grub2-efi shim
```

5. 에러가 발생하지 않으면 콘솔에 다음과 같이 출력될 것이다.

```
# this device map was generated by anaconda
(hd0) /dev/sda
```

6. 이전 콘솔 결과는 GRUB의 복구가 성공적이었음을 언급한 것이다.

7. 컴퓨터를 재시작하기 위해 다음 커맨드를 입력한다.

```
reboot
```

예제 분석

복구 모드 환경에서 제공되는 툴로 다양하고 많은 문제를 해결할 수 있다. 종종 이런 문제는 부팅 문제일 수도 있고, root 패스워드를 잃어버리는 것과 같은 다양한 타입의 문제일 수도 있다. 복구 모드는 운영체제를 살릴 수 있으므로 배워두기에 중요한 기술이니 잘 이해해야 한다. 이 예제를 늘 가까이 두는 것이 좋다.

 부트 로더 커맨드로 작업할 때 잘못 사용하면 운영체제가 부팅되지 않을 수 있으니 항상 조심해야 한다.

시스템 업데이트 후 추가 관리 툴과 개발 툴로 센트OS 7 미니멀 설치 개선

이 예제에서는 센트OS 7 미니멀에 다양한 관리 툴과 개발 옵션을 제공하는 추가 툴을 설치하는 방법을 소개한다. 추가 툴은 결과적으로 서버를 폐기할 때까지 생명력을 제공하고, 이 책의 일부 예제를 실행하려면 필수적으로 설치해야 한다. 미니멀 설치는 서버를 설치할 수 있는 가장 효율적인 방법이지만, 미니멀 설치가 더 매력적인 모델로 되려면 일부 추가 기능이 있어야 한다.

준비

이 예제를 실행하려면 미니멀로 설치된 센트OS 7 운영체제, root 권한, 추가 패키지를 다운로드할 수 있는 인터넷 연결이 필요하다.

예제 구현

시스템을 업데이트함으로써 이 예제를 시작한다.

1. 시스템을 변경하기 위해 root로 로그인하고 다음을 실행한다.

    ```
    yum -y update
    ```

2. 이제 센트OS는 YUM 패키지 업데이트를 진행하고, 업데이트해야 할 YUM 패키지가 존재한다면 설치할 것이다. 변경된 부분(소수지만, 커널과 새로운 보안 기능)의 설치가 완료되면 컴퓨터를 재부팅할 수 있다. 재부팅하려면 다음 커맨드를 실행한다.

    ```
    reboot
    ```

3. 서버가 재부팅되면 로그인 화면으로 돌아간다. 현재 설치 내용의 개선을 위해 추후에 유용할 여러 종류의 패키지를 설치한다. root로 로그인

하고 다음 커맨드를 실행한다. 이제 이 예제를 완료한다.

```
yum -y groupinstall "Base" "Development Libraries" "Development
Tools"
yum -y install policycoreutils-python
```

(yum으로 'Development Libraries' 그룹을 설치할 수 없다면 'Additional Development' 그룹을 설치한다 - 옮긴이)

예제 분석

이 예제는 서버에 센트OS 7 미니멀 설치를 개선하는 방법을 소개한다. YUM^{Yellowdog Updater Modified} 패키지 매니저(이 책의 후반부에서 설명한다)를 소개할 뿐만 아니라, 즉시 사용할 수 있는 많은 애플리케이션을 실행시킬 수 있는 시스템을 갖게 된다.

그렇다면 이 예제에서 무엇을 배울 수 있는가?

센트OS의 최신 내용으로 업데이트하는 예로 시작했다. YUM 업데이트를 진행한 후 시스템을 재부팅하는 것은 종종 좋은 아이디어다. YUM 업데이트 작업이 자주 재부팅으로 이어지지 않지만, 운영체제를 설치한 후 최초로 업데이트할 때면 매우 큰 변경 사항이 발생돼 재부팅이 필요할 수도 있다.

재부팅을 통해 일반적으로 새로운 커널이나 변경된 보안 업데이트를 활용할 수 있다. 다음 단계에서 추후에 유용하게 사용될 여러 패키지 그룹의 설치 방법을 보여줬다. 설치 시간을 줄이기 위해 한 커맨드라인에 3개의 주요 패키지 그룹(Base, Development Libraries, Development Tools)을 설치했다. 해당 커맨드를 사용할 때 200개 이상의 개별 패키지를 설치한다. 따라서 서버는 코드를 컴파일할 수 있고, 바로 사용할 수 있는 다양한 애플리케이션을 실행할 수 있다. 이런 장점으로 인해 서버의 수명을 더 늘릴 수 있다. 예를 들어 Base 라는 그룹의 모든 패키지 목록을 보고 싶다면 yum groupinfo Base 커맨드를 실행한다. 설치된 다른 패키지는 policycoreutils-python으로서 리눅스에 보안이 강화된 접근 제어를 관리하는 툴과 프로그램을 제공하며, 이 책에서 자주 사용한다.

2
시스템 설정

2장에서 다루는 내용은 다음과 같다.

- less를 이용해 텍스트 파일 살펴보기
- Vim 소개
- 언어 설정
- NTP와 chrony를 사용한 시스템 시간 동기화
- 장비 이름 설정과 네트워크 주소 해석
- 슈퍼유저 되기
- 고정 네트워크 연결 구축
- 시스템 배너와 메시지의 사용자 정의
- 커널 입문

소개

2장은 서버의 기본 기능을 알기 위해 기초적인 실습을 다루는 여러 예제로 구성돼 있다. 서버 구축 작업이 종종 어려운 작업처럼 보일 수 있다. 2장에서는 서버 구축과 관련된 여러 내용을 다룬다.

less를 이용해 텍스트 파일 살펴보기

이 책에서 파일 내용을 읽거나 출력 결과를 보기 위해 less 또는 less와 비슷한 기능을 가진 툴을 종종 사용할 것이다. 처음에는 less가 약간 직관적인 것처럼 보일 것이다. 이 예제에서는 less를 사용해 파일을 살펴보는 방법을 소개한다.

준비

이 예제를 진행하려면 동작 중인 센트OS 7 운영체제와 해당 운영체제의 root 권한이 필요하다.

예제 구현

1. 시작하기 위해 root로 로그인하고 less의 사용법을 알기 위해 다음 커맨드를 실행한다.

   ```
   man less
   ```

2. 문서를 살펴보기 위한 less 작동 방법을 실명한다. 한 라인으로 스크롤 업과 다운을 하기 위해 위쪽 화살표 키와 아래쪽 화살표 키를 누르고, 한 페이지씩 스크롤 다운^{scroll down}하려면 스페이스바^{spacebar}를 누른다. 한 페이지씩 스크롤 업^{scroll up}하려면 b 키를 누른다. /(슬래시) 키를 눌러 본문을 검색할 수 있다. 다음 결과를 보려면 n 키를 누른다. 종료하려면 q 키를 누른다.

간단한 예제로 less에 대한 기초적인 지식을 소개했다. less는 매뉴얼을 읽을 때 필수적이고, 이 책에서 본문을 출력하기 위해 다른 프로그램에서 많이 사용된다. `man less` 커맨드를 사용해 less 매뉴얼을 읽는 것을 추천한다.

Vim 소개

이 예제에서는 Vim 텍스트 편집기에 대해 매우 간단히 소개한다. Vim은 이 책에서 표준 텍스트 편집기로 사용된다. nano 또는 emacs와 같은 텍스트 편집기를 사용할 수도 있다.

준비

이 예제를 진행하려면 동작 중인 센트OS 7 운영체제와 root 권한이 필요하다.

예제 구현

`vim-enhanced` 패키지를 설치하면서 이 예제를 시작한다. 해당 패키지는 Vim 작업을 배울 수 있는 튜토리얼을 포함한다.

1. 시작하기 위해 root로 로그인하고 다음과 같이 패키지를 설치한다.

   `yum install vim-enhanced`

2. Vim 튜토리얼을 시작하기 위해 다음 커맨드를 실행한다.

   `vimtutor`

3. Vim 편집기에서 Vim 튜토리얼을 연다. 한 라인씩 스크롤 업과 다운을 하기 위해 위쪽 화살표 키와 아래쪽 화살표 키를 누른다. 튜토리얼을 종료하기 위해 Esc 키를 누른 후 :q!를 입력한 후 엔터 키를 누른다.

4. 텍스트 문서를 수정하는 방법을 배우기 위해 Vim 튜토리얼 파일을 읽었고, Vim에 대한 기초 지식을 얻기 위한 과정을 살펴봤다.

이 예제에서 소개한 Vim 튜토리얼은 리눅스에서 가장 강력하고 효율적인 텍스트 편집기로서 리눅스의 기초 지식을 배우는 시작점으로 볼 수 있다. Vim은 학습 곡선이 있지만, vimtutor 가이드를 따라 30분 동안 따라 하면 텍스트 파일을 열고, 수정하고, 저장하는 등의 일반적인 모든 텍스트 편집기 작업을 문제없이 진행할 수 있을 것이다.

언어 설정

이 예제에서는 센트OS 7 운영체제의 전체 시스템과 개별 사용자의 언어 설정을 바꾸는 방법을 소개한다. 언어 설정을 변경하는 일은 드물지만 중요하다. 예를 들어 센트OS를 설치할 때 실수로 엉뚱한 언어로 설정했다면 언어 설정을 제대로 변경해야 한다.

이 예제를 진행하려면 동작 중인 센트OS 7 운영체제, root 권한, 선호하는 콘솔 기반의 텍스트 편집기가 필요하다. 이 예제의 일부 커맨드는 결과를 출력할 때 less를 사용하기 때문에 'less를 이용해 텍스트 파일 살펴보기' 절을 먼저 보는 것을 추천한다.

센트OS 7의 전체 언어 설정을 변경하고 싶다면 적용해야 할 2가지 설정 카
테고리가 있다. 먼저 시스템 로케일 정보와 키보드 설정을 변경한다.

1. 먼저 root로 로그인한 후, 콘솔, 그래픽 윈도우 매니저(X11 레이아웃), 현
   재 키보드 레이아웃에 대한 현재 로케일 설정을 보기 위해 다음 커맨드
   를 실행한다.

   ```
   localectl status
   ```

2. 로케일 설정을 바꾸기 위해 사용 가능한 로케일과 시스템의 키보드 설
   정을 먼저 알아야 한다(두 커맨드 모두 less를 사용한다).

   ```
   localectl list-locales
   localectl list-keymaps
   ```

3. 사용 가능한 로케일 결과 중 사용할 로케일을 결정했다면 다음과 같이
   로케일을 변경하고 키보드 설정을 진행한다. 예제에서는 de_DE.utf8
   과 keymap de-mac을 설정했다(필요에 따라 변경한다).

   ```
   localectl set-locale LANG=de_DE.utf8
   localectl set-keymap de-mac
   ```

4. 이제 처음에 실행했던 커맨드를 다시 실행해 변경 사항이 제대로 적용
   됐는지 확인한다.

   ```
   localectl status
   ```

localectl 커맨드는 센트OS 7에서 언어 설정을 관리할 수 있는 중요한 툴
이며, 매우 편리한 툴이다.

그렇다면 이 예제에서 무엇을 배울 수 있는가?

먼저 root 사용자로 로그인한 후 status 매개변수를 가진 localectl 커맨드를 실행했다. localectl 커맨드는 시스템의 현재 언어 설정 정보를 제공한다. 커맨드 실행 결과, 로케일(시스템 로케일)과 키맵(VC 키맵과 모든 X11 레이아웃 속성) 설정으로 구분할 수 있는 센트OS 7 시스템의 언어 설정 결과를 출력했다.

리눅스 로케일은 시스템 언어를 설정할 뿐 아니라 기타 언어 기반의 속성을 설정하는 데 사용된다. Gnome과 같은 윈도우 매니저, 또한 GUI^{Graphical User Interfaces}를 사용하고 있다면 로케일은 에러 메시지, 로그 결과, 사용자 인터페이스에서의 텍스트를 포함할 수 있다. 또한 로케일 설정은 종이 크기, 숫자, 자연 정렬, 화폐 정보 등과 같은 지역 기반 정보를 정의할 수도 있다. 그리고 표준 ASCII 인코딩에서 찾을 수 없는 캐릭터를 가진 언어를 선택했다면 중요할 수도 있는 캐릭터 인코딩을 정의할 수도 있다.

반면 키맵 설정 키보드에서 개별 키의 정확한 레이아웃을 정의할 수 있다.

다음에 설정을 변경하기 위해 먼저 list-locales 매개변수를 포함한 localectl 커맨드를 실행해 시스템에서 모든 로케일의 모든 목록을 얻었다. localectl list-keymaps 커맨드 결과는 시스템에서 사용할 수 있는 모든 키보드 설정 목록을 보여준다. list-locales 매개변수를 포함한 localectl 커맨드의 결과 로케일은 언어를 정의하기 위해 간결한 애노테이션^{annotation}을 사용한다.

Language[_Region][.Encoding][@Modificator]

Language 부분만 필수고 나머지는 모두 옵션이다. 언어와 지역에 대한 예를 설명하면 en_US는 미국 지역에서 영어를 사용할 때 설정하고, es_CU는 쿠바 지역에서 스페인어를 사용할 때 설정한다.

인코딩은 독일어의 움라우트 또는 불어의 액센트 같은 특수 문자에서 중요하다. 특수 문자의 메모리 표현식은 사용되는 인코딩 타입에 따라 다르게 해석^{resolve}될 수 있다. 일반 UTF-8은 모든 언어의 대부분 캐릭터 인코딩으로 사용될 수 있다.

애노테이션 뒤에 위치한 수정자^{modificator}는 로케일에 의해 정의된 설정을 변경할 수 있다. 예를 들어 키릴^{Cyrillic} 정의를 일반적으로 사용하는 세르비아어의 라틴어 설정을 원한다면 `sr_RS.utf8@latin`을 사용한다. 수정자는 정렬, 환율 정보 등과 같은 서양식 설정으로 변경할 수 있다.

현재 로케일을 변경하기 위해 `set-locale LANG=de_DE.utf8` 매개변수를 사용했다. 이제 독일어의 움라우트를 출력하기 위해 인코딩을 사용할 수 있다. 사용 가능한 모든 로케일 옵션에 대해 동일 로케일 값(예를 들어 `de_DE.utf8`)을 설정하기 위해 `LANG` 옵션을 사용했다는 점을 기억하라. 사용할 수 있는 모든 옵션에 대한 동일 로케일 값을 원하지 않는다면 하나의 로케일 옵션을 사용해 좀 더 세밀하게 제어할 수 있다. man 페이지(`man 7 locale`)를 사용해 로케일 설명을 참고한다(센트OS 7의 미니멀 설치에서 `yum install man-pages` 커맨드를 사용해 리눅스 문서 man 페이지를 설치해야 한다). 예를 들어 시간 로케일을 설정하기 위해 이전 커맨드와 비슷한 문법으로 다음과 같은 추가 옵션을 사용할 수 있다.

localectl set-locale LC_TIME="de_DE.utf8"

다음에 `list-keymaps` 매개변수를 사용할 수 있는 모든 키맵 코드를 보여줬다. `localectl status`를 실행하면서 살펴본 것처럼 키맵은 그래픽을 사용하지 않는 환경(VC 키맵)과 그래픽 환경 설정(X11 레이아웃)이 나눠져 있다.

나눠진 해당 설정은 Gnome 같은 윈도우 매니저나 콘솔을 사용할 때 여러 키보드 레이아웃에 대한 설정에 유연성을 제공한다. `set-keymap de-mac`을 포함한 매개변수를 포함하는 `loaclectl`의 실행은 현재의 키맵을 독일의 애플 매킨토시 키보드 모델로 변경하라는 의미다. 해당 커맨드는 주어진 키보드 타입을 일반 VC와 X11 키보드 매핑에 적용한다. 콘솔에서 X11과 콘솔에 대한 다양한 키 매핑을 원한다면 `localectl --no-convert set-x11-keymap cz-querty`를 사용한다. 해당 커맨드의 `cz-querty` 키맵은 체코어

쿼티 키보드 모델을 사용하겠다는 것을 의미한다(필요에 따라 변경한다).

부연 설명

때때로 시스템의 개별 사용자가 원하는 특정 지역 키보드와 선호하는 언어로 시스템을 다루고 싶어 하는 요구 사항이 존재할 수 있기 때문에 시스템의 로케일(root 사용자만 설정할 수 있다)과는 따로 사용자만의 상이한 언어 설정을 요구할 수 있다. 전체 시스템 로케일은 개별 사용자의 로케일 환경 변수에 의해 덮어 쓰지 않는 한 모든 사용자에 상속된다.

 이미 개별 사용자가 로케일을 정의했다면 전체 시스템 로케일의 변경이 개별 사용자의 로케일에 전혀 영향을 주지 않는다.

시스템 사용자가 현재의 로케일 환경 변수를 모두 출력하려면 locale 커맨드를 사용한다. 특정 변수 이름으로 로케일 환경 변수를 설정하려면, 예를 들어 US 시간으로 시간 로케일을 설정하려면 다음 라인을 사용한다.

```
export LC_TIME="en_US.UTF-8"
```

하지만 모든 로케일을 동일한 값으로 변경하려면 LANG 설정을 이용한다. 예를 들어 미국의 영어로 로케일을 모두 변경하려면 다음 라인을 사용한다.

```
export LANG="en_US.UTF-8"
```

로케일 변경이 제대로 됐는지 확인하려면 에러를 발생시켜 locale 커맨드로 설정된 언어로 에러 메시지로 출력되는지 확인한다. 영어에서 독일어로 로케일을 변경할 때 언어 결과를 보여주는 예는 다음과 같다.

```
export LANG="en_US.UTF-8"
ls !
```

다음 결과가 출력된다.

```
ls: cannot access !: No such file or directory
```

이제 독일어 설정으로 변경한다.

```
export LANG="de_DE.UTF-8"
ls !
```

다음 결과로 출력된다.

```
ls: Zugriff auf ! nicht m?glich: Datei oder Verzeichnis nicht gefunden
```

콘솔에서 export 커맨드로 로케일을 설정하면 윈도우를 닫거나 새로운 터미널 세션에서는 이전에 export 커맨드로 설정된 로케일을 계속 사용할 수 없다. 변경할 로케일 설정을 영구적으로 적용하려면 셸이 오픈될 때마다 읽혀질 수 있도록 사용자 홈 디렉토리의 .bashrc이라는 파일에 LANG 변수와 같은 로케일 환경 변수를 설정한다. 예제에서 로케일 설정을 de_DE.UTF-8(필요에 따라 로케일 값을 변경한다)로 영구적으로 변경하려면 다음 라인을 사용한다.

```
echo "export LANG='de_DE.UTF-8'" >> ~/.bashrc
```

NTP와 chrony를 사용한 시스템 시간 동기화

이 예제에서 NTP^{Network Time Protocol}를 사용해 외부 서버 시간을 기준으로 시스템 클록을 동기화하는 방법을 소개한다. 타임스탬프 문서, 이메일, 로그 파일에 대한 필요부터 네트워크를 보안 처리, 실행, 디버깅 또는 서버의 공유된 기기, 서비스를 간단히 통신하는 것까지 서버의 모든 것은 정확한 시스템 클록 유지에 의존한다. 이 예제에서 관련 내용을 알아본다.

이 예제를 진행하려면 동작 중인 센트OS 7 운영체제, root 권한, 선호하는 콘솔 기반의 텍스트 편집기, 추가 패키지를 다운로드할 수 있는 인터넷 연결이 필요하다.

예제 구현

이 예제에서 시간 동기화를 관리하기 위해 chrony 서비스를 사용한다. chrony는 기본으로 센트OS 미니멀에는 설치되지 않기 때문에 먼저 chrony를 설치한다.

1. 먼저 root로 로그인한 후 chrony 서비스를 설치한다. chrony 서비스를 실행한 다음 정상적으로 동작하는지 검증한다.

```
yum install -y chrony
systemctl start chronyd
systemctl status chronyd
```

2. 또한 영구적으로 chrony를 사용하고 싶다면 서버 부팅 후 시작될 수 있게 활성화해야 한다.

```
systemctl enable chronyd
```

3. 네트워크를 통해 시스템 클록을 동기화하기 위해 NTP를 이미 쓰고 있는지 확인해야 한다.

```
timedatectl | grep "NTP synchronized"
```

4. 이전 커맨드 결과의 마지막 부분에 NTP synchronized의 값이 NO라면 NTP를 활성화하려면 다음 커맨드를 사용한다.

```
timedatectl set-ntp yes
```

5. 다시 커맨드를 실행하면(3번째 단계) NTP와 동기화하는 것을 볼 수 있다.

6. chrony는 기본적으로 원자시계에 접근할 수 있는 공개 서버를 사용하지만, 서비스를 최적화하기 위해 서버가 사용될 시간대를 간소화하고 최적화하기 위해 일부 내용을 변경해야 한다. 내용 변경을 위해 선호하는 텍스트 편집기로 chrony 주요 설정 파일을 연다.

vi /etc/chrony.conf

7. 파일에서 스크롤 다운하고 다음 내용을 포함하는 라인을 찾는다.

server 0.centos.pool.ntp.org iburst
server 1.centos.pool.ntp.org iburst
server 2.centos.pool.ntp.org iburst
server 3.centos.pool.ntp.org iburst

8. 원하는 내부 시간 서버의 목록으로 변경한다.

server 0.uk.pool.ntp.org iburst
server 1.uk.pool.ntp.org iburst
server 2.uk.pool.ntp.org iburst
server 3.uk.pool.ntp.org iburst

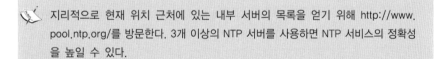

지리적으로 현재 위치 근처에 있는 내부 서버의 목록을 얻기 위해 http://www.pool.ntp.org/를 방문한다. 3개 이상의 NTP 서버를 사용하면 NTP 서비스의 정확성을 높일 수 있다.

9. chrony.conf 설정 파일의 수정을 완료한 후 해당 파일을 저장하고 종료한다. systemctl 커맨드를 사용해 서버를 동기화한다.

systemctl restart chronyd

10. config 파일에 수정한 내용을 확인하려면 다음 커맨드를 사용한다.

systemctl status chronyd

11. chrony가 시스템에서 시간 동기화를 제대로 동작시키고 있는지 확인하기 위해 다음 커맨드를 사용한다.

```
chronyc tracking
```

12. chrony가 동기화에 사용하는 네트워크를 확인하기 위해 다음 커맨드를 사용한다.

```
chronyc sources
```

예제 분석

센트OS 7 운영체제의 시간은 하드웨어 시계를 기반으로 부팅할 때마다 설정된다.

하드웨어 시계는 컴퓨터의 마더보드에 위치한 작은 배터리로 동작하는 시계다. 종종 하드웨어 시계는 너무 올바르지 않거나 올바른 설정이 안 돼 있을수 있으므로 인터넷에서 신뢰할 만한 시스템 시간을 얻는 편이 더 낫다. chrony 데몬인 chronyd는 NTP 프로토콜을 사용해 원격 서버와의 동기화 작업을 통해 시스템 시간을 올바르게 설정할 수 있다.

그렇다면 이 예제에서 무엇을 배울 수 있는가?

센트OS 7 미니멀에서는 chrony 서비스를 기본적으로 사용할 수 없기 때문에 가장 먼저 chrony 서비스를 설치했다. 그리고 timcdatectl set-ntp yes 커맨드를 사용해 NTP로 시스템 시간 동기화를 활성화한다.

그리고 chrony 설정 파일(/etc/chrony.conf)을 열고 외부의 시간 서버를 활용하는 방법으로 변경했다. 회사 방화벽 내부에서 자체 NTP 서버를 구축했다면 매우 유용할 것이다.

chrony 서비스를 시작한 후 chronyc 커맨드를 사용해 새로운 설정을 확인하고 모니터링하는 방법을 소개했다. chronyc는 chrony 데몬과 원격 또는 내부적으로 통신하고 제어하는 유용한 커맨드라인 툴(c는 클라이언트를 의미한다)

이다. chronyc에 tracking 매개변수를 사용해서 특정 서버와 NTP 동기 작업이 일어나는 상세한 정보를 보여줬다. 결과에서 보여주는 속성에 대해 더 알고 싶다면 chronyc 커맨드의 **man** 페이지를 참고한다(man chronyc).

또한 chronyc 프로그램에 sources 매개변수를 사용해 사용 중인 NTP 시간 서버의 정보를 소개했다. 시간 동기화가 올바르게 됐는지 확인하기 위해 date 커맨드를 사용할 수 있다. 서버를 동기화하는 과정이 즉각적이지 않을 수 있다는 점을 명심해야 한다. 동기화 과정을 완료하기 위해 시간이 오래 걸릴 수 있다. 이제 여러분은 chrony의 설치 방법과 관리 방법, NTP 프로토콜을 사용해 시간을 동기화하는 방법을 알게 됐다.

부연 설명

이 예제에서는 chrony 서비스와 NTP 서비스를 사용해 시스템 시간을 설정했다. 일반적으로 시스템 시간은 UTC^{Coordinated Universal Time} 또는 세계 시간으로 설정된다. 즉, 전 세계에서 사용되는 표준 시간을 의미한다. UTC에서는 타임 존을 사용해 내부 시간을 계산한다. 따라서 올바른 타임 존을 찾기 위해 다음 커맨드를 사용한다(결과 파일을 보려면 'less를 이용해 텍스트 파일 살펴보기' 절을 참고한다).

```
timedatectl list-timezones
```

타임 존을 찾았다면 타임 존을 설정하기 위해 다음 커맨드를 실행한다. 예를 들어 독일에 있고 베를린 근처에 있다면 다음 커맨드를 실행한다.

```
timedatectl set-timezone Europe/Berlin
```

내부 시간이 현재 올바른지 timedatectl을 다시 실행해 확인한다.

```
timedatectl | grep "Local time"
```

마지막으로 내부 시간이 제대로 맞다면 시스템 시간으로 하드웨어 시계를 더 정확하게 동기화할 수 있다.

```
hwclock --systohc
```

장비 이름 설정과 네트워크 주소 해석

장비 이름을 설정하는 과정은 일반적으로 설치 과정과 연관돼 있다. 이 예제
는 장비 이름이나 서버의 DNS^{Domain Name System} 리졸버^{resolver}의 변경에 대한
방법을 다룬다.

준비

이 예제를 진행하려면 동작 중인 센트OS 7 운영체제, root 권한, 선호하는
콘솔 기반의 텍스트 편집기가 필요하다.

예제 구현

이 예제를 시작하기 위해 먼저 root 계정으로 시스템에 접근한 후 현재 서버
의 장비 이름을 생성하거나 변경하기 위해 다음 파일을 연다.

1. root로 로그인한 후 현재 장비 이름을 알기 위해 다음 커맨드를 실행한다.

   ```
   hostnamectl status
   ```

2. 이제 원하는 장비 이름으로 변경한다. 예를 들어 jimi라는 장비 이름
   으로 변경하고 싶다면 다음처럼 실행한다(필요하면 이름을 변경한다).

   ```
   hostnamectl set-hostname jimi
   ```

 고정된 장비 이름은 대소문자를 구분하고, 인터넷 친화적인 이름으로 쓰일 수 있게
알파벳과 숫자로 이뤄진 문자열로 한정한다. 전체 길이는 63 문자를 넘을 수 없지만
최대한 짧게 유지하도록 시도한다.

3. 다음으로 서버의 IP 주소가 필요하다. IP 주소를 찾기 위해 다음 커맨드를 실행한다(결과에서 네트워크 인터페이스를 식별해야 한다).

```
ip addr list
```

4. 다음에 FQDN^{Fully Qualified Domain Name}을 설정하기 위해 장비 파일(/etc/hosts)을 열고 변경한다.

```
vi /etc/hosts
```

5. hosts 파일에 필수 내용을 새로운 라인으로 추가한다. 예를 들어 서버의 장비 이름을 jimi라고 설정한다면(IP가 192.168.1.100이고 도메인 이름이 henry.com인 장비), hosts 파일의 마지막 라인은 다음과 같이 보일 것이다.

```
192.168.1.100        jimi.henry.com jimi
```

 서버를 내부 네트워크에서만 사용하려 한다면 인터넷이 안 되는 주소를 최상위 주소 기반으로 사용할 것을 추천하고 싶다. 예를 들어 .local 또는 .lan뿐만 아니라 .home을 사용할 수 있다. 그리고 .com, .co.uk, .net 같은 일반적인 도메인 이름이 아닌 다른 이름을 사용해 혼동을 피할 수 있다.

6. 시스템이 사용할 고정 DNS 서버 주소가 저장된 resolve.conf 파일을 연다.

```
vi /etc/resolv.conf
```

7. 해당 파일의 내용을 다음처럼 교체한다.

```
# use google for dns
nameserver 8.8.8.8
nameserver 8.8.4.4
```

8. 수정이 완료되면 파일을 저장하고 종료한다. 바로 적용될 수 있게 콘솔에서 reboot 커맨드를 실행한다.

```
reboot
```

9. 재부팅이 성공적이면 다음 커맨드를 실행해서 새로운 장비 이름과 FQDN을 확인한다.

```
hostname --fqdn
```

10. 도메인 주소에 대한 IP 주소를 확인하고 싶다면 다음 커맨드를 사용해 고정 DNS 서버 주소를 적용한다.

```
ping -c 10 google.com
```

예제 분석

장비 이름은 네트워크상에서 장비를 식별할 수 있는 유일한 이름이다. 알파벳과 숫자 기반의 캐릭터만 사용될 수 있고, hostnamectl 커맨드를 사용해 서버의 장비 이름을 변경할 수 있다. DNS 서버는 도메인 주소를 IP 주소로 변환하는 데 사용된다. 사용할 수 있는 여러 공개 DNS 서버가 있다. 뒤에서 자체 DNS 서비스를 구축할 것이다.

그렇다면 이 예제에서 무엇을 배울 수 있는가?

예제의 첫 번째 단계에서 hostnamectl 커맨드를 사용해 현재 장비 이름을 변경했다. hostnamectl 커맨드는 세 가지 종류의 장비 이름을 변경할 수 있다. hostnamectl 커맨드에 set-hostname 매개변수를 사용하면 장비에 3개의 이름을 지을 수 있다. 첫 번째 이름은 하이레벨의 장비 이름에 특수 문자(예를 들어 Lennart's Laptop)를 예쁘게 포함할 수 있다. 두 번째 이름은 부팅 시 커널의 장비 이름(예를 들어 lennarts-laptop)을 초기화할 때 사용되는 고정 장비 이름이다. 세 번째 이름은 네트워크 설정에서 기본적으로 받는 임시 이름이다.

그 다음에는 서버의 FQDN을 설정한다. FQDN은 도메인 이름 뒤에 함께 사용되는 장비 이름이다. 사설 DNS 서버를 운영하거나 자체 서버에 외부 접속을 허용한다면 도메인 이름은 중요하다. FQDN을 설정해 DNS 서버를 사용하는 것 외에는 장비 파일(/etc/hosts)을 수정할 수 있다.

센트OS가 사용하는 hosts 설정 파일은 장비 이름을 IP 주소로 매핑한다. hosts 설정 파일 때문에 종종 새 서버나 설정이 안 된 서버 또는 최근에 설치된 서버를 잘못된 것으로 판명할 수 있으니, 먼저 `ip addr list`를 사용해 서버의 IP 주소를 알아야 한다.

FQDN은 짧은 장비 이름과 도메인 이름으로 구성한다. 이 예제에서 보여준 예를 보면 IP 주소가 `192.168.1.100`이고 도메인 이름은 `henry.com`인 `henry`라는 이름의 서버를 위해 FQDN을 설정했다.

설정 파일을 저장하면 FQDN 작업은 완료된다. 하지만 커널은 부팅하는 동안 장비 이름을 활성화하기 때문에 선택의 여지없이 서버를 재부팅해 변경된 설정이 적용되게 한다.

다음에 시스템의 DNS 서버의 IP 주소를 저장하는 resolv.conf 파일을 열었다. 서버가 DNS 서버 목록이 전혀 없거나 사용하지 않는다면 시스템의 어떤 프로그램이라도 네트워크 종착지를 알려주는 도메인 주소를 전혀 사용할 수 없다. 예제에서 구글의 공개 DNS 서버 IP 주소를 입력했지만, 사용하고 싶거나 사용해야 하는 DNS 주소가 있다면 resolv.conf 파일에 추가할 수 있다(일반 회사 환경에서는 방화벽 내부에서 내부 도메인을 사용하려면 내부 DNS 서버 인프라를 구축해야 한다). 재부팅이 성공적이면 `hostname` 커맨드를 사용해 새로운 설정을 확인해본다. `hostname` 커맨드는 장비 이름이나 주어진 매개변수를 기반으로 FQDN을 출력할 수 있다.

결과적으로 이 예제는 장비 이름을 변경하고 네트워크를 해석하는 방법을 소개했을 뿐 아니라 장비 이름과 도메인 이름 간의 차이점을 설명했다. 살펴본 대로 짧고 기억하기 쉬우며, 빠르게 참조할 수 있는 한 단어로 된 장비 이름을 사용할 수 있을 뿐 아니라 마침표로 구분된 세 개의 문자열로 구성할 수도 있다(예, `jimi.henry.com`). 처음에는 세 문자열 사이의 관계가 이상하게 보일 수 있지만, 많은 사람이 해당 문자열을 하나의 값으로 보고 있다. 이 예제를 완료하면 하위 시스템의 이름을 해석하는 결정 방식에 따라 장비 이름과 도메인 이름이 구별되는 것을 확인할 수 있을 것이고, 도메인 이름과 장비 이름을 함께 사용하면 서버는 시스템 전체의 FQDN을 얻을 것이다.

부연 설명

hosts 파일은 IP 주소 목록과 IP 주소에 대응되는 장비 이름을 구성한다. 네트워크가 현 DNS 레코드에 존재하지 않는 IP 주소를 포함한다면 네트워크의 속도를 높이기 위해 hosts 파일에 해당 주소를 추가하는 것을 종종 추천한다. 모든 운영체제에서 관련 작업을 실행할 수 있지만, 센트OS에서 작업하려면 선호하는 텍스트 편집기를 사용해 hosts 파일을 수정한다.

```
vi /etc/hosts
```

이제 hosts 파일의 끝까지 스크롤 다운하고, hosts 파일의 끝에 필요한 IP 주소와 도메인 주소를 추가한다(필요에 따라 변경한다).

```
192.168.1.100    www.example1.lan
192.168.1.101    www.example2.lan
```

다음처럼 외부 주소를 사용할 수도 있다.

```
83.166.169.228  www.packtpub.com
```

해당 방법은 DNS 서버를 사용하지 않고 도메인 이름과 IP 주소 간의 매핑을 생성할 수 있다. 매핑 목록은 크기에 제한이 없고 여러 IP 주소에 웹사이트를 방문할 수 있도록 모든 요청을 재조정함으로써 특정 주소의 연결을 막을 수도 있다. 예를 들어 www.website.com의 실제 IP가 192.168.1.200이고 해당 웹사이트로의 접근을 아예 못하게 하려면 컴퓨터의 hosts 파일에서 다음처럼 변경한다.

```
127.0.0.1    www.website.com
```

www.website.com 주소는 여전히 존재하지만, 시스템에서 www.website.com에 접근하려 하는 모든 요청을 막기 위해 내부 네트워크 주소인 127.0.0.1로 전달한다.

hosts 파일의 수정 작업이 완료되면 평상시대로 hosts 파일을 저장하고 닫는다. 이제 네트워크상에서 빠르고 안전하게 해석된 도메인 이름을 사용할 수 있다.

고정 네트워크 연결 구축

이 예제에서는 새로운 센트OS 서버나 이미 설치된 센트OS 서버의 주소를 설정하는 방법을 소개한다.

동적으로 할당된 IP 주소 또는 DHCP 예약으로 받은 IP 주소는 대부분 데스크톱과 노트북 사용자에게 좋다. 서버를 설정할 때 고정 IP 주소가 필요한 경우가 종종 있다. 웹 페이지에서 이메일을 보내고 데이터베이스에서 파일을 공유할 수 있도록 서버에 고정 IP 주소를 설정하면 애플리케이션과 서비스의 데이터를 전달할 수 있는 영구적인 위치가 된다. 이 예제는 고정 IP 주소를 쉽게 설정하는 방법을 보여준다.

준비

이 예제를 진행하려면 동작 중인 센트OS 7 운영체제, root 권한, 선호하는 콘솔 기반의 텍스트 편집기가 필요하다.

예제 구현

이 예제를 진행하기 위해 /etc/sysconfig/network-scripts/ 디렉토리에 관련 파일이 모두 존재하는지 찾을 수 있다. 먼저 고정 IP로 설정할 네트워크 인터페이스의 이름을 제대로 찾아야 한다. 하나 이상의 네트워크 인터페이스를 고정 IP로 설정하려면 모든 인터페이스에 대해 이 예제를 반복한다.

1. 먼저 root로 로그인 후 시스템의 모든 네트워크 인터페이스의 목록을 얻기 위해 다음 커맨드를 입력한다.

   ip addr list

2. 하나의 네트워크 카드만 설치된 상태라면 이름을 찾기 매우 쉬울 것이다. lo(루프백^{looback} 기기를 의미한다)라는 이름이 아닌 네트워크 인터페이스의 이름을 찾는다. 하나 이상의 네트워크 인터페이스를 갖고 있다면 고정 IP로 설정할 네트워크 인터페이스의 IP 주소를 살펴본다. 예를 들어 enp0s3이라 가정하자.

3. 다음에 네트워크 인터페이스의 설정 파일을 백업한다(네트워크 인터페이스의 이름이 다르면 enp0s3 부분을 변경한다).

   cp /etc/sysconfig/network-scripts/ifcfg-enp0s3
   /etc/sysconfig/network-scripts/ifcfg-enp0s3.BAK

4. 복사 작업이 완료되면 선호하는 텍스트 편집기를 사용해 다음 파일을 연다.

   vi /etc/sysconfig/network-scripts/ifcfg-enp0s3

5. 이제 다음 변경 내용을 해당 설정 파일에 적용한다.

   ```
   NM_CONTROLLED="no"
   BOOTPROTO=none
   DEFROUTE=yes
   PEERDNS=no
   PEERROUTES=yes
   IPV4_FAILURE_FATAL=yes
   ```

6. 그리고 XXX.XXX.XXX.XXX 형태의 값을 IP 정보로 추가한다.

   ```
   IPADDR=XXX.XXX.XXX.XXX
   NETMASK= XXX.XXX.XXX.XXX
   ```

```
BROADCAST= XXX.XXX.XXX.XXX
```

7. 기본 게이트웨이를 추가한다. 일반적으로 게이트웨이 주소는 라우터의 주소다. 해당 설정 파일의 마지막에 새로운 라인을 추가한 후 다음처럼 게이트웨이의 IP 주소를 입력한다.

```
GATEWAY=XXX.XXX.XXX.XXX
```

8. 지금까지 문제가 발생하지 않았다면 해당 설정 파일을 저장하고 종료한다. 남아 있는 네트워크 인터페이스에 고정 IP를 추가로 설정하고 싶다면 지금까지의 작업을 반복한다. 반복한 작업을 진행하면 개별 네트워크 인터페이스에 각각 다른 IP 주소를 할 수 있다.

9. 작업을 종료하면 네트워크 서비스를 재시작하기 전에 해당 설정 파일을 저장하고 종료한다.

```
systemctl restart network
```

예제 분석

이 예제에서는 외부 DHCP 제공자에서 얻은 동적 IP 주소를 고정 IP로 변경하는 작업을 진행하는 과정을 살펴봤다. 이제 고정 IP 주소를 사용해 서비스 및 애플리케이션의 전체 장비로부터 전달받을 수 있는 고유한 네트워크 위치를 구성한다. 고정 IP 주소의 설정은 영구적인 수정이고, 변경 절차는 상대적으로 직관적이라 말할 수 있다.

그렇다면 이 예제에서 무엇을 배울 수 있는가?

선택한 네드워크 인터페이스 이름을 식별한 후 네트워크 인터페이스 설정 파일의 백업 파일을 만드는 예제를 시작하기 위해 /etc/sysconfig/network-scripts/ifcfg-XXX(XXX는 네트워크 인터페이스의 이름이고, 이 예제에서는 enp0s3였다) 설정 파일을 열었다. 고정 IP 주소로 변경할 때 네트워크 매니저의 서비스가 필요 없기 때문에 NM_CONTROLLED를 no로 설정해 비활성화시켰다. 그리고

DHCP를 사용하기 않기 때문에 BOOTPROTO를 none으로 설정했다. 설정 변경을 완료하려면 특정 네트워크 값을 추가하고, 고정 IP 주소, 넷마스크 netmask, 브로드캐스트broadcast, 기본 게이트웨이 주소를 설정해야 한다.

고정 IP 주소를 설정할 때 가장 중요한 설정은 기본 게이트웨이의 IP 설정이다. 기본 게이트웨이는 라우터를 통해 서버에 넓은 인터넷 세계를 연결할 수 있게 해준다.

기본 게이트웨이 설정 작업을 완료하면 작업 중이던 설정 파일을 저장하고 닫는다. 그리고 나머지 네트워크 인터페이스에 대한 고정 IP 설정 작업을 반복한다. 고정 IP 설정 작업을 즉시 반영하려면 네트워크 서비스를 재시작한다.

슈퍼유저 되기

이 예제에서 높은 권한으로 다양한 커맨드를 실행할 수 있도록 지명된 사용자나 그룹을 설정하는 방법을 설명한다.

리눅스 시스템에서 모든 자원을 통제할 수 있는 사용자 이름을 root라 하며, root 사용자는 센트OS 리눅스의 많은 파일, 폴더에 접근하고 커맨드를 실행할 수 있다. 시스템마다 하나의 root를 갖는 것은 필요에 맞지만, 특별히 선택받고 신뢰힐 수 있는 사용자 계정에게 유연성을 더 많이 주고 싶고, 감사 추적 시스템을 제공하고 싶고, 제한된 관리 기능을 주고 싶을 때 이 예제를 참고할 수 있다. 이 예제는 sudo(슈퍼유저superuser가 실행한다do) 커맨드를 활성화하고 설정하는 방법을 소개한다.

준비

이 예제를 진행하려면 동작 중인 센트OS 7 운영체제, root 권한이 필요하다. 서버에 root 권한을 주더라도 문제없을 하나 이상의 사용자 계정(root 사용자 제외)이 있다고 가정하자. 설치할 때 시스템 사용자 계정을 생성하지 못했다면 먼저 3장의 '사용자와 그룹 관리' 절을 먼저 적용하길 바란다.

예제 구현

이 예제를 시작하기 위해 먼저 root 권한이 없는 사용자로 sudo 커맨드를 테스트한다.

1. 먼저 시스템에 root가 아닌 다른 사용자 계정으로 로그인하고, 아직 sudo를 사용할 수 없는 상태인지 확인한다(패스워드에 대한 질문을 받을 때 사용자 계정의 패스워드를 사용한다).

   ```
   sudo ls /var/log/audit
   ```

2. 현재 로그인된 사용자 이름인 <사용자_이름>으로 시작되는 다음 에러 결과가 출력된다.

   ```
   <사용자_이름> is not in the sudoers file. This incident will be reported.
   ```

3. 이제 다음 커맨드를 사용해 시스템 사용자를 로그아웃한다.

   ```
   logout
   ```

4. 다음에 root로 로그인하고 root가 아닌 사용자에게 sudo 권한을 주기 위해 다음 커맨드를 사용한다(필요하다면 <사용자_이름>을 변경한다).

   ```
   usermod -G wheel <사용자_이름>
   ```

5. root 사용자를 로그아웃시키고 첫 번째 단계의 사용자로 다시 로그인한 후 sudo 커맨드가 정상적으로 동작하는지 확인한다.

   ```
   sudo ls /var/log/audit
   ```

6. 축하한다. 일반 사용자가 sudo 권한을 갖게 설정했고, root 사용자에게만 제한된 파일과 디렉토리를 보거나 실행할 수 있다.

일부 리눅스 배포판과 달리 센트OS는 기본적으로 sudo를 제공하지 않는다. 대신 root 사용자만 시스템에서 제한된 부분에의 접근을 허용한다. 보안성을 높일 수 있지만, root 권한으로 개인에게 전체 어드민admin 권한을 주지 않는 한 서버의 다중 사용자는 전혀 유연성을 얻을 수 없다. 이 예제에서는 한 명 이상의 사용자에게 높은 실행 권한이 필요한 커맨드를 실행할 수 있는 권한을 제공하는 방법을 소개한다.

그렇다면 이 예제에서 무엇을 배울 수 있는가?

먼저 root 권한 또는 sudo 권한이 없는 일반 사용자 계정으로 시스템에 로그인했다. 해당 사용자 계정으로 root 사용자만 볼 수 있는 디렉토리의 목록을 보려고 sudo 커맨드의 실행을 시도했지만, sudo 목록에 사용자가 없다는 에러 메시지를 출력하고, 커맨드 실행은 실패했다.

sudo 커맨드는 특정 사용자 또는 그룹에 root 사용자인 것처럼 커맨드를 실행할 수 있는 능력을 제공한다. 모든 동작은 /var/log/secure 파일에 기록돼 모든 커맨드와 매개변수가 어떻게 쓰였는지 추적할 수 있다.

root 사용자로 로그인한 후 시스템 사용자 계정에게 wheel이라 불리는 그룹을 추가했다. wheel 그룹은 특별한 어드민admin 그룹으로 쓰이고, wheel 그룹의 모든 멤버는 자동으로 sudo 권한이 부여된다.

이제 wheel 그룹에 있는 사용자는 높은 권한이 있는 모든 커맨드를 실행하기 위해 sudo를 사용할 수 있다. 사용자는 모든 커맨드의 앞에 sudo 단어를 입력해야 한다. 예를 들어 다음 커맨드처럼 실행할 수 있다.

```
sudo yum update
```

시스템은 사용자에게 사용자 패스워드를 물어보고, 인증이 성공되면 프로그램은 root 사용자로 실행된다.

마지막으로 센트OS 리눅스 시스템에서 root가 될 수 있는 세 가지 방법은 다음과 같다.

첫 번째로 시스템에 진짜 root 사용자로 로그인하는 것이다. 두 번째는 시스템 사용자로 로그인한 후 root 셸 프롬프트로 변환하기 위해 root 패스워드를 입력하는 su - root와 같은 커맨드를 사용하는 것이다. 세 번째는 일반 사용자에게 sudo 권한을 줘서 사용자 패스워드를 사용해 마치 root 사용자로 로그인돼 있는 것처럼 커맨드를 실행할 수 있다.

 sudo(슈퍼유저가 하는 행위)를 su(사용자를 대체한다)와 혼동하지 말아야 한다. su 커맨드는 root 사용자가 돼 하나의 커맨드만 실행할 수 있을 뿐 아니라, 다른 사용자로 영구적으로 전환할 수 있다.

sudo 커맨드는 하나의 관리자가 전체 시스템을 관리하기에 쉽지 않은 경우 많은 사용자가 있는 서버에 큰 유연성을 제공한다.

시스템 배너와 메시지의 사용자 정의

이 예제에서는 사용자가 SSH나 콘솔을 이용해 센트OS 7 시스템에 성공적으로 로그인하거나, 그래픽 윈도우 매니저에서 새로운 터미널 윈도우를 열 때 환영 메시지를 출력하는 방법을 소개한다.

준비

이 예제를 진행하려면 동작 중인 센트OS 7 운영체제, root 권한, 선호하는 콘솔 기반의 텍스트 편집기가 필요하다.

1. 시작하기 위해 시스템에 root로 로그인하고 선호하는 텍스트 편집기로 새로운 파일을 생성한다.

   ```
   vi /etc/motd
   ```

2. 다음에는 생성한 파일에 다음 내용을 저장한다.

   ```
   ###############################################
   # 이 컴퓨터 시스템은 인증된 사용만 로그인할 수 있습니다.
   # 모든 액션은 로그로 저장되고 정기적으로 확인됩니다.
   # 시스템 사용자가 권한이 없거나 권한을 넘는 서비스를
   # 실행하면 취소될 수 있습니다.
   ###############################################
   ```

3. /etc/motd 파일을 저장하고 닫는다.

4. 축하한다. 이제부터 사용자가 ssh 또는 콘솔을 이용해 시스템에 로그인할 때마다 여러분이 설정한 배너 메시지를 볼 것이다.

법적인 이유로 사용자가 로그인하기 전에 로그인 배너를 출력할 것을 강력 추천한다. 변호사는 범죄자가 서버에 무단 접근을 알고 있으면서 무단 접근하는 것은 범죄가 될 수 있다고 조언한다. 로그인 배너는 이를 위해 가장 좋은 방법이다. 이런 이유 외에 로그인 배너를 유용한 시스템 정보로 사용할 수 있다.

그렇다면 이 예제에서 무엇을 배울 수 있는가?

오늘의 메시지를 의미하는 /etc/motd 파일을 열어봄으로써 이 예제를 시작했다. /etc/motd 파일은 사용자가 콘솔이나 ssh로 로그인한 후 출력된다. /etc/motd 파일에 표준 법적 고지를 추가한 후 저장한다.

지금까지 본 것처럼 /etc/motd 파일은 사용자가 시스템에 로그인한 후 고정 텍스트를 출력한다. ssh가 먼저 연결될 때 메시지 출력을 원한다면 ssh 배너를 사용할 수 있다. ssh 데몬의 기본 설정에는 배너 출력이 비활성화돼 있다. 즉, 사용자가 ssh 데몬과 연결하면 어떠한 메시지도 출력되지는 않는다. ssh 데몬 연결 시 배너를 출력하고 싶다면 root로 로그인한 후 선호하는 텍스트 편집기로 /etc/ssh/sshd_config 파일을 열고 파일의 끝에 다음과 같은 내용을 저장한다.

```
Banner /etc/ssh-banner
```

그리고 /etc/ssh-banner라는 새로운 파일을 생성하고 연 후 사용자 정의한 ssh 환영 메시지를 추가하고 저장한다.

마지막으로 다음 라인처럼 ssh 데몬을 재시작한다.

```
systemctl restart sshd.service
```

이제부터 서버에 ssh 연결을 할 때마다 새로운 메시지가 출력될 것이다.

motd 파일은 고정 메시지와 상세 시스템 정보만 출력할 수 있다. 그러나 motd 파일에는 동적으로 생성되는 메시지 출력이나 bash 커맨드를 사용할 수 없다. 또한 motd는 그래픽 윈도우 매니저에서 새로운 터미널을 여는 것과 같은 로그인이 없는 셸에서 동작되지 않는다. 이런 경우에 메시지를 출력하고 싶다면 /etc/profile.d 디렉토리에 사용자 정의 스크립트를 생성할 수 있다. 사용자가 시스템에 로그인하면 /etc/profile.d 디렉토리의 모든 스크립트가 자동으로 실행되는데, 2개의 환영 배너를 원하지는 않을 것이다. 새로운 파일인 /etc/profile.d/motd.sh를 텍스트 편집기로 열고, 사용자 정의 메시지를 다음처럼 생성한다. 해당 사용자 정의 메시지는 bash 커맨드를 사용해 작은 스크립트를 작성할 수 있다(motd.sh 파일에서 bash 셸 커맨드를 실행하기 위해 역따옴표를 사용한다).

```
#!/bin/bash
echo -e "
###################################
#
# `hostname`에 로그인한 것을 환영합니다.
# 당신은 `whoami` 계정으로 로그인했습니다.
# 현재 시스템은 `cat /etc/redhat-release`입니다.
# 커널은 `uname -r`입니다.
# Uptime은
`uptime | sed 's/.*up ([^,]*), .*/1/'`입니다.
# 전체 메모리는 `cat /proc/meminfo | grep MemTotal | awk {'print $2'}`
      # KB입니다.
###################################"
```

커널 입문

리눅스 커널은 운영체제의 핵심을 이루는 프로그램이다. 커널은 내부 하드웨어와 직접 통신하고 셸을 통해 사용자가 작업할 수 있다. 이 예제에서는 동적 커널 모듈로 작업함으로써 커널을 준비하는 방법을 소개한다. 커널 모듈은 접근할 수 있는 하드웨어의 특정 부분을 지원하는 디바이스 드라이브 파일(또는 파일 시스템 드라이버 파일)이다.

시스템 관리자는 커널 모듈을 자주 작업하지 않지만, 운영체제에서 디바이스 드라이버에 문제가 발생하거나 지원하지 않는 하드웨어 부품이 있을 때 커널 모듈에 대한 기본적인 이해가 있어야 한다.

준비

이 예제를 진행하려면 동작 중인 센트OS 7 운영체제, root 권한이 필요하다.

1. 먼저 root 사용자로 시스템에 로그인하고, 현재 로드된 리눅스 커널 모듈의 상태를 보기 위해 다음 커맨드를 입력한다.

   lsmod

2. lsmod 결과는 로드된 모든 기기 드라이버를 출력한다. 로드된 모듈 중 시디롬(cdrom) 드라이버와 플로피 디스크(floppy) 드라이버가 있는지 확인한다.

   lsmod | grep "cdrom\|floppy"

3. 서버의 대부분은 다음과 같은 결과를 출력할 것이다.

   cdrom   42556 1 sr_mod
   floppy   69417 0

4. 이제 sr_mod라는 cdrom 모듈에 대한 상세 정보를 보기 위해 modinfo 커맨드를 사용한다.

   modinfo sr_mod

5. 다음으로 커널에서 두 모듈을 언로드unload한다(모듈과 하드웨어가 시스템에서 발견되고 로드된 상태라면 해당 작업을 진행하고, 로드된 상태가 아니라면 이 단계를 건너뛴다).

   modprobe -r -v sr_mod floppy

6. 해당 모듈이 언로드됐는지 확인한다(결과는 지금 비어 있어야 한다).

   lsmod | grep "cdrom\|floppy"

7. 이제 시스템에서 사용할 수 있는 모든 커널 모듈의 목록을 출력하기 위해 다음 디렉토리를 사용한다.

   ls /lib/modules/$(uname -r)/kernel

8. /lib/modules/$(uname -r)/kernel/drivers/ 디렉토리 밑의 bluetooth 하위 디렉토리에서 모듈을 선택하고, 아직 로드된 것이 아닌지를 확인한다(결과는 아무 것도 없어야 한다).

```
lsmod | grep btusb
```

9. 해당 커널 모듈에 대한 정보를 더 얻는다.

```
modinfo btusb
```

10. 마지막에 블루투스 USB 모듈을 로드한다.

```
modprobe btusb
```

11. 이제 해당 모듈이 제대로 로드됐는지 검증한다.

```
lsmod | grep "btusb"
```

예제 분석

커널 모듈은 시스템의 하드웨어가 커널과 운영체제 간의 통신에 필요한 드라이버다(또한 커널 모듈은 파일 시스템에서 로드되고 활성화돼야 한다). 커널 모듈은 동적으로 로드된다. 즉, 여러분이 만든 자체 하드웨어를 운영체제에서 사용할 수 있도록 런타임에 드라이버나 모듈만 로드되는 것을 말한다.

그렇다면 이 예제에서 무엇을 배울 수 있는가?

먼저 예제에서 시스템에 로드된 모든 커널 모듈을 보기 위해 lsmod 커맨드를 실행했다. 결과는 3개의 칼럼이다. 칼럼은 각각 모듈 이름, 커널 모듈이 로드할 때 점유할 RAM의 크기, 커널 모듈이 사용될 프로세스 개수고, 커널 모듈을 사용하면서 의존 모듈 목록을 보여준다. 그런 다음에는 커널이 cdrom과 floppy 모듈을 로드했는지 확인했다. 결과에서 cdrom 모듈이 sr_mod 모듈에 의존적인지 봤다. 따라서 modinfo 커맨드를 사용해 관련된 상세 정보를 얻었다. 여기서 sr_mod는 SCSI cdrom 드라이버다.

시스템에 처음 설치할 때만 플로피와 시디롬 드라이버가 필요하지만, 설치 이후에는 플로피와 시디롬 드라이버를 쓰지 않도록 해당 커널 모듈을 비활성화해 메모리를 아낄 수 있다. modprobe -r 커맨드를 사용해 해당 커널 모듈과 의존성 있는 모듈을 언로드했고, lsmod를 다시 사용해 해당 커널 모듈이 언로드됐는지 확인할 수 있다.

다음에는 표준 커널 모듈 디렉토리(예, /lib/modules/$(uname -r)/kernel/drivers)에 접근한다. uname 하위 문자열 커맨드는 현재의 커널 버전을 출력한다. 시스템에 한 개 이상의 커널을 설치했을 때 현재 커널 모듈 목록을 확인하기 위해 uname 커맨드를 사용한다.

커널 모듈 디렉토리에는 사용 가능한 모든 모듈이 저장돼 있고, 구조화된 하위 디렉토리로 분류돼 있다. drivers/bluetooth의 btusb 모듈을 선택했다. btusb 모듈에 대한 modinfo 커맨드를 실행해서 블루투스 USB 드라이버인지 확인했다. 마지막으로 modprobe 커맨드를 실행해 btusb 커널 모듈을 메모리에 로드했다.

부연 설명

modprobe 커맨드를 사용해 커널 모듈을 로드하고 언로드할 때 영속성이 없기 때문에 시스템을 재시작하면 커널 모듈에 발생된 모든 변화는 사라진다. 부팅 시 커널 모듈을 읽기 위해 /etc/sysconfig/modules/<파일_이름>.modules 스크립트 파일을 생성한다(<파일_이름>은 파일명으로, 원하는 이름으로 생성한다). 정상적인 커맨드라인에서 실행하는 것처럼 modprobe 실행 커맨드를 해당 스크립트 파일에 둘 수 있다. 블루투스 드라이버를 추가로 로딩할 때 예제에서 사용되는 스크립트의 파일 경로는 /etc/sysconfig/modules/btusb.modules다.

```
#!/bin/sh
if [ ! -c /dev/input/uinput ] ; then
exec /sbin/modprobe btusb >/dev/null 2>&1
fi
```

마지막으로 새롭게 생성한 모듈 파일이 실행될 수 있도록 다음과 같이 변경한다.

```
chmod +x /etc/sysconfig/modules/btusb.modules
```

재부팅 이후 lsmod를 이용해 새롭게 생성한 모듈 설정을 재확인한다. 예를 들어 sr_mod를 부팅할 때 커널 모듈에서 삭제하려면 rdblacklist 부팅 커널 옵션을 사용해 sr_mod 모듈의 이름을 블랙리스트로 설정한다. GRUB2 설정 파일인 /etc/default/grub의 GRUB_CMDLINE_LINUX 지시자의 끝에 블랙리스트 옵션을 추가할 수 있다.

```
GRUB_CMDLINE_LINUX="rd.lvm.lv=centos/root rd.lvm.lv=centos/swap
crashkernel=auto rhgb quiet rdblacklist=sr_mod"
```

여러 모듈을 블랙리스트로 관리하고 싶다면 rdblacklist 옵션을 rdblacklist= sr_mod rdblacklist=nouveau처럼 여러 번 명시할 수 있다.

이제 grub2-mkconfig 커맨드를 사용해 GRUB2 설정 파일을 재생성한다 (GRUB2에 대해서 더 자세히 알기 원하면 1장의 '부트 로더 시작과 사용자 정의' 절을 참고한다).

```
grub2-mkconfig -o /boot/grub2/grub.cfg
```

마지막으로 예를 들어 /etc/modprobe.d/ 디렉토리에 blacklist.conf 파일을 새로 만들고, blacklist 지시자를 사용해 블랙리스트로 관리할 모듈 이름을 blacklist.conf 파일에 추가해야 한다.

```
echo "blacklist sr_mod" >> /etc/modprobe.d/blacklist.conf
```

3

시스템 관리

3장에서 다루는 내용은 다음과 같다.

- 백그라운드 서비스를 알고 관리하기
- 백그라운드 서비스 문제 해결
- journald로 시스템 자원 추적
- journald에 영속성 설정
- 사용자와 그룹 관리
- cron으로 스케줄 작업
- rsync로 파일 동기화
- 스냅샷 생성과 백업
- 중요한 서버 장비 모니터링
- 깃Git과 서브버전Subversion으로 제어

소개

3장에서는 성능 기반의 서버 솔루션 관리에 필요한 예제를 모았다. 디스크 공간을 모니터링하는 것부터 시스템 서비스로 작업하는 것과 원격 파일의 동기화를 관리하는 것까지 3장에서는 서버의 유지 보수 작업을 신속하고 쉽게 이해하고 다룰 수 있는 방법을 소개한다.

백그라운드 서비스를 알고 관리하기

리눅스 시스템 서비스는 모든 리눅스 서버의 가장 핵심적인 개념 중 하나다. 리눅스 시스템 서비스는 계속 실행 중인 프로그램으로, 뭔가를 처리하기 위해 외부 이벤트를 기다리거나 항상 이벤트를 발생시킨다. 일반적으로 서버에서 작업할 때 시스템 사용자는 실행 중인 시스템 서비스의 존재를 알지 못하는데, 백그라운드 프로세스이고 보이지 않기 때문이다. 리눅스 서버에는 항상 동작하는 많은 시스템 서비스가 있다. 리눅스 시스템 서비스는 웹 서버, 데이터베이스, FTP, 프린팅, DHCP, LDAP 서버 등이 될 수 있다. 이 예제에서는 시스템 서비스를 관리하고 작업하는 방법을 소개한다.

준비

이 예제를 진행하려면 설치된 센트OS 7 운영체제, root 권한, 선호하는 콘솔 기반의 텍스트 편집기, 추가 패키지를 다운로드할 수 있는 인터넷 연결이 필요하다. 이 예제에서 사용된 일부 커맨드 결과에서는 less를 사용한다. less에 대해 알고 싶다면 2장의 'less를 이용해 텍스트 파일 살펴보기' 절을 참고한다.

systemctl은 센트OS 7 시스템에서 모든 백그라운드 서비스를 관리할 수 있는 프로그램이다. 이 예제에서 systemctl과 친숙해지기 위해 아파치 웹 서버를 예로 설명함으로써 systemctl의 사용 방법을 소개한다. 아파치 서버에 대한 설명을 보려면 12장을 참고한다.

1. 먼저 root로 로그인하고 아파치 웹 서버 패키지를 설치한다.

   yum install httpd

2. 다음에 아파치 서비스 상태를 확인한다.

   systemctl status httpd.service

3. 아파치 서비스를 백그라운드로 시작하고 상태를 확인한다.

   systemctl start httpd.service
   systemctl status httpd.service

4. 이제 시스템에서 현재 백그라운드로 동작 중인 모든 서비스 목록을 출력한다. 해당 목록에서 httpd 서비스가 시작 중인지 확인한다.

   systemctl -t service -a --state running

5. 이제 아파치 웹 서버 설정 파일의 백업 파일을 생성한다.

   cp /etc/httpd/conf/httpd.conf /etc/httpd/conf/httpd.conf.BAK

6. 이제 sed를 사용해 아파치 설정 파일을 변경한다.

   sed -i 's/Options Indexes FollowSymLinks/Options -Indexes +FollowSymLinks/g' /etc/httpd/conf/httpd.conf

7. 이제 아파치 웹 서비스의 시작, 종료, 상태를 확인하기 위해 다음 커맨드를 실행한다.

   systemctl stop httpd.service
   systemctl start httpd.service
   systemctl status httpd.service

8. 다음은 부팅 시간에 자동으로 httpd 서비스를 시작한다.

```
systemctl enable httpd.service
```

9. 마지막 커맨드는 httpd 서비스를 재시작하는 것을 보여준다.

```
systemctl restart httpd.service
```

예제 분석

예제에서 본 것처럼 systemctl 유틸리티는 시스템 서비스를 통제할 수 있다. systemctl은 센트OS 7 리눅스에서 시스템과 서비스를 관리하는 systemd를 통제하는 프로그램이다. systemctl 커맨드는 다양한 작업을 할 수 있지만, 이 책에서는 시스템 서비스 관리에 대한 부분을 설명한다.

그렇다면 이 예제에서 무엇을 배울 수 있는가?

이 예제를 시작할 때 systemctl 프로그램을 이용해 시스템 서비스를 일반적으로 관리하는 방법을 설명하기 위해 root로 로그인한 후 아파치 웹 서버 패키지를 설치했다. 예제에서 사용한 아파치 또는 httpd.service는 systemd에 의해 호출된다. 기본 서버 환경에서 실행 중인 중요한 서비스에는 sshd.service, mariadb.service, crond.service 등이 있다. 그리고 아파치 웹 서버를 실행한 후 systemctl status 커맨드 매개변수로 httpd의 현재 상태를 확인했다. 상태 결과는 두 개의 필드, 즉 Loaded와 Active를 보여준다. Loaded 필드는 현재 로드됐는지, 부팅 시에 자동으로 시작했는지에 대한 정보를 보여준다. Active 필드는 시스템 서비스가 현재 실행 중인지 실행 중이 아닌지를 보여준다. 그리고 systemctl을 사용해 시스템 서비스를 실행하는 방법을 보여줬다. 시스템 서비스를 실행하기 위한 systemctl 문법은 systemctl start <서비스_이름>.service다.

서비스를 시작할 때 systemctl 커맨드는 터미널에서 분리돼 백그라운드로 동작하는 새로운 프로세스를 포크(fork)한다. 해당 프로세스는 백그라운드 프로세스로 동작하며, 사용자와 상호 소통을 하지 않는다. 해당 프로세스를 데몬(daemon)이라 부른다.

다음에 아파치 웹 서버 데몬을 시작한 후 systemctl에 status 매개변수를 다시 사용해 실행 중인지 확인한다. 결과에서 현재는 아파치 웹 서버를 로딩한 상태이지만 재부팅 이후에는 동작되지 않음을 표시할 뿐 아니라 아파치 웹 서버가 동작 중인지 여부, 아파치 웹 서버의 서비스 로깅 결과, 아파치 웹 서버 프로세스에 대한 기타 상세 정보를 보여준다. 시스템의 모든 서비스에 대한 상태 정보를 간단하게 보고 싶다면 systemctl --type service --all을 실행한다. 이전 커맨드의 결과에서 본 것처럼 systemctl 서비스가 항상 실행되지는 않으며, 시스템 서비스의 상태는 데몬이 내려가 있는 상태stopping, 서비스가 동작 중이지만 일부가 문제인 상태degraded, rescue 상태 maintainance 등이 있다. 다음에는 다음과 같은 커맨드를 사용해 시스템에서 현재 동작 중인 모든 서비스 목록을 얻는다.

```
systemctl -t service -a --state running
```

여기에서 볼 수 있는 것처럼 서비스 유닛 타입만 필터링하기 위해 -t 플래그를 사용했다. 추측한 대로 systemctl은 서비스 유닛뿐 아니라 여타 유닛 타입도 처리할 수 있다. systemd 유닛은 systemd가 설정 파일을 사용해 관리할 수 있는 자원이며, 설정 파일은 서비스, 패킷을 기다리는 소켓, 저장된 시스템 상태 스냅샷, 디바이스 마운팅, 시스템과 연관된 기타 객체에 대한 정보를 요약한다. 사용할 수 있는 모든 유닛 타입의 목록을 보고 싶다면 systemctl -t help를 실행한다.

해당 설정 유닛 파일은 시스템의 특수 폴더에 저장되고, 해당 폴더에 포함된 타입은 확장자에서 읽혀진다. 모든 유닛 파일은 파일 확장자인 .service를 가진다(예를 들어 디바이스 유닛 파일은 .device 확장자를 가진다). 시스템이 유닛 파일을 저장하는 폴더는 두 곳이다. 시스템이 설치될 때 모든 systemd 유닛 파일은 기본적으로 /usr/lib/systemd/system에 저장된다. 사용자 정의 설정과 같이 패키지를 추가 설치하는 기타 서비스 유닛 파일은 /etc/systemd/system에 저장된다. 아파치 서비스 설정 파일은 /usr/lib/systemd/system/httpd.service에서 정확히 찾을 수 있다.

다음에는 시스템 서비스의 시작과 반대인 서비스의 종료 방법을 소개했다. 서비스 종료 문법은 systemctl stop <서비스_이름>이다. 시스템 서비스를 종료하고 시작하려면 커맨드를 2번 실행해야 하지만, 마지막 단계에서 systemctl의 restart 매개변수를 사용하면 한 번에 종료와 시작이 진행된다. 시스템 서비스가 멈춰있고 응답이 없다면 시스템 서비스가 작동하게 리셋을 해야 할 때가 있는데, systmctl에 restart 매개변수를 사용한다. 시스템 서비스의 종료와 재시작을 보여주기 전에 중요한 부분을 다뤘다. 아파치 웹 서비스가 실행 중이었을 때 sed 커맨드를 사용해 아파치 서비스 설정 파일의 Indexes 옵션을 -Indexes 옵션으로 수정했다. -Indexes 옵션은 웹사이트의 파일 목록을 보이지 않게 하는 것으로, 웹 서버의 보안을 높이기 위해 일반적으로 사용된다. 아파치 웹 서버가 이미 실행 중이고 시작할 때 메모리에 이전 설정을 로딩한 상태라면 파일의 수정 내용이 아파치 서비스에 결코 반영되지 않는다.

 일반적으로 수정한 설정 파일을 동작 중인 서비스에 적용하려면 서비스를 재시작해야 한다. 일반적으로 서비스가 시작될 때 설정 파일을 로드한다.

이제 인터넷에서 아파치 웹 서버에 접근할 수 있고, 많은 사람이 구축한 웹 페이지에 접근하거나 병렬로 웹 애플리케이션이 동작한다고 상상해보자. 아파치 웹 서버를 재시작하려면 아파치 프로세스가 실제로 종료되고 다시 시작할 때까지 웹 서버에 잠깐 동안(재시작하는 시간동안) 접근이 되지 않을 것이다. 서비스가 재시작 중에 요청을 보낸 모든 사용자는 HTML 404 에러 페이지를 보게 될 것이다.

또한 아파치 웹 서버의 모든 세션 정보는 사라질 것이다. 사용자들이 쇼핑 카트 또는 로그인한 온라인 웹 쇼핑몰을 상상해보자. 모든 정보가 사라질 것이다. 아파치 웹 서버와 같은 중요한 서비스의 중단을 막기 위해 서비스에 restart 옵션 대신 reload 옵션(모든 서비스가 reload 옵션 기능이 있는 것은 아니다)을 제공한다. reload 옵션은, 서비스 자체는 온라인 상태이고 실행하는 동안 방해받지 않으며, 단지 서비스 설정 파일을 다시 로드하고 적용하는 것이다. 아파치 웹 서버의 경우 systemctl reload httpd.service라는 커맨드라인을 사용할 수 있다. reload 기능을 가진 모든 시스템 서비스의 목록을 보려면 다음 커맨드라인을 사용한다.

```
grep -l "ExecReload" /usr/lib/systemd/system/*.service /etc/systemd/
system/*.service
```

이 예제를 정독하면 서비스를 관리할 수 있는 systemctl의 기초적인 매개변수를 사용하는 방법을 알 수 있다. systemctl은 매우 강력한 프로그램이고 서비스 시작과 종료 이상의 기능이 많이 있다. 또한 이 예제에서 시스템 서비스, 백그라운드 프로세스, 데몬은 모두 동일한 의미로 쓰였다.

부연 설명

target이라는 중요 유닛 타입이 있다. target도 유닛 파일이며, 시스템에 이미 사용 가능한 많은 해당 유닛 타입이 있다. 얼마나 있는지 보고 싶다면 다음 커맨드를 사용한다.

```
ls -a /usr/lib/systemd/system/*.target /etc/systemd/system/*.target
```

간단히 말해 다중 타겟은 서비스 또는 다른 타겟들의 집합이다. 이전 센트OS 버전의 런레벨runlevel과 비슷한 환경을 구축할 수 있다.

런레벨은 어떤 시스템의 상태에서 로드돼야 할지를 정의한다. 예를 들어 시스템 상태에는 그래픽 상태, 복구 모드 상태 등이 있다. 타겟에 연관 있는 일반 런레벨을 보고 싶다면 모든 심볼링 링크를 보여줄 수 있는 다음 커맨드를 실행한다.

```
ls -al /lib/systemd/system | grep runlevel
```

타겟은 다른 타겟에 의존성을 가질 수 있다. 타겟 의존성을 확인하려면 다중 사용자 타겟에서 모든 타겟까지 모든 의존성을 보기 위해 다음 커맨드를 실행할 수 있다(녹색은 활성화를 의미하고 빨간색은 비활성화를 의미한다).

```
systemctl list-dependencies multi-user.target
```

현재 기준으로 기본 타겟을 볼 수 있다.

```
systemctl get-default
```

기본 타겟을 다른 타겟으로 변경할 수도 있다.

```
systemctl set-default multi-user.target
```


백그라운드 서비스 문제 해결

종종 모든 시스템 관리사의 작업 중 큰 부분은 서버에 문제가 생겼을 때 문제를 해결하는 것이다. 시스템 서비스는 항상 정보를 실행 중이고 처리하기 때문에 시스템 서비스의 경우가 특히 그렇다. 서비스는 다른 서비스나 서버 시스템에 의존성을 가질 수 있으며, 시스템 서비스는 실패하거나 시작이 거절될 때가 있다. 이 예제에서는 잘못된 상황이 발생했을 때 문제를 해결하는 방법을 소개한다.

이 예제를 진행하려면 설치된 센트OS 7 운영체제, root 권한, 선호하는 콘솔 기반의 텍스트 편집기가 있어야 한다. '백그라운드 서비스를 알고 관리하기' 절에서 아파치 웹 서버를 설치했고, 해당 예제를 잘 알고 있다고 가정한다.

예제 구현

시스템 서비스 문제를 해결하는 방법을 보여주기 전에 아파치 서비스의 설정 파일에서 임의로 발생하는 에러를 소개하고 문제 해결 방법을 보여준다.

1. root로 로그인한 후 httpd.conf 파일에 내용을 추가하기 위해 다음 커맨드를 실행한다.

   ```
   echo "THIS_IS_AN_ERRORLINE" >> /etc/httpd/conf/httpd.conf
   ```

2. 다음에는 httpd 서비스를 재로드reload하고 결과를 확인한다.

   ```
   systemctl reload httpd.service
   systemctl status httpd.service -l
   ```

3. 에러가 발생하는 부분을 원래대로 원복한다.

   ```
   sed -i 's/THIS_IS_AN_ERRORLINE//g' /etc/httpd/conf/httpd.conf
   ```

4. 이제 아파치 웹 서비스를 다시 시작한다.

   ```
   systemctl reload httpd.service
   systemctl status httpd.service
   ```

예제 분석

짧은 예제에서 문제가 발생할 때 예시의 시스템 서비스가 어떻게 동작하는지, 시스템 서비스를 시작하기 위해 어떻게 문제를 해결해야 하는지에 대한 방법을 소개한다. 서비스의 오작동으로 잘못될 수 있는 시나리오가 다양하기 때문에 문제 해결이 시스템 관리자의 큰 작업이 될 것이다.

그렇다면 이 예제에서 무엇을 배울 수 있는가?

이 예제에서 먼저 아파치 설정 파일에 텍스트 라인을 소개했다. 아파치 설정 파일에 문법 에러가 있다면 `httpd` 서비스가 해당 아파치 설정 파일을 해석할 수 없다. 그리고 아파치 웹 서버의 설정 파일을 읽기 위해 `systemctl reload` 매개변수를 사용했다. 이전에 언급한 것처럼 모든 서비스가 재로드 옵션을 갖지 않기 때문에 대신 재로드 옵션을 지원하지 않는 서비스는 `restart` 매개변수를 사용한다. 아파치 웹 서비스는 수정된 설정 파일을 재로드하고, 설정 파일에 잘못된 문법이 있다면 새로운 설정 파일을 읽지 않는다. 설정 파일을 재로드하고 있는 중이더라도 동작 중인 아파치 프로세스는 잘못된 문법의 설정 파일을 읽지 않고 그 전에 있던 설정으로 계속 유지한다. `systemctl` 커맨드는 다음과 같은 에러 메시지를 출력하고 어떻게 진행할지에 대한 힌트를 제공한다.

Job for httpd.service failed. Take a look at systemctl status httpd. service and journalctl -xe for details.

에러 결과 메시지에서 제안한 대로 `systemctl`의 `status` 매개변수는 서비스 내부에서 무슨 일이 발생하는지 실패에 대한 이유를 알아볼 수 있는 매우 강력한 툴이다(아파치 웹 서비스가 계속 실행 중인지 알 수 있다). `systemctl status -l` 커맨드를 실행하면 더 많은 도움 메시지를 출력하는 것을 볼 수 있을 것이다.

해당 커맨드 결과에서 설정을 재로드하다가 실패한 이유를 정확히 설명하기 때문에 문제 원인을 쉽게 추적할 수 있다(결과의 일부가 생략됐다).

AH00526: Syntax error on line 354 of /etc/httpd/conf/httpd.conf: Invalid command ERRORLINE, perhaps misspelled or defined by a module, is not included in the server configuration.

위 결과 내용은 `journald` 로그 정보의 일부분이다. 에러에 대해 더 알고 싶다면 3장의 'journald로 시스템 자원 추적' 절을 참고한다. 결과 내용을 통해 매우 유용한 정보를 확인할 수 있고, 쉽게 문제를 해결할 수 있으며, sed 커맨드를 사용해 ERRORLINE의 내용을 고쳐 서비스를 다시 재로드할 수 있다. 이제 설정을 수정해서 잘 동작할 것이다.

요약하면 systemctl status 커맨드는 매우 편리할 뿐 아니라, 시스템 서비스의 문제를 해결하기에 매우 도움이 되는 툴이다. 대부분의 시스템 서비스는 문법 에러에 매우 민감하기 때문에 때때로 잘못된 공백 문자로 인해 서비스가 제대로 동작되지 않을 수 있다. 따라서 시스템 관리자는 항상 정확히 작업해야 한다.

journald로 시스템 자원 추적

로그 파일은 시스템 메시지와 서비스, 커널, 동작 중인 모든 종류의 애플리케이션의 출력 결과를 포함한다. 많은 경우에 로그 파일은 매우 유용하다. 예를 들어 시스템 문제를 해결하거나 시스템 자원이나 서비스를 모니터링하거나 해킹 공격을 받은 후 보안 문제를 해결할 때 유용하다. 이 예제에서는 journald를 사용해 로그 작업 서비스의 기초적인 작동 방법을 소개한다.

준비

이 예제를 진행하려면 설치된 센트OS 7 운영체제, root 권한, 선호하는 콘솔 기반의 텍스트 편집기가 필요하다. 또한 모든 로깅에서는 날짜와 시간을 제대로 설정하는 것이 매우 중요하다. 따라서 이 예제를 진행하기 전에 2장의 'NTP와 chrony를 사용한 시스템 시간 동기화' 절을 먼저 진행한다. 또한 systemd와 유닛에 대한 기본 지식이 있으면 좋다. '백그라운드 서비스를 알고 관리하기' 절에서 systemd와 유닛을 다뤘다. journalctl은 결과를 보여주기 위해 less를 사용한다. journalctl의 사용 방법을 잘 모른다면 2장의 'less를 이용해 텍스트 파일 살펴보기' 절을 참고한다.

센트OS 7에서 새로운 systemd 시스템 매니저의 로깅 시스템으로 사용하기
위해 rsyslog와 journald 중 하나를 선택해 로그 정보를 보고 관리할 수
있다. 이제 journald 데몬을 제어하는 클라이언트인 journalctl로 작업
할 수 있는 방법을 소개한다.

1. 먼저 root로 로그인하고 전체 저널 로그를 보기 위해 다음 커맨드를
   실행한다.

   ```
   journalctl
   ```

2. 다음에 특정 시간의 구간 로그 메시지만 보고 싶다면 다음 커맨드를
   실행한다(필요에 맞게 날짜를 수정한다).

   ```
   journalctl --since "2015-07-20 6:00:00" --until "2015-07-20
   7:30:00"
   ```

3. 나중에 sshd 서비스의 모든 메시지 중 어제 내용부터의 메시지 내용만
   필터링하고 싶다면 다음 커맨드를 실행한다.

   ```
   journalctl -u sshd.service --since "yesterday"
   ```

4. 이제 에러 타입으로 발생한 메시지만 보고 싶다면 다음 커맨드를 실행
   한다.

   ```
   journalctl -p err -b
   ```

5. journalctl 실행 시 많은 정보를 보고 싶다면 verbose 옵션을 사용
   한다.

   ```
   journalctl -p err -b -o verbose
   ```

6. 현재 로그 결과를 화면으로 보고 싶다면 다음 커맨드를 사용한다(less를
   사용하지 않고 Ctrl+C를 한꺼번에 눌러 화면을 종료한다).

   ```
   journalctl -f
   ```

예제 분석

센트OS 7에서 systemd 시스템 관리의 일부분인 새로운 journald 로깅 시스템을 사용할 수 있다. journald 시스템은 커널을 통해 부팅 초기 로그 결과부터 서비스와 모든 프로그램 메시지까지 포함한 시스템의 모든 로그를 저장하는 중앙 집중적인 툴이다. 다른 로깅 메커니즘에 비해 중앙 집중적인 systemd 시스템을 통해 모든 애플리케이션이 제어되고 실행되기 때문에 모든 서비스나 자원에 대한 로깅 설정을 하지 않아도 된다.

그렇다면 이 예제에서 무엇을 배울 수 있는가?

예제를 시작할 때 모든 저널 로그를 보기 위해 journalctl 커맨드에 매개변수를 사용하지 않은 채 실행했다. 저널 로그journal log는 시스템을 시작하면서 저장된 초반 부팅 로그 부분부터 최근 시스템 메시지까지 시간 순서대로 저장되며, 새로운 메시지는 끝부분에 추가된다. 시스템이 잠시 동안 실행 중이면 수많은 라인이 로그 메시지로 포함될 수 있으며, 저널 로그를 원본 데이터로 작업하는 것은 실용적이지 않다.

journald 데몬은 로그 결과를 계속 수집하지만, rsyslog와 같은 다른 로깅 시스템처럼 텍스트 파일로 저장되지 않는다. journald 데몬이 사용하는 파일은 구조화되고 색인된 바이너리 파일을 사용하고, 사용자 ID, 타임스탬프 등과 같은 추가 메타 정보를 저장해 다양하고 많은 결과 포맷으로 변형하기 쉽게 한다. 이 방식은 다른 툴로 저널 정보를 처리하기 원할 때 매우 유용하다.

바이너리 파일을 읽을 수 없기 때문에 journald 데이터베이스에 질의할 수 있는 journalctl 클라이언트가 필요하다. 수동으로 journald 데이터베이스 데이터의 양이 얼마나 큰지 확인하는 것은 거의 불가능하기 때문에 journalctl 커맨드의 풍부한 필터링 옵션을 활용한다. 먼저 특정 시간의 구역 정보를 얻기 위해 --since와 --until 매개변수를 사용했다. 날짜와 시간을 명시하는 방법은 yesterday나 now와 같은 구절을 사용할 수 있고, YYYY-MM-DD HH:MM:SS와 같은 간단한 날짜 문법을 사용할 수 있다. 다음에는 journalctl에 특정 유닛 타입에 대한 로그 메시지를 필터링하기 위해 -u 매개변수를 사용했다. sshd 데몬 서비스에서 오는 메시지를 필터링하기 위해 -u 매개변수를 사용했다. 어제부터의 sshd 서비스 로그를 보기 위해 -u 유닛 매개변수와 -since 매개변수를 사용했다. 우선순위 또는 로그 레벨로 로그 데이터베이스를 필터링하기 위해 -p err -b 매개변수를 사용했다. 모든 로그 메시지는 메시지의 중요도를 결정하는 연관 우선순위를 가질 수 있다. 여러 로그 레벨에 대해 더 알고 싶다면 man 3 syslog 커맨드라인을 사용해 매뉴얼을 참고한다(매뉴얼이 없다면 yum install man-pages를 실행해 매뉴얼을 설치한다). journalctl -p err -b 커맨드의 결과는 error 이상, 즉 error, critical, alert, emergency의 로그를 모두 출력한다.

다음에는 journalctl 커맨드에 -o verbose를 추가해서 로그 정보를 많이 출력하게 했다. 마지막에는 journalctl -f 커맨드를 사용하면 최근 로그 메시지가 발생할 때 실시간으로 화면 결과의 마지막에 추가된다. 서비스를 시작/종료하거나 설정을 테스트할 때 시스템이 잘 동작하는지 확인할 수 있다.

요약하면 센트OS 7에는 2개의 로깅 시스템, 즉 기존 rsyslog와 새로운 journald가 공존한다. journald는 시스템 문제를 해결할 수 있는 주요 툴이 되리라 생각된다. 하지만 센트OS 7의 journald는 rsyslog를 완벽히 대체하지 못한다. journald에는 없는 rsyslog 기능이 있고, 또한 rsyslog 로그에서만 사용할 수 있는 로그 분석 툴과 나기오스^{Nagios} 같은 모니터링 툴처럼 많은 스크립트와 툴이 있다.

시스템 관리자는 종종 도전적인 시스템 에러 또는 비정상적인 서버 동작을 만난다. 종종 정규 표현식이나 리눅스 커맨드라인을 사용해 대용량 로그 텍스트 파일을 검색해 문제점을 파악하는 것이 쉽지 않다. journald는 로그 파일을 빨리 효율적으로 분석할 수 있고, 강력하고 잘 정의된 중앙 집중형의 질의 시스템을 제공함으로써 매우 편리한 대안을 제공한다.

journald에 영속성 설정

rsyslog와 같은 로깅 시스템 대비 journald의 장점은 systemd 서비스들 중 한 부분으로, 특별한 설정 없이 자동으로 모든 시스템의 로그를 수집한다는 점에서 매우 효율적이다. 반면 시스템의 재시작 이후에는 모든 journald 로그 정보가 사라진다는 단점이 있다. journald 로깅은 많은 양의 데이터를 생성할 수 있고, 모든 로깅 정보는 기본적으로 메모리에만 있기 때문에 시스템 크래시로 인해 재부팅된 원인을 분석하거나, 오래된 로그 정보에 접근할 수 없다. 이 예제에서는 journald에 영속성을 설정하는 방법을 소개한다.

준비

이 예제를 진행하려면 센트OS 7 운영체제의 미니멀 설치본, root 권한, 선호하는 콘솔 기반의 텍스트 편집기가 필요하다.

예제 구현

이 예제를 시작하기 위해 저널 데이터베이스를 포함할 경로를 생성한다.

1. root 사용자로 로그인한 후 다음과 같이 디렉토리를 생성한다.

   ```
   mkdir /var/log/journal
   ```

2. 다음에 저장소로 사용하기 위해 새로운 디렉토리를 journald에 추가하고 권한을 수정한다.

   ```
   systemd-tmpfiles --create --prefix /var/log/journal
   ```

3. 이제 journald를 재시작한다.

   ```
   systemctl restart systemd-journald
   ```

4. 마지막으로 재부팅 이후에 로그가 계속 남아있는지 확인하기 위해 컴퓨터를 재시작하고 다음 커맨드를 실행한다.

```
journalctl --boot=-1
```

예제 분석

예제는 /var/log/journal이라는 새로운 디렉토리를 생성하는 것부터 시작했다. 기본적으로 journald는 런타임 정보를 위한 /run/log/journal 디렉토리에 로그 데이터베이스를 저장한다. 하지만 시스템이 재부팅됐다면 재부팅 이전 로그는 모두 사라진다. 따라서 journald라는 새로운 디렉토리를 생성하기 위해 systemd-tmpfiles 커맨드를 사용했다. 마지막으로 시스템에 변경 내용을 적용하기 위해 journald 서버 데몬을 재시작했다. 잘 저장됐는지 확인하기 위해 서버를 재시작한 후 journalctl -boot=-1 커맨드를 실행했다. 해당 커맨드는 가장 최근 부팅 시의 모든 저널 정보를 보여준다. 잘 동작하지 않으면 다음 에러를 출력할 것이다. 잘 동작한다면 가장 최근 부팅 전의 모든 저널 로그 메시지를 제대로 보여줄 것이다.

```
Failed to look up boot -1: Cannot assign requested address
```

이 예제에서 시스템 재부팅 이후에 journald에 영속성을 사용하는 방법을 아주 간단히 소개했다. 예를 들어 하드웨어 실패로 재부팅이 발생했을 때 로그 파일로 문제 파악을 유용하게 확인할 수 있다.

사용자와 그룹 관리

이 예제에서는 센트OS 7의 시스템 사용자와 그룹을 관리하는 방법을 배운다. 사용자와 그룹 관리 기술은 센트OS 시스템 관리자가 알아야 할 기본 지식 중 하나다.

이 예제를 진행하려면 센트OS 7 운영체제의 미니멀 설치본, root 권한, 선호하는 콘솔 기반의 텍스트 편집기가 필요하다.

예제 구현

이 예제는 사용자와 그룹의 추가, 삭제, 수정을 배움으로써 사용자와 그룹의 관리 방법을 소개한다.

1. 먼저 root로 로그인하고 시스템의 모든 사용자 목록을 얻기 위해 cat /etc/passwd 커맨드를 실행한다.

2. 이제 root 사용자 ID^{UID}와 그룹 ID^{GID}를 살펴본다.

   id root

3. 시스템에 새로운 사용자를 추가하기 위해 다음 커맨드를 실행한다('새로운_사용자_이름'을 입력하고 싶은 사용자 이름으로 대체한다).

   useradd 새로운_사용자_이름

4. 하지만 사용자 추가 과정을 진행하기 위해 패스워드를 작성해야 한다. 패스워드 작성을 위해 다음 커맨드를 실행해 프롬프트가 나타나면 안전한 패스워드를 입력한다('새로운_사용자_이름'을 입력하고 싶은 사용자 이름으로 대체한다).

   passwd 새로운_사용자_이름

패스워드를 6자 미만으로 설정할 수 없지만, 16자를 이상 설정할 수 없다. 패스워드는 알파벳과 숫자로 이뤄져야 하고, 어떤 경우에도 공백을 쓰지 말아야 한다. 패스워드에 사전 기반의 단어를 사용하지 말아야 하고, 알려진 문구 또는 너무 뻔한 문구를 사용하면 안 된다.

5. 다음에 새로운 이름의 그룹을 생성한다.

   groupadd 새로운_그룹_이름

6. 다음으로 생성한 그룹에 새로운 사용자를 추가한다.

   usermod -G 새로운_그룹_이름 새로운_사용자_이름

7. 마지막으로 변경된 내용을 보기 위해 새로운 사용자의 사용자 ID와 그룹 ID를 출력한다.

   id 새로운_사용자_이름

예제 분석

이 예제에서는 새로운 사용자와 그룹을 생성하고, 사용자와 그룹을 연결하는 방법을 소개한다.

그렇다면 이 예제에서 무엇을 배울 수 있는가?

먼저 시스템의 모든 현재 사용자를 보여주기 위해 /etc/passwd 파일의 내용을 출력했다. /etc/passwd 파일에는 실제 사람이 소유한 일반적인 사용자 계정이 포함될 뿐 아니라, 특정 애플리케이션이나 서비스를 제어하고 소유에 사용되는 계정도 포함된다. 그리고 사용자 UID와 GID를 출력할 수 있는 id 커맨드를 사용했다. 리눅스의 모든 사용자는 UID와 GID로 식별될 수 있고, 파일 시스템의 모든 파일은 파일 소유자, 그룹 소유자, 나머지 사용자에 대한 접근을 관리하는 개별 퍼미션 설정을 가진다. 각 세 그룹에 대해서 chmod를 이용해 읽기, 쓰기, 실행 퍼미션을 활성화하거나 비활성화할 수 있다(chmod에 더 알고 싶다면 man chmod와 man chown를 실행해 확인한다). 소유자와 그룹 퍼미션은 ls -1를 사용해 모든 파일을 출력할 때 볼 수 있는 UID나 GID와 일치한다.

다음에 새로운 사용자 이름을 필수로 받는 useradd 커맨드를 실행했다. 서버는 새로 생성된 사용자에게 사용자 ID, 홈 디렉토리, 주요 그룹(GID), 셸(기

본은 bash)을 설정 가능한 새로운 신분을 생성한다. 사용자를 생성하는 과정을 종료하려면 사용자의 패스워드를 간단히 설정한다. 사용자를 삭제하려면 `useradd` 커맨드의 반대인 `userdel` 커맨드가 있다. 해당 커맨드에 옵션 없이 사용하면 삭제할 사용자의 홈 디렉토리는 그대로 남겨두지만, `-f` 옵션을 추가하면 시스템에 홈 디렉토리를 지운다.

다음에 `groupadd` 커맨드를 사용했다. `groupadd` 커맨드 이름에서 추측할 수 있는 것처럼 그룹 이름을 생성하고 유일한 GID 값을 할당했다. 그 후에 `usermod -G` 커맨드를 사용해 처음에 생성한 사용자를 새로 만든 그룹의 구성원으로 설정했다. 이전에 말한 대로 각 사용자는 유일한 UID와 GID를 정확히 가진다. 첫 번째 그룹은 주요 그룹이고 필수다. 하지만 사용자는 여러 그룹 중 하나에 속할 수 있는데, 이를 두 번째 그룹이라 불린다. 사용자가 새로운 파일을 생성할 때 UID와 GID를 설정해야 하기 때문에 주요 그룹이 있어야 한다. `groupdel` 커맨드를 사용해 그룹을 삭제할 수 있다. 마지막에 새로운 사용자에 `id` 커맨드를 다시 실행하면 UID, 주요 GID, 추가된 두 번째 그룹 GID를 볼 수 있다.

이제 `useradd`, `usermod`, `userdel`, `groupadd`, `groupmod`, `groupdel` 커맨드로 사용자와 그룹을 완전히 통제할 수 있다.

cron으로 스케줄 작업

이 예제에서는 cron이라 불리는 시간 기반의 잡 스케줄러^{job scheduler}를 소개하고, 미리 정한 주기마다 특정 작업을 실행할 수 있는 편리한 서버 자동화 기능을 살펴본다. cron은 관리자가 해야 할 작업을 특정 시간, 특정 일, 특정 월을 기반으로 미리 정의된 스케줄에 맞춰 작업을 실행할 수 있는 자동화 기능을 지원한다. cron은 센트OS 운영체제의 표준 컴포넌트다. 이 예제에서는 센트OS 작업을 하기 위해 cron과 같이 매우 중요한 툴의 반복 작업을 관리하는 방법을 소개한다.

예제를 진행하려면 동작하는 센트OS 7, root 권한, 선호하는 콘솔 기반의 텍스트 편집기가 필요하다. `crontab` 프로그램은 편집을 위해 Vim을 사용한다. Vim의 사용 방법을 알지 못한다면 2장의 'Vim 소개' 절의 튜토리얼을 정독한다.

예제 구현

이 예제의 목적은 5분마다 원하는 텍스트 파일에 여러 단어와 날짜/시간을 함께 저장하는 스크립트를 생성하는 것이다. 이 예제의 예가 상대적으로 간단하다고 보일 수 있지만, 그런 단순성 때문에 센트OS의 작업이 큰 즐거움을 줄 수 있다.

1. 예제를 시작하기 위해 root로 로그인하고 cron 작업을 생성하기 위해 다음 커맨드를 실행한다.

   ```
   crontab -e
   ```

2. 간단한 cron 작업을 생성해서 `hello world`라는 문자열과 날짜와 시간 결과를 /root/cron-helloworld.txt 파일로 저장하기 위해 다음 라인을 추가한다.

   ```
   */5 * * * * echo `date` "Hello world" >>$HOME/cron-helloworld.txt
   ```

3. cron 작업 추가가 완료했다면 간단하게 파일을 저장하고 텍스트 편집기를 종료한다. 시스템은 이제 다음 메시지로 응답할 것이다.

   ```
   crontab: installing new crontab
   ```

4. 이전 메시지는 서버가 새로운 cron 작업을 생성했다는 내용이고, 자동으로 동작할 것이다. /root/cron-helloworld.txt 파일을 보면서 스크립트 결과를 확인할 수 있다(5분을 기다려야 한다). 아니면 /var/log/cron 로그

파일을 모니터링해 동작하는지 확인할 수 있다(`tail -f /var/log/cron`을 사용한다. 종료하려면 Ctrl+C를 누른다).

예제 분석

cron은 센트OS에서 커맨드나 스크립트를 특정 날짜와 시간에 자동으로 실행시켜주는 프로그램 이름이다. cron 설정은 이 예제에서 살펴본 `crontab`이라는 사용자별 파일에 저장되고, 필요할 때마다 crontab 파일을 편집해 자동화된 작업을 만들 수 있다.

그렇다면 이 예제에서 무엇을 배울 수 있는가?

예는 매우 간단하지만, 예의 많은 부분이 예제의 목적에 부합된다. `crontab`은 crond 데몬을 사용한다. crond 데몬은 백그라운드에서 계속 실행돼 매 분마다 실행돼야 할 스케줄된 작업을 확인한다. crond 데몬은 실행해야 할 작업을 발견하면 해당 작업을 실행한다. crontab 파일을 새로 생성하거나 `crontab` 파일을 수정하려면 `crontab -e` 커맨드를 사용한다. cron 작업 목록을 보고 싶다면 `crontab -l` 커맨드를 실행한다. 다른 사용자의 cron 작업을 보고 싶다면 `crontab -u username -l` 커맨드를 입력한다. 일반적으로 태스크 또는 작업은 cron 작업이라 말하며, 첫 번째 스크립트는 복잡하게 하지 않기 위해 커맨드 구조를 매우 간단하게 했다. cron 작업의 문법은 다음과 같다.

<분> <시간> <일> <월> <요일> <커맨드>

각 항목은 하나의 공백이나 탭으로 구분되고, 숫자만 주로 허용된다(분은 0-59, 시간은 0-23, 일은 1-31, 월은 1-12, 요일은 0-7이다). 또한 특수 연산자(/, -)와 cron 단축키(@yearly, @daily, @hourly, @weekly)를 추가적으로 사용할 수 있다. 예를 들어 / 연산자는 세부적인 단위를 사용하고 싶을 때 사용하고 읽을 때는 에브리every라고 한다. 이 예제에서 */5는 5분마다 동작하는 것을 의미하며,

반면 */1은 1분마다 동작하는 것을 의미한다. 여기에 추가해 cron 문법을 사용할 때 시간에 모든 명령을 맞추는 것에 유의해야 한다. 그리고 이 점을 염두에 두고 처음으로 cron 작업을 작성하기 원하는 사람에게 가장 적합한 템플릿이나 시작점은 다음처럼 커맨드 앞에 5개의 별표를 연속으로 사용하는 것이다.

```
* * * * * /absolute/path/to/script.sh
```

그리고 분, 시간, 일, 월, 요일 값을 원하는 대로 설정하기 위해 처리한다. 예를 들어 평일(월요일부터 금요일) 오후 8시(20:00)마다 실행되는 특정 PHP 스크립트를 실행하고 싶다면 다음과 같다.

```
0 20 * * 1-5 /full/path/to/your/php/script.php
```

예제를 완료하면 데이터베이스 백업을 관리하거나, 시스템을 백업하기 위해 스케줄하거나, 사전에 정의된 간격에서 스크립트를 활성화해 웹사이트를 지원하거나, 다양하고 많은 작업을 위해 bash 스크립트를 실행하려 할 때 cron을 사용할 수 있다.

부연 설명

cron 작업을 삭제하거나 비활성화하고 싶다면 간단하게 라인의 맨 앞에 해시(#)를 두거나 사용자의 cron 파일에서 라인을 삭제한다. 개별 cron 파일은 /var/spool/cron/<사용자_이름>에서 찾을 수 있고, 해시는 cron 작업을 비활성화하거나 주석으로 사용할 수 있다. crontab 파일을 완벽히 삭제하려면 crontab -r을 사용할 수도 있다. 예를 들어 예제에서 생성된 cron 작업을 삭제하고 싶다면 root로 로그인한 후 crontab -e를 실행한 후 해당 cron 작업이 있는 라인을 삭제하거나 다음처럼 라인의 맨 앞에 주석 처리한다.

```
# */15 * * * * echo `date` "Hello world" >>$HOME/cron-helloworld.txt
```

다음에 cron 파일을 저장한다. 전역 시스템의 cron 작업에 대해 파일 시스템의 특수 cron 디렉토리가 존재한다. /etc 디렉토리의 cron.daily, cron.hourly, cron.weekly, cron.monthly 하위 디렉토리에 스크립트 파일을 두면 디렉토리 이름을 의미하는 시간 간격으로 스크립트가 자동으로 실행된다. 더 이상 스크립트를 실행하고 싶지 않다면 해당 디렉토리에서 해당 스크립트를 삭제한다. 설명한 내용에 대한 예를 보려면 '중요한 서버 장비 모니터링' 절을 살펴본다.

rsync로 파일 동기화

rsync는 내부와 원격 서버의 여러 파일과 디렉토리를 동기화할 수 있는 프로그램이다. 여러 운영체제와 통신할 수 있고, SSH에서 동작할 수 있고, 증분 백업을 제공할 수 있으며, 원격 장비에 커맨드를 실행할 수 있고, cp 커맨드와 scp 커맨드 대신 사용할 수 있다. rsync 프로그램은 네트워크로 연결된 컴퓨터를 관리하거나 서버를 실행할 수 있기 때문에 모든 시스템 관리자에게 훌륭한 프로그램이다. 일반적으로 백업을 쉽게 만들 수 있을 뿐 아니라 완벽한 백업 솔루션으로 사용할 수 있다. 이런 이유로 이 예제는 rsync 프로그램을 빨리 배울 수 있는 시작점이 될 것이다.

준비

이 예제를 진행하려면 동작 중인 센트OS 7 운영체제, root 권한, 선호하는 콘솔 기반의 텍스트 편집기, 추가 패키지를 다운로드할 수 있는 인터넷 연결이 필요하다.

이 예제를 진행하는 동안 동기화를 원하는 원본 파일과 디렉토리의 위치와 동기화될 수 있는 대상 디렉토리가 존재한다고 가정한다.

1. 먼저 root로 로그인한 후 rsync를 설치한다.

   ```
   yum install rsync
   ```

2. 이제 동기화될 목적 디렉토리를 생성한다(원하면 디렉토리 이름을 변경한다).

   ```
   mkdir ~/sync-target
   ```

3. 동기화 과정을 시작하기 위해 /path/to/source/files/로 사용된 값을 변경해 다음 커맨드를 따라 한다.

   ```
   rsync -avz --delete /path/to/source/files/ ~/sync-target
   ```

4. 이전 커맨드를 실행하기 위해 엔터 키를 사용하면 파일이 복사되는 과정을 실시간 로그로 볼 수 있다. 동기화 과정이 완료된 후 원본 디렉토리와 목적 디렉토리가 정확하게 동일한지 비교할 수 있다. 비교하려면 diff 커맨드를 사용한다(원본 디렉토리와 목적 디렉토리의 파일이 동일하다면 어떤 결과도 출력되지 않는다).

   ```
   diff -r /path/to/source/files/ ~/sync-target
   ```

예제 분석

이 예제에서는 커맨드라인에서 rsync를 사용했다. 물론 예제에서는 사용할 수 있는 많은 방법 중 하나만 소개됐지만, 이런 접근 방법을 사용해 매우 유용한 툴인 rsync의 기능을 살펴볼 수 있다.

그렇다면 이 예제에서 무엇을 배울 수 있는가?

rsync는 복잡하게 쓰이도록 설계되지 않았다. rsync는 빠르고 효율적인 파일 동기화 툴이고, 커맨드라인에서 다양한 기능을 사용할 수 있게 설계됐다.

동일 장비 또는 완전히 다른 시스템의 원본 디렉토리를 정확하게 복사할 수 있고, 한 번에 모든 파일을 복사한 다음에는 변경된 파일만 옮길 수 있다. 그리고 네트워크로 데이터를 복사할 때 엄청난 대역폭을 절약할 수 있어서 좋은 툴이 된다. --delete 옵션은 매우 중요한 옵션으로서 원본 디렉토리에 존재하지 않는 파일은 목적 디렉토리에서 삭제되도록 rsync에게 지시할 수 있다. 반면 -a 아카이브 모드 옵션을 사용하면 모든 퍼미션과 시간 정보를 모두 포함한 채 파일과 디렉토리를 재귀적으로 복사할 수 있다. -v 상세 모드는 무슨 일이 발생하고 있는지 볼 수 있고, -z 옵션은 대역폭을 아끼고 전체 동기화 시간을 줄이기 위해 파일 전송 시 전달할 데이터를 압축한다.

이미 본 것처럼 rsync는 매우 유연한 툴이고, 예제에서 소개한 내용 이상의 많은 옵션을 가진다. 하지만 특정 파일을 제외하고 동기화하고 싶다면 --exclude 옵션을 사용해 확장할 수 있다. 이런 방식으로 rsync는 사전에 정의한 파일과 디렉토리 패턴을 기반으로 포함되지 않아야 할 파일을 제외하고 모든 디렉토리를 백업할 수 있다. 예를 들어 서버에서 USB 기기로 파일을 복사한다면 큰 파일이나 압축 파일을 포함하지 않을 것이며(예, iso 이미지), 사용할 커맨드는 다음과 같이 보일 것이다.

rsync --delete -avz --exclude="*.zip" --exclude="*.iso" /path/to/source/ /path/to/external/disk/

마지막으로 내용을 덧붙이자면 rsync에서 상세 로그를 볼 수 있다. 상세 로그 기능은 매우 유용하지만 주요 측정 단위를 바이트 단위로 사용하기 때문에 원본 내용에 대한 혼란이 발생할 수 있다. 따라서 이 방식을 변경하려면 rsync에 -h(사람이 읽을 수 있는 옵션) 옵션을 사용해 호출하며, 커맨드 내용은 다음과 같다.

rsync -avzh --exclude="home/path/to/file.txt" /home/ /path/to/external/ disk/

스냅샷 생성과 백업

이 예제에서는 crond 데몬을 사용해 시스템 디렉토리의 일부분을 스냅샷으로 만들어 정기적으로 데이터를 백업하는 방법을 소개한다. 완벽한 자동화 백업 솔루션을 구현할 수 있는 rsync 프로그램을 주기적으로 실행한다.

준비

이 예제를 진행하려면 동작 중인 센트OS 7 운영체제, root 권한, 선호하는 콘솔 기반의 텍스트 편집기가 필요하다. 또한 'cron으로 스케줄 작업' 절과 'rsync로 파일 동기화' 절을 미리 살펴봤다면 예제에서 사용된 커맨드를 깊이 이해할 수 있기 때문에 유리하다.

예제 구현

먼저 이 예제를 시작하기 전에 서버에 rsync 프로그램을 설치한다.

1. 먼저 root로 로그인하고 백업할 디렉토리를 생성한다.

   mkdir /backups

2. 이제 다음 셸 스크립트 파일을 생성한 후 편집하기 위해 연다.

   mkdir ~/bin;vi ~/bin/mybackup.sh

3. SOURCE 변수에는 백업하려는 디렉토리를 설정하고, DEST 변수에 백업하고 싶은 /backups 디렉토리를 설정하며, EMAIL 변수는 메일을 받을 수 있는 이메일을 셸 스크립트 파일에 저장한다.

   ```
   #!/bin/bash
   SBJT="cron backup report for `hostname -s` from $(date
   +%Y%m%d:%T)"
   FROM=root@domain
   EMAIL=johndoe@internet.com
   ```

```
SOURCE=/root
DEST=/backups
LFPATH=/tmp
LF=$LFPATH/$(date +%Y%m%d_%T)_logfile.log
rsync --delete --log-file=$LF -avzq $SOURCE $DEST
(echo "$SBJT"; echo; cat $LF ) | sendmail -f $FROM -t $EMAIL
```

4. 스크립트를 실행할 수 있게 설정한다.

   chmod a+x /root/bin/mybackup.sh

5. 이제 다음 커맨드를 사용해 crontab을 연다.

   crontab -e

6. 다음에 crontab의 맨 마지막 라인에 다음 항목을 추가하고 저장한 후 종료한다.

   30 20 * * * /root/bin/mybackup.sh

예제 분석

이 예제에서 하나의 시스템 디렉토리를 백업할 수 있는 완벽한 자동화 백업 솔루션을 생성했고, 주기적인 시간 간격마다 파일의 스냅샷을 저장토록 했다. 백업을 완료한 후에 백업을 수행한 내역이 담긴 이메일을 받게 했다.

그렇다면 이 예제에서 무엇을 배울 수 있는가?

예제를 시작할 때 먼저 백업할 디렉토리를 생성했다. 다음에 여러 커맨드가 사용된 스크립트를 생성했다. 첫 번째 라인은 bash 스크립트로 파일을 정의 했고, 2-6라인은 필요에 따라 수정할 수 있는 사용자 정의 변수를 정의했다. 7-8라인은 날짜를 기반으로 하는 로그 파일의 경로와 이름을 생성했고, 9라 인은 모든 원본 파일을 목적 디렉토리인 /backups로 동기화하기 위해 rsync 를 호출했다. 로그 파일에 모든 출력을 저장하기 위해 --log-file 특수 매개변수를 사용했다. 10라인(마지막 라인)은 로그 파일의 내용을 이메일 주소를 수신자로 해서 이메일을 전송한다.

필요에 따라 설정 값을 변경해야 하는 것을 잊지 말아야 한다(즉, 이메일 주소를 변경하고 원본 디렉토리와 목적 디렉토리 등을 선택해야 한다). 해당 스크립트를 cron 작업에 추가하기 전에 스크립트를 실행하게 설정했다. 마지막으로 스크립트를 매일 20:30분에 실행되도록 cron 작업에 추가했다. 하지만 해당 cron 작업이 시작 전이고 스크립트가 잘 동작하는지 확인하고 싶다면 다음 커맨드를 사용한다.

```
/root/bin/mybackup.sh
```

마지막으로 백업을 외부 드라이버나 분리된 파티션에 진행하지 않았지만, 서버 관리자가 중요한 데이터의 효과적인 백업 정책을 개발할 수 있는 방법으로 rsync 프로그램이 이상적이라 생각하며 이 예제를 소개했다.

중요한 서버 장비 모니터링

이 예제에서는 cron을 이용해 파일 시스템의 디스크 공간을 주기적으로 모니터링하는 작은 스크립트를 사용한다. 디스크 공간에서 특정 비율를 넘어서면 스크립트가 메일로 경고 메시지를 보낸다.

준비

이 예제를 진행하려면 동작하는 센트OS 7 설치본, root 권한, 선호하는 콘솔 기반의 텍스트 편집기가 필요하다. cron 시스템의 기초적인 동작 방법을 이해하려면 'cron으로 스케줄 작업' 절을 읽는다.

1. 먼저 root로 로그인한 후 다음과 같은 모니터링 스크립트 파일을 생성한다.

   ```
   vi /etc/cron.daily/monitor_disk_space.sh
   ```

2. 이제 모니터링 스크립트 파일에 다음 내용을 저장한다.

   ```bash
   #!/bin/bash
   EMAIL="root@localhost"
   THRESHOLD=70
   df -H | grep -vE '^Filesystem|tmpfs|cdrom' | awk '{ print $5 " " $6
   }' | while read output;
   do
     usep=$(echo $output | awk '{ print $1}' | cut -d'%' -f1 )
     partition=$(echo $output | awk '{ print $2 }' )
     if [ $usep -ge $THRESHOLD ]; then
     (echo "Subject: Alert: Free space low on `hostname -s`, $usep % used
        on $partition"; echo)|
        sendmail -t $EMAIL
     fi
   done
   ```

3. 이제 스크립트 파일을 저장하고 실행 가능한 상태로 설정한다.

   ```
   chmod +x /etc/cron.daily/monitor_disk_space.sh
   ```

/etc/cron.daily 디렉토리에 스크립트 파일을 두어 crond 서비스가 매일 자동으로 스크립트를 실행할 수 있게 한다.

예제의 간단한 스크립트는 모니터링 스크립트를 얼마나 쉽게 만들 수 있는지 보여주며, 나기오스[Nagios]와 같은 큰 모니터링 툴을 설치하고 설정하는 작업에 대한 현실적인 대안이 될 수 있다. 예제의 스크립트를 확장해 CPU 부하,

RAM 사용량 등 중요한 자원의 모니터링을 스크립트에 추가할 수 있다.

파일 시스템의 디스크 공간 사용량을 알려주는 툴인 df 커맨드를 실행하는 스크립트를 사용했다. 스크립트 커맨드 결과에서 USE% 칼럼을 awk와 cut 툴로 분석해 사용된 전체 디스크 % 값을 얻었다. 이 숫자를 한계치를 의미하는 THRESHOLD 변수와 비교했다. THRESHOLD 변수는 스크립트에서 변경하거나 환경 변수로 변경할 수 있다. 한계치보다 큰 % 값이면 환경 변수로 정의된 이메일인 EMAIL로 메일을 보낼 것이다(필요에 따라 변수 값을 수정한다).

깃과 서브버전으로 제어

도큐먼트 리비전 관리 시스템document revision control system 또는 버전 관리 시스템version control system은 도큐먼트의 변경 관리를 위해 사용된다. 요즘 공동 작업을 진행할 때 전 세계 사람들이 모든 종류의 도큐먼트(예, 소프트웨어 소스 코드)를 함께 작업하고 협력할 수 있도록 사람들을 서로 연결할 수 있으므로, 해당 시스템은 점점 중요해지고 있다. 여러 사람이 해당 도큐먼트의 리비전revision을 사용해 파일 변경을 관리할 수 있다. 이 예제에서는 깃Git과 서브버전Subversion 같은 현대 버전 관리 시스템을 사용하는 방법을 소개한다.

준비

이 예제를 진행하려면 동작하는 센트OS 7 설치본, root 권한, 추가 패키지를 다운로드할 수 있는 인터넷 연결이 필요하다.

예제 구현

예제에서는 리눅스 설정 디렉토리인 /etc/ 디렉토리 밑에 설정 파일에 대한 변경 사항을 추적할 수 있게 버전 관리할 깃 저장소를 설치한다.

1. 시작하기 위해 root로 로그인하고 깃을 설치한다. 이메일 주소와 사용자 이름을 설정한다("사용자_이름"과 "이메일_주소"를 실제 이름과 이메일 주소로 변경한다).

```
yum install git
git config --global user.email "이메일_주소"
git config --global user.name "사용자_이름"
```

2. 이제 /etc 디렉토리에 새로운 저장소를 생성한다.

```
cd /etc/
git init
```

3. 이제 새로운 저장소를 얻었고 버전 관리를 위해 /etc/ 디렉토리에 모든 파일을 추가한다.

```
git add *
```

4. 첫 번째 리비전을 생성할 저장소의 파일을 커밋commit하려면 다음 커맨드를 실행한다.

```
git commit -a -m "inital commit of the full /etc/ directory"
```

5. 이제 파일을 변경한다.

```
echo "FILE HAS CHANGED" >> yum.conf
```

6. 다음은 저장소의 변경 사항을 살펴본다.

```
git status
```

7. 다음은 변경 사항을 커밋하고 새로운 리버전을 생성한다.

```
git commit -a -m "changing yum.conf files"
```

8. 다음은 지금까지의 모든 커밋 내용을 확인한다.

```
git log --pretty=oneline --abbrev-commit
```

9. 시스템에 다음 커밋 내용이 출력할 것이다(해시 숫자는 실제 결과와 다를 것이다).

```
8069c4a changing yum.conf
5f0d50a inital commit of the full /etc directory
```

10. 초기 단계의 결과를 기반으로 2개의 리비전 숫자 간의 모든 차이를 볼 수 있다(이전 단계의 결과는 시스템 기반의 해시 숫자이기 때문에 다를 것이다).

```
git diff 8069c4a 5f0d50a
```

11. 파일의 처음 리비전(처음 커밋)으로 파일을 돌릴 수 있다.

```
git checkout 5f0d50a
```

이 예제에서는 /etc 디렉토리에 있는 시스템 설정 파일의 변경 내용을 관리하기 위해 깃 사용 방법을 소개했다. 깃을 사용해 파일을 관리하는 것은 중요한 내용으로, 예를 들어 테스트를 계속 진행하면서 설정 파일에 많은 변경 사항이 발생할 것이다. 깃을 사용하면 특정 리비전으로 돌리거나 변경을 다시 취소하거나 파일 버전 간의 비교할 때 파일 변경의 모든 단계를 기억할 필요 없으므로 깃의 사용은 훌륭한 선택이 될 것이다.

그렇다면 이 예제에서 무엇을 배울 수 있는가?

깃을 설치한 후 깃 작업에서 필수인 사용자 이름과 이메일 주소를 설정으로 추가하면서 예를 시작했다. 그리고 /etc 디렉토리로 이동한 후 비어있는 새로운 깃 프로젝트를 초기화(init 매개변수를 사용)한다. 해당 깃 프로젝트는 저장소라 불리며, 프로젝트에 연결된 모든 파일을 추적한다. 해당 커맨드를 사용하면 보이지 않는 .git 디렉토리가 추가된다. .git 디렉토리에는 모든 파일의 변경 내용과 리비전 정보를 포함한다. 그런 다음에는 다음 리비전에 포함하기 위해 /etc 디렉토리의 모든 파일과 디렉토리(와일드카드 * 연산자를 사용)를 추가했다.

리비전은 특정 시간의 파일 상태와 같고, 8069c4a와 같은 유일한 해시 ID로 식별된다. 그리고 commit 매개변수와 -m 매개변수의 뒤에 의미 있는 메시지를 입력해 새 리비전을 실제로 생성한다. 깃 저장소를 설정한 후 모든 파일을 저장소에 추가해 /etc 디렉토리에서 모든 파일의 모든 변경을 추적할 수 있다. 다음에는 저장소에서 YUM 설정 파일의 맨 끝에 echo >> 커맨드를 사용해 임의의 문자를 추가했다.

git 커맨드에 status 매개변수를 사용하면 파일이 변경된 것을 깃 시스템이 출력한다. git 커맨드에 commit 매개변수와 의미 있는 메시지를 추가해 변경된 yum.conf 파일에 리비전을 생성한다. 다음에 git log 커맨드를 사용했다. git log 커맨드는 유일한 md5 해시 문자열 ID와 함께 커밋된 모든 리비전을 보여준다. 해시 ID로 git diff 커맨드를 사용해 두 리비전 간의 비교를 볼 수 있다. 결과 포맷에 대해 더 알기 원한다면 man git-diff-files 를 사용하고 COMBINED DIFF FORMAT 섹션을 읽는다. 마지막 단계에서 특정 파일 리비전으로 이동하기 위해 git checkout 커맨드를 사용했다. 지금까지의 모든 변경 사항을 취소한 후 원본 파일로 되돌릴 수 있다.

깃은 매우 강력한 버전 관리 툴이고, 예제에서 깃이 무엇을 할 수 있는지 조금 살펴봤다. 브랜치 작업, 병합 작업, 풀 리퀘스트[pull request] 등과 같은 깃의 굉장한 기술에 대해 더 알려면 man gittutorial을 실행해 깃 튜토리얼 페이지를 살펴본다.

<hr>

부연 설명

/etc 디렉토리에 버전 관리를 위해 서브버전[Subversion] 프로그램을 사용할 수도 있다. 서브버전은 깃과는 많이 다른 문서 리비전 관리 시스템이며, 파일 변경을 추적할 수 있는 중앙 서버를 사용한다. 깃은 분산 환경에서 사용할 수 있다고 하는데, 즉 이 뜻은 깃 프로젝트에 작업하는 모든 이가 자신의 컴퓨터에서 내부적으로 완벽한 저장소를 갖고 있다는 것을 의미한다. 여기서 깃 대신 서브버전을 사용하기 위한 필요한 단계를 소개한다.

1. 먼저 서브버전을 설치하고 /etc 저장소에 새로운 서버 디렉토리를 설정한다.

```
yum install subversion
mkdir -p /var/local/svn/etc-repos
svnadmin create --fs-type fsfs /var/local/svn/etc-repos
```

2. 이제 /etc 디렉토리를 새로운 저장소에 임포트하기 위해 내부 파일 시스템을 사용한다.

```
svn mkdir file:///var/local/svn/etc-repos/etc
-m "Make a directory in the repository to correspond to /etc"
```

3. 이제 /etc 디렉토리를 전환하고 새로운 리비전에 모든 파일을 추가한다.

```
cd /etc
svn checkout file:///var/local/svn/etc-repos/etc ./
svn add *
```

4. 이제 첫 번째 커밋을 생성한다.

```
svn commit -m "inital commit of the full /etc/ directory"
```

5. 다음에 yum.conf 파일을 변경한다.

```
echo "FILE HAS CHANGED" >> yum.conf
```

6. 변경 내용을 커밋해 새로운 파일 리비전을 추가한다.

```
svn commit -m "changing yum.conf files"
```

7. 이제 변경 로그를 살펴본다.

```
svn log -r 1:HEAD
```

8. 두 개의 커밋 내용을 비교한다(첫 번째 커밋은 /etc 임포트였다).

```
svn diff -r 2:3
```

9. 마지막으로 yum.conf 파일의 첫 번째 리비전으로 변경한다.

```
svn update -r 2 yum.conf
```

4

YUM으로 패키지 관리

4장에서 다루는 내용은 다음과 같다.

- 시스템 업데이트를 위한 YUM 사용
- 패키지 검색을 위한 YUM 사용
- 패키지 설치를 위한 YUM 사용
- YUM을 깨끗하고 깔끔하게 유지
- 우선순위 알기
- 외부 저장소 사용
- YUM 저장소 생성
- RPM 패키지 매니저로 작업

소개

4장에는 서버를 관리하기에 편한 툴을 소개하는 여러 예제가 있다. 패키지 관리는 리눅스 기반 시스템의 핵심이고, 4장에서는 센트OS 기반 서버의 소프트웨어 패키지를 관리할 수 있는 중요하고 필수적인 툴에 중점을 둔다.

시스템 업데이트를 위한 YUM 사용

이 예제에서는 시스템을 업데이트할 수 있는 YUM^{Yellowdog Updater, Modified} 패키지를 살펴본다. 가끔 YUM 패키지가 업데이트됐다는 점을 알았거나, YUM 패키지 업데이트가 되기를 바라는 마음이 있을 수 있다. 모든 서버 관리자가 시스템에 정기적으로 작업하는 패치나 업데이트를 적용해 최신 패키지로 업그레이드하면 언제든지 발생할 수 있는 소프트웨어 버그와 취약점을 즉각 없애고, 서버의 보안을 높일 수 있다. 이 예제는 YUM으로 할 수 있는 작업을 소개한다.

준비

이 예제를 진행하려면 동작 중인 센트OS 7, root 권한, 선호하는 콘솔 기반의 텍스트 편집기, 추가 패키지를 다운로드할 수 있는 인터넷 연결이 필요하다.

예제 구현

종종 필요한 때마다 이 예제를 실행해 YUM 업데이트를 진행할 수 있지만, 경우에 따라 일부 업데이트 작업은 시스템 재부팅이 필요할 수도 있어 스케줄을 잡고 진행하는 작업을 자주 할 수 있다.

1. root로 로그인한 후 설치된 패키지의 업데이트가 있는지 확인하기 위해 다음 커맨드를 실행한다.

```
yum check-update
```

2. 설치된 패키지에 업데이트할 내용이 없다면 그대로 업데이트 작업은 끝나고 더 이상의 할 일은 없다. 하지만 업데이트가 존재한다면 시스템이 알고 있는 저장소로부터 모든 패키지 업데이트 목록을 리턴한다. 업데이트 작업을 진행하려면 다음 커맨드를 실행한다.

```
yum -y update
```

3. `yum check-update` 커맨드는 업데이트할 수 있는 패키지 목록만 보여주지만, `yum -y update` 커맨드를 사용하면 업데이트 여부를 묻지 않고 바로 패키지 업데이트를 진행한다. 업데이트가 완료되면 마지막에 어떤 패키지가 업데이트됐는지, 어떤 의존 라이브러리가 설치됐는지에 대한 정보를 알려준다.

4. 업데이트 이후의 작업은 전혀 없다. 기존에 하던 일반적인 작업은 그대로 진행하면 된다. 하지만 새로운 커널이 설치되거나 중요한 보안 업데이트를 했다면 새로운 변경을 반영할 수 있도록 시스템을 재부팅해야 한다.

   ```
   reboot
   ```

 실무에서 YUM 업데이트 작업을 진행할 때 전체 시스템 재부팅을 꼭 해야 하는지에 대해 많은 토론이 있지만, 부팅 작업에서 활성화되는 glibc 업데이트와 보안 기반 특정 기능 같은 커널을 업데이트할 때는 반드시 재부팅을 고려해야 한다.

예제 분석

YUM은 센트OS의 기본 패키지 관리 시스템이고 어떤 패키지에 업데이트가 필요한지, 어떤 의존성 라이브러리가 필요한지 자동으로 계산하는 역할을 하고 있고, 매우 간단한 방법으로 시스템 업데이트에 대한 전체 과정을 관리한다.

그렇다면 이 예제에서 무엇을 배울 수 있는가?

예제에서는 먼저 `yum` 커맨드에 `check-update` 매개변수를 사용해 업데이트할 수 있는 패키지가 존재하는지 확인했다. 내부적으로 YUM은 중앙 YUM 저장소를 확인해 시스템에 업데이트가 가능한지 판별한다. 중앙 YUM 저장소는 원격 저장소 또는 미리 준비된 소프트웨어 패키지와 유틸리티를 갖고 있는 웹사이트다. YUM은 rpm^{Red Hat Package Manager}과 의존성 라이브러리를 제대로 찾을 수 있다. 업데이트가 존재하면 YUM은 사용 가능한 패키지와 의존성 라이브러리를 요청에 맞게 요약해 응답한다.

이런 이유로 YUM은 매우 유용한 툴이며, 의심할 여지없이 패키지 관리와 관련된 작업을 단순화할 수 있는 메커니즘을 갖고 있다. YUM은 YUM 저장소와 통신할 수 있기 때문에 새로운 애플리케이션을 찾고 설치하거나 수동으로 업데이트하는 수고를 덜어준다. 사용 가능한 업데이트가 있다면 어느 패키지가 영향을 받을지 정확하게 알려주고, yum 커맨드에 update 매개변수를 사용하면 패키지 업데이트를 진행할 수 있다. 예제에서는 yum update 커맨드에 -y 플래그를 추가했다. -y 플래그는 제공된 업데이트 패키지에 일일이 동의할 필요 없이 한 번에 모든 업데이트에 동의한다는 것을 확정하기 위해 사용됐다. -y 플래그를 사용하지 않으면 모든 업데이트 요청에 Y 키를 눌러 업데이트를 진행할지 여부를 결정해야 한다.

부연 설명

전체 패키지 대신 한 패키지만 업데이트하기 위해 yum update 패키지_이름처럼 update 매개변수 다음에 패키지 이름을 붙일 수 있다. YUM은 패키지 설치가 진행되면서 만나는 애플리케이션의 모든 요구 사항을 처리할 수 있고, 시스템에는 존재하지 않은 패키지의 의존 라이브러리를 자동으로 설치한다. 하지만 새로운 애플리케이션이 기존 소프트웨어와 충돌한다면 YUM은 시스템에 어떠한 변경을 주지 않은 채 설치를 중지한다. 주어진 시간 간격으로 시스템 업데이트를 자동으로 실행하고 싶다면 yum-cron을 설치해 사용할 수 있다. yum-cron은 이 책의 범위를 넘어서는 프로그램이지만, 사용자가 원하는 대로 최적화가 가능하다. 설치 후 시작하기 위해 man yum-cron을 사용한다.

패키지 검색을 위한 YUM 사용

이 예제에서는 특정 패키지를 검색하기 위해 YUM을 살펴본다. YUM은 RPM 소프트웨어 패키지의 설치를 개선하기 위해 개발됐고, 서버가 제공하는 서비스의 전체 범위를 제공하는 패키지 목록가 점점 늘어나면서 관련 패키지에 접근하기 위해 사용됐다. YUM은 사용이 간단하지만 어느 패키지가 호출될지 알 수 없다면 서버 관리자로서 역할은 매우 힘들 수 있을 것이다. 이런 단점을 극복하기 위해 YUM은 광범위한 검색 툴을 갖고 있다. 이 예제에서는 필요한 패키지를 찾기 위해 다양한 저장소를 찾기 위해 YUM의 기능을 사용하는 방법을 소개한다.

준비

이 예제를 진행하려면 동작 중인 센트OS 7 운영체제, root 권한, 선호하는 콘솔 기반의 텍스트 편집기, 인터넷 연결이 필요하다.

예제 구현

이 예제는 YUM의 검색 옵션을 호출해 하나 이상의 패키지를 찾는 방법을 보여준다. 먼저 root 사용자로 로그인하고 다음 과정을 진행한다.

1. 특정 패키지를 검색하려면 다음 커맨드의 키워드를 원하는 문자열이나 매개변수로 교체한 후 실행한다.

   `yum search 키워드`

2. 이전 커맨드의 검색 결과에 대한 요약 정보를 보기 위해 기다린다. 결과 목록이 출력되면 다음 커맨드의 패키지_이름을 원하는 값으로 교체해 패키지를 질의할 수 있다.

   `yum info 패키지_이름`

3. 이전 결과가 만족스럽고 해당 패키지에 관련된 의존 목록을 보고 싶다면 다음 커맨드를 실행한다.

`yum deplist 패키지_이름`

예제 분석

YUM으로 패키지를 검색하는 것은 WWW^{World Wide Web}에서 검색하는 것과 동일한 방법을 사용한다. 검색할 수 있는 단어는 선호도에 따라 특정 단어일 수 있고, 일반적인 단어일 수도 있다. 또한 단어는 전체 단어일 수도 있고 부분적인 단어일 수도 있다. 검색해서 흥미로운 패키지를 찾았다면 이 예제에서는 해당 패키지에 대한 추가 정보를 탐색할 수 있는 방법을 소개한다.

그렇다면 이 예제에서 무엇을 배울 수 있는가?

YUM은 엄청난 검색 기능을 갖고 있어 키워드, 패키지 이름, 경로 이름으로 패키지를 질의할 수 있다. 예를 들어 C, 오브젝티브^{Objective} C, C++ 코드를 컴파일하기 위한 패키지를 제대로 찾기 원한다면 `yum search compiler` 질의를 사용할 수 있다. 커맨드라인에서 검색어를 사용한다면 수많은 연관 결과가 있고, 그 결과에서 가장 분명하거나 가장 관련 있는 값을 찾을 수 있는 패키지의 간단한 설명을 보고 원하는 패키지를 찾을 수 있다.

이것을 염두에 두고 특정 패키지에 대한 정보를 얻기 위해 `yum` 커맨드에 `info` 매개변수를 사용해 질의할 수 있으며, 패키지가 제공하는 기능에 대한 상세한 설명을 볼 수 있다. 일반적으로 `yum info`에 대한 더 자세한 내용은 알 필요가 없다.

하지만 전체적으로 패키지가 서버와 어떻게 통신하는지 알고 싶을 수 있다 (특별히 소스 설치 작업 또는 망가진 패키지를 정상적으로 동작하게 해결할 때). 아주 상세한 리포트를 제공할 수 있는 `yum` 커맨드의 `deplist` 매개변수를 사용할 수 있다. 패키지의 설치가 잘못됐다면 `yum deplist` 커맨드로 문제 해결을 하기 위해 필요한 의존 라이브러리 정보를 확인할 수 있다. `yum deplist` 커맨드는 소스를 기반으로 설치할 때 또는 의존 라이브러리를 디버깅할 때 특별히 쓰인다.

때때로 특정 패키지를 검색하는 대신 저장소 내용을 카탈로그 형식으로 출력하기를 원할 수 있다. 해당 방식은 쉽게 할 수 있고 YUM은 다음 커맨드로 기능을 제공한다. 시스템에서 사용된 현재 저장소에서 사용 가능한 모든 패키지를 간단히 보고 싶다면 yum list all 커맨드를 실행한다. 하지만 해당 커맨드의 결과 목록이 너무 많기 때문에 yum list all | less 커맨드를 사용하는 것처럼 페이지 단위로 결과를 보는 것을 더 선호할 것이다. 어떤 패키지가 특정 파일이나 기능을 제공하는지 확인하고 싶다면 yum provides 파일_이름 커맨드에서 필요에 맞게 파일_이름 부분을 관련 단어로 교체하고 해당 커맨드를 실행한다.

패키지 설치를 위한 YUM 사용

이 예제에서는 서버에 새로운 패키지를 설치할 수 있는 YUM을 살펴본다. 모든 서버 관리자의 중요한 작업은 애플리케이션과 서비스의 설치다. 설치 방법은 여러 가지가 있지만, 가장 효율적인 방법은 YUM 패키지 매니저를 사용하는 것이다. YUM은 여러 저장소를 검색할 수 있고, 자동으로 패키지 의존성을 해결할 수 있으며, 하나 이상의 패키지 설치를 명시할 수 있다. YUM은 서버에 패키지를 설치할 수 있는 현대적이고 확실한 방법이고, 이 예제에서는 YUM의 설치 방법을 소개한다.

이 예제를 진행하려면 동작 중인 센트OS 7 운영체제, root 권한, 선호하는 콘솔 기반의 텍스트 편집기, 추가 패키지를 다운로드할 수 있는 인터넷 연결이 필요하다. 또한 '패키지 검색을 위한 YUM 사용' 절에서 커맨드를 사용해 패키지 설치 방법을 이미 알고 있다면 좋다.

예제 구현

이 예제에서는 YUM 설치 옵션을 사용해 하나 이상의 패키지를 설치하는 방법을 소개한다. 설치를 진행하려면 root 사용자로 로그인하고 다음 과정을 진행해야 한다.

1. 특정 패키지를 설치하려면 다음 커맨드의 패키지_이름 값을 필요한 값으로 교체하고, 다음 커맨드를 실행한다.

   ```
   yum install 패키지_이름
   ```

2. 이제 시스템은 설치를 확인한다. 프롬프트가 나오면 Y 또는 N 키를 사용해 응답한다. 그리고 설치를 진행하거나 철회하기 위해 엔터 키를 누른다.

   ```
   Is this ok [y/d/N]: y
   ```

3. 설치를 진행하지 않는다면 더 이상의 설치 작업은 없고 패키지 관리 과정을 종료한다. 하지만 설치를 진행한다면 설치 과정을 볼 수 있고, 마지막 라인에서 Complete! 메시지를 볼 것이다.

4. 축하한다. 원하는 패키지를 성공적으로 설치했다.

모든 패키지는 RPM 패키지 파일 포맷으로 저장되고, YUM은 인터넷에 다양한 저장소에 저장된 많은 파일에 접근할 수 있다. YUM은 센트OS의 실질적인 패키지 매니저고, 실제로 설치 과정을 매우 쉽게 해준다.

그렇다면 이 예제에서 무엇을 배울 수 있는가?

yum install 커맨드를 실행하면 YUM은 해당 패키지와 연관 있는 헤더와 메타데이터를 찾기 위해 여러 저장소를 검색한다. 예를 들어 wget이라는 패키지를 설치하고 싶다면 yum install wget처럼 install 커맨드를 사용할 수 있다. YUM은 패키지를 찾아내고 필요한 디스크 크기와 예상하는 설치 용량뿐만 아니라 요청 패키지가 필요한 의존 라이브러리를 알려주는 내용을 보여준다. 그리고 YUM은 여러 저장소(base, extras, updates)를 확인해서 필요한 의존 라이브러리를 해결한다. YUM의 설치 과정을 진행하기 전에 사용자가 진행할지 여부를 확인한다. 따라서 예제처럼 Y 키를 입력하면 패키지 요청을 수행할 권한으로 해당 패키지의 다운로드, 검증, 설치를 차례로 진행한다.

한 번에 하나 이상의 패키지를 설치하고 싶을 때가 있다. 하나 이상의 패키지를 설치하려면 install 커맨드를 동일하게 실행한다. install 커맨드 뒤에 하나의 패키지만 입력하는 방법 대신 쇼핑할 목록을 길게 작성하는 방법처럼 패키지 이름을 모두 나열한다.

yum install 패키지_이름1 패키지_이름2 패키지_이름3

하나 이상 설치할 수 있는 패키지 개수는 무제한이지만, 한 라인에 커맨드와 각 패키지 이름 사이에 공백을 둔다. 설치 커맨드의 내용이 길면 줄 바꿈이 일어날 수 있다.

임의의 특정 순서대로 패키지를 나열할 필요가 전혀 없으며, 패키지 설치 요청은 원래 예제와 동일하게 처리된다. 먼저 설치할 내용을 보여주고, 설치를 진행할지 설치를 그만할지 여부를 사용자가 결정할 수 있게 기다린다. 설치를 진행하려면 Y 키를 누른다.

패키지 삭제를 위한 YUM 사용

이 예제에서는 서버에서 패키지를 삭제하기 위해 YUM의 사용 방법을 살펴본다. 서버가 살아 있을 동안 특정 애플리케이션과 서비스는 더 이상 필요치 않을 수 있다. 이런 상황에서, 작업 환경을 최적화하기 위해 필요하지 않은 패키지를 삭제하는 것은 일반적이다. 이 예제에서는 패키지 삭제 방법을 소개한다.

준비

이 예제를 진행하려면 동작 중인 센트OS 7 운영체제, root 권한, 선호하는 콘솔 기반의 텍스트 편집기, 인터넷 연결이 필요하다.

예제 구현

이 예제에서는 yum remove 옵션을 실행해 하나 이상의 패키지를 삭제하는 방법을 소개한다. 삭제를 진행하려면 root 사용자로 로그인하고 다음 프로세스를 진행한다.

1. 한 패키지만 삭제하려면 다음 커맨드에서 패키지_이름을 삭제하고 싶은 패키지로 교체한다.

   yum remove 패키지_이름

2. 삭제할 패키지 내용이 나타나기를 기다린 후 삭제할지를 결정하는 프롬프트가 나타나면 다음처럼 Y 키를 누른다. 삭제를 원하지 않으면 N 키를 누른다.

`Is this ok [y/d/N]: y`

3. 패키지 삭제를 철회하면 더 이상의 작업이 진행되지 않으며, YUM을 종료한다. 하지만 삭제를 진행하겠다고 결정하면 패키지 삭제가 완료될 때까지 삭제 과정을 볼 수 있다. 삭제가 완료되면 `Complete!` 메시지를 볼 수 있다.

예제 분석

YUM을 사용해 더 이상 필요 없는 애플리케이션을 삭제할 수 있다. 삭제 과정은 매우 직관적이고, 새로운 패키지를 설치하는 방법과 유사하다. 삭제하고 싶은 패키지의 이름만 커맨드에 추가한다.

그렇다면 이 예제에서 무엇을 배울 수 있는가?

`yum remove` 커맨드를 실행하면 YUM은 시스템에서 관련 패키지를 검색하고, 패키지 헤더와 메타데이터를 읽은 후 패키지의 어떤 의존 라이브러리가 영향을 받을지 결정한다. 예를 들어 `wget`이라는 패키지를 삭제하고 싶다면 `yum remove wget` 커맨드를 호출하는 것처럼 `remove` 커맨드를 실행한다. 그리고 YUM은 시스템에서 패키지 상세 정보를 위치시키고, 더 이상 필요치 않은 의존 라이브러리 목록 정보를 얻는다. 삭제될 의존 라이브러리 목록은 YUM 패키지 삭제가 진행될 때까지 보류된다. 사용자가 삭제를 승인하면 YUM은 패키지를 완벽히 삭제한다. 다른 RPM이 필요로 하는 의존 라이브러리가 삭제 패키지에 포함될 수 있기 때문에 각별한 주의가 필요하다. 시스템에 존재하는 특정 의존 라이브러리를 삭제하지 않으려면 진행 중인 패키지 삭제를 종료하고 해당 소프트웨어를 비활성화하거나 실행하지 못하게 한다. `install` 커맨드에서 사용한 것처럼 패키지 이름 간격에 공백을 두면

한 번에 여러 패키지를 삭제할 수도 있다.

`yum remove` 패키지_이름1 패키지_이름2 패키지_이름3

YUM을 깨끗하고 깔끔하게 유지

이 예제에서는 작업 캐시가 항상 최신 상태로 유지할 수 있는 YUM의 역할을 살펴본다. YUM을 일반적으로 사용할 때 YUM은 메타데이터와 패키지를 캐시 파일에 저장한다. 해당 캐시 파일은 매우 유용하지만, 시간이 지남에 따라 YUM이 잘못 동작하거나 의도치 않은 동작이 일어날 수 있는 정도로 캐시 크기로 늘어난다. YUM의 오동작 빈도수는 시스템에 따라 달라질 수 있지만, 일반적으로 오동작이 발생한다면 YUM 캐시 시스템을 즉시 살펴봐야 한다. YUM의 이런 오작동 상황은 매우 혼란을 야기할 수 있어서 이 예제에서는 캐시를 깨끗이 지우고 원본 작업 상태에 대한 YUM 환경을 복구하는 빠른 해결 방법을 제공한다.

준비

이 예제를 진행하려면 동작 중인 센트OS 7 운영체제, root 권한, 선호하는 콘솔 기반의 텍스트 편집기, 추가 패키지를 다운로드할 수 있는 인터넷 연결이 필요하다.

예제 구현

시작하기 전에 이 예제를 활용하면 YUM의 문제를 해결할 수 있을 뿐 아니라 최적화된 작업 상태에서 YUM을 유지할 수 있다. 필요에 따라 이 예제를 종종 실행할 수 있다.

1. YUM에서 캐시된 패키지 정보를 모두 삭제하기 위해 먼저 root로 로그인하고 다음 커맨드를 실행한다.

```
yum clean packages
```

2. 이전 커맨드에서 캐시된 패키지를 완전히 삭제할 때 시간이 오래 소요된다. 캐시된 XML 기반의 메타데이터를 삭제하기 위해 다음 커맨드를 실행한다.

```
yum clean metadata
```

3. 이전 커맨드에서는 메타데이터가 삭제될 때까지 YUM을 기다린다. 캐시된 모든 데이터베이스 파일을 삭제하기 위해 다음 커맨드를 실행한다.

```
yum clean dbcache
```

4. 사용하지 않는 불필요한 디스크 공간을 정리하고, 동시에 이전 커맨드와 같이 캐시된 모든 파일을 삭제하기 위해 다음 커맨드를 실행한다.

```
yum clean all
```

5. 마지막으로 다음 커맨드를 실행해 YUM 캐시를 재구성한다.

```
yum makecache
```

예제 분석

YUM은 패키지 의존 라이브러리를 해결하고 패키지 관리 과정을 자동화할 수 있는 능력으로 유명한 매우 강력한 툴이다. 하지만 모든 프로그램과 마찬가지로 최고의 유틸리티도 혼동돼 오류를 발생하거나 비정상적으로 작동할 때가 있다. 이런 이슈의 해결은 상대적으로 쉽고, 이 예제대로 하면 운영체제의 실행 상태를 항상 정상적으로 할 수 있다.

그렇다면 이 예제에서 무엇을 배울 수 있는가?

YUM은 일반적으로 메타데이터와 패키지의 캐시 데이터를 /var/cache/yum에 저장한다. 해당 캐시 파일은 필수로 쓰이지만, 점점 캐시 파일이 커져

결국 YUM의 사용이 많아지면 느려지면서 이슈를 일으킬 수 있다. 이런 상황을 해결하기 위해 현재 패키지 기반 캐시를 삭제할 수 있는 yum clean packages를 실행했다. 그리고 YUM에 clean metadata 매개변수를 사용해 XML 기반 파일의 메타데이터 캐시를 삭제했다. YUM은 리눅스의 일반 커맨드처럼 SQLite 데이터베이스를 사용하는데, YUM에 clean dbcache 매개변수를 사용해 기존 데이터베이스 파일을 삭제했다. 다음 단계는 yum clean all 커맨드를 실행해 저장소에서 사용하지 않는 디스크 공간을 삭제했다. 마지막으로 YUM에 makecache 매개변수를 사용해 캐시를 재구축해 현재 작업 상태를 복구했다.

부연 설명

YUM은 일반 서버에서 패키지 의존성과 패키지 관리와 관련된 복잡한 문제를 해결할 수 있는 훌륭한 툴이다. 하지만 사용자가 고의로 불완전한 저장소를 함께 사용하거나 불완전한 소스를 사용하는 경우에는 YUM의 도움을 받지 못할 수 있는 위험성이 있다.

 이런 상황에는 임시 해결책으로 다음 충고를 고려해야 한다. YUM이 알려주는 경고 메시지를 무시하면 더 큰 문제가 발생할 수 있다.

YUM 패키지에 문제가 있는 경우 RPM 기반의 에러라면 임시로 고칠 수 있으며, 다음 커맨드를 실행해 깨진 패키지의 처리를 건너뛸 수 있다.

```
yum -y update --skip-broken
```

이전 YUM 커맨드는 에러가 발생하는 패키지는 건너뛰고 작업을 계속하라는 의미지만, 이전에 언급한 것처럼 임시 대응이다. 깨진 의존 라이브러리가 있는 상태의 시스템은 건강한 시스템이라 말할 수 없음을 항상 알아야 한다.

이런 상황은 어떤 희생을 치르더라도 피해야 하고, 이런 오류를 해결하는 것이 시스템 관리자의 첫 번째 우선순위가 돼야 한다.

우선순위 알기

이 예제에서는 YUM 우선순위로 알려진 플러그인을 설치해 추가 저장소를 관리할 수 있는 YUM의 작업을 살펴본다. YUM은 다양한 원격지에서 패키지를 검색, 삭제, 설치, 얻기, 변경할 수 있다. 이런 기능은 YUM을 강력한 툴로 만들 수 있지만, 외부 YUM 저장소를 추가한다면 시스템에서 패키지 간의 충돌로 인해 시스템이 불안정해질 수 있다. 센트OS 운영체제의 가장 큰 장점 중 하나는 안정성이다. 이 예제는 새로운 저장소의 추가하면서 신뢰성을 유지하는 방법을 소개한다.

준비

이 예제를 진행하려면 동작하는 센트OS 7 운영체제, root 권한, 선호하는 콘솔 기반의 텍스트 편집기, 추가 패키지를 다운로드할 수 있는 인터넷 연결이 필요하다.

예제 구현

이 예제에서는 하나 이상의 외부 저장소를 설치하고, YUM 우선순위 관련 패키지를 설치하고 우선순위를 설정하기 위해 YUM에서 작업할 내용을 소개한다.

1. 먼저 root로 로그인한 후 다음 커맨드를 실행한다.

   ```
   yum install yum-plugin-priorities
   ```

2. 설치를 진행한 후 다음 커맨드를 실행한다.

```
vi /etc/yum/pluginconf.d/priorities.conf
```

3. priorities.conf 파일의 플러그인이 활성화돼 있는지 확인한다. enabled = 1로 보일 것이다. 파일을 변경할 필요는 없지만, 변경하고 싶다면 처리하기 전에 먼저 파일을 수정하고 종료한다.

4. 각 저장소에 우선순위를 설정한다. 오름차순으로 숫자 값을 설정하며, 가장 작은 값이 가장 높은 우선순위를 가진다. 우선순위를 설정하기 위해 다음 파일을 연다.

```
vi /etc/yum.repos.d/CentOS-Base.repo
```

5. [base] 섹션의 끝에 다음 라인을 추가한다.

```
priority=1
```

6. 이제 [updates] 섹션의 끝에 다음 라인을 추가한다.

```
priority=1
```

7. 그리고 마지막으로 [extras] 섹션의 끝에 다음 라인을 추가한다.

```
priority=1
```

8. 수정 작업을 완료하면 패키지 업데이트를 실행하기 전에 파일을 저장하고 종료한다.

```
yum update
```

예제 분석

YUM의 priorities 플러그인을 사용하면 새로운 패키지를 설치하거나 업데이트할 때 YUM 저장소 중 어느 저장소가 가장 높은 우선순위를 가질지 결정할 수 있다. 해당 플러그인을 사용하면 특정 패키지가 동일 저장소에서 설치되거나 업데이트할 수 있게 설정할 수 있으므로 패키지 혼동이 줄어진다. 이렇게 하면 저장소를 무제한으로 추가할 수 있고, YUM을 통해 패키지 관리를 제어할 수 있다.

그렇다면 이 예제에서 무엇을 배울 수 있는가?

YUM의 priorities 플러그인을 활용하려면 yum-plugin-priorities 패키지를 설치하고 해당 패키지의 설정 파일에서 enabled 값이 있는지 확인한다. priority 값이 오름차순, 즉 낮은 값은 다른 모든 값보다 우선으로 설정된 것을 확인한다. 전체 과정을 간략화해 설명했다. 이제 기본 저장소로 변경하기 위해 1로 설정한다(priority=1).

가장 높은 우선순위를 가진 기본 저장소를 설정하고 다른 저장소에 priority의 값을 2, 3, 4 … 10 등으로 할당할 수 있다. 반면 3개의 주요 섹션인 [base], [updates], [extras]에 priority의 값을 설정할 수 있다는 것을 기억한다. 간단히 말해서 다른 섹션들은 비활성화된 것으로 표시됐기 때문이다. 예를 들어 /etc/yum.repos.d/CentOS-Base.repo 파일의 [centosplus] 섹션에서는 enabled=0을, [updates]와 [extras] 섹션은 enabled=1을 각각 설정할 수 있다. 해당 저장소를 활성화하려면 priority 값을 설정해야 하지만, 이 예제에서는 그런 작업을 할 필요는 없다. 마지막으로 수정한 설정을 활성화하기 위해 YUM 패키지를 업데이트했다.

지금까지 설명한 YUM priorities 플러그인은 패키지 설치를 확장할 수 있는 아주 유연한 패키지다. 하지만 YUM의 어느 패키지가 무시되는지, 어느 패키지가 설치되는지, 어느 패키지가 업데이트되는지, 패키지를 얻기 위해 어떤 순서로 저장소를 사용하는지에 대한 결정 내용을 YUM priorities 플러그인에 의존하기 때문에 YUM priorities 플러그인이 항상 사용자의 시스템에 적절하지 않을 수 있다는 것을 알아야 한다. 일반적인 서버 기능을 사용하지 않는 대부분의 사용자는 이 부분에 큰 관심이 있지 않아서 YUM 경고가 발생하더라도 무시할 수 있을 것이다. 하지만, 안정성과 보안이 최우선 관심사이고, 외부 저장소에서 추가 패키지를 사용하려 한다면 priorities 플러그인의 사용에 대해 충분히 고려하거나 사용 중인 외부 저장소의 무결성은 제대로 있는지 조사하고 고려해야 한다.

외부 저장소 사용

이 예제에서는 EPEL과 Remi 저장소를 설치해 센트OS에서 사용할 수 있는 패키지의 모든 장점을 살펴본다. 센트OS는 안정성을 제공하는 엔터프라이즈 기반의 운영체제다. 센트OS를 운영하면서 기본 저장소만으로 필요한 모든 소프트웨어를 찾을 수 없다. 현재 소프트웨어의 업데이트될 패키지가 필요할 수 있다. 많은 서버 관리자는 이런 이유로 EPEL과 Remi 저장소를 모두 설치할 것이다. 두 저장소는 사용 가능하며, 가장 인기 있는 저장소 조합 중 하나다. 이 예제에서는 EPEL과 Remi 저장소를 시스템에 추가하는 방법을 소개한다.

준비

이 예제를 진행하려면 동자하는 센트OS 7 운영체제, root 권한, 선호하는 콘솔 기반의 텍스트 편집기, 추가 패키지를 다운로드할 수 있는 인터넷 연결이 필요하다.

예제 구현

시작하기 전에 이전 예제에서는 YUM priorities 플러그인을 설치했고 활성화하는 방법을 알고 있다고 가정한다.

1. 먼저 root로 로그인하고 YUM을 이용해 EPEL 릴리스 저장소를 설치한다.

   ```
   yum install epel-release
   ```

2. 이제 홈 디렉토리에서 remi release rpm 패키지를 다운로드하기 위해 다음 커맨드를 실행한다.

   ```
   curl -O http://rpms.famillecollet.com/enterprise/remi-release-7.rpm
   ```

이 책을 보고 있는 시점에 remi 패키지 URL이 변경될 수 있다. 새로운 URL로 변경됐다면 인터넷에서 검색해서 remi 패키지 URL을 찾는다.

3. 다운로드한 파일을 홈 디렉토리에 위치시킨 후 다음 커맨드를 실행한다.

   rpm -Uvh remi-release-7.rpm

4. 설치가 완료된 후 선호하는 텍스트 편집기로 Remi 저장소 파일을 연다.

   vi /etc/yum.repos.d/remi.repo

5. enabled=0를 enabled=1로 변경하고, [remi] 섹션의 끝에 priority=10을 추가한다.

6. 이제 선호하는 텍스트 편집기로 EPEL 저장소 파일을 연다.

   vi /etc/yum.repos.d/epel.repo

7. 다시 enabled=0을 enabled=1로 변경하고, [epel] 섹션에 priority=10 라인을 추가한다.

8. 작업을 종료하기 위해 YUM 업데이트를 실행한다.

   yum update

9. YUM 업데이트가 존재한다면 Y 키를 누른다. 업데이트 작업이 완료되면 기본 저장소에서 추가된 Remi와 EPEL 저장소에서 패키지를 다운로드하고 설치할 수 있다.

예제 분석

외부 저장소의 장점을 활용하기 위해 YUM과 RPM 패키지 매니저를 사용해 외부 저장소를 설치한 후 활성화한다.

그렇다면 이 예제에서 무엇을 배울 수 있는가?

예제를 시작하면서 Remi와 EPEL 저장소를 매우 매끄럽게 설치했다. YUM을 사용해 EPEL 저장소를 설치하면 변경 내용에 매우 안전하지만, Remi 저장소는 운영자가 따로 운영하기 때문에 Remi URL이 변경될 수 있어서 Remi 패키지가 가장 최신인지 확인해야 한다. 하지만 필요한 저장소 설정 파일을 얻었다면 RPM 커맨드를 사용해 시스템에 필요한 모든 저장소 파일을 설치하면 된다.

저장소 설치 작업을 진행한 후 설치된 저장소마다 관련 설정 파일을 열어 enabled=0을 enabled=1로 바꿔 모두 활성화한 후 priority 값을 설정한다(priority=10). enabled의 값이 1로 변경되면 단지 저장소를 사용하겠다는 의미고, priority 값이 변경되면 update 커맨드가 호출할 때 YUM이 가장 적합한 저장소를 제대로 식별하기 위해 사용된다.

이전 예제에서 YUM priorities 플러그인을 다룬 것처럼 가장 중요한 규칙은 "숫자가 낮을수록 더 높은 우선순위를 가진다"다. 그 자체(사용자의 이유를 근거로)는 나쁜 것이 아니지만, 예제에서 센트OS 기본 저장소가 다른 저장소에 비해 가장 높은 우선순위를 가진다. 이 부분을 동의하지 않을 수 있고, 외부 공급업체에 동일한 우선순위를 적용하는 것을 막을 수 없다. 하지만 우선순위를 변경하기 전에 주의하는 것이 좋다. 예를 들어 중요도가 높은 운영 서버에서 우선순위를 잘 살펴봐야 한다. 모든 우선순위 값이 같다면 YUM은 기본적으로 가장 최신 버전을 다운로드하려 할 것이다.

센트OS 기반의 저장소보다 Remi와 EPEL에 높은 값을 설정하는 이유는 보안 업데이트에 대한 필요 때문이다. 사용자가 다르게 결정하지 않는 한 센트OS의 기본 파일을 가장 먼저 두기를 조언한다. 센트OS의 저장소는 커널 업데이트, SELinux, 연관 패키지 등을 포함해 더 많은 패키지가 존재한다. 외부 저장소는 원본 저장소에는 없는 추가 패키지를 다운로드하기 위해 또는 센트OS의 기본 저장소에는 없는 특정 업데이트에 접근하기 위해 사용돼야 한다.

아파치, 마리아DB, PHP 같은 패키지를 포함할 수 있다. 예제의 마지막 부분에서 Remi와 EPEL 저장소는 같은 우선순위 값을 가진다고 소개했다. 해당 저장소는 동등한 관계로 보이기 위해 설계됐다. 하지만 저장소를 많이 사용하거나 여기에 언급되지 않은 저장소를 설치해 게이트웨이로 사용한다면 모든 저장소를 하나씩 조사하고 확인해야 한다. 매우 인기가 있는 Remi와 EPEL 저장소 외에 다른 외부 저장소를 더 추가하고 싶다면 해당 외부 저장소를 잘 분석하고, 주의 깊게 살펴보고 선택해야 하며, 잘 유지해야 한다.

부연 설명

센트OS 7에서 ELRepo 같은 사용할 수 있는 흥미로운 많은 저장소가 존재한다. ELRepo 저장소는 파일 시스템 드라이버, 그래픽 드라이버, 네트워크 드라이버, 사운드 드라이버, 웹캠 또는 비디오 드라이버 같은 하드웨어 관련된 패키지에 집중하고 있다. http://elrepo.org에 접속해서 설치 방법과 사용 방법을 터득한다.

YUM 저장소 생성

내부 네트워크에서 여러 센트OS 서버를 운영하고 있고, 인터넷 대역폭을 줄이거나 반복되는 원격 저장소 패키지를 빨리 다운로드하고 싶으며, 클라이언트의 외부 센트OS 저장소에 접근이 매우 제한적인 네트워크 환경에 있다면 사설 YUM 저장소의 운영을 고려할 수 있다. 일부 사용자 정의 RPM 패키지나 비공식 RPM 패키지를 내부 고객에게 출시하기 원하거나 공식 센트OS 7 저장소의 미러 사이트^{mirror site}를 생성하기 원한다면 사설 저장소를 구축하는 것은 완벽한 해결 방법이 될 수도 있다. 이 예제에서는 센트OS 7의 YUM 저장소를 구축하는 방법과 내부 네트워크에서 YUM 저장소를 사용하는 방법을 소개한다.

이 예제를 진행하려면 동작 중인 센트OS 7 운영체제, root 권한, 선호하는 콘솔 기반의 텍스트 편지, 추가 패키지를 다운로드할 수 있는 인터넷 연결이 필요하다. 또한 root 홈 디렉토리에 'CentOS 7 Everything DVD' iso 파일 이미지도 있어야 한다. 해당 이미지를 다운로드하지 못했다면 1장의 첫 번째 예제에서 상세 내용을 참고한다(센트 OS의 최소 iso 이미지 파일 대신 CentOS-7-x86_64-Everything-XXXX.iso을 다운로드한다). 또한 내부 네트워크에 YUM 저장소에 공유할 수 있는 동작 중인 아파치 웹 서버가 필요하다. 아파치 웹 서버의 구축 방법을 알려면 12장의 첫 번째 예제를 살펴본다.

예제 구현

시설 YUM 저장소를 생성하려면 센트OS 7에는 기본으로 설치되지 않은 `createrepo` 프로그램이 필요하다. 이제 설치해보자. 예제에서는 YUM 저장소 서버를 구축하기 위해 `192.168.1.7` IP 주소를 사용한다.

1. 서버에 root로 로그인하고 다음 패키지를 설치한다.

   `yum install createrepo`

2. 다음에는 공유할 모든 저장소를 위해 아파치 웹 서버의 root 디렉토리 밑에 /var/www/html/repository/라는 하위 디렉토리를 생성한다. 해당 디렉토리는 아파치 실행 시 공개적으로 사용된다. 예를 들어 센트OS 7의 모든 Everything 저장소 패키지를 공개하려면 다음 커맨드를 사용한다.

   `mkdir -p /var/www/html/repository/centos/7.1`

3. 이제 센트OS 7 Everything RPM 패키지 파일을 이전에 생성한 폴더의 저장소 디렉토리에 저장한다. 예를 들어 iso 파일을 파일 시스템에 마운트한 후 Everything iso 이미지 파일의 RPM 패키지를 새로운

내부 저장소 위치에 저장한다.

```
mount ~/CentOS-7-x86_64-Everything-1503-01.iso /mnt/
cp -r /mnt/Packages/* /var/www/html/repository/centos/7.1/
```

4. 다음으로 아파치 웹 서버의 root 디렉토리에 새로운 파일을 모두 복사하기 위해 SELinux 보안 문맥으로 업데이트해야 한다.

```
restorecon -v -R /var/www/html
```

5. 이제 설치하려는 모든 저장소에 대해 다음 커맨드를 실행한다.

```
createrepo --database /var/www/html/repository/centos/7.1
```

6. 축하한다. 이제 YUM 저장소를 구축했다. 아파치 웹 서버를 통해 동일 네트워크의 모든 컴퓨터는 새로 구축한 YUM 저장소로 접속할 수 있다. 테스트를 하려민 센트OS 7이 설치된 다른 장비에서 root로 로그인한 후 새로 구축한 YUM 저장소에 ping 커맨드를 실행해 정상적인지 살펴보고, YUM 저장소 설정 디렉토리에 새로운 저장소를 추가한다.

```
vi /etc/yum.repos.d/myCentosMirror.repo
```

7. /etc/yum.repos.d/myCentosMirror.repo은 빈 파일일 것이며, 다음 내용을 추가한다(필요에 맞게 baseurl을 수정한다).

```
[myCentosMirror]
name=my CentOS 7.1 mirror
baseurl=http://192.168.1.7/repository/centos/7.1
gpgcheck=1
gpgkey=http://mirror.centos.org/centos/RPM-GPG-KEY-CentOS-7
```

8. /etc/yum.repos.d/myCentosMirror.repo 파일을 저장하고 종료한다. 새로운 YUM 저장소가 클라이언트에서 사용할 수 있다면 다음 커맨드를 실행한다.

```
yum repolist | grep myCentosMirror
```

9. 이제 새로운 YUM 저장소를 테스트하기 위해 다음 커맨드를 실행한다.

```
yum --disablerepo="*" --enablerepo="myCentosMirror" list available
```

이 예제에서는 내부 YUM 저장소의 설치 방법과 설정 방법이 얼마나 쉬운지 소개했다. 하지만 모든 센트OS 7 Everything ios RPM 패키지의 미러 사이트만 소개했지만, 내부 네트워크에서 공유하고 싶은 모든 종류의 패키지가 있는 YUM 저장소를 구축하는 과정을 반복해서 진행할 수 있다.

그렇다면 이 예제에서 무엇을 배울 수 있는가?

자체 YUM 저장소를 생성하려면 createrepo 패키지를 설치하고, 아파치 웹 서버의 root 디렉토리 밑의 하위 디렉토리에 공유하고 싶은 모든 RPM 패키지를 복사한다(예제에서 공유하고 싶은 센트OS 7의 RPM 패키지 파일을 포함해 접근하기 위해 센트OS 7 Everything iso 파일을 파일 시스템으로 마운트했다). 아파치 웹 서버의 root 디렉토리는 SELinux의 제어하에 있기 때문에 해당 root 디렉토리의 모든 RPM 파일의 보안 문맥을 httpd_sys_content_t 타입 라벨로 설정해야 했다. 그렇게 하지 않으면 아파치 웹 서버에 접근할 수 없다. 마지막으로 새로운 저장소 디렉토리에 createrepo 커맨드를 실행해서 질의를 하기 위해 YUM 저장소에 연결하기 원하는 모든 YUM 클라이언트에 필요한 새로운 저장소의 메타데이터를 생성했다.

다음에 새로운 YUM 저장소를 테스트하기 위해 다른 센트OS 7 시스템에서 새로운 YUM 저장소에 대한 정의 파일을 생성했다. 새로 만든 .repo 설정 파일에 URL 경로를 제대로 설정하고, gpg 체크를 활성화하고, 표준 센트OS 7 gpgkey를 설정했다. YUM 클라이언트가 RPM 패키지의 공식 저장소 유효성을 검증할 수 있다. 마지막으로 새로 구축한 사설 저장소를 센트OS 7 기본 저장소처럼 사용하기 위해 yum 커맨드에 --disablerepo="*" 매개변수와 --enablerepo="myCentosMirror" 매개변수를 함께 사용했다. 두 매개변수는 install, search, info, list 등과 같은 다른 yum 커맨드와

함께 사용될 수 있다. 새로운 YUM 저장소를 기존 저장소와 함께 사용하고
싶다면 YUM priorities 플러그인을 사용한다(4장의 이전 예제에서 소개했다).

부연 설명

이제 회사에서 사용할 수 있는 새로운 중앙 YUM 저장소를 발표하기 전에
센트OS Everything iso 이미지 파일의 출시일 이후에 새롭게 변경된 모든
RPM 패키지를 업데이트해야 한다. RPM 패키지를 업데이트하려면 http://
www.centos.org에 방문하고 지리적으로 현재 장소 근처에 있는 rsync://
미러 사이트를 선택한다. 예를 들어 여러분이 독일에 있다면 rsync://ftp.
hosteurope.de/centos/가 좋은 선택이 될 수 있다(더 상세한 정보를 확인하고 싶다면
센트OS 웹사이트를 살펴보거나 1상의 첫 번째 예제를 살펴본다). 또한 rsync 프로토콜을
사용하기 전에 rsync 패키지가 없다면 먼저 rsync 패키지를 설치해야 한다
(yum install rsync). 이제 vi ~/update-myCentosMirror-repo.sh 커맨드
를 실행해 다음 내용을 저장한다(필요하다면 rsync:// 주소를 교체한다).

```
rsync -avz rsync://ftp.hosteurope.de/centos/7/os/x86_64/Packages/
/var/www/html/repository/centos/7.1
restorecon -v -R /var/www/html
```

이제 chmod +x ~/update-myCentosMirror-repo.sh를 실행해 파일을 실
행 가능한 상태로 변경한 후 ~/update-myCentosMirror-repo.sh를 실행
한다. 해당 커맨드라인은 저장소의 패키지를 최신 버전으로 변경한다. 마지
막으로 이 과정을 자동화하려면 매일 새벽 2:30분에 미러 사이트의 저장소
패키지를 업데이트하는 cron 작업을 생성한다(crontab -e로 연다).

```
30 2 * * * /root/update-myCentosMirror-repo.sh
```

RPM 패키지 매니저로 작업

센트OS 7 운영체제의 모든 소프트웨어는 RPM 패키지로 배포된다. 시스템 관리자는 설치할 때 대부분 YUM 패키지 매니저를 가장 우선으로 소프트웨어를 설치하고 유지 보수한다. 그리고 YUM은 시스템 무결성 확인과 훌륭한 패키지 의존성 해결 능력을 갖고 있기 때문에 항상 추천되는 프로그램이다. 예제에서 YUM 패키지 매니저의 대안을 소개한다. 개별 RPM 소프트웨어 패키지를 빌드, 설치, 쿼리, 검증, 업데이트, 삭제할 수 있는 강력한 툴인 RPM 패키지 매니저를 살펴본다. RPM 패키지 매니저는 패키지 의존 라이브러리 또는 저장소와의 연동을 못하고 YUM과 같이 지능적이지 않지만, YUM에서 지원하지 않는 유용한 쿼리 옵션을 제공하기 때문에 오늘날까지 여전히 사용되고 있으며, 수동으로 소프트웨어 패키지를 설치할 때 사용될 수 있다.

준비

이 예제를 진행하려면 동작하는 센트OS 7 운영체제, root 권한, 선호하는 콘솔 기반의 텍스트 편집기, 추가 RPM 패키지를 다운로드할 수 있는 인터넷 연결이 필요하다.

예제 구현

예제에서는 가장 먼저 인터넷의 rpm 패키지를 다운로드하고 rpm 커맨드의 동작 방법을 설명한다.

1. root로 로그인한 후 root의 홈 디렉토리에 접근하고, 센트OS 기본 저장소에는 존재하지 않는 파이프 뷰pipe view 프로그램을 EPEL 저장소에서 다운로드한다.

cd ~;curl -O http://dl.fedoraproject.org/pub/ epel/7/x86_64/p/pv-1.4.6-1.el7.x86_64.rpm

이 글을 읽을 때쯤에는 패키지 URL이 변경될 수 있다.

2. 다운로드가 성공하면 다음 rpm 커맨드로 패키지 설치를 진행한다.

   rpm -Uvh ~/pv-1.4.6-1.el7.x86_64.rpm

3. 설치가 완료되면 패키지 설치가 잘 됐는지 확인하기 위해 RPM 데이터베이스를 다음처럼 질의한다.

   rpm -qa | grep "pv-"

4. pv 프로그램을 직접 테스트할 수 있다(종료하려면 Ctrl+C 키를 누른다).

   dd if=/dev/urandom | pv | dd of=/dev/null

5. 설치된 패키지의 유용한 정보를 보여주기 위해 rpm 커맨드의 여러 매개변수를 사용할 수 있다.

   rpm -qi pv
   rpm -ql pv
   rpm -qd pv

6. 마지막으로 더 이상 파이프 뷰 프로그램을 사용할 필요가 없다면 해당 패키지를 삭제한다.

   rpm -e pv

예제 분석

예제에서는 RPM 패키지를 관리할 수 있는 원본 프로그램인 RPM 패키지 매니저를 소개했다. RPM 패키지는 소프트웨어 배포를 위한 패키징 표준이고, 소프트웨어의 무결성을 검증할 수 있기 위해 RPM 파일에 유용한 메타데이터를 포함한다. 수동으로 소스를 컴파일하고 빌드하는 것보다 바이너리 프로그램을 포함하는 패키지 설치는 무척 쉽고, 더 일관성을 가진다. 그러나 RPM 패키지는 소스코드 또는 문서 파일과 같은 여러 타입의 파일을 갖고 있다. 소개에서 언급한 것처럼 rpm 커맨드는 6개의 커맨드, 즉 패키지의 생성, 설치, 삭제, 업데이트, 쿼리, 검증 기능을 가진다. 이 예제에서는 가장 중요한 다섯 가지 커맨드의 사용 방법을 소개했다(RPM 생성 기반은 소개하지 않는다).

그렇다면 이 예제에서 무엇을 배울 수 있는가?

먼저 root로 로그인한 후 센트OS가 아닌 비공식 EPEL 저장소에서 curl을 사용해 수동으로 pv(파이프 뷰어) 패키지를 다운로드했다(EPEL 저장소는 철저히 공식적으로 확인된 고품질의 공식 애드온 패키지를 포함한다. EPEL 저장소에 대해 더 알고 싶다면 '외부 저장소 사용' 절을 살펴본다). pv 프로그램은 센트OS의 공식 저장소에 존재하지 않지만, 매우 유용한 툴이다.

 인터넷에 RPM 저장소가 많이 존재하고, 해당 RPM 저장소에서 RPM 패키지를 다운로드할 수 있지만, 보안성과 호환성을 위해 상용 환경의 운영체제에서는 문제없고 평판이 좋은 저장소 기반의 센트OS 7의 RPM 공식 패키지만 설치하는 것이 좋다.

다운로드한 패키지 파일명은 RHEL/센트OS 패키지에서 정한 이름 명명 규칙을 따라 읽을 수 있다.

`pv-1.4.6-1.x86_64.rpm` = 패키지_이름(`pv`)-버전_번호(`1.4.6`)-릴리스(`1`)-CPU 아키텍처(`x86_64`)

그리고 커맨드라인에서 rpm 커맨드를 사용해 다운로드한 pv 패키지를 설치했다. rpm 커맨드에 -Uvh 커맨드 매개변수 다음에 다운로드한 rpm 파일의 전체 이름을 위치시키고 실행했다.

rpm 패키지를 설치하거나 업데이트하기 위해 rpm 커맨드를 사용할 때 커널 업그레이드를 제외하고 -Uvh를 사용한다. -U 매개변수는 업데이트할 때 기존 패키지를 삭제하라는 의미를 갖기 때문에 새로운 커널로 업그레이드할 때 -U 매개변수를 사용하는 것이 맞지 않다. 대신 -i(설치) 매개변수를 사용해 기존 커널 파일이 그대로 존재하게 해서 새 커널에 문제가 발생하면 기존 버전으로 돌아갈 수 있다.

-U 매개변수는 패키지를 설치하거나 업그레이드하기 위한 매개변수다. 패키지가 시스템에 설치되지 않았다면 설치를 진행한다. 하지만 RPM 패키지 버전이 기본 버전보다 새롭다면 rpm 커맨드는 업데이트를 시도한다. -v 매개변수는 더 많은 로그가 출력되는 반면 -h 매개변수는 보기 좋게 상태 바를 출력한다. 시스템에 EPEL 저장소를 활성화하지 않은 채 pv 패키지를 설치한다면 다음 경고 메시지가 출력한다.

pv-1.6.0-1.x86_64.rpm: Header V3 DSA/SHA1 Signature, key ID 3fc56f51: NOKEY

RPM 패키지가 서명^{sign}된 후에 패키지 컨텐트가 변경되지 않았다는 점을 확인하기 위해 RPM 패키지 매니저는 설치하기 전에 자동으로 패키지 서명^{signature}의 유효성을 확인한다. 또한 RPM 패키지 매니저는 RPM 패키지의 신뢰성을 얻기 위해 외부의 공식 인증 업체가 암호 키를 사용해 RPM 패키지를 서명했는지 확인한다. EPEL 저장소의 패키지는 보안성이 우수하기 때문에 경고 메시지를 무시할 수 있다. EPEL 저장소를 영구히 신뢰한다고 설정하려면 다음 커맨드를 사용해 gpg 공개 키를 시스템에 설치해 서명과 관련된 경고 메시지를 나시는 출력하지 않게 할 수 있다.

rpm --import https://dl.fedoraproject.org/pub/epel/RPM-GPG-KEY-EPEL-7

pv 패키지를 성공적으로 설치했다면 유닉스 파이프로 통과하는 데이터의 흐름을 보여주는 pv라는 괜찮은 커맨드라인 툴을 사용할 수 있다. 파이프라인을 통해 많은 데이터가 전달되고 있을 때나 현재 진행 상태를 일반적으로 알고 싶을 때 pv 툴은 매우 유용할 수 있다. 그런 다음 rpm 커맨드에 -q 매개변수를 사용해 센트OS 7 시스템에 설치된 모든 패키지에 대한 정보를 저장하는 RPM 데이터베이스에 질의했다. RPM 데이터베이스로 작업할 때는 처음 패키지를 설치할 때 사용한 파일명(pv-1.4.6-1.x86_64.rpm) 대신 실제 패키지 이름(pv)을 사용해야 한다. 설치된 패키지를 삭제할 때 패키지 이름을 사용한다. 패키지 이름을 명시해야지, 전체 파일명이나 버전 정보는 명시하지 않는다.

설치된 pv 패키지에 대한 상세 정보를 얻으려면 -qi(i는 정보information를 의미한다) 매개변수를 사용한다. -ql 매개변수는 패키지에 있는 모든 파일의 전체 파일명과 경로를 보여준다. -qd 매개변수는 문서를 포함하는 패키지의 모든 파일을 보여준다. 더 질의할 수 있는 매개변수를 보려면 man rpm을 실행해 PACKAGE QUERY OPTIONS 섹션을 살펴본다.

이 예세를 요약하면 시스템 관리자로 일하면서 공식 저장소(예를 들어 오픈소스가 아니거나 새로운 프로그램이거나 베타 버전의 소프트웨어, 자바와 같은 프로그램을 저장소에 저장할 수 없는 능력이 없는 소프트웨어, 개인 개발자의 소프트웨어)에 존재하지 않은 소프트웨어를 설치해야 하거나, 수동으로 개별 RPM 패키지를 다운로드하고 설치해야 할 때가 있다. 또한 YUM의 내부는 RPM 패키지 매니저를 의존하고 사용하고 있다. 따라서 RPM 파일을 설치할 때 YUM 프로그램을 사용할 수도 있다(yum install <filename.rpm>). 하지만 시스템에 다운로드한 rpm 파일 또는 설치된 패키지를 질의할 때 yum-utils와 같은 YUM 기반 소프트웨어를 설치하는 대신 rpm 커맨드를 사용하는 방법이 더 나을 때가 있다.

RPM의 가장 큰 단점은 저장소를 지원하지 않고, 의존 관리 시스템이 없다는 점이다. 센트OS 운영체제에 소프트웨어를 설치하기 위해 특정 RPM을 사용한다면 해당 RPM 패키지가 다른 패키지에 의존하기 때문에 특정 패키지를 설치할 수 없다는 패키지 의존 문제를 자주 만날 것이다. 종종 의존 패키지를 설치할 때 계속 해당 패키지에 연관된 의존 패키지를 찾은 후 계속해서 설치해야 한다. 이런 의존 패키지를 설치하는 작업은 상당히 지루하기 때문에 YUM을 대신 사용하면 의존 패키지 설치 작업을 하지 않도록 한다.

rpm 커맨드는 설치된 패키지에 대한 정보를 얻기 위해 rpm 데이터베이스에 질의할 수 있을 뿐 아니라, 다운로드한 rpm 파일에 질의할 수 있다. 예를 들어 내부 rpm 패키지 파일의 모든 파일을 보기 위해 -qlp 매개변수를 사용한다.

```
rpm -qlp ~/pv-1.4.6-1.el7.x86_64.rpm
```

rpm 파일에서 패키지에 대한 상세 정보를 얻기 위해 다음과 같이 -qip 매개변수를 사용한다.

```
rpm -qip ~/pv-1.4.6-1.el7.x86_64.rpm
```

의존 패키지가 있는 RPM 패키지를 다운로드한 후 해당 RPM 패키지를 설치하기 원한다면 yum localinstall 커맨드를 실행할 수 있다. 해당 커맨드 뒤에 다운로드한 패키지의 파일명을 추가해서 실행하면 원격 저장소에서 다운로드한 RPM 패키지의 모든 의존 패키지를 해결할 것이다. 예를 들어 다음과 같이 작업할 수 있다.

```
wget http://location/to/a/rpm/package_name.rpm
yum localinstall package_name.rpm
```

5

파일 시스템 관리

5장에서 다루는 내용은 다음과 같다.

- 가상 블록 디바이스 생성
- 파일 시스템 포맷과 마운트
- 디스크 쿼터 사용
- 파일 시스템 관리
- 파일 시스템 용량 확장

소개

5장에서는 센트OS 기반 서버 솔루션을 사용할 때 필수적으로 알아야 할 예제를 소개한다. 디스크를 포맷하고 마운트하는 부분부터 논리 볼륨을 늘리고 파일 시스템과 디스크 제한을 유지 보수하는 부분까지 다룬다. 5장에서는 오늘날과 같은 까다로운 환경에서 사용자의 요구를 쉽고 빨리 해결할 수 있는 작업을 소개한다.

가상 블록 디바이스 생성

이 예제에서는 실제 디바이스와 파티션을 시뮬레이트할 수 있는 가상 블록 디바이스_{virtual block device}를 생성해 5장의 모든 예제에서 사용될 개념과 커맨드를 테스트해볼 수 있다. 실제 디스크와 파티션은 종종 중요한 데이터를 잃어버리거나 심지어 모든 시스템을 재설치해야 하는 위험성이 있다. 가상 블록 디바이스를 '상용 모드'로 변경하기 전에 가상 블록 디바이스를 사용하고 배울 수 있다. 충분한 경험과 안전함을 경험했다면 '실제' 하드웨어 디바이스, 파티션, 논리 볼륨(LVM 중 하나며, 다음 예제에서 살펴본다)으로 쉽게 교체할 수 있다. 필요한 작업은 가상 디바이스를 '실제' 블록 디바이스 이름으로 교체하는 것이다.

준비

이 예제를 진행하려면 동작 중인 센트OS 7 운영체제, root 권한이 필요하다. 가상 블록 디바이스를 임시로 생성하려면 하드 디스크에 최소 1GB의 여유가 있어야 한다. 가상 블록 디바이스는 단지 테스트용이며, 나중에 할당된 공간을 지울 수 있다(아니면 재부팅 시 자동으로 삭제된다).

예제 구현

1. 먼저 root로 로그인하고 정확하게 1GB 크기를 가진 빈 파일을 생성한다.

   ```
   dd if=/dev/zero of=/tmp/test-image.dd bs=1M count=1000
   ```

2. 이제 생성된 파일에서 루프 디바이스_{loop device}를 생성한다.

   ```
   losetup -fP /tmp/test-image.dd
   ```

3. 다음에 생성된 루프 디바이스 이름을 출력한다.

   ```
   losetup -a
   ```

4. 현재 시스템에서 생성된 루프 디바이스이기 때문에 결과는 다음과 같다(이전에 루프 디바이스를 생성했더라면 loop0는 다른 값이 될 것이다).

   /dev/loop0: [0035]:3714186 (/tmp/test-image.dd)

5. 현재 시스템에 추가된 모든 블록 디바이스 목록과 중요한 상세 내용을 보고 싶다면 다음 커맨드를 실행한다.

   lsblk -io NAME,TYPE,SIZE,MOUNTPOINT,FSTYPE,MODEL

6. 이제 새로운 루프 디바이스에 gpt 타입의 새로운 파티션 테이블을 생성한다(/dev/loop0 디바이스의 모든 데이터를 삭제할지 묻는 질문에 답변한다).

   parted /dev/loop0 mklabel gpt

7. 마지막으로 실제 하드 디스크 파티션과 같게 하기 위해 루프 디바이스에서 디바이스 맵을 생성한다.

   kpartx -a /dev/loop0

예제 분석

이 예제에서는 가상 블록 디바이스의 생성 방법을 소개하고, 5장의 후반부 예제에서 다룰 파티션, 논리 볼륨, 파일 시스템을 생성하고 테스트하는 방법을 다룬다.

그렇다면 이 예제에서 무엇을 배울 수 있는가?

예제에서 먼저 /tmp 디렉토리에 dd 툴을 사용해 1GB짜리 새로운 빈 파일을 생성했다. dd 툴은 파일 복사(때때로 복제 툴이라 불린다)에 사용되는 툴이고, 두 개의 매개변수를 받는다. 첫 번째 매개변수(if 매개변수)는 입력 파일이고, 두 번째 매개변수(of 매개변수)는 출력 파일이다. zero 디바이스(/dev/zero)를 입력 파일에 적용해 0이 끝없는 존재하는 바이트 스트림이 되게 했다. 그러 다음에 블록 크기(bs)와 count 매개변수를 정의해서 스트림의 크기를 제한했다.

bs 매개변수는 한 번에 읽는 데이터 바이트 수를 정의하고, count 매개변수는 허용될 bs의 반복 개수를 의미한다. 따라서 두 매개변수의 의미는 "데이터를 블록 크기(bs)의 개수(count)만큼 전달하면 복사 작업을 중지한다"라는 의미를 가진다. 예제에서 블록 크기는 1MB이고, 개수가 1000인 1GB를 사용했다. 0바이트 데이터는 /tmp/test-image.dd라는 결과 파일(of)로 쓰여진다.

빈 파일을 생성한 후 빈 파일로 임시 루프 디바이스를 생성했다. 해당 루프 디바이스는 마치 실제 블록 디바이스인 것처럼 파일을 사용할 수 있게 해주는 가짜 디바이스다. 종종 그런 파일은 CD의 iso 이미지며, 루프 디바이스를 사용해 일반 하드웨어 디바이스인 것처럼 가능케 한다. 블록 단위로 데이터를 읽거나 저장할 수 있는 디바이스는 블록 디바이스라 불린다. 시스템에서 사용할 수 있는 모든 블록 디바이스의 목록을 얻으려면 lsblk 커맨드를 사용했고, 이미 살펴본 것처럼 lsblk 커맨드의 결과에 루프 디바이스도 포함한다. 표준 루프 디바이스 이름은 /dev/loop0처럼 숫자 0으로 시작한다.

다음에 루프 디바이스에 parted 커맨드를 사용해 새로운 파티션 테이블을 생성했다. 파티션 테이블은 운영체제가 디스크를 관리하기 위해 사용하는 테이블이다. 루프 디바이스를 사용하기 전에 반드시 파티션 테이블을 생성해야 한다. gpt 타입의 파티션 테이블을 사용했지만, 대신 오래된 ms-dos 타입의 파티션 테이블을 생성할 수도 있다.

일반적으로 가상 블록 디바이스에 파티션 테이블을 생성할 때 파티션을 개별 호출하기가 불가능하기 때문에 개별 파티션에 접근할 수 없거나 여러 파티션에 걸쳐 파일 시스템을 구축할 수 없다. 파티션 테이블에서 디바이스 매핑을 생성하기 위해 kpartx 커맨드를 사용했다. 파일 시스템을 생성할 때 루프 디바이스 뒤에 숫자를 표기하면 개별 파티션으로 사용할 수 있다. 예를 들어 /dev/loop0p1은 루프 디바이스 0의 파티션 1을 의미하고, /dev/loop0p2는 루프 디바이스 0의 파티션 2을 의미한다. 이제 표준 파티션 테이블인 새로운 가상 블록 디바이스를 생성했다. 마치 일반 디스크 디바이스처럼 접근하고 사용할 수 있다.

가상 블록 디바이스를 삭제하고 싶다면 현재 마운트된 디바이스를 파일 시스템에서 언마운트한다(예, `unmount /dev/loo0p1`). 다음에 루프 디바이스에서 -d 매개변수를 사용해 가상 블록 디바이스 파일과의 연결을 끊어야 한다(예, `losetup -d /dev/loop0`). 다음에 원한다면 블록 파일을 삭제할 수 있다(예, `rm /tmp/test-image.dd`).

파일 시스템 포맷과 마운트

이 예제에서는 센트OS 파일 시스템의 표준 파일 시스템인 XFS, Ext4, Btrfs를 소개한다. 파일 시스템은 운영체제의 가장 기본적인 부분 중 하나고 파일 시스템에 거의 대부분을 의존한다. 이 예제에서는 센트OS 7에서 사용할 수 있는 여러 표준 파일 시스템을 생성하는 방법과 파일 시스템을 운영체제에 연결하는 방법을 배운 후 파일을 읽고 저장하기 위해 파일 시스템에 접근할 수 있다. 언급한 두 가지 방법을 파일 시스템의 포맷과 마운트라 부른다. 리눅스 관리자가 파일 시스템의 포맷과 마운트 작업을 자주 진행하지 않더라도 해당 작업은 리눅스 시스템 관리자의 가장 기초적인 작업 중 하나다.

이 예제를 진행하려면 동작 중인 센트OS 7, root 권한이 필요하다. 실제 하드 디스크의 데이터를 지우지 않고 가짜 디바이스에 파일 시스템을 생성하고 디스크를 포맷한 예가 좋기 때문에 실제 디스크 디바이스를 사용하는 대신 가상 블록 디바이스를 사용한다. 따라서 '가상 블록 디바이스 생성' 절을 먼저 살펴본 후 /dev/loop0이라는 1GB의 가상 블록 디바이스를 생성한다.

이 예제에서 실제 디스크 디바이스를 적용하고 싶다면 /dev/loop0을 실제 디스크 디바이스로 교체한다. 예를 들어 논리 볼륨이라면 /dev/mapper/myServer/data, SATA 디바이스라면 /dev/sdX, IDE 기반의 하드 디스크인 /dev/hdX(X는 알파벳 a-z이다)가 될 것이다.

예제에서 블록 디바이스는 /dev/loop0이라는 이름을 가진다. 하나 이상의 블록 디바이스를 생성했다면 블록 디바이스의 이름은 /dev/loop0이 아닐 것이고, 필요하다면 이름을 변경한다.

1. 먼저 root로 로그인하고 현재 사용 가능한 블록 디바이스 정보를 살펴본다.

   lsblk -io NAME,TYPE,SIZE,MOUNTPOINT,FSTYPE,MODEL

2. 이제 해당 블록 디바이스의 파티션 테이블이 유효한지 재확인한다.

   parted /dev/loop0 print

3. 이전 커맨드라인의 결과에서 Partition Table: gpt 내용을 출력할 것이다. Partition Table: gpt 관련 내용이 출력되지 않는다면 새로운 파티션 테이블을 생성한다(모든 데이터의 삭제를 확인한다).

   parted /dev/loop0 mklabel gpt

4. 이제 /dev/loop0 공간을 ext4 파일 시스템을 가진 새로운 파티션으로 생성한다(주어진 파일 시스템 이름만 설치된다).

   parted -a optimal /dev/loop0 mkpart primary ext4 2048KiB 100%

5. 새롭게 생성된 파티션을 보기 위해 다음 커맨드를 사용해 파티션 테이블 정보를 다시 출력한다.

   parted /dev/loop0 print

6. 이제 파티션을 삭제한다.

```
parted /dev/loop0 rm 1
```

7. btrfs라는 이름을 가진 파티션을 생성할 수도 있다.

```
parted -a optimal /dev/loop0 unit MB mkpart primary btrfs 2048KiB
100%
```

8. 다음에 전체 디스크에 걸친 XFS라는 이름을 가진 파티션을 생성한다.

```
parted /dev/loop0 rm 1
parted -a optimal /dev/loop0 mkpart primary xfs 2048KiB 100%
```

9. 이제 무엇이 변경됐는지 살펴보기 위해 블록 테이블 정보를 다시 확인한다.

```
lsblk -io NAME,TYPE,SIZE,MOUNTPOINT,FSTYPE,MODEL
```

10. 단지 파티션 타입 레이블만 정의하면 파티션에서 유효한 파일 시스템을 갖지 않는다. 따라서 다음 단계에서 올바른 타입을 사용해 디스크를 포맷한다. 예제에서는 XFS를 사용했다. XFS 대신 ext4 또는 btrfs를 사용한다면 mkfs -t <타입>으로 변경한다.

```
mkfs -t xfs /dev/loop0p1
```

11. 다음에 /media/vbd-1 디렉토리를 생성하고, 해당 디렉토리에 가상 블록 디바이스 파티션을 마운트한다. ext4 또는 btrfs를 대신 사용한다면 -t <타입>으로 변경한다.

```
mkdir /media/vbd-1
mount -t xfs /dev/loop0p1 /media/vbd-1
```

12. 마지막으로 새로운 파일 시스템을 읽고 저장할 수 있는지 테스트한다.

```
echo "this is a test" > /media/vbd-1/testfile.txt
cat /media/vbd-1/testfile.txt
```

이 예제에서는 센트OS 7에서 표준 파티션 생성 방법을 사용자에게 보여줬고, 파티션에 다양한 파일 시스템을 사용해 파일 시스템을 포맷하고 생성했다. 센트OS 7에서 사용할 수 있는 표준 파일 시스템은 XFS지만, 이 예제에서 소개한 것처럼 센트OS 7에는 인기 있는 `ext4`와 `btrfs`를 포함한 많은 파일 시스템을 제공한다. XFS는 매우 성숙돼 있고 안정적이라, 대용량 저장소 설정으로 성능을 향상시킬 수 있는 파일 시스템이다. 센트OS 7 이전 운영체제의 표준 파일 시스템은 `ext4`였지만, 여러 한계가 존재했고 수백 만 개의 파일을 작업할 때 성능이 나오지 않았다. 요즘처럼 매우 많은 파일을 사용하는 환경에서는 `ext4` 파일 시스템이 자주 사용되지 않는다.

`btrfs`는 상대적으로 새로운 파일 시스템이고 센트OS 7에 포함됐다. 이 글을 쓰는 동안에도 여전히 개발 중이기 때문에 상용 환경에 사용해서는 안 된다. 센트OS 7의 마이너 후반 버전에서는 완벽히 제공될 거라 예상하며, 미래에는 xfs를 대체할 센트OS 파일 시스템이 될 것 같다. `btrfs`에는 파일을 매번 저장할 때마다 복사하는 방법(예, Copy On Write)을 통해 이전 파일 버전으로 돌아갈 수 있는 기능이 있어 매우 기대되고, 좋은 기능들이 많다.

그렇다면 이 예제에서 무엇을 배울 수 있는가?

예제에서는 먼저 시스템에 현재 연결된 모든 블록 디바이스를 출력하는 `lsblk` 커맨드를 사용했다. 파티션과 파일 시스템을 설치에 사용할 대상 블록 디바이스가 사용할 수 있는지 확인하기 위해 `lsblk` 커맨드를 사용했다. 예제에서는 /dev/loop0 디바이스를 사용한다. 시스템의 디바이스 이름이 다르면 이름을 변경한다(이전에 언급한 대로 /dev/sda와 같은 '실제' 디스크 블록 디바이스도 사용할 수 있지만, 잘 사용할 수 있도록 주의해야 한다).

디바이스가 준비됐는지 확인한 후 디스크의 파티션 테이블을 체크하기 위해 `parted` 커맨드를 사용했다. 하드 디스크의 파티션 정보를 추적하려면 하드 디스크의 파티션 테이블이 반드시 존재해야 한다. 예제에서 이미 살펴본 것처럼 파티션 테이블과 파티션을 생성할 때 `parted` 커맨드를 사용했다. 공식적으로 추천하는 센트OS 7의 파티셔닝 툴은 세 가지가 존재하는데, `parted`, `fdisk`, `gdisk` 커맨드다. 파티션 테이블이 존재하지 않으면 `parted` 커맨드의 `mklabel gpt` 매개변수를 사용해 gpt 타입 중 하나를 생성해야 한다.

다음에 파티션 테이블을 생성한 후, 파티션 테이블에 파티션을 저장했다. 그리고 `parted` 커맨드의 `mkpart` 서브커맨드를 `-a optimal primary ext4 2048KiB 100%` 옵션으로 실행했다.

---

 parted 커맨드를 사용할 때 항상 주의해야 한다. parted 커맨드의 대부분은 디스크에 저장한 모든 데이터를 모두 삭제할 수 있기 때문에 parted 커맨드를 실행하기 전에 정상적인 커맨드인지 재확인을 해야 한다.

해당 커맨드는 처음 부분의 2,048KB 지점부터 시작해서 디스크의 마지막까지 새로운 파티션을 생성한다. 디스크의 처음 부분(0%)이 아닌 디스크의 첫 번째 섹터인 2,048KB부터 시작한 이유는 추가 데이터를 저장할 수 있는 여유 공간을 둔다. `-a optimal` 매개변수는 최적화된 성능을 보장할 파티션을 물리 블록 크기의 배수로 잡는다.

다음에 `rm` 옵션과 생성된 첫 번째 파티션을 가리키는 숫자 1을 사용해 파티션을 다시 삭제했다. `btrfs` 타입의 새로운 파티션과 마지막으로 `xfs` 타입의 파티션을 재생성했다. 디스크에 파티션이 생성된 후에는 실제 파일 시스템이 필요하다. 파티션에 특정 타입 이름만 설정했기 때문에 실제 포맷은 진행되지 않았다. 파일 시스템을 만들려면 `mkfs` 툴을 사용한다. 예처럼 포맷을 원하는 타입을 명시하려면 `mkfs` 커맨드에 `-t` 매개변수를 사용할 수도 있거나 `mkfs.xfs`처럼 마침표 기호가 포함된 커맨드를 사용할 수 있다. `mkfs` 커맨드는 블록 저장 과정을 상세하게 알려준다.

마지막으로 디스크 파티션에 파일 시스템을 생성한 후에 `mount` 커맨드를 사용해 시스템에서 사용할 수 있게 했다. mount 커맨드는 디바이스의 파일 시스템을 시스템의 최상위 파일 시스템에 연결하거나 연결을 끊는다. 따라서 연결하고 싶은 디렉토리를 먼저 생성해야 한다. mount 커맨드의 문법, mount -t <파일_시스템_타입> <디바이스> <디렉토리>처럼 mount 커맨드에 매개 변수로 /media/vbd-1 디렉토리를 사용했다. mount는 거의 모든 표준 파일 시스템의 타입을 자동으로 탐지할 수 있기 때문에 mount 커맨드의 -t 매개 변수를 사용하지 않아도 된다. 시스템에서 마운트된 파일 시스템과의 연결을 종료하려면 umount 커맨드를 사용할 수 있다(또한 마운트된 디렉토리를 사용할 수 있으며, mount와 umount 커맨드가 해당 디렉토리에 모두 동작한다). 예제에서 루프 디바이스의 첫 번째 파티션을 언마운트하기 위해 umount /dev/loop0p1 커맨드를 실행한다.

포맷된 파티션 디바이스를 마운트하면 root 디렉토리 밑에 있는 다른 디렉토리처럼 해당 디바이스에 접근할 수 있다.

부연 설명

이 예제에서는 디스크 전체 중 한 파티션을 적용했다. 종종 디스크에 하나 이상의 파티션을 가질 수 있기 때문에 다음처럼 파티션을 구성할 수 있다. 예제에서는 /dev/loop0에 3개의 100MB 파티션을 생성한다.

1. 먼저 rm 매개변수를 사용해 파티션을 삭제한다. 하나의 파티션을 삭제해 3개의 새 파티션을 만들 수 있다.

   parted /dev/loop0 rm 1

2. 이제 동일한 3개의 파티션을 생성한다.

   parted -a optimal /dev/loop0 unit MiB mkpart primary ext4 2048KiB 100
   parted -a optimal /dev/loop0 unit MiB mkpart primary ext4 100 200
   parted -a optimal /dev/loop0 unit MiB mkpart primary ext4 300 400

3. 파티션 구성을 확인한다.

```
parted /dev/loop0 print
```

 gpt 파티션 테이블을 사용해 디스크에 주 파티션을 128개까지 생성할 수 있다. 기존 msdos 파티션 타입을 사용하면 최대 4개의 주 파티션을 생성할 수 있다. 파티션이 더 필요하면 주 파티션 외에 확장 파티션을 생성해야 한다.

디스크 쿼터 사용

리눅스에서 사용자가 많은 다중 접속자 시스템을 관리할 때 시스템 공유 자원에 제한을 설정하는 것은 좋은 방법이다. 파일 시스템 레벨에서 하드 디스크 공간의 제약, 사용자, 그룹, 디렉토리 레벨에서 전체 파일 개수를 고정 값으로 제한할 수 있다. 이런 규칙은 특정 사용자가 공유된 디스크 공간을 다 사용해버리는 '무질서한 시스템'이 되지 않게 하고, 일반 사용자를 보호할 수 있다. 또한 사용자는 중요한 데이터와 중요하지 않은 데이터를 구분할 수 있고, 사용자 홈 디렉토리를 깨끗하게 잘 유지할 수 있을 것이다. 이 예제에서는 사용자의 계정에 저장할 수 있는 데이터의 양을 제한할 수 있게 XFS 파일 시스템의 쿼터 제한 방법을 소개한다.

준비

이 예제를 진행하려면 동작 중인 센트OS 7 운영체제, root 권한, 선호하는 콘솔 기반의 텍스트 편집기가 필요하다. 쿼터를 설정할 때 root 계정 외 최소 하나의 사용자 계정이 필요하다. 다른 계정이 없다면 3장의 '사용자와 그룹 관리' 절을 참고해서 계정을 생성한다. 이 예제에서 센트OS 7은 기본 파일 시스템인 XFS를 사용한다. 마지막으로 센트OS 7 설치는 최소 64GB 공간이 있는 디스크가 있어야 한다. 쿼터 작업에 필요한 디스크 용량이 부족하면 쿼터 작업에 사용할 /home 논리 볼륨을 생성할 수 없다.

이 예제에서는 XFS 파일 시스템에서 사용할 두 가지 쿼터 설정 방법을 소개한다. 첫 번째는 사용자와 그룹에 제한을 설정하는 방법이고, 두 번째는 디렉토리(프로젝트) 단위로 제한을 설정하는 방법이다. 디스크 쿼터 시스템은 파일 시스템이 마운트된 상태여야 한다.

사용자와 그룹 쿼터 설정

1. 먼저 root로 로그인한 후 정적 마운트 정보를 포함하는 fstab 파일을 연다.

   vi /etc/fstab

2. 이제 커서를 /home 디렉토리를 포함하는 라인으로 이동(위쪽 화살표 키와 아래쪽 화살표 키를 이용한다)하고 defaults 단어로 이동한 후 default 바로 다음에 콤마 단위로 구분된 텍스트를 추가한다.

   ,uquota,gquota

3. 라인은 다음처럼 보일 것이다(개별 LVM 이름에 의존적이기 때문에 디바이스 이름은 다를 수 있다. 예제에서 디바이스 이름은 myserver다).

   /dev/mapper/myserver-home /home XFS   defaults,uquota,gquota 0 0

4. 파일을 저장하고 종료한 후 쿼터 지시자를 사용해 /home 파티션을 다시 마운트한다.

   umount /home;mount -a

5. john이라는 사용자가 사용할 수 있는 전체 파일 크기에 대한 사용자 쿼터를 생성한다(시스템 사용자 이름에 맞게 수정한다).

   xfs_quota -x -c 'limit bsoft=768m bhard=1g john' /home/

6. 다음에 다른 사용자 joe의 전체 파일 개수에 대한 쿼터를 생성한다.

```
xfs_quota -x -c 'limit isoft=1000 ihard=5000 joe' /home/
```

7. devgrp라는 사용자 그룹에 속한 모든 사용자에 대해 파일 개수와 파일 크기를 제한한다(devgrp 그룹이 존재해야 한다).

```
xfs_quota -x -c 'limit -g bsoft=5g bhard=6g isoft=10000
ihard=50000 devgrp' /home
```

8. 마지막으로 /home 볼륨에 대한 전체 용량 리포트를 출력한다.

```
xfs_quota -x -c 'report -bi -h' /home
```

디렉토리(프로젝트) 쿼터 설정

사용자 또는 그룹에 쿼터를 적용하는 대신, 특정 디렉토리에 디스크 쿼터를 적용할 수 있다. 쿼터를 적용할 디렉토리가 있는 특정 볼륨에 pquota라는 프로젝트 쿼터 지시자를 추가해야 한다. 쿼터 프로젝트에서 /src/data라는 디렉토리를 사용하기 위해 /(루트) 파티션의 전부를 쿼터로 제어할 수 있도록 설정해야 한다. 루트 파티션에 쿼터 옵션을 설정하려면 커널의 부팅 옵션에 쿼터 플래그를 설정해야 한다.

1. root 권한으로 로그인한 후 먼저 grub 파일의 백업을 생성한 다음 grub 파일을 연다.

```
cp /etc/default/grub /etc/default/grub.BAK
vi /etc/default/grub
```

2. GRUB_CMDLINE_LINUX=로 시작하는 라인으로 이동한 후 rootflags=pquota 지시자를 라인의 끝에 추가한다(추가하기 전에 공백 문자를 추가한다). 다음처럼 큰따옴표 기호가 라인의 맨 마지막에 위치하게 한다.

```
GRUB_CMDLINE_LINUX="rd.lvm.lv=centos/root rd.lvm.lv=centos/swap
crashkernel=auto rhgb quiet rootflags=pquota"
```

3. grub 파일을 저장하고 종료한 후 새로운 부팅 옵션으로 쓸 수 있게 grub 설정을 재빌드한다.

```
grub2-mkconfig -o /boot/grub2/grub.cfg
```

4. 이제 /etc/fstab의 루트 볼륨에도 pquota 플래그를 추가한다.

```
vi /etc/fstab
```

5. /(루트 마운트 포인트)를 포함하는 라인에 커서를 옮긴 후 defaults가 있는 곳으로 커서를 이동한다. 그런 다음 콤마 단위로 구분된 다음 문자를 추가한다.

```
,prjquota
```

6. 최종적인 라인의 내용은 다음과 같다.

```
/dev/mapper/myserver-root /        XFS    defaults,prjquota 0 0
```

7. 다음으로 루트 볼륨에 대한 변경을 적용하기 위해 컴퓨터를 재부팅한다.

```
reboot
```

8. 재부팅한 후 루트 볼륨이 쿼터 프로젝트를 활성화했는지, 즉 root 볼륨 옵션에 prjquota 플래그가 정의됐는지 확인한다(잘못된 부분이 존재하거나 잘 동작되지 않는다면 noquota를 볼 수 있을 것이다).

```
cat /etc/mtab | grep root
```

9. 그런 다음 쿼터를 설정하려는 대상 디렉토리를 생성한다.

```
mkdir /srv/data
```

10. 프로젝트 이름을 추가하고 관련된 새로운 고유 ID를 추가해야 한다.

```
echo "myProject:1400" >> /etc/projid
```

11. 이제 /src/data 디렉토리는 프로젝트 ID를 기반으로 쿼터 규칙을 사용한다.

```
echo "1400:/srv/data" >> /etc/projects
```

12. 다음은 루트(/) 볼륨에 쿼터 프로젝트를 초기화한다.

```
xfs_quota -xc 'project -s myProject' /
```

13. 마지막으로 특정 디렉토리 제한을 생성하기 위해 다음 규칙을 적용한다.

```
xfs_quota -x -c 'limit -p bsoft=1000m bhard=1200m myProject' /
```

14. 디바이스에 대한 쿼터 규칙을 출력한다.

```
xfs_quota -x -c 'report -bi -h' /
```

예제 분석

이 예제를 통해 사용자, 그룹, 디렉토리(프로젝트) 레벨에 쿼터 시스템을 적용하는 방법이 얼마나 쉬운지 알게 됐다. 그리고 쿼터를 정의한 2가지 방법도알았다. 첫 번째는 전체 파일 크기(블록이라 불림)에 제한을 걸었고, 두 번째는파일 개수(아이노드^{inode}라 불림)에 제한을 걸었다.

그렇다면 이 예제에서 무엇을 배울 수 있는가?

예제에서는 사용자와 그룹 쿼터를 설정했다. 이미 살펴본 것처럼 쿼터 시스템은 /etc/fstab 파일에서 원하는 파티션에 관련 지시자를 추가함으로써 쉽게활성화될 수 있다. 따라서 이 예제는 /etc/fstab 파일을 열고 XFS 사용자를위해 특수 쿼터 키워드를 추가했고, /home 파티션에 그룹 쿼터를 추가했다.수정한 내용을 적용하기 위해 mount 커맨드를 사용해 파일 시스템을 재마운트했다. 쿼터 시스템이 성공적으로 시작된 후 /home 파일 시스템에 쿼터제한을 설정하기 위해 xfs_quota -x -c 커맨드라인을 사용했다. -x는 전문가 모드를 활성화하고, -c는 커맨드라인의 매개변수를 커맨드로 실행할 수있게 해준다. -c 매개변수 없이 xfs_quota를 실행할 때 프롬프트 화면이대신 보일 것이다. 먼저 사용자 제한을 설정하기 위해 john과 joe를 입력한다. bsoft, bhard, isoft, ihard 매개변수에 숫자를 함께 사용해 각 매개변수의 값을 정의했다. 예제처럼 파일 크기(블록)와 파일 개수(아이노드)에 대한 소프트^{soft}와 하드^{hard} 제한을 의미한다. 블록 쿼터는 KB(k), MB(m), GB(g)와 같은 일반적인 측정값으로 표현되지만, 아이노드는 숫자다. 소프트 제한은 한계 값이 있어 한계 값을 넘게 되면 커맨드라인에 경고 메시지를 출력한다. 반면 하드 제한은 쿼터로 보호되는 파일 시스템에 더 이상의 데이터나 파일을 추가하지 못하게 사용자의 작업을 멈춘다. 다음에 그룹 기반의 쿼터를 설정한다. -g 플래그를 사용하면 사용자가 아닌 그룹에 제한한다. 그룹 규칙을 사용하면 사용자를 여러 그룹으로 분리할 수 있어 매우 유용하다. 해당 그룹에서 사용될 파일 크기나 전체 파일 크기가 제한된다. 마지막으로 report -bi -h 커맨드로 현재 모든 쿼터 제한 목록을 생성했다. 해당 커맨드는 사용된 파일 공간(-b는 블록)과 전체 파일 개수(-i는 아이노드)에 대한 리포트를 생성했다. -h는 사람이 읽을 수 있게 MB(메가바이트) 또는 GB(기가바이트) 단위로 결과를 출력한다.

쿼터 작업을 테스트하기 위해 jack이라는 사용자에 대해 다음과 같이 블록과 아이노드 쿼터를 생성한다.

```
xfs_quota -x -c 'limit bhard=20m jack' /home/
xfs_quota -x -c 'limit ihard=1000 jack' /home/
```

jack이라는 사용자로 로그인(su - jack)하고 다음 커맨드를 실행한다.

```
dd if=/dev/urandom of=~/test.dd bs=1M count=21
```

사용자 jack이 dd 커맨드를 실행해 21MB의 파일을 생성하려 시도하지만, 20MB를 저장할 때쯤 다음과 같은 에러가 발생한다.

```
dd: error writing '/home/jack/test.dd': Disk quota exceeded
```

이제 ~/test.dd 파일을 삭제해서 다른 테스트를 시작한다. 파일 크기 제한을 초과하면 이전처럼 동일한 에러가 발생한다. 파일 개수 쿼터가 1,000개로 설정된 상태에서 for i in {1..2000}; do touch ~/test$i.txt; done 스크립트를 실행하면 2,000개의 파일을 생성하고 다음과 같은 쿼터 제한 에러가 발생한다.

```
touch: cannot touch '/home/jack/test1001.txt': Disk quota exceeded
```

특정 파일 시스템에서 사용자와 그룹 쿼터 체크를 임시적으로 사용하지 않게 하려면 root 사용자 권한으로 xfs_quota -x -c 'off -u -g' /home/를 실행한다(-u는 사용자, -g는 그룹이다). 이 방법은 임시방편용이므로, 다시 원래대로 /home 디렉토리에 쿼터 체크 기능이 동작되게 하려면 umount /home;mount -a 커맨드를 사용해 파일 시스템을 재마운트한다. 특정 쿼터 규칙을 삭제하려면 쿼터 값을 0으로 설정한다.

```
xfs_quota -x -c 'limit bhard=0 jack' /home
```

다음에 사용자/그룹 레벨 대신 특정 디렉토리에 쿼터를 설정했다. XFS 파일 시스템에서만 사용할 수 있는 기능이다. 모든 기타 파일 시스템은 디스크 또는 파티션 레벨로만 쿼터를 설정할 수 있다. 특정 사용자나 그룹에 쿼터 제한을 하지 않으려 한다면 디렉토리 구조를 기반으로 디스크 사용량을 제어하는 방법은 유용하다. 기본적으로 루트 볼륨이 noquota 플래그로 실행된 상태이기 때문에 디렉토리 쿼터를 활성화하려면 먼저 커널 부팅 옵션으로 디렉토리 쿼터를 활성화해야 한다. 따라서 디렉토리 쿼터를 활성화하기 위해 /etc/fstab의 루트 파티션에 prjquota 지시자를 추가했다. 커널 부팅 옵션에 대해 더 알고 싶다면 1장의 부트 로더 관련 예제를 읽기 바란다. 루트 파티션에 파일 시스템 플래그를 설정하려면 시스템의 재부팅이 필요하다. 이 작업을 완료한 후 현재 마운트된 파일 시스템의 모든 목록을 보여주는 mtab 파일을 열어 부팅 옵션이 성공직으로 설정됐는지 확인한다. 다음으로 /etc/projid 파일에 관련된 프로젝트 ID(임의로 1400을 선택했다)를 프로젝트 이름으로 생성했다. 그런 다음 /etc/projects 파일에 새로운 프로젝트 ID(1400)를 가진 /srv/data 디렉토리를 적용했다. 시스템은 많은 디렉토리에 특정 프로젝트로 쿼터 규칙을 적용할 수 있다. 그리고 xfs_quota 커맨드로 project 옵션을 사용해 루트 파티션에 대해 쿼터 프로젝트를 초기화했고, 프로젝트

이름으로 limit 쿼터 규칙을 생성했다. /etc/projects 파일에서 프로젝트 id
로 정의된 모든 디렉토리는 해당 규칙의 영향을 받는다. 이러한 종류의 시스
템은 여러 디렉토리에 대한 쿼터 규칙을 잘 사용할 수 있다. 모든 디렉토리
에 새로운 프로젝트 이름을 설정하거나 특정 프로젝트 이름을 재사용함으로
써 시스템을 매우 유연하게 관리할 수 있다.

다음 예에서는 myProject라는 프로젝트에서 블록 크기의 하드 값을 1,200MB
로 제한했다. 쿼터를 테스트하려면 다음 커맨드를 실행한다.

```
dd if=/dev/zero of=/srv/data/dd.img bs=1M count=1201
```

1,200MB를 저장한 직후 쿼터 제한으로 인해 dd 커맨드가 중지된다. 에러
메시지는 다음과 같다.

```
dd: error writing '/srv/data/dd.img': No space left on device
```

부연 설명

이 예제에서 설명한 xfs_quota 프로그램은 이름에서 암시하는 것처럼 XFS
파일 시스템에서 동작한다. ext4 또는 btrfs 같은 다른 파일 시스템에서 사용
자나 그룹 레벨에서 디스크 쿼터를 사용하고 싶다면 quota 패키지를 설치해
야 한다(yum install quota). 쿼터 설정은 이 예제에서 설명한 단계와 비슷하
다. 쿼터를 사용하려면 man quota를 실행해 설명서를 살펴보기 바란다.

파일 시스템 관리

이 예제에서는 센트OS 7의 파일 시스템의 일관성을 확인하는 방법과 파일
시스템을 복구하는 방법을 소개한다. 파일 시스템의 불일치는 자주 발생하
지 않고, 일반적으로 부팅 시간에 파일 시스템을 자동으로 체크한다. 하지만
시스템 관리자는 파일 시스템에서 문제가 있다고 생각이 들면 수동으로 파

일 시스템을 체크하는 방법을 실행하는 방법을 알고 있어야 한다.

이 예제를 진행하려면 동작 중인 센트OS 7 운영체제, root 권한이 필요하다.
마운트된 디스크의 파일 시스템을 체크할 수 없기 때문에 실제 디스크 디바
이스 대신 가상 블록 디바이스를 사용할 것이다. 따라서 '파일 시스템 포맷
과 마운트' 절의 예제를 적용하고 전체 크기의 절반을 나눠 파티션을 만든
후 각 파티션에 1GB 가상 블록 디바이스를 생성한다. 첫 번째는 XFS 파일
시스템으로 파티션을, 두 번째는 ext4 파일 시스템으로 파티션을 생성한다.
예제에서 /dev/loop0이라는 가상 블록 디바이스를 사용한다. 이전에 언급
한 대로 예제의 모든 내용은 실제 디스크 이름으로 쉽게 사용할 수 있다.

1. 먼저 root로 로그인하고 시스템에 연결된 현재 블록 디바이스에 대한
   정보를 보여준다.

   lsblk -io NAME,TYPE,SIZE,MOUNTPOINT,FSTYPE,MODEL

2. 여기에서는 `loop0` 디바이스에 두 개의 파티션인 /dev/loop0p1,
   /dev/loop0p2가 있어야 한다. 현재 두 파티션이 시스템에 마운트돼
   있으면 모두 언마운트한다.

   umount /dev/loop0p1
   umount /dev/loop0p2

3. 이제 `loop0p1` 파티션이 XFS 파일 시스템인지 체크한다(필요하면 파티션
   의 이름을 변경한다).

   xfs_repair -n /dev/loop0p1

4. 디스크의 두 번째 파티션은 ext4이며, 다음 커맨드를 실행한다.

```
fsck -f /dev/loop0p2
```

예제 분석

이 예제에서는 XFS 또는 ext4 파일 시스템에서 파일 시스템을 체크하는 방법이 얼마나 쉬운지 배웠다. 이 예제에서 배운 가장 중요한 내용은 파일 시스템을 체크하기 전에 꼭 디스크 파티션을 언마운트해야 한다는 점이다.

그렇다면 이 예제에서 무엇을 배울 수 있는가?

디스크와 파티션을 체크할 때 마운트된 디바이스에서 파일 시스템을 체크할 수 없기 때문에 파일 시스템이 마운트되지 않은 상태에서 rescue 모드로 파일 시스템을 체크해야 할 때가 종종 있다(예를 들어 운영체제가 계속 디바이스를 사용 중이라면 루트 파티션을 언마운트할 수 없다. 하지만 개별 home 파티션은 언마운트가 가능하다).

파일 시스템이 정상인지 체크하려면 XFS 파일 시스템에서는 xfs_repair를 사용하고, 다른 파일 시스템에서는 fsck 커맨드에 -f 매개변수(force를 의미)를 사용한다.

fsck 커맨드는 파일 시스템을 자동으로 감지할 수 있어서 특정 fsck.<파일_시스템_타입>(예, fsck.ext4, fsck.btrfs) 커맨드 대신 꼭 fsck 커맨드를 실행해야 한다. 특정 파일 시스템에 fsck.<파일_시스템_타입> 커맨드를 잘못 사용하면 (예, btrfs 파일 시스템에 fsck.ext4를 실행) 파일 시스템을 완전히 손상시킬 수 있다.

부연 설명

지금까지 xfs_repair와 fsck 커맨드를 사용해 파일 시스템을 체크하는 방법을 소개했다. XFS 파일 시스템이 정상적인지 확인하는 중에 에러가 발생하면 xfs_repair 커맨드를 -n 매개변수 없이 실행한다(예, xfs_repair /dev/loop0p1). ext4와 같은 XFS 파일 시스템이 아니면 fsck 커맨드에 -a

매개변수(a는 자동 복구를 의미)를 실행한다(예, `fsck -a /dev/loop0p2`). `fsck` 커맨드를 사용할 때 에러가 많이 발생하면 모든 에러에 대한 수정을 확정하는 과정을 거치지 않기 위해 `-y`를 사용하는 것이 좋다.

1. 먼저 root 파일 시스템에 /dev/loop0p1 파티션을 마운트한다.

   ```
   mkdir /media/vbd-1
   mount -t xfs /dev/loop0p1 /media/vbd-1
   ```

2. 이제 마운트된 파일 시스템에 수많은 파일이 생성됐다. 예제에서는 2000개의 파일을 생성한다.

   ```
   for i in {1..2000}; do dd if=/dev/urandom bs=16 count=1
   of=/media/vbd-1/file$i; done
   ```

3. 이제 디바이스를 언마운트하고 dd를 사용해 파일 시스템을 손상시킨다.

   ```
   umount /dev/loop0p1
   dd bs=512 count=10 seek=100 if=/dev/urandom of=/dev/loop0p1
   ```

4. 이제 파일 시스템이 정상인지 체크한다.

   ```
   xfs_repair -n /dev/loop0p1
   ```

5. 이전 커맨드는 손상된 파일 목록을 보여준다. 손상된 파일 시스템을 복구하려면 다음 커맨드라인을 실행한다.

   ```
   xfs_repair /dev/loop0p1
   ```

ext4 가상 블록 디바이스에서도 동일하게 파일 시스템을 손상시킬 수 있고, 그런 경우 `fsck -ay /dev/loop0p2` 커맨드를 사용해 복구한다.

파일 시스템의 용량 확장

센트OS 7은 파티션의 구조와 용량을 구성할 수 있는 LVM^{Logical Volume Manager}을 사용한다. LVM은 동적이고 유연한 시스템으로, 시간이 지나도 쉽게 확장할 수 있고 재구성할 수 있다. 최근처럼 자주 변경되는 환경에서 가장 필수인 시스템 소프트웨어다. 요즘 빅데이터 또는 클라우드 컴퓨팅 같은 신조어를 많이 들었을 것이다. 엄청나게 커다란 양의 데이터가 항상 생성되기 때문에 저장소 요구 사항과 디스크 공간은 계속 생성되는 데이터의 양에 맞게 커져야 한다. 이 예제에서는 LVM 시스템으로 작업하는 방법, 물리 디바이스를 늘리는 방법, 파일 시스템의 용량을 줄이거나 늘리는 방법을 소개한다.

준비

이 예제를 진행하려면 동작 중인 센트OS 7 운영체제, root 권한이 필요하다. 실제 디스크 디바이스 대신 가상 블록 디바이스를 사용해 먼저 LVM 설치 방법과 LVM을 다루는 방법을 보여준다. '가상 블록 디바이스 생성' 절을 살펴보고 gpt 파티션 테이블을 가진 1GB짜리 가상 블록 디바이스를 3개 생성한다. 예제에서는 가상 블록 디바이스 이름을 각각 /dev/loop0, /dev/loop1, /dev/loop2라 명명한다. 그리고 여러분이 실제 디스크 디바이스를 사용할 준비가 된다면 실제 디스크 디바이스를 사용할 수 있을 것이다.

예제 구현

먼저 모든 서버 시스템을 설치할 때 설정되는 센트OS 7의 표준 LVM 구성으로 LVM 테스트 환경을 생성한다.

1. 먼저 root로 로그인하고 가상 블록 디바이스에 대한 정보를 확인한다.

   ```
   lsblk -io NAME,SIZE
   ```

2. 다음에는 3개의 가상 블록 디바이스의 디스크에 파일 시스템의 이름을 주지 않고 새로운 파티션을 생성한다.

   ```
   parted -a optimal /dev/loop0 mkpart primary 2048KiB 100%
   parted -a optimal /dev/loop1 mkpart primary 2048KiB 100%
   ```

```
parted -a optimal /dev/loop2 mkpart primary 2048KiB 100%
```

3. 이제 각 루프 디바이스마다 LVM 물리 볼륨을 생성한다(gpt 레이블을 삭제하기 위해 yes를 입력한다).

```
pvcreate /dev/loop0p1
pvcreate /dev/loop1p1
pvcreate /dev/loop2p1
```

4. 이제 물리 볼륨에 대한 정보를 보여준다.

```
pvdisplay
```

5. 다음에는 첫 번째 물리 볼륨에 새로운 LVM 볼륨 그룹을 생성한다.

```
vgcreate myVG1 /dev/loop0p1
```

6. 이제 생성된 그룹에 대한 정보를 보여준다.

```
vgdisplay myVG1
```

7. 그런 다음, 리눅스 시스템에 가상 파티션으로 처리하는 첫 번째 볼륨 그룹에 일부 논리 볼륨을 생성한다.

```
lvcreate -L 10m  -n swap myVG1
lvcreate -L 100m -n home myVG1
lvcreate -L 400m -n root myVG1
```

8. 이제 논리 볼륨 정보를 보여준다.

```
lvdisplay myVG1
```

9. 이제 논리 볼륨 그룹이 속한 파티션의 여유 공간을 출력한다. 논리 볼륨을 늘릴 때 여유 공간이 얼마나 있는지 확인하는 것은 중요하다(결과 화면에서 Free PE / Size 섹션을 살펴본다).

```
vgdisplay myVG1
```

10. 그리고 생성한 논리 볼륨에 파일 시스템을 생성한다.

```
mkswap /dev/myVG1/swap
mkfs.xfs /dev/myVG1/home
```

```
mkfs.xfs /dev/myVG1/root
```

11. 이제 테스트할 LVM 시스템을 생성한 후 사용한다(테스트할 LVM 시스템은
    실제 센트OS의 LVM 표준 구성과 같지만 크기는 조금 작다).

12. 먼저 루트 파티션을 줄여보자. 현재 루트 파티션의 크기는 400MB인
    데, 200MB로 줄인 후 home 파티션을 500MB로 늘린다(데이터 손실에 대한
    질문을 확인한다).

```
lvresize -L -200m /dev/myVG1/root
lvresize -L +500m /dev/myVG1/home
```

13. vgdisplay myVG1 커맨드를 사용해 이전 커맨드를 실행한 후 시스템
    의 변경 내용을 확인해 볼륨 그룹의 여유 공간을 확인한다(Free PE / Size
    섹션을 살펴본다).

14. 이제 커진 논리 볼륨을 기반으로 XFS 파일 시스템을 늘린다.

```
mkdir /media/home-test;mount /dev/myVG1/home /media/home-test
xfs_growfs /dev/myVG1/home
```

 XFS 파일 시스템의 크기를 늘릴 때 resize2fs 툴을 사용하면 안 된다. resize2fs
툴은 XFS 파일 시스템에 대한 호환성이 없기 때문에 해당 툴을 사용하면 데이터가
손상될 수 있다.

15. 이제 볼륨 그룹의 데이터가 다시 늘어났다고 가정하자. home 파티션을
    1.5GB까지 늘려야 하지만, 184MB밖에 없다. 예제의 처음에 생성했던
    두 개의 물리 볼륨을 해당 볼륨 그룹에 추가해야 한다.

```
vgextend myVG1 /dev/loop1p1 /dev/loop2p1
vgdisplay myVG1
```

16. 다음에 home 논리 볼륨(볼륨은 마운트돼야 한다)에 확장할 수 있는 볼륨 그
    룹에 충분한 여유 공간(Free PE / Size 섹션을 살펴본다)이 생긴다.

```
lvresize -L +1500m /dev/myVG1/home
xfs_growfs /dev/myVG1/home
```

이 예제에서는 XFS 파티션에서 LVM으로 작업하는 방법을 소개했다. LVM은 동적으로 여러 하드 디스크에 디스크 공간을 관리하는 목적으로 개발됐다. 물리 하드 디스크를 하나로 쉽게 병합해 시스템에 하나의 가상 하드 디스크가 있는 것처럼 구성할 수 있다. LVM은 기존 정적 파티션과 비교해서 시스템의 디스크 관리가 유연해 크기를 늘릴 수 있다. 기존 파티션은 하드 디스크의 용량 크기에 의존성이 있고, 기존 파티션 구성은 쉽게 변경할 수 없다. 이 예제는 여러 하드 디스크에 추상화 레이어를 올리는 LVM 기술을 설명해 LVM 개념(물리 볼륨^{physical volume}, 볼륨 그룹^{volume group}, 논리 볼륨^{logical volume})을 소개했다.

그렇다면 이 예제에서 무엇을 배울 수 있는가?

먼저 예제는 각각 1GB의 가상 블록 디바이스와 각 가상 블록 디바이스 기반으로 전체 디바이스에 걸친 하나의 파티션을 생성했다. 그 후에 pvcreate 커맨드를 사용해 물리 볼륨이라는 하나의 파티션 디바이스를 정의했다. 물리 볼륨은 LVM 내에서 저장 장소를 의미하는 LVM 용어다. 파티션, 전체 드라이브, 루프 디바이스에 정의돼야 한다. 물리 볼륨은 파티션 환경에서 사용할 수 있는 모든 공간을 의미하는 추상화이므로 LVM 기반으로 작업할 수 있다.

다음에 vgcreate 커맨드로 볼륨 그룹을 생성했고, 볼륨 그룹 이름을 선호하는 이름으로 정의했으며, 물리 볼륨을 해당 볼륨 그룹에 저장했다. 아시다시피 볼륨 그룹은 적어도 하나의 물리 볼륨을 포함하는 컨테이너^{container}다(예제의 후반부에서 물리 볼륨을 추가했다). 볼륨 그룹에서 물리 볼륨의 추가 또는 삭제는 LVM 시스템의 확장성 개념 중 핵심이다. 볼륨 그룹은 모두 동일한 크기가 될 필요는 없고 시간이 흐르면서 물리 볼륨이라 정의된 새로운 물리 디바이스를 추가해 볼륨 그룹의 크기를 계속 증가시킬 수 있다. 시스템에 하나 이상의 볼륨 그룹을 추가할 수 있고, 여러 볼륨 그룹 내에서 유일한 볼륨 그룹 이름으로 식별할 수 있다. 따라서 요약하면 볼륨 그룹의 공간을 늘리려면 물리 드라이브를 물리 그룹으로 생성한 후 볼륨 그룹에 추가한다.

마지막으로 볼륨 그룹에서 논리 볼륨을 생성했다. 논리 볼륨은 볼륨 그룹의 실제 물리 파티션처럼 사용될 수 있다. 이 예제에서는 lvcreate 커맨드를 사용해 3개의 논리 볼륨을 생성했다. lvcreate 커맨드 다음에 볼륨의 크기와 마지막 매개변수에 논리 볼륨을 저장하기 원하는 볼륨 그룹(시스템에 하나 이상의 볼륨 그룹이 존재 할 수 있다는 것을 기억한다)의 이름을 정의해야 한다. 여러 논리 그룹을 한 물리 볼륨에 저장할 수 있지만, 볼륨 그룹의 여유 공간에 할당된 모든 공간을 사용해서는 안 된다.

볼륨 그룹을 유연하게 관리할 수 있다. 볼륨 크기와 구성을 항상 고정하지 않고, 운영하면서 언제든지 변경할 수 있는 장점이 있다. LVM은 미리 볼륨을 언마운트하지 않고 볼륨의 크기를 늘리거나 줄일 수 있으며, 삭제와 생성이 가능한 매우 동적인 시스템이다. 그러나 모든 논리 볼륨은 물리 볼륨에 종속적인 것을 기억해야 한다. 물리 볼륨이 없거나 물리 볼륨으로 쓸 수 있는 범위 이외에서 논리 볼륨을 생성할 수 없다. 논리 볼륨의 공간이 늘어나 논리 볼륨이 포함된 물리 볼륨의 공간을 넘어서려 한다면 예제에서처럼 볼륨 그룹의 크기를 늘려야 한다.

 pvdisplay, vgdisplay, lvdisplay, pvcreate, vgcreate,lvcreate와 같이 모든 LVM 커맨드 이름에는 'display'와 'create' 커맨드가 존재하기 때문에 LVM 커맨드를 기억하기 쉬울 것이다.

사용자가 논리 볼륨을 성공적으로 생성한 후 시스템에서 모든 블록 디바이스 파티션을 작업할 수 있다. 유일한 차이점은 특수 디바이스 디렉토리에 있는 블록 디바이스 파티션으로, /dev/<볼륨_그룹_이름>/<논리_볼륨_이름> 또는 /dev/mapper/<볼륨_그룹_이름>/<논리_볼륨_이름>이다. 예를 들어 예제에서 생성된 home 볼륨은 /dev/myVG1/home이라는 이름을 가진다. 예제의 마지막에서 home 볼륨을 마운트하기 위해 home 볼륨의 파일 시스템에 테스트 파일 시스템을 생성했다.

이 예제의 두 번째 파트에서 볼륨 그룹을 늘리는 방법과 논리 볼륨의 테스트 시스템을 줄이고 늘리는 방법을 소개했다.

두 번째 파트의 처음 부분은 vgdisplay myVG1 커맨드를 사용해 볼륨 그룹의 현재 여유 공간을 확인했다. 커맨드 결과를 살펴보면 현재 볼륨 그룹이 총 996M(VG Size)이고, 논리 볼륨(swap, home, root)에 할당된 크기가 512M(Alloc PE / Size)이고, 여유 공간은 484M(Free PE /Size)이다. 다음에 논리 볼륨의 루트 파티션과 home 파티션을 늘리기 위해 lvresize 커맨드를 사용했다. -L 매개변수는 볼륨의 새 크기를 설정하고 +, - 기호 뒤의 용량은 논리 볼륨의 실제 크기에 추가되거나 삭제되는 값을 의미한다. +, - 기호가 없는 값을 사용한다면 절댓값으로 사용됨을 의미한다.

현재 볼륨 구성이 전체 볼륨의 전체 크기를 차지하지 않기 때문에 home 파티션의 크기만 늘릴 수 있다. 볼륨의 크기를 늘린 후 vgdisplay 커맨드를 다시 실행하면 볼륨 그룹에 더 많은 공간이 있는 내용을 볼 수 있으며, 여유 공간이 184MB로 줄어든 내용도 볼 수 있다. home 볼륨의 총 크기를 100MB에서 500MB로 늘어나서 XFS 파일 시스템도 확장해야 한다. 볼륨의 크기를 늘렸다고 자동으로 파일 시스템도 늘어나지 않기 때문이다. 여전히 현재 볼륨의 400MB는 특정 파일 시스템 정보가 없으며, 할당된 상태가 아니다. 할당되지 않은 영역에 XFS 파일 시스템으로 사용하기 위해 xfs_growfs 커맨드에 limit 매개변수를 사용하지 않았다. ext4와 같은 다른 파일 시스템 타입으로 변경하고 싶다면 대신 resize2fs 커맨드를 사용한다.

마지막으로 home 볼륨을 1.5GB까지 늘리기 원했지만, 확장은 볼륨 그룹은 184MB까지 남았다. 이제 물리 볼륨을 home 볼륨에 추가할 수 있다. 이 부분이 LVM에서 가장 빛나는 부분이다(현실 세계에서 서버에 새로운 하드 디스크를 설치하고 물리 볼륨으로 사용한다). vgextend 커맨드를 사용해 볼륨 그룹에 1GB의 크기의 물리 볼륨을 추가하는 방법을 소개했다. 그 후 vgdisplay를 사용해 볼륨 그룹의 총 크기를 3GB로 늘어난 부분을 확인할 수 있었고, 볼륨 그룹에 맞게 home 논리 볼륨의 크기를 늘릴 수 있었다. 마지막 단계에서 2GB인 home 볼륨의 전체 크기까지 늘리기 위해 XFS 파일 시스템의 크기를 늘렸다.

여러 개의 물리 하드 디스크를 볼륨 그룹에 사용하려면 데이터가 분산돼 저장될 것이다. LVM은 RAID 시스템이 아니라서 데이터 중복이 없다. 하드 디스크가 하나라도 실패하면 전체 볼륨을 더 이상 유지할 수 없고, 데이터가 사라질 것이다. 이 문제를 해결하려면 하드 디스크에 물리적 RAID 시스템을 사용하고, 물리적 RAID 위에 LVM을 구성하는 것이 좋을 것이다.

6

보안 기능 제공

6장에서 다루는 내용은 다음과 같다.

- 원격 접근을 막고 SSH를 견고하게 하기
- fail2ban 설치와 설정
- 방화벽 작업
- 예제를 통한 방화벽 규칙 구축
- 자체 서명 인증서 생성
- FTP를 대신할 보안 FTP 사용

소개

6장에서는 서버의 거의 모든 환경에서 보안이 확보될 수 있는 튼튼한 프레임워크를 소개한다. 보안은 좋은 관리자가 되기 위한 초석이다. 6장에서는 보안이 필요한 여러 항목을 설계하는 방법과 구현하는 방법이 얼마나 빠르고 쉬운지 소개한다.

원격 접근을 막고 SSH를 견고하게 하기

이 예제에서는 안전한 셸 환경을 견고하게 할 수 있는 추가 보안 툴을 소개한다. SSH^{Secure Shell}는 원격으로 사용자 서버에 접근할 수 있는 기본 툴킷이다. SSH를 사용하면 원격 서버와의 실제 거리를 무시할 수 있으며, 셸 환경에서 유지 보수, 업그레이드, 패키지 설치, 파일 전송을 수행할 수 있다. 안전한 환경에서 관리자로서 수행해야 하는 모든 작업을 수행할 수 있다. SSH는 시스템의 게이트웨이이며, 중요한 툴이다. 이 예제에서는 외부 공격자로부터 서버를 보호할 수 있는 가장 기초적인 설정 변경 방법을 소개한다.

준비

이 예제를 진행하려면 동작 중인 센트OS 7 운영체제, root 권한, 선호하는 콘솔 기반의 텍스트 편집기, 추가 패키지를 다운로드할 수 있는 인터넷 연결이 필요하다. 이 예제에서 소개하는 새로운 기능을 사용하기 위해 root 권한이 없는 사용자 계정이 적어도 하나가 있다고 가정한다.

예제 구현

원격지에서 서버에 접근해 일부 단계를 안전하게 진행해야 하는 상황이 발생했을 때 SSH가 중요한 역할을 담당한다.

1. 먼저 root로 로그인하고 다음 커맨드를 실행해 원본 설정 파일의 백업 파일을 생성한다.

   ```
   cp /etc/ssh/sshd_config /etc/ssh/sshd_config.bak
   ```

2. 이제 다음 커맨드를 실행해 sshd 설정 파일을 연다.

   ```
   vi /etc/ssh/sshd_config
   ```

3. 로그인 대기 시간을 변경하기 위해 설정 파일을 아래로 스크롤해 다음과 같은 라인을 찾는다.

```
#LoginGraceTime 2m
```

4. 해당 라인의 주석을 풀고 다음과 같이 더 적당한 값으로 변경한다.

```
LoginGraceTime 30
```

5. 이제 파일의 라인을 아래로 스크롤해 다음과 같은 라인을 찾는다.

```
#PermitRootLogin yes
```

6. 다음처럼 변경한다.

```
PermitRootLogin no
```

7. 다음과 같은 라인을 찾는다.

```
X11Forwarding yes
```

8. 다음처럼 변경한다.

```
X11Forwarding no
```

9. SSH 서비스를 재시작하기 전에 다음처럼 파일을 저장하고 종료한다.

```
systemctl restart sshd
```

10. 이 단계에서 기존 세션을 종료하고, 새롭게 변경된 설정이 반영된 새로운 세션을 생성하고 싶을 것이다. 모든 것이 문제없이 잘 동작하는지 확인하고, 서버 외부에서 root 계정으로 접근하지 못하게 해야 한다. 새로운 SSH 세션을 시작하기 어렵다면 기존 세션 윈도우로 돌아가 조정 작업을 진행한다(예, SSH 서비스를 다시 시작한다). 하지만 새로운 세션에서 2차 인증이 문제없이 성공적으로 진행된다면 기존 세션 윈도우에서 exit를 입력해 원래 셸 환경을 닫는다.

이 예제대로 진행하면 root 계정으로 서버에 인증하려 하면 셸이 거절되기 때문에
표준 사용자 계정을 사용해 로그인해야 한다. 환경 설정에 의존해서 루트 권한이
필요한 작업은 su 또는 sudo 커맨드로 진행한다.

예제 분석

SSH는 서버에 원격으로 접근할 수 있는 중요한 서비스다. 서버 관리자는
SSH 없이 어떤 작업을 진행할 수 없다. 이 예제는 SSH 서비스가 더 안전하
게 설정할 수 있는 방법을 소개한다.

그렇다면 이 예제에서 무엇을 배울 수 있는가?

예제의 처음에서 sshd의 설정 파일을 백업한 후 설정 파일을 열고 수정했다.
SSH 설정 파일은 대부분 내부 필요에 맞게 설정하지만, 상용에 배포된 서버
환경에는 특별한 요구 사항에 맞게 기본 SSH 설정 파일을 수정해야 한다.
이런 관점에서 먼저 해야 할 일은 LoginGraceTime 30과 같이 로그인 대기
시간을 변경하는 것이다.

기본 로그인 대기 시간은 2분이지만, 이전 설정 변경을 통해 30초로 낮춘다.
로그인 대기 시간은 사용자가 인증 과정을 제외하고, 로그인까지 연결할 수
있는 시간이다. 로그인 대기 시간 값이 낮으면 열려 있는 비인증 연결 개수는
적어진다. 다음에 PermitRootLogin no 지시자를 사용해 원격 사용자가
root 계정으로 로그인하지 못하게 한다. 대부분의 경우에 PermitRootLogin
지시자를 반드시 사용해야 하고, 서버를 제어할 수 있는 환경이 아니라면
원격에서 직접 root 계정으로 로그인을 직접 허용해서는 안 된다. 이렇게
하는 배경은 해킹의 위험을 줄이기 위함이다. 모든 SSH 해커는 가장 먼저
root 계정의 패스워드 복호화를 시도한다. 해커는 root 로그인을 하지 못하
기 때문에 더 복잡한 사용자 계정 정보를 알기 위해 더 많은 추측을 해야
한다.

다음에 X11Forwarding 설정을 비활성화했다. 이런 설정과 관련해서 "사용하지 않는다면 비활성화한다"라는 문구를 적용하는 것은 종종 좋은 생각이다. 이 예제를 진행하려면 즉시 설정 변경 효과를 얻고 기대한 대로 수정이 반영된 새로운 SSH 세션을 시작하기 위해 SSH 서버를 재시작해야 한다. 어떠한 시스템도 안전하지 않지만, 시스템 관리자는 SSH 서버의 안전한 설정으로 변경해 편히 쉴 수 있을 것이다.

부연 설명

SSH 서버의 보안을 강화할 수 있는 더 많은 내용이 있다. SSH 포트 번호를 변경하거나 특정 시스템 사용자에게 SSH 접근을 제한하는 방법이 있다.

서버의 SSH 포트 번호 변경

22번 포트는 SSH 서버가 사용하는 기본 포트다. 서버의 전체 보안을 강화하기 위해 포트 번호를 변경한다. SSH 데몬 설정 파일인 sshd_config을 연다. 다음과 같은 라인까지 아래로 스크롤한다.

#Port 22

맨 앞의 # 기호를 삭제(주석을 풀기)하고, XXXX 포트로 바꾼다.

Port XXXX

새로운 포트 번호가 이미 사용 중이 아니라면 설정 파일에 새로운 포트 번호를 설정한 후 설정 파일을 저장하고 종료한다. 그리고 방화벽 설정에 해당 포트 번호가 반영됐는지 확인해야 한다. 따라서 방화벽에도 새 포트를 열 수 있게 해야 한다. NEWPORT 환경 변수(새로운 SSH 포트로 XXXX를 변경한다)에 새로운 포트 번호를 설정하고 sed 커맨드를 사용해 SSH firewalld 서비스 파일을 변경한 후 firewalld 데몬을 재로드한다(더 자세한 내용을 보려면 방화벽 관련 예제를 참고한다).

```
NEWPORT=XXXX
sed "s/port=\"22\"/port=\"$NEWPORT\"/g" /usr/lib/firewalld/services/
ssh.xml > /etc/firewalld/services/ssh.xml firewall-cmd --reload
```

또한 22번 포트 번호는 기본적으로 제한돼 있기 때문에 SELinux(14장에서 자세
히 다루니 참조한다)에 새로운 포트 번호가 바뀌었다는 내용을 알려줘야 한다.
SELinux 툴을 설치하면 XXXX를 새 포트 번호로 변경하고, 새로운 포트 번호
에 보안 레이블을 생성한다.

```
yum install -y policycoreutils-python semanage port -a -t ssh_port_t -p
tcp XXXX
```

마지막으로 포트 변경을 적용하기 위해 sshd 서비스를 재시작한다.

사용자나 그룹에 의한 SSH 접근 제한

기본적으로 시스템의 모든 유효한 사용자는 SSH 로그인을 사용할 수 있다.
하지만 높은 보안 정책은 로그인할 수 있는 사용자나 그룹 목록을 미리 설정
할 수 있다. henry, james, helen이 시스템의 유효한 SSH 사용자일 때
sshd_config 설정 파일에 다음 라인을 추가한다.

```
AllowUsers henry james helen
```

그렇지 않으면 유효한 관리자 그룹 멤버는 SSH로 로그인할 수 있게 설정한
다. admin은 시스템에서 유효한 SSH 그룹 계정을 의미하며, 다음 라인을
추가한다.

```
AllowGroups admin
```

작업이 완료되면 SSH 서비스를 재시작하기 전에 파일을 저장하고 종료
한다.

fail2ban 설치와 설정

이 예제에서는 fail2ban이라는 패키지를 이용해 SSH 서버를 추가적으로 보호할 수 있는 구현 방법을 소개한다. fail2ban 툴은 해커로부터 SSH, FTP, SMTP, 아파치 웹 서버 같은 서비스를 보호한다. fail2ban 툴은 실패한 로그인의 시도에 기반을 둔 로그 파일 패턴을 통해 작동하고, 공격 IP 주소를 상황에 맞게 처리한다. 물론 이미 견고한 SSH 서버를 갖고 있거나 또는 애플리케이션 레벨에서 방어할 수 있지만, 이 예제는 무차별 대입 공격 Brute Force Attacks의 가능성에 직면했을 때 새로운 보호 계층의 추가 방법이 항상 유용하다는 점을 보여준다.

준비

이 예제를 진행하려면 동작하는 센트OS 7 운영체제, root 권한, 선호하는 콘솔 기반의 텍스트 편집기, 추가 패키지를 다운로드할 수 있는 인터넷 연결이 필요하다. 추가로 YUM 설정에 EPEL 저장소가 설정됐다고 가정한다(4장을 참고한다).

예제 구현

fail2ban은 기본 설치가 아니므로 YUM 패키지 매니저를 실행해 필요한 패키지를 다운로드한다.

1. 먼저 root로 로그인한 후 다음 커맨드를 실행한다.

   ```
   yum install fail2ban-firewalld fail2ban-systemd
   ```

2. 선호하는 텍스트 편집기에 새로운 설정 파일을 생성한다.

   ```
   vi /etc/fail2ban/jail.local
   ```

3. 다음 내용을 저장한다.

```
[DEFAULT]
findtime = 900
[sshd]
enabled = true
```

4. 이제 다음 라인을 추가해서 금지 기간을 정의한다. 금지 기간은 초 단위이고, 시간 주기를 적당한 값으로 설정한다. 예제에서는 금지 주기를 한 시간으로 설정했다.

```
bantime = 3600
```

5. 그리고 최대 로그인 시도 개수를 추가한다.

```
maxretry = 5
```

6. 22번이 아닌 새로운 포트 번호를 정의해 SSH 서버를 실행한다면 `fail2ban`에도 알려줘야 한다(XXXX 대신 선호하는 포트 번호로 변경한다). 22번 포트를 사용할 예정이라면 이 단계를 건너뛴다.

```
port=XXXX
```

7. 이제 `fail2ban` 설정 파일을 저장하고 종료한 후 부팅할 때마다 `fail2ban` 서비스를 실행할 수 있게 다음과 같은 커맨드를 실행한다.

```
systemctl enable fail2ban
```

8. 이 예제를 종료하기 위해 `fail2ban` 서비스를 실행한다.

```
systemctl start fail2ban
```

예제 분석

`fail2ban`은 서버 로그인을 반복적으로 실패하는 사용자를 모니터링하기 위해 설계됐고, `fail2ban`의 주요 목적은 암호를 복호화하고 사용자 정보를 훔치려는 공격을 줄이는 것이다. `fail2ban`은 시스템 로그 파일을 계속 읽으면서 수많은 실패 공격 패턴을 찾아 공격자의 IP 주소를 처리한다. 서버는 격리 상태에 존재하지 않기 때문에 `fail2ban` 툴을 사용하면 몇 분 이내로

서버가 보호된다.

그렇다면 이 예제에서 무엇을 배울 수 있는가?

fail2ban 툴은 표준 센트OS 저장소에서 다운로드하지 못하고, EPEL 저장소에서만 다운로드할 수 있다. fail2ban 패키지 설치는 매우 간단했다. fail2ban 패키지 이외에 센트OS 7의 새로운 systemd와 firewalld 서버 기술에 통합할 수 있는 두 개의 다른 패키지를 설치했다. 그리고 내부 설정을 위해 jail.local 파일을 생성했다. 모든 대상에 적용하기 위해 [DEFAULT] 섹션에 findtime 매개변수를 명시했다. findtime 매개변수는 사용자가 로그인을 시도하는 시간이다. 한 사용자가 주어진 findtime(초) 안에 로그인을 시도할 때 로그인 시도 개수가 최대 로그인 시도 값을 넘어 인증을 실패하면 해당 사용자는 로그인을 할 수 없다. 다음에 sshd 데몬에 [sshd] 섹션을 추가해 fail2ban을 활성화했다. 다음에 bantime을 소개했고, 사용자가 fail2ban의 규칙을 넘어선다면 bantime(초) 동안 사용자의 서버 접근을 막는다. 이를 기반으로 사용자의 로그인을 막기 전에 로그인 최대 시도 횟수를 결정할 수 있다. 또한 서비스에서 리스닝하는 표준 포트를 변경하기 위해 port 지시자를 사용해 새로운 포트 번호를 정의할 수 있다. 설정을 테스트하기 위해 SSH로 사용자 인증을 시도한 후 잘못된 패스워드를 5번 입력한다. 6번째 로그인을 시도할 때 1시간 동안 로그인을 할 수 없다.

무차별 대입 공격으로부터 sshd 서비스를 보호하는 것은 SSH 보안의 첫 번째 시작 단계고, failban을 이용해 해당 서비스를 보호할 수 있다. sshd 서비스의 문제를 해결하려면 /var/log/fail2ban.log 로그 파일을 살펴본다. fail2ban으로 할 수 있는 아이디어를 읽고 싶다면 less /etc/fail2ban/jail.conf 커맨드를 실행해 failban 설정 파일을 열어 정보를 살펴본다.

방화벽 작업

방화벽은 시스템의 네트워크 인터페이스를 통해 들어오고 나가는 네트워크 트래픽을 모니터링하고 제어하는 프로그램이고, 컴퓨터 시스템이나 네트워크의 외부나 내부로 들어오거나 나가는 데이터 전송을 제한할 수 있다. 기본적으로 센트OS는 커널로 빌드된 netfilter라는 아주 강력한 방화벽이 있다. 센트OS 7 이하의 버전에서는 iptables라는 유명한 애플리케이션을 사용했지만, 센트OS 7 버전의 새로운 표준 netfilter 관리 프로그램이 firewalld라는 서비스로 변경됐다. firewalld 서비스는 센트OS 7 서버에 이미 설치돼 있으며, 기본적으로 활성화돼 있다.

firewalld 서비스는 서버의 방화벽 보안을 완벽히 제어할 수 있는 매우 강력한 서비스이고, iptables보다 쓰기 쉽다. iptables 대비 firewalld의 주요 장점은 좋은 구조와 더 논리적인 방법으로 방화벽의 모든 부분을 관리하고 설정할 수 있다는 점이다. firewalld은 서버 보안의 기초가 된다. 이 예제에서 빠르게 배울 수 있는 firewalld의 기초 지식을 소개한다.

준비

이 예제를 진행하려면 미니멀로 설치된 센트OS 7 운영체제, root 권한, 선호하는 콘솔 기반의 텍스트 편집기가 필요하다.

예제 구현

firewalld 서비스는 모든 센트OS 7 서버에서 기본적으로 실행 중이고, root 계정으로 서버에 로그인해서 firewalld 서비스를 직접 실행할 수 있다.

1. 지역 관련 정보를 얻기 위해 다음 커맨드를 실행한다.

```
firewall-cmd --get-zones | tr " " "\n"
firewall-cmd --list-all-zones
```

```
firewall-cmd --get-default-zone
firewall-cmd --list-all
```

2. 다음 라인을 실행해 default 방화벽 존^{zone}으로 변경할 수 있다.

```
firewall-cmd --set-default-zone=internal
```

3. zone에 임시적으로 네트워크 인터페이스를 추가한다.

```
firewall-cmd --zone=work --add-interface=enp0s8
```

4. 이제 임시 존에 서비스를 추가한다.

```
firewall-cmd --zone=work --add-service=ftp
```

5. 추가한 인터페이스와 서비스가 정상적으로 동작하는지 확인한다.

```
firewall-cmd --zone=work --list-all
```

6. 이제 서비스를 영구적으로 추가한다.

```
firewall-cmd --permanent --zone=work --add-service=ftp
firewall-cmd --reload
firewall-cmd --zone=work --list-all
```

7. 마지막으로 다음 파일을 열어 새로운 방화벽 존을 생성한다.

```
vi /etc/firewalld/zones/seccon.xml
```

8. 이제 다음 내용을 저장한다.

```
<?xml version="1.0" encoding="utf-8"?>
<zone>
 <short>security-congress</short>
 <description>For use at the security congress. </description>
 <service name="ssh"/>
</zone>
```

9. seccon.xml 파일을 저장하고 종료한다. 그리고 새로운 존을 보기 위해 방화벽 설정 파일을 재로드한다.

```
firewall-cmd --reload
```

10. 마지막으로 새로운 존이 사용 가능한지 확인한다.

```
firewall-cmd --get-zones
```

iptabes과 비교해서 새로운 `firewalld` 시스템은 복잡한 네트워크 규칙을 생성하는 부분을 숨겼고, 에러가 잘 나지 않는 쉬운 문법을 사용한다. `firewalld` 시스템은 전체 서비스를 재시작할 필요 없이 런타임 때 netfilter 설정을 동적으로 재로드할 수 있다. 또한 시스템마다 하나 이상의 방화벽 설정 집합을 포함해 노트북 같은 모바일 기기와 같이 계속 변경되는 네트워크 환경에 완벽하게 대응할 수 있다. 이 예제에서 `firewalld`로 구성하는 2개의 기초 용어, 즉 존zone과 서비스service를 소개한다.

그렇다면 이 예제에서 무엇을 배울 수 있는가?

이 예제에서는 먼저 시스템에서 사용할 수 있는 방화벽 존에 대한 정보를 얻기 위해 `firewall-cmd`를 사용했다. `firewalld`는 새로운 네트워크나 방화벽 존의 개념을 소개한다. 즉, 서버의 네트워크 인터페이스와 네트워크 인터페이스에 연관된 연결에 대한 신뢰 레벨을 할당한다. 센트OS 7에서 이미 정의된 `firewalld` 존(예, trusted 존이라는 예외를 포함한 private, home, public 존 등)이 존재하고, 이미 정의된 `firewalld` 존에 연결된 특별한 규칙(특별한 규칙을 firewalld 서비스라 부르며, 뒤에서 살펴본다)을 사용해 명확하게 허락하지 않으면 해당 존은 들어오는 모든 형태의 네트워크 연결을 모두 막을 것이다.

`firewall-cmd` 커맨드에 `--get-zones` 매개변수 또는 `--list-all-zones` 매개변수를 이용해 존 정보를 질의했다. 출력된 모든 존은 완전하고 독립적인 방화벽이며, 시스템의 환경과 장소 정보에 의존적이다. 예를 들어 이름에서 추측한 것처럼 사용자의 컴퓨터가 집 근처에 있을 때 home 존을 사용할 수 있다. 사용자가 home 존을 사용하면 사용자는 컴퓨터에 해를 주지 않는 네트워크에 연결된 모든 컴퓨터와 서비스를 신뢰한다. 반면 사용자는 공중

기지국 등에 연결해 공개 장소에서 public 존을 사용할 수 있다. public 존을 사용할 때 사용자에게 해를 주지 않는 네트워크에 연결된 모든 컴퓨터와 서비스를 신뢰하지 않는다. 센트OS 7이 설치된 후 표준 default 존은 public 존이고, firewall-cmd 커맨드에 --get-default-zone 매개변수를 사용해서 확인할 수 있었다. 더 자세한 정보를 보려면 firewall-cmd 커맨드에 --list-all 매개변수를 사용한다.

> 간단히 말해 firewalld 존은 서버로 들어오는 모든 연결을 제어할 수 있다. firewalld 로 나가는 외부 연결을 제한할 수 있지만, 이 책의 범위를 벗어난다.

또한 현재 사용 가능한 모든 존에 대한 기술 정보를 얻으려고 firewall-cmd 커맨드의 --list-all-zones 매개변수를 사용했다. 해당 커맨드 결과에서 특정 존은 존과 관련된 네트워크 인터페이스와 존에 속하는 서비스 목록을 갖고 있는 부분을 볼 수 있다. 해당 서비스 목록은 들어오는 네트워크 연결에 적용된 특별한 방화벽 규칙이다. 기본적으로 설정된 모든 존에 대한 상세 내용과 존과 관련된 서비스를 살펴보면 모든 firewalld 존은 매우 제한적이고, 소수의 서버만 겨우 연결될 수 있다. 또한 firewall-cmd 커맨드의 결과에서 매우 중요한 개념을 하나 더 볼 수 있다. public 존은 default와 active로 표시된다. active 존은 네트워크 인터페이스와 직접 연관이 있는 반면 default 존은 사용할 수 있는 여러 네트워크 어댑터를 가질 수 있다. 모든 네트워크 인터페이스를 active 존에 할당하지 못했다면 default 존은 최소로 방화벽을 보호하고, 대비책이 있어야 한다. 단 하나의 네트워크 인터페이스만 있는 시스템에서 default 존은 active 존으로 자동 설정된다. default 존을 설정하기 위해 --set-default-zone 매개변수를 사용했고, 해당 존에 특정 네트워크 인터페이스를 추가하기 위해 --add-interface 매개변수를 사용했다. --zone 매개변수를 지정하지 않으면 대부분의 firewall-cmd 커맨드는 default 존을 사용할 것이다. firewalld

는 시스템에서 모든 네트워크 인터페이스에서 리스닝하고, 새로운 네트워크 패킷이 도착하길 기다린다. 요약해서 말하면 새로운 패킷이 특정 네트워크 인터페이스에 들어오면 firewalld은 해당 네트워크 인터페이스의 어떤 존과 연관 있는지 검색한다(active 존을 사용하거나, active 존을 사용할 수 없다면 기본 설정을 사용한다). 존을 검색한 후 존에 속한 네트워크 패킷에 서비스 규칙을 적용한다.

다음에 firewalld 서비스로 작업하는 방법을 소개했다. 간단히 말해 firewalld 서비스는 방화벽에서 서버까지 어떤 네트워크 연결을 열고 허락할지에 대한 규칙이다. 모든 존에 firewalld 서비스를 추가하거나 삭제할 수 있기 때문에 firewalld 서비스 정의 파일을 재사용할 수 있다. 또한 시스템에서 미리 정의된 firewalld 서비스를 사용할 수 있고, 이와 대조적으로 원하는 시스템 서비스에 복잡한 iptables 문법을 수동으로 적용해 프로토콜, 포트, 포트 범위를 찾고 열 수 있다. 이런 방법들을 사용하면 관리자의 삶이 편해진다. ftp 서비스를 work 존에 추가하기 위해 firewall-cmd 커맨드에 --add-service 매개변수를 사용했다. 그리고 --list-all 매개변수를 사용해 work 존의 상세 내용을 출력했다. firewalld는 런타임 설정과 영구 설정이 분리돼 저장될 수 있게 설계됐다. 런타임 설정을 변경하면 즉시 효과를 얻을 수 있지만, 효과는 사라질 수 있다. 영구 설정을 변경하면 firewalld 서비스의 재로드 또는 재시작이 호출돼도 변경된 내용이 사라지지 않는다. default 존을 변경하는 일부 커맨드는 런타임 설정과 영구 설정 모두를 변경한다. 즉, 서비스를 재시작하면 즉시 런타임 설정과 영구 설정에 즉시 적용됨을 의미한다. 서비스를 존에 추가하는 것과 같은 설정 변경은 런타임 설정에만 적용된다. firewalld를 재시작하기 원한다면 firewalld 설정을 재로드하거나 컴퓨터를 재부팅해야 한다. 하지만 임시 변경 내용은 모두 사라진다. 임시 변경 내용을 영구 저장하려면 firewall-cmd 커맨드에 --permanent 매개변수를 사용해 영구 설정 파일로 저장한다.

런타임 옵션을 제외하고 영구 변경 내용은 즉시 적용되지 않으며, 서비스 재시작/재로드 또는 시스템 재부팅 이후에만 적용된다. 따라서 대부분의 일반 접근 방식은 --permanent를 이용해 영구 설정을 먼저 적용하고, 그 다음에 방화벽의 설정 내용을 적용하기 위해 firewalld를 재로드한다.

마지막으로 /etc/firewalld/zones/ 디렉토리에 생성돼야 할 새로운 존 XML 파일을 생성하고, 이름, 설명, 활성화할 모든 서비스를 명시했다. 방화벽 설정 파일을 변경했다면 방화벽 설정을 재로드하는 것을 잊지 말아야 한다.

예제를 종료하기 위해 work 존에 작업한 변경 내용이 영구적으로 적용되지 않게 되돌리고, 예제에 적용된 모든 임시 변경 설정을 사라지게 한다.

```
firewall-cmd --permanent --zone=work --remove-service=ftp
firewall-cmd --reload
```

부연 설명

블로킹 서비스 문제를 해결하기 위해 방화벽을 내리지 말고 default 존을 trusted로 변경해야 한다. trusted 존은 방화벽에 들어오는 모든 포트를 오픈한다.

```
firewall-cmd --set-default-zone=trusted
```

테스트를 완료한 후 다음처럼 기존에 사용했던 존으로 변경한다.

```
firewall-cmd --set-default-zone=public
```

예제를 통한 방화벽 규칙 구축

이 예제에서는 firewalld 서비스 정의를 생성하는 방법과 이미 생성된 firewalld 서비스를 변경하는 방법을 소개한다. 센트OS 7 시스템 관리자는 미리 정의된 서비스 파일이 시스템 요구에 맞는지 알고 있어야 한다.

이 예제를 진행하기 위해 운영 중인 센트OS 7 운영체제, root 권한, 선호하는 콘솔 기반의 텍스트 편집기가 필요하다. '원격 접근을 막고 SSH를 견고하게 하기' 절의 내용처럼 firewalld의 SSH 서비스 포트 번호를 설정할 것이다. 예제에서는 표준 포트를 2223번 포트로 변경한다. 그리고 파이썬 기반의 작은 웹 서버에 대한 새로운 firewalld 서비스를 생성해서 새로운 시스템 서비스와 firewalld를 통합하는 예제를 소개한다. 이 예제를 시작하기 전에 '방화벽 작업' 절을 잘 알아두면 firewalld에 대한 기초 지식을 쉽게 파악할 수 있다.

이 예제에서는 새로운 firewalld 서비스 정의 파일을 생성하고 변경하는 방법을 소개한다. 이 예제에서는 현재 public 존을 쓰고 있다고 가정한다.

기존 FIREWALLD 서비스(SSH) 변경

1. 먼저 root로 로그인한 후 ssh 서비스 정의 파일을 방화벽 서비스 디렉토리에 복사한다.

   cp /usr/lib/firewalld/services/ssh.xml /etc/firewalld/services

2. 다음에 ssh 서비스 정의 파일을 연다.

   vi /etc/firewalld/services/ssh.xml

3. 22번 포트를 2223번 포트로 변경한 후 해당 파일을 저장하고 종료한다.

   <port protocol="tcp" port="2223"/>

4. 마지막으로 방화벽을 재로드한다.

   firewall-cmd --reload

새로운 서비스 생성

새로운 서비스를 생성하기 위해 다음 단계를 수행한다.

1. 새로운 파일을 연다.

   vi /etc/firewalld/services/python-webserver.xml

2. 새로운 파일에 다음 서비스 정의 내용을 저장한다.

   ```
   <?xml version="1.0" encoding="utf-8"?>
   <service>
    <short>Python Webserver</short>
    <description>For pythons webservers</description>
    <port port="8000" protocol="tcp"/>
   </service>
   ```

3. 서비스 정의 파일을 저장하고 종료한 후 방화벽 서비스를 재로드한다.

   firewall-cmd --reload

4. 이제 default 존에 새로운 서비스를 추가한다.

   firewall-cmd --add-service=python-webserver

5. 다음에 8000번 포트에서 동작하는 파이썬 웹 서버를 백그라운드로 실행한다(종료하려면 Ctrl+C를 동시에 누른다).

   python -m SimpleHTTPServer 8000

6. 내부 네트워크의 다른 컴퓨터는 8000번 포트를 리스닝하는 새로운 웹 서버에 접근할 수 있다.

   http://컴퓨터_IP_주소:8000/

예제 분석

이 예제에서는 이전에 정의되지 않은 시스템 서비스를 새롭게 정의해야 하거나, 이전에 정의된 firewalld 서비스를 변경할 때 새로운 firewalld 서비스를 정의하거나 변경하는 방법이 얼마나 쉬운지 소개했다. 서비스 정의 파일은 특정 시스템 서비스나 프로그램의 규칙을 정의하는 XML 파일이다. 두 개의 서로 다른 디렉토리에 `firewalld` 서비스 파일이 존재한다. /usr/lib/firewalld/services 디렉토리에는 시스템을 설치할 때 사용 가능한 미리 정의된 서비스 파일이 /etc/firewalld/services 디렉토리에는 사용자가 정의한 모든 서비스 파일이 존재한다.

그렇다면 이 예제에서 무엇을 배울 수 있는가?

예제에서는 먼저 /etc/firewalld/services 디렉토리에 SSH `firewalld` 서비스 파일의 백업 파일을 만들었다. /etc/firewalld/services 디렉토리의 모든 파일은 /usr/lib/firewalld/services 디렉토리의 기본 설정 파일을 덮어쓰기 때문에 원본 파일을 복사했다. 다음 단계에서 /etc/firewalld/services/ssh.xml 파일을 열어 기본 포트를 22번에서 2223번으로 변경했다. 리스닝하는 서비스 표준 포트를 매번 변경할 때마다 방화벽에게 알려 변경된 포트로 네트워크 트래픽이 흐를 수 있게 한다. ssh.xml 파일 내용처럼 서비스 파일은 간단한 XML 텍스트 파일이며, 일부 내용은 반드시 존재해야 하고 일부 태그와 속성은 옵션이다. XML 파일에는 서비스가 존에 연결될 때 무슨 `firewalld` 가 활성화될지 정확하게 정의할 하나 이상의 포트와 프로토콜을 포함한다.

또한 XML 파일에 헬퍼 모듈helper module이라는 중요한 설정이 있다. 예를 들어 /usr/lib/firewalld/services/samba.xml에서 SAMBA 서비스 파일을 열면 `<module name="nf_conntrack_netbios_ns"/>` 태그를 볼 수 있다. 헬퍼 모듈은 커널 기반의 방화벽으로, 동적으로 로드될 수 있는 특수한 netfilter 커널 모듈이다. 포트를 계속 사용하지 않고 임시로 TCP 또는 UDP 포트로 동적 연결을 생성하는 SAMBA 또는 FTP 같은 시스템 서비스에서 필요하다. 방화벽 설정을 재로드한 후 변경된 포트를 사용해 네트워크의 다른 컴퓨터에서 접근할 수 있는지 확인해야 한다.

이 예제의 두 번째 부분에서는 8000번 포트로 리스닝하고, 요청이 들어오면 간단한 디렉토리 정보를 출력하는 파이썬 웹 서버를 새로운 시스템 서비스를 생성했다. 그리고 8000번 포트를 리스닝하는 파이썬 웹 서버의 방화벽 서비스를 위해 간단한 XML 서비스 파일을 생성했고, 방화벽 서비스를 재시작했다. 그 다음에 기본 public 존에 해당 서비스를 추가해 파이썬 웹 서비스를 통해 연결을 실제로 열 수 있었다. 동일 네트워크의 다른 컴퓨터를 사용해 파이썬 웹 서버의 시작 페이지를 볼 수 있다. 하지만 firewalld 데몬을 재시작할 때 --permanent 매개변수를 사용하지 않았기 때문에 python-webserver 서비스는 public 존에서 사라질 수 있다(아니면 --remove-service= python-webserver 같이 remove-servic 매개변수를 사용할 수도 있다).

요약하면 센트OS 7의 중요한 모든 시스템 서비스는 미리 정의한 서비스 규칙을 따라 설정됐기 때문에 센트OS 7에서 추천할 방화벽 프로그램은 firewalld라 말할 수 있다. 리눅스 방화벽은 매우 복잡한 주제이므로 책 한 권을 쉽게 쓸 수 있는 정도의 분량이고, firewall-cmd 커맨드를 이 책에서 다루지 않았지만 많이 사용할 수 있다.

부연 설명

종종 사용자 서비스 정의를 작성하기 전에 테스트를 하기 위해 특정 포트를 빨리 열어야 할 때가 있다. 이럴 때는 다음 커맨드라인처럼 default 존에 임시로 tcp 프로토콜을 사용해 임시로 2888번 포트를 열 수 있다.

```
firewall-cmd --add-port=2888/tcp
```

테스트를 완료하면 해당 포트를 닫기 위해 방화벽 설정을 재로드한다.

자체 서명 인증서 생성

이 예제에서는 OpenSSL 툴킷을 사용해 자체 서명된 SSL^{Secure Sockets Layer} 인증서를 생성하는 방법을 소개한다. SSL은 두 종단의 통신 메시지(예, 서버와 클라이언트)를 암호화하는 데 사용되며, 제 3자는 해당 메시지를 읽을 수 없다. 인증서는 데이터를 암호화하는 데 사용되지 않지만, 통신 상대자가 예상하는 상대와 정확히 같은지를 확인하기 위해 통신 과정에서 매우 중요하다. 인증서가 없다면 위장 공격이 무척 일반적인 공격이 될 것이다.

준비

이 예제를 진행하려면 동작 중인 센트OS 7 운영체제, root 권한, 선호하는 콘솔 기반의 텍스트 편집기가 필요하다.

 일반적으로 말하면 상용 서버에 SSL 인증서를 사용하려 한다면 아마도 신뢰하는 공인 인증기관(Certificate Authority)에서 SSL 인증서의 구매를 원할 것이다. 인증서 선택과 관련해서 예산과 요구 사항에 맞춰 다양한 선택을 할 수 있지만, 이 예제는 개발 서버나 내부 네트워크에서 적절하게 사용하기 위해 자체 서명된 인증서에 국한해서 설명할 것이다.

예제 구현

1. 먼저 root로 로그인하고 다음 디렉토리로 이동해 인증서와 키 파일을 생성하기 위해 `Makefile`을 사용한다.

   ```
   cd /etc/pki/tls/certs
   ```

2. 이제 서버에 대한 개인 키(server.key라는 파일명)와 공개 키가 포함된 자체 서명 인증서(server.crt라는 파일명)를 함께 생성하기 위해 다음 커맨드를 실행한다.

```
make server.crt
```

3. 패스워드와 여러 질문을 받을 때 적절하게 응답한다. common name 값은 인증서에서 사용할 서버의 도메인 주소나 IP 주소를 반영하기 때문에 특별히 주의해서 입력하고, 이 외의 요구하는 모든 상세 내용을 완료한다. 예를 들어 common name 값을 다음처럼 입력할 수 있다.

```
mylocaldomainname.home
```

4. 5년 동안 유효하고, 자체 서명 인증서와 공개 키, 개인 키를 포함하는 pem 파일을 생성하기 위해 다음 커맨드를 입력한다.

```
make server.pem DAYS=1825
```

5. 이제 아파치 웹 서버에서 `https`로 서비스하기 위해 두 벌의 키(개인 키와 공개 키가 있는 자체 서명 인증서) 파일을 생성한다. 키 파일은 /etc/pki/tls/private/localhost.key, /etc/pki/tls/certs/localhost.crt 파일로 생성된다(안전한 패스워드를 사용하고 두 번째 커맨드에서 다시 패스워드를 입력한다).

```
make testcert
```

6. 자체 서명 인증서 대신 인증서 서명 요청CSR, Certificate Signing Request 파일을 생성하려면 다음을 실행한다.

```
make server.csr
```

예제 분석

이 예제에서는 공개 키 암호화 알고리즘PKI(공개 키와 개인 키로 구성한다)을 사용하는 SSL 기술을 소개했다. 서버에서 개인 키를 저장하고 클라이언트는 공개 키를 얻는다. 모든 메시지는 한 쪽에서 다른 쪽으로 전달될 때 한 쪽에 속한 키로 암호화되고, 다른 쪽에서 연관 키로만 복호화할 수 있다.

예를 들어 서버의 개인 키로 암호화된 메시지는 클라이언트의 공개 키로만 복호화되고 읽을 수 있고, 반대도 동일하게 동작한다. 인증서 파일의 일부분인 공개 키는 클라이언트로 전달된다. 이전에 언급한 대로 공개 키는 데이터의 암호화와 복호화를 진행한다. 인증서는 암호화와 복호화에 책임을 지지 않지만, 정확히 말하면 클라이언트와 접속한 서버를 식별하고, 실제로 연결하려는 서버가 연결된 서버와 맞는지 확인한다. FTPS, HTTPS, POP3S, IMAPS, LDAPS, SMTPS 등과 같은 프로토콜에서 서비스를 SSL를 사용해 안전하게 설정하고 싶다면 서명된 서버 인증서가 있어야 작업할 수 있다. 비즈니스에서 사용할 안전한 서비스를 사용하고 싶다면 서비스를 사용하고 작업하려는 사람들이 서비스를 신뢰할 수 있게 해야 한다. 예를 들어 공공 인터넷의 인증서는 공인 인증기관[CA]에서 서명돼야 하고, 인증서를 비싼 가격으로 지불해야 한다. 일반 대중에게 인증서 또는 SSL 기반의 서비스를 제공할 계획이 없거나, 회사 인트라넷 안에서만 인증서나 SSL 기반의 서비스를 제공하고 싶거나, 인증서를 구매하기 전에 테스트하고 싶다면 OpenSSL 툴킷을 사용해 직접 서명(자체 서명)할 수 있다.

 자체 서명 인증서와 공식 CA에서 얻은 인증서의 유일한 차이점은 통신에 인증서를 사용하는 대부분의 프로그램이 CA에 대해 알지 못하고 신뢰할 수 없다고 경고를 주는 부분이다. 보안 위험성을 확인한 후 자체 서명 서비스를 정상적으로 사용할 수 있다.

그렇다면 이 예제에서 무엇을 배울 수 있는가?

예제에서는 먼저 센트OS 7의 모든 인증서가 있는 표준 디렉토리(/etc/pki/tls/certs)로 이동했다. 그리고 공개 키/개인 키, SSL CSR, 자체 서명 SSL 테스트 인증서를 쉽게 생성하는 헬퍼 스크립트 Makefile을 찾을 수 있다. Makefile은 OpenSSL 프로그램에서 복잡한 커맨드라인 매개변수를 숨길 수 있게 동작한다. Makefile은 매우 쓰기 쉽고, 파일명 매개변수의 파일 확장자를 기반으로 Make 타겟을 자동 인식한다. 따라서 make 커맨드에 .crt 확장자를 가진 결과 파일명을 매개변수로 사용해 SSL 키를 생성했다. 이전에 언급한 것처럼 패스워드와 common name이 무엇인지 묻는 가장 중요한 질문과 함께 인증서의 소유권에 대한 질문 목록에 답변해야 한다. 웹 브라우저나 이메일 클라이언트 같은 대부분의 프로그램은 인증서가 유효한지 보기 위해 도메인 이름을 확인하기 때문에 common name에는 인증서를 사용하려는 서버의 도메인 이름을 반영해야 한다. 해당 커맨드의 결과는 server.crt 파일에 내장된 공개 키를 포함한 인증서와 공개 키와 연관된 server.key라는 서버의 개인 키다.

다음에 .pem 파일을 생성했고, DAYS 매개변수를 사용해 인증서를 5년간 유효하게 했다. DAYS 매개변수를 사용하지 않고 커맨드를 실행하면 1년간 유효한 인증서를 생성한다. pem 파일은 모든 키, 즉 개인 키와 자체 서명 인증서(내장된 공개 키 포함)를 포함하는 파일이다. vsftpd 같은 일부 프로그램에는 2개의 분리된 키 파일을 제공하는 대신, SSL 암호화를 적용하기 위해 pem 파일 포맷이 필요하다. 다음에 Makefile의 testcert 타겟을 실행해 개인 키뿐 아니라 공개 키를 생성하고, 아파치 웹 서버에서 HTTPS 설정을 할 수 있게 현 파일 경로의 인증서를 추가했다. Makefile를 다시 실행해야 한다면 생성된 결과 파일을 삭제해야 한다. 예를 들어 아파치의 경우 Makefile의 결과 파일을 다시 생성하기 전에 다음 파일을 삭제해야 한다.

```
rm /etc/pki/tls/certs/localhost.crt /etc/pki/tls/private/localhost.key
make testcert
```

신뢰하는 인증기관에서 SSL 인증서를 구매할 계획이면 CSR 파일이 필요하다. 마지막에 CSR 파일의 생성 방법을 소개했다.

부연 설명

Makefile 스크립트가 인증서를 생성할 때 Makefile 파일의 모든 내용을 다루지 않았다. 타겟 없이 make 커맨드를 실행한다면 프로그램은 사용할 수 있는 모든 옵션과 도움말을 출력한다.

이 예제를 살펴본 대로 공개 키와 개인 키는 함께 생성되고, 각 종단의 메시지를 암호화하고 복호화에 사용된다. 키가 유효한지, 다음 커맨드 결과 값을 비교해서 동일한지 검증할 수 있다(커맨드 결과는 정확하게 동일해야 한다).

```
openssl x509 -noout -modulus -in server.crt | openssl md5
openssl rsa -noout -modulus -in server.key | openssl md5
```

FTP를 대신할 보안 FTP 사용

FTP는 네트워크 간 데이터 공유와 파일 전송에 있어서 여전히 인기 있는 프로그램이지만, 외부 서버와 통신할 때는 아무런 보호 없이 매우 불안한 네트워크 프로토콜을 사용하는지 알고 있어야 한다. 즉, 네트워크로 데이터를 전송할 때 전송 데이터가 완전히 잠재적인 공격자에게 노출될 수 있음을 의미한다. 어떤 사용자든 로그인 자격증명 같은 민감한 데이터를 공격자에게 노출되는 것을 전혀 원하지 않는다. 이런 잠재적인 위험을 피하기 위해 FTP 대신 다른 대안 솔루션, 즉 FTPS(SSL 또는 FTP/SSL를 기반으로 한 FTP) 또는 SFTPS(SSH을 사용하는 FTP)를 설정하고 사용하는 방법을 소개한다.

준비

이 예제를 진행하려면 미니멀로 설치된 센트OS 7 운영체제, root 권한, 선호하는 콘솔 기반의 텍스트 편집기가 필요하다. vsftpd 서버를 이미 설치하고 설정했다고 가정한다(12장에서 vsftpd 서버 사용법을 설명한다). 또한 SFTP를 설치할 때 자체 서명 인증서를 생성해야 한다. 자체 서명 인증서의 세부 사항을 알기 원한다면 '자체 서명 인증서 생성' 절을 살펴본다.

예제 구현

SFTP나 FTPS 프로그램을 사용하기 원한다면 사전에 어느 프로그램을 사용할지 선택해야 한다. 두 프로그램을 같이 적용할 수 없으므로 어느 프로그램을 먼저 선택할지 결정해야 한다. 두 프로그램을 전환하려면 `vsftpd.conf` 또는 `sshd_config`의 기본 설정 파일 상태를 복구해야 한다.

SSL-FTPS를 이용한 vsftpd 서버 보안

SSL-FTPS로 `vsftpd` 서버를 안전하게 사용하려면 다음 단계를 수행한다.

1. root로 로그인하고 표준 인증서 경로로 이동한다.

   `cd /etc/pki/tls/certs`

2. 이제 ftp-server의 환경 설정을 위해 인증서, 인증서 내부의 내장 공개 키, 개인 키를 하나의 파일로 구성하는 SSL 키를 생성한다(common name 값은 FTP 서버의 도메인 이름을 반영해야 한다).

   `make ftp-server.pem`

3. 파일에 안전하게 접근할 수 있도록 권한을 변경한다.

   `chmod 400 /etc/pki/tls/certs/ftp-server.pem`

4. 이제 실제 작업을 진행하기 전에 `vsftpd.conf`의 백업을 먼저 생성한다.

   `cp /etc/vsftpd/vsftpd.conf /etc/vsftpd/vsftpd.conf.BAK`

5. 이제 SSL를 활성화하고 생성된 키 파일을 `vsftpd` 설정에 추가한다.

   `echo "rsa_cert_file=/etc/pki/tls/certs/ftp-server.pem`
   `ssl_enable=YES`
   `force_local_data_ssl=YES`
   `force_local_logins_ssl=YES`
   `pasv_min_port=40000`
   `pasv_max_port=40100" >> /etc/vsftpd/vsftpd.conf`

6. 다음에 다음 파일을 읽어 새로운 `firewalld` 서비스 파일을 추가해야 한다.

```
vi /etc/firewalld/services/ftps.xml
```

7. ftps.xml 파일에 다음 내용을 저장한다.

```
<?xml version="1.0" encoding="utf-8"?>
<service>
  <description>enable FTPS ports</description>
  <port protocol="tcp" port="40000-40100"/>
  <port protocol="tcp" port="21"/>
  <module name="nf_conntrack_ftp"/>
</service>
```

8. 마지막으로 방화벽을 재로드하고, ftps 서비스를 추가하며, vsftpd 서버를 재시작한다.

```
firewall-cmd --reload; firewall-cmd --permanent --add-service=ftps;
firewall-cmd --reload
systemctl restart vsftpd
```

SSH-SFTP를 사용한 vsftpd 서버 보안

SSL-SFTP를 사용해 vsftpd 서버를 안전하게 하려면 다음 단계를 수행한다.

1. 먼저 유효한 SFTP 사용자가 속할 그룹을 생성한다.

```
groupadd sshftp
```

2. sshd의 설정 파일을 작업하기 전에 설정 파일을 백업한 후 설정 파일을 변경한다.

```
cp /etc/ssh/sshd_config /etc/ssh/sshd_config.BAK
```

3. 이제 sshd_config 파일을 열어 Subsystem 지시자를 포함한 라인으로 이동한 후 해당 라인을 주석 처리하고(라인의 맨 앞에 # 기호를 추가한다), 다음 라인을 추가한다.

```
#Subsystem      sftp    /usr/libexec/openssh/sftp-server
Subsystem sftp internal-sftp
```

4. 다음에 SFTP를 활성화하기 위해 파일의 끝에 다음 라인을 추가한다.

```
Match Group sshftp
ChrootDirectory /home
ForceCommand internal-sftp
```

5. 마지막으로 sshd 데몬을 재시작한다.

```
systemctl restart sshd
```

예제 분석

이 예제는 표준 FTP 프로토콜에서 SSL 기반의 FTP 또는 SSH 기반의 FTP 프로토콜을 사용하는 것으로 바꿔 파일을 더욱 안전하게 공유하는 방법을 소개했다. 무엇을 선호하든 SSL은 데이터를 전송할 때 데이터를 암호화해 사용자의 개인 정보를 보호한다. 어느 방법을 선택할지는 자유지만, SFTP는 방화벽에서 추가 포트나 방화벽 설정 작업을 진행할 필요가 없어서 훨씬 쉽다. SFTP의 모든 작업이 SSH 기반에서 실행되고, 대부분의 시스템에서 기본적으로 사용하게 설정돼 있기 때문이다.

그렇다면 이 예제에서 무엇을 배울 수 있는가?

예제에서 먼저 FTPS를 설정했다. 센트OS에서 모든 인증서를 저장하는 /etc/pki/tls/certs라는 특수 디렉토리에 접근했다. 해당 디렉토리에는 Makefile이 있는데, 이를 이용해 공개 키와 개인 키를 포함한 .pem 파일과 FTP 서버의 설정에 필요한 자체 서명 인증서를 생성했다. 다음에 root 계정만 해당 파일을 읽을 수 있도록 chmod를 사용했다. 그리고 vsftpd의 설정 파일에 6 라인을 추가했다(라인을 추가하거 전에 원본 파일의 백업 파일을 생성했다). 해당 설정 내용은 보기만 해도 이해되는 내용으로, SSL 프로토콜을 사용하고 자체 서명 인증서를 사용하며, 비SSL 통신은 허가하지 않고, 패시브^{passive} 제어 포트의 고정 범위를 사용하는 내용이었다. 또한 FTPS에서 필요한 패시브 제어 포트를 여는 새로운 방화벽 서비스를 추가했다.

그 다음에 chroot 감옥chroot jail을 사용해 SFTP를 설정했다. chroot 감옥을 사용하지 않고 SFTP를 설정하면 모든 로그인 사용자는 root 파일 시스템을 볼 수 있기 때문에 매우 보안성이 떨어진다. sshd 설정 파일에서 SFTP의 설정 작업만 하면 된다. sshd 원본 설정 파일의 백업을 생성한 후 FTP 하위 시스템을 internal-sftp로 변경했다. internal-sftp는 최신 ftp 서버 버전으로, 성능이 좋고 동일 프로세스에서 동작한다. 다음에 vsftpd 설정 파일에 3 라인을 추가해 sshftp 그룹의 사용자만 SFTP를 사용할 수 있고, home 디렉토리까지만 파일을 볼 수 있도록 chroot 감옥을 설정했다. ForceCommand는 사용자가 설정한 모든 내부 설정을 무시하는 대신 해당 규칙을 강제로 시행한다. chroot가 적용된 새 SFTP 사용자를 추가하기 위해 해야 할 일은 표준 리눅스 사용자 계정의 생성 작업과 해당 사용자 계정을 sshftp 사용자 그룹에 추가하는 작업이다(chroot 감옥은 시스템에서 프로세스를 격리하는 방법을 의미한다. root 계정은 매우 쉽게 감옥을 깨뜨릴 수 있기 때문에 root 권한이 아닌 사용자 권한으로 실행해서 프로세스를 격리한다. – 옮긴이).

부연 설명

활성화된 FTPS 서버를 테스트하길 원한다면 'TLS 기반 FTP'를 지원하는 FTP 클라이언트가 필요하다. FTP 클라이언트의 설정에 해당 옵션을 찾거나 활성화해야 한다. 리눅스에서는 FTPS 서버에 연결할 수 있는지 테스트할 수 있는 lftp 클라이언트를 설치할 수 있다. 먼저 lftp 패키지를 설치하고 (예를 들어 yum install lftp), TLS를 사용해 클라이언트를 설정한다.

```
echo "set ftp:ssl-auth TLS
set ftp:ssl-force true
set ftp:ssl-protect-list yes
set ftp:ssl-protect-data yes
set ftp:ssl-protect-fxp yes
set ssl:verify-certificate no" >~/.lftprc
```

이제 다음 커맨드를 사용해 FTPS 서버를 연결하고 테스트할 수 있다.

```
lftp -u username <server name>
```

활성화된 SFTP 서버를 테스트하길 원한다면 sftp라는 프로그램이 필요하다.

```
sftp john@<server name or ip address> -p 22
```

> sshd_config에 대한 모든 변경이 SFTP에도 반영돼야 한다. 따라서 root 로그인을 비활성화했거나, 22번이 아닌 다른 포트에서 SSH를 실행했다면 SFTP로 로그인할 때 고려해야 한다.

7

네트워크 구축

7장에서 다루는 내용은 다음과 같다.

- CUPS로 프린트
- DHCP 실행
- 파일 공유를 위한 WebDAV 사용
- NFS 설치와 설정
- NFS로 작업
- SAMBA를 이용한 안전한 자원 공유

소개

7장에서는 오늘날 작업 환경의 많은 측면을 다룬다. 다양한 운영체제를 사용하는 사무실의 컴퓨터 환경에서 프린터와 파일을 공유할 수 있는 환경의 구축방법부터 여러 서버를 계속 연결된 상태로 유지할 수 있는 방법을 소개한다. 또한 네트워크 환경에서 효율을 최대로 높일 수 있는 필요한 툴을 구축하기위해 얼마나 빨리 센트OS를 사용할 수 있는지 필수 상세 내용을 제공한다.

CUPS로 프린트

프린트 서버는 내부 프린팅 디바이스와 네트워크로 연결될 수 있고 여러 사용자와 부서 간에 공유될 수 있다. 공유된 프린트 서버는 각 사용자, 회의실, 부서에서 전용 프린터 하드웨어를 구매하는 것보다 많은 장점이 있다. CUPS^{Common Unix Printing System}는 리눅스뿐 아니라 OS X을 포함한 유닉스 배포판 프린터 서버의 사실상 표준이다.

CUPS는 전형적인 클라이언트/서버 아키텍처를 가지며, 네트워크의 클라이언트는 프린트 작업을 중앙 프린트 서버로 보낸다. 중앙 프린트 서버는 내부로 연결된 프린터에 클라이언트의 프린트 작업을 전달하고 실행하거나 원격으로 독립형^{standalone} 네트워크 프린터 또는 프린터에 물리적으로 연결된 컴퓨터에 프린트 작업을 전달한다. CUPS 시스템에서 프린터 설정을 진행한 경우 네트워크의 모든 클라이언트에 대한 모든 리눅스와 OS X 인쇄 애플리케이션은 추가 드라이버를 설치할 필요 없이 바로 자동으로 설정된다. 이 예제에서는 CUPS 프린트 서버 시스템을 시작하는 방법을 소개한다.

준비

이 예제를 진행하려면 동작 중인 센트OS 7 운영체제, root 권한, 선호하는 콘솔 기반의 텍스트 편집기, 추가 패키지를 다운로드할 수 있는 인터넷 연결이 필요하다. 이 예제에서 IP 주소가 192.168.1.8인 네트워크 인터페이스를 사용하고, CUPS 프린터 서버의 네트워크 주소는 192.168.1.0/24다.

예제 구현

예제에서는 먼저 CUPS 프린팅 서버 소프트웨어를 설치한다. 센트OS 7 미니멀 운영체제에는 기본적으로 CPUS가 설치돼 있지 않다.

1. 먼저 root로 로그인한 후 다음 패키지를 설치한다.

```
yum install cups
```

2. 다음으로 안정적인 인증을 위해 CUPS 웹 애플리케이션 서버에 사용할 SSL 인증서를 생성한다(패스워드를 물어보면 안전한 패스워드를 입력한다).

```
cd /etc/pki/tls/certs
make cups-server.key
```

3. 이제 서버를 수정하기 위해 CUPS 주요 설정 파일을 연다(먼저 백업한다).

```
cp /etc/cups/cupsd.conf /etc/cups/cupsd.conf.BAK
vi /etc/cups/cupsd.conf
```

4. 먼저 전체 네트워크에 CUPS를 적용하기 위해 Listen localhost:631 라인을 찾은 후 다음처럼 변경한다.

```
Listen 631
```

5. 다음에 웹 기반의 CUPS 프론트엔드의 모든 웹 페이지에 접속하기 위한 접근 정보를 설정한다. <Location /> 지시자를 검색(<Location /admin>와 같은 지시자와 혼동하지 않는다)한 후 내부 블록에 네트워크 주소를 추가한다. 변경이 완료되면 다음 블록처럼 보일 것이다.

```
<Location />
  Order allow,deny
  Allow 192.168.1.0/24
</Location>
```

6. 다음에 /admin과 /admin/conf Location 지시자의 접근 퍼미션을 내부 서버에서만 접근할 수 있게 설정한다.

```
<Location /admin>
  Order allow,deny
  Allow localhost
</Location>
<Location /admin/conf>
  AuthType Default
  Require user @SYSTEM
```

```
    Order allow,deny
    Allow localhost
    </Location>
```

7. 마지막으로 SSL 인증서 정보를 설정 파일의 끝에 추가한다.

```
ServerCertificate /etc/pki/tls/certs/cups-server.crt
ServerKey /etc/pki/tls/certs/cups-server.key
```

8. 해당 파일을 종료하고 저장한 후 CUPS 서비스를 재시작하고 부팅 이
   후에 CUPS 서비스가 자동으로 실행할 수 있게 활성화한다.

```
systemctl restart cups.service
systemctl enable cups.service
```

9. 지금 `firewalld`의 CUPS 서버 포트를 열어 네트워크의 다른 컴퓨터가
   접근할 수 있게 한다.

```
firewall-cmd --permanent --add-service=ipp
firewall-cmd --reload
```

10. `192.168.1.0/24` 네트워크의 컴퓨터에서 다음 주소를 입력해 CUPS 서버
    에 접근할 수 있다(브라우저에서 접근할 때 보안 에러가 발생하면 보안 에러를 허용한다).

```
https://<CUPS_서버의_IP_주소>:631
```

11. CUPS 프론트엔드에서 관리자 화면으로 접근(센트OS 7 미니멀로 설치했다면
    윈도우 매니저와 브라우저를 설치한다)하려면 CUPS가 실행 중인 서버에 접속
    해 시스템 사용자인 root로 로그인해야 한다.

예제 구현

이 예제에서는 CUPS 프린팅 서버의 설치와 설정 방법이 얼마나 쉬운지 보
여준다.

그렇다면 이 예제에서 무엇을 배울 수 있는가?

CUPS는 센트OS 7 시스템에서 기본적으로 설치되지 않으므로, 먼저 서버에 CUPS 서버 패키지를 설치했다. CUPS를 설치한 후 뒷부분에서 사용할 SSL 키를 생성했다(SSL 키에 대해 자세히 알려면 6장의 '자체 서명 인증서 생성' 절을 참고한다). SSL 키는 CUPS 관리 웹 프론트엔드(안전한 HTTPS 연결 기반)에 전달될 로그인 자격증명을 암호화하는 데 사용한다. 다음에는 선호하는 콘솔 기반의 텍스트 편집기로 CUPS의 주요 설정 파일인 /etc/cups/cupsd.conf를 열었다. 해당 설정 파일의 포맷은 아파치 설정 파일 포맷과 매우 흡사하다. 로컬 호스트 localhost의 이름을 삭제한 Listen 주소로 변경해 프린터 서버에 연결할 수 있는 내부 인터페이스에서만 접근하는 것이 아니라 내부 네트워크(192.168.1.0/24)의 모든 클라이언트가 CUPS 서버의 631번 포트에 접속할 수 있다.

 CUPS 서버는 기본적으로 Browsing On이 활성화돼 있어 30초 간격으로 모든 프린터의 변경 목록을 동일한 서브넷의 모든 클라이언트 컴퓨터에 브로드캐스트(broadcast)한다. 다른 서브넷에도 브로드캐스트하고 싶다면 BrowseRelay 지시자를 사용한다.

다음에 CUPS 웹 인터페이스의 접근을 설정했다. CUPS 프론트엔드에서 네트워크의 사용 가능한 모든 프린터를 편하게 볼 수 있다. 심지어 관리자 계정으로 로그인하면 새로운 프린터를 설치하거나 설정할 수 있다. 사용자 인터페이스에 다양한 작업이 있기 때문에 접근을 제어할 수 있는 3개의 지시자가 있다. <Location /> 지시자를 사용하면 일반 웹 페이지에 접근을 설정할 수 있고, <Location /admin> 지시자를 사용하면 모든 관리 페이지를 관리할 수 있다. <Location /admin/conf> 지시자를 사용하면 관리 페이지의 내부 설정에 대한 상세한 설정을 할 수 있다.

각 Location 태그에 Allow 지시자를 추가해 내부 네트워크(예, 192.168.1.0/24)에서만 일반 CUPS 웹 페이지(예, 사용할 수 있는 모든 네트워크 프린터)에 접근할 수 있도록 권한을 추가했고, 반면 특별 관리 페이지에 접근하려면 CUPS 서비스를 실행하는 서버에서만 접근할 수 있다. 제약적인 환경에 있다면 Allow 설정을 항상 조정할 수 있다. 또한 추가된 서브넷에서 CUPS 서비스를 활성화해서 사용할 수 있도록 Location 태그를 사용할 수 있다. man cupsd.conf를 사용해 CUPS 설정 매뉴얼을 읽는다. 다음에 SSL 암호화를 설정해 웹 인터페이스에 접근할 때 https:// 주소로 안전하게 접근할 수 있게 했다. 그리고 처음으로 CUPS 서버를 시작하고 서버가 부팅하면 자동으로 CUPS 서버를 시작하게 설정했다. 마지막으로 ipp firewalld 서비스를 추가해 서버에서 CUPS 클라이언트의 연결을 허용했다.

부연 설명

CUPS 서버의 설치와 설정 작업을 성공적으로 진행했다. 프린터를 CUPS 서버에 추가하고 테스트 페이지를 출력해본다. 이 절에서는 커맨드라인으로 두 가지 다른 타입의 프린터를 추가하는 방법을 소개한다.

 CUPS 서버의 웹 인터페이스를 사용해 프린터를 추가하거나 설정할 수 있다.

먼저 CUPS 서버와 같은 동일 네트워크(예, 192.168.1.0/24)에서 사용할 수 있는 네트워크 프린터를 설치한 후 서버와 바로 연결된 프린터를 설치할 것이다(예, CUPS 서버에서 USB로 설치하거나 동일 네트워크의 다른 컴퓨터를 사용한다).

 CUPS 서버에 이미 연결된 네트워크 프린터를 왜 설치하는가? CUPS는 프린트 기능 이상의 기능을 갖고 있다. CUPS 서버는 중앙 프린터 서버이기 때문에 스케줄링을 관리하고 프린터와 작업을 큐 처리 작업하며, 여러 서브넷에 프린터를 제공할 뿐 아니라 통합된 프린트 프로토콜과 리눅스 또는 맥 클라이언트에 편리한 접근을 위한 표준을 제공한다.

CUPS 서버에 네트워크 프린터 추가

CUPS 서버에 네트워크 프린터를 추가하기 위해 CUPS 서버가 알고 있고 사용 가능한 모든 프린트 디바이스나 드라이버의 목록을 출력하는 lpinfo -v 커맨드를 사용한다. 일반적으로 CUPS 서버는 가장 일반적인 프로토콜을 사용해 모든 내부 디바이스(USB, parallel, serial 등)와 원격으로 사용할 수 있는 프린터(socket, http, ipp, lpd 등과 같은 네트워크 프로토콜)를 문제없이 자동으로 식별한다. 예제에서 다음 네트워크 프린터는 성공적으로 식별된다(결과의 일부가 생략됐다).

```
network dnssd://Photosmart%20C5100%20series%20%5BF8B652%5D._pdl-
datastream._tcp.local/
```

다음에 CUPS 서버가 제어할 수 있도록 CUPS 서버에 프린터를 설치한다. 먼저 올바른 프린터 드라이버를 찾아야 한다. 마지막 결과에서 본 것처럼 프린터는 HP Photosmart C5100 시리즈다. 따라서 CUPS 서버에 현재 설치된 모든 드라이버의 목록에서 드라이버를 검색한다.

```
lpinfo --make-and-model HP -m | grep Photosmart
```

드라이버 목록은 C5100 모델을 포함하지 않으므로 다음 커맨드를 사용해 HP 드라이버 패키지를 추가로 설치해야 한다.

```
yum install hplip
```

다시 lpinfo 커맨드를 실행한다면 HP 프린터 드라이버를 찾을 수 있다.

```
lpinfo --make-and-model HP -m | grep Photosmart | grep c5100
```

 기타 프린터 모델과 제조업체도 드라이버 패키지를 갖고 있다(예, gutenprint-cups RPM 패키지).

HP 프린터의 올바른 드라이버 이름은 다음과 같다.

```
drv:///hp/hpcups.drv/hp-photosmart_c5100_series.ppd
```

이제 다음 문법을 사용해 프린터를 설치할 준비가 완료됐다.

```
lpadmin -p <프린터_이름> -v <디바이스_uri> -m <모델> -L <파일_경로> -E
```

예제에서는 다음 커맨드를 사용해 HP 프린터 드라이버를 설치했다.

```
lpadmin -p hp-photosmart -v "dnssd://Photosmart%20C5100%20series%20
%5BF8B652%5D._pdl-datastream._tcp.local/" -m "drv:///hp/hpcups.drv/hp-
photosmart_c5100_series.ppd" -L room123 -E
```

이제 프린터는 CUPS 서버의 제어하에 있어야 하고, 리눅스 또는 OS X 컴퓨터의 전체 네트워크에서 즉시 공유되고 볼 수 있어야 한다(센트OS 7 미니멀 클라이언트에서 CUPS 서버의 공유된 모든 네트워크 프린터 정보가 사용 가능한 상태가 되기 전에 cups 패키지를 먼저 설치하고 firewalld의 ipp-client 서비스를 사용해 ipp 연결이 유입될 수 있게 활성화해야 한다).

/etc/cups/printers.conf 파일을 열고 수정함으로써 프린터 설정을 변경할 수 있다. 클라이언트에서 테스트 페이지를 출력하기 위해 프린트의 이름인 hp-photosmart을 사용해 프린터를 바로 접근할 수 있다(센트OS 7 미니멀 클라이언트는 최소한 cups-client 패키지를 설치해야 한다).

```
echo "Hello printing world" | lpr -P hp-photosmart -H 192.168.1.8:631
```

CUPS 서버에 내부 프린터를 공유하는 방법

CUPS 서버에 물리적으로 연결된 내부 프린터를 공유하기 원한다면 시스템에 프린터를 연결(예, USB를 이용)한 후 이전에 소개한 'CUPS 서버에 네트워크 프린터 추가' 절을 따라 한다. lpinfo -v 커맨드를 실행할 때 usb:// 주소와 같은 내용이 보일 것이다. 주소를 기록하고 나머지 단계를 따라 한다.

CUPS 네트워크에서 다른 서버와 물리적으로 연결된 중앙 CUPS 서버에 프린터를 연결하고, 공유하고 싶다면 이 절에서 설명한 대로 다른 서버에 cups 데몬을 설치하고(이 절의 모든 단계를 따라 한다), 프린터 드라이버를 설치한다. 이 방식은 내부 CUPS 데몬이 마치 중앙 CUPS 서버인 것처럼 인식하게 해서 내부 CUPS 데몬이 네트워크에서 사용 가능한 프린터를 사용할 수 있게 한다. 이제 네트워크에서 CUPS 서버를 사용할 수 있기 때문에 중앙 프린트 서버를 쉽게 추가해 중앙 프린트 서버의 모든 장점을 활용할 수 있다.

이 예제에서는 네트워크에서 CUPS 서버 설정에 대한 기초적인 내용을 소개했고, CUPS 서버를 간략히 살펴봤다. CUPS 서버에 대해 알아야 할 내용이 많고, 기업 환경에서 수백 대의 프린터를 관리하는 매우 복잡한 CUPS 서버를 구축할 수 있다. 복잡한 CUPS 서버 구축에 대한 내용은 이 예제의 범위를 넘어선다.

DHCP 서버 실행

네트워크에 접속하기 원하는 모든 컴퓨터는 IP^Internet Protocol가 제대로 설정돼 있어야 한다. 클라이언트는 DHCP^Dynamic Host Control Protocol를 사용해 중앙^central point에서 IP를 자동으로 할당받는다. DHCP는 관리자가 네트워크의 개별 컴퓨터에 정적 IP를 수동으로 설정해야 하는 번거로운 작업과 비교해서 새로운 장비에 네트워크에 접속할 수 있도록 간단히 동적 IP를 할당할 수 있게 도와줌으로써 관리자를 편하게 해줄 수 있다.

집을 기반으로 하는 작은 네트워크 환경에서 사람들은 종종 인터넷 라우터에서의 가상 환경으로 직접 설치한 DHCP 서버를 사용하지만, 이 장치는 고급 기능이 없고 사용할 수 있는 기본 구성 옵션만 제공한다. 대부분 기업 환경이나 큰 네트워크에서는 DHCP 서버로 충분치 않아 복잡한 시나리오를 잘 다루고 제어를 잘 할 수 있는 전용 DHCP 서버를 찾는 것이 좋다. 이 예제에서는 센트OS 7 시스템의 DHCP 서버를 설치하고 설정하는 방법을 소개한다.

이 예제를 진행하려면 동작 중인 센트OS 7 운영체제, root 권한, 선호하는
콘솔 기반의 텍스트 편집기, 추가 패키지를 다운로드할 수 있는 인터넷 연결
이 필요하다. DHCP 서버에 고정 IP 주소를 할당했다고 가정한다. 고정 IP
주소를 할당하지 못했다면 2장의 '고정 네트워크 연결 구축' 절을 참고한다.
DHCP를 통해 클라이언트에 DNS 정보를 보내려면 먼저 9장의 '캐시 전용
네임 서버의 설치와 설정' 절을 미리 적용해야 한다.

예제 구현

이 예제에서 사용 가능한 모든 IP 주소를 가진 단일 네트워크를 서비스할
수 있는 고정 네트워크 인터페이스에 DHCP 서버를 설치하는 방법을 설명함
으로써 모든 컴퓨터가 해당 DHCP 서버에 직접 연결할 수 있도록 한다(모든
컴퓨터는 동일한 서브넷에 존재한다).

1. 먼저 root로 로그인한 후 DHCP 서버 패키지를 설치하기 위해 다음
   커맨드를 실행한다.

   yum install dhcp

2. 예제에서는 DHCP 요청을 처리할 수 있는 `ifcfg-enp5s0f1`이라는 이
   름의 네트워크 인터페이스를 사용한다. 그 후 DHCP 서버 설정에 사용
   될 매우 중요한 네트워크 정보를 수집해야 한다(필요에 따라 네트워크 인터페
   이스를 변경한다).

   cat /etc/sysconfig/network-scripts/ifcfg-enp5s0f1

3. 결과에서 다음 정보를 따로 작성해둔다(사용자의 실행 결과는 다를 것이다).

   BOOTPROTO="static"
   IPADDR="192.168.1.8"
   NETMASK="255.255.255.0"

```
GATEWAY="192.168.1.254"
```

4. 또한 다음과 같은 라인을 실행해 계산될 수 있는 서브넷 네트워크 주소가 필요하다.

```
ipcalc -n 192.168.1.8/24
```

5. 다음 결과를 출력한다(적어놨다가 다음에 사용한다).

```
NETWORK=192.168.1.0
```

6. 이제 원본 파일의 백업을 생성한 후 DHCP 주요 설정 파일을 연다.

```
cp /etc/dhcp/dhcpd.conf /etc/dhcp/dhcpd.conf.BAK
vi /etc/dhcp/dhcpd.conf
```

7. 이전 단계에서 알았던 개별 네트워크 인터페이스의 설정 값을 고려해 다음 내용을 파일의 끝에 추가한다(routers = GATEWAY, subnet = NETWORK).

```
authoriative;
default-lease-time 28800;
max-lease-time 86400;
shared-network MyNetwork {
  option domain-name              "example.com";
  option domain-name-servers      8.8.8.8, 8.8.4.4;
  option routers                  192.168.1.254;
  subnet 192.168.1.0 netmask 255.255.255.0 {
      range 192.168.1.10 192.168.1.160;
  }
}
```

8. 마지막으로 DHCP 서비스를 시작하고, 부팅 이후에도 DHCP 서비스가 자동으로 실행될 수 있게 활성화한다.

```
systemctl start dhcpd
systemctl enable dhcpd
```

이 예제에서는 하나의 네트워크에서 DHCP를 설정하는 방법이 얼마나 쉬운지 소개했다. 새로운 장비가 네트워크에 추가될 때마다 DHCP를 사용하면 사람이 따로 작업을 진행할 필요 없이 네트워크에서 연결하기 위해 필요한 IP 정보를 자동으로 받는다.

그렇다면 이 예제에서 무엇을 배울 수 있는가?

DHCP 서버는 센트OS 7의 기본 설치 패키지가 아니기 때문에 예제에서 DHCP 서버 패키지의 설치를 먼저 진행했다. DHCP 데몬은 네트워크 인터페이스로 IP 정보를 할당하기 위해 DHCP 클라이언트와 통신하기 때문에 다음 단계에서 DHCP 서비스에서 사용될 네트워크 인터페이스를 선택해야 했다. 예제에서는 네트워크 인터페이스의 이름이 enp5s0f1인 기기를 선택했다. 기본적으로 DHCP 서버는 특정 네트워크 인터페이스에 연결된 동일 서브넷에서 사용할 수 있는 모든 IP 주소를 관리할 수 있다. DHCP 서버의 주요 네트워크 인터페이스는 (다른) DHCP 서버를 통하지 않고 DHCP 서버의 IP 정보를 정적으로 구축될 수 있게 설정돼야 한다.

다음에 cat 커맨드를 사용해 DHCP 서버 설정에 필요한 enp5s0f1 네트워크 인터페이스 설정 파일에서 흥미로운 모든 라인을 출력했다. 그리고 DHCP 서버의 네트워크 인터페이스의 (서브넷) 네트워크 주소를 계산할 수 있는 ipcalc 툴을 사용했다. 그런 다음에 주요 DHCP 서버 설정을 열어 글로벌 설정을 진행했고, 새롭게 shared-network를 정의했다. 먼저 글로벌 설정에 DHCP 서버에 authoriative를 설정했다. authoriative는 네트워크에서 유일한 DHCP 서버며, 주요 책임이 있는 DHCP 서버를 의미한다. 다음에 default-lease-time을 28800초(8시간)로, max-lease-time을 86400초(24시간)로 정의했다.

클라이언트가 DHCP 서버에 IP 연장을 다시 요청해야 하기 전에 lease-time은 DHCP 서버가 클라이언트에 IP 주소를 임시로 빌려주는 '임대 시간'을 의미한다. DHCP 클라이언트가 기존의 임대 시간 연장을 재요청하지 않으면 IP 주소는 클라이언트에서 해제되고 IP 주소 풀에 다시 저장돼 네트워크 연결을 시도하는 새로운 장비에 IP 주소가 제공될 준비를 한다. 클라이언트는 스스로 IP 주소를 임대하고 싶은 시간을 정의할 수 있다. 클라이언트가 DHCP 서버에 임대 시간을 설정하지 않으면 기본 임대 시간 값이 사용될 것이다.

동일한 물리 네트워크 인터페이스를 공유하는 모든 서브넷은 shared-network 선언 내부에서 정의돼야 하며, 예제에서는 대괄호를 사용해 서브넷 영역을 정의했다. 또한 이 대괄호를 범위^{scope}라 부른다. 예제에서는 하나의 네트워크만 갖고 있어서 하나의 shared-network 범위만 필요하다. shared-network 범위에 기본 도메인 이름으로 클라이언트에서 보내거나 사용될 수 있는 domain-name 옵션을 정의했다. 다음에 도메인 이름 서버^{DNS}를 설정에 추가했다. DNS 정보를 클라이언트에 보내는 것이 DHCP 서버의 필수 기능은 아니지만, 유용할 수 있다. 해야 할 수동 설정 작업 단계가 있기 때문에 클라이언트는 네트워크 정보를 더 알수록 더 좋아질 것이다.

> 사용자는 (DHCP를 사용해) 사용자가 연결 중인 네트워크, 게이트웨이, 시간, WINS 등에 대한 클라이언트에 대한 많은 유용한 정보를 보낼 수 있다.

이 예제에서는 구글 공식 DNS 서버를 사용했다. 자체 DNS 서버를 이미 설치했다면 해당 주소를 사용할 수 있을 것이다(8장을 참고한다). 다음에 클라이언트에도 전달하는 또 다른 유용한 정보인 routers 옵션을 명시했다. 그 다음은 DHCP 서버에서 가장 중요한 부분인 subnet 옵션이다. subnet 옵션에서 클라이언트에 IP 주소를 할당하는 네트워크 범위를 정의했다. 서브넷의 네트워크 주소, 서브마스크^{submask}, 클라이언트에 허용할 IP 주소의 시작과 끝을 제공해야 한다.

예제에서는 192.168.1.10부터 192.168.1.160까지 장비의 IP를 허용한 다. 한 개 이상의 서브넷을 갖고 있다면 다중 subnet 지시자(멀티홈 DHCP 서버 라 부른다)를 사용할 수 있다.

다음에 DHCP 서버를 시작했고, 부팅 시 DHCP 서버가 실행되게 했다. 이제 클라이언트는 새로운 DHCP 서버로부터 동적으로 IP 주소를 얻을 수 있다.

이 예제를 요약하면 DHCP를 시작하기 위해 기초적인 DHCP 서버 설정 옵 션을 소개했고, DHCP에 대한 많은 설정이 존재하며, 매우 복잡한 DHCP 서버 솔루션을 구축할 수 있다. DHCP 서버에 대해 더 알고 싶다면 less /usr/share/doc/dhcp-4*/dhcpd.conf.example를 사용해 DHCP 서버 문서가 제공하는 설정 예제 파일을 살펴본다.

부연 설명

이 예제에서는 클라이언트에 모든 IP 네트워크 정보를 보낼 수 있는 DHCP 기본 서버를 설정해 네트워크에 가입할 수 있었다. DHCP 서버를 사용하기 위해 클라이언트의 네트워크 인터페이스에 DHCP 주소를 설정해야 한다. 센트OS 클라이언트에 BOOTPROTO=dhcp를 반드시 사용해야 하고, ifcfg 네 트워크 스크립트 파일에 IPADDR 같은 모든 고정 주소 정보를 삭제해야 한다 (2장의 '고정 네트워크 연결 구축' 절을 참고한다). 그리고 DHCP 요청을 생성하기 위해 systemctl restart network를 사용해 네트워크를 재시작하거나 클라이 언트 시스템을 재부팅해야 한다(ONBOOT=yes 옵션을 사용한다). ip addr list 커 맨드를 사용해 IP를 제대로 받았는지 확인한다.

파일 공유를 위한 WebDAV 사용

WebDAV[Web-based Distributed Authoring and Versioning]는 네트워크상에서 파일을 공 유할 수 있게 만들어진 공개 표준이다. 이는 온라인 하드 디스크처럼 원격

데이터에 편리하게 접근할 수 있는 인기 있는 프로토콜이다. WebDAV 계정으로 온라인 공간을 제공하는 이메일 공급자와 온라인 저장소가 많다. 대부분의 그래픽 리눅스나 윈도우 운영체제는 파일 관리자(기본 설치 프로그램이 아니다)에서 WebDAV 서버에 접근할 수 있다. 다른 운영체제에서도 WebDAV를 사용할 수 있게 다양한 애플리케이션을 제공한다. WebDAV가 일반 HTTP 또는 HTTPS 포트로 실행 중일 때의 다른 큰 장점은 WebDAV 서버가 제한된 방화벽 안에 있더라도 대부분의 환경에서 작동할 수 있다는 점이다.

여기서는 파일을 공유하기 위해 FTP 프로토콜에 대한 대안으로 WebDAV를 설치하고 설정하는 방법을 소개한다. 보안 연결로 통신할 수 있는 프로토콜로는 HTTPS를 사용한다.

준비

이 예제를 진행하려면 동작 중인 센트OS 7 운영체제, root 권한, 선호하는 콘솔 기반의 텍스트 편집기가 필요하다. SSL로 암호화할 수 있고, 실행 가능하며, 네트워크로 도달 가능한 아파치 웹 서버가 필요하다. HTTP 데몬을 설치하는 방법을 보려면 12장의 'SSL로 HTTPS 설정' 절을 참고한다. 또한 아파치 설정 파일을 다룬 경험이 있다면 도움이 된다.

예제 구현

1. 데이터 공유와 WebDAV 잠금 파일을 위해 특정 디렉토리를 생성한다.

```
mkdir -p /srv/webdav /etc/httpd/var/davlock
```

2. WebDAV는 HTTPS 프로토콜 기반으로 아파치 모듈로 실행시켜야 하기 때문에 표준 httpd 사용자에 적절한 권한을 설정해야 한다.

```
chown apache:apache /srv/webdav /etc/httpd/var/davlock
chmod 770 /srv/webdav
```

3. 이제 다음 아파치 WebDAV 설정 파일을 생성하고 연다.

```
vi /etc/httpd/conf.d/webdav.conf
```

4. 다음 내용을 webdav.conf 파일에 추가한다.

```
DavLockDB "/etc/httpd/var/davlock"
Alias /webdav /srv/webdav
<Location /webdav>
  DAV On
  SSLRequireSSL
  Options None
  AuthType Basic
  AuthName webdav
  AuthUserFile /etc/httpd/conf/dav_passwords
  Require valid-user
</Location>
```

5. webdav.conf 파일을 저장하고 종료한다. 이제 john이라는 새로운 WebDAV 사용자를 추가한다(프롬프트가 나타나면 사용자 패스워드를 입력한다).

```
htpasswd -c /etc/httpd/conf/dav_passwords john
```

6. 마지막으로 아파치 웹 서버를 재시작한다.

```
systemctl restart httpd
```

7. WebDAV 서버에 연결할 수 있는지 확인하기 위해 네트워크의 특정 클라이언트에서 그래픽 유저 인터페이스를 사용할 수 있거나 커맨드라인을 사용해 드라이브로 마운트할 수 있다.

8. 동일 네트워크의 특정 클라이언트 장비에서 WebDAV 서버에 root로 로그인한다(EPEL 저장소에서 설치될 수 있는 센트OS의 davfs2 파일 시스템 드라이버 패키지가 필요하며, davfs2 패키지의 현재 버전은 파일 잠금 기능이 없기 때문에 파일 잠금 기능을 비활성화해야 한다). 그리고 john이라는 DAV 사용자 계정에 대한 패스워드를 입력하고 프롬프트 질문에 자체 서명 인증서를 확인한다.

```
yum install davfs2
```

```
echo "use_locks 0" >> /etc/davfs2/davfs2.conf
mkdir /mnt/webdav
mount -t davfs https://<WebDAV_서버_IP>/webdav /mnt/webdav
```

9. 이제 새로운 네트워크 저장소 타입을 작성할 수 있는지 확인한다.

```
touch /mnt/webdav/testfile.txt
```

10. 연결에 문제가 발생하면 WebDAV 서버의 http와 https 서버 포트와 클라이언트에 대한 방화벽 설정을 확인한다.

예제 분석

이 예제에서 파일 공유를 쉽게 할 수 있는 WebDAV 서버의 설정 방법이 얼마나 쉬운지 소개했다.

그렇다면 이 예제에서 무엇을 배울 수 있는가?

예제에서는 먼저 2개의 디렉토리를 생성했다. 첫 번째 디렉토리(/srv/webdav)는 WebDAV 서버가 동작할 모든 공유 파일로 사용되고, 두 번째 디렉토리 (/etc/httpd/var/davlock)는 WebDAV 서버가 처리할 잠금 파일 데이터베이스를 생성하기 위해 사용된다. 두 번째 디렉토리는 특정 사용자가 문서에 접근할 때 다른 사용자가 동일한 문서에 동시에 접근하고 수정하면서 충돌이 발생하지 않도록 문서 접근에 대한 블록 처리가 필요하다. WebDAV 서버는 센트OS 7에 기본적으로 활성화된 네이티브 아파치 모듈(mod_dav)로 동작한다. 해야 할 모든 일은 아파치 가상 호스트virtual host 설정 파일을 생성하고, WebDAV 서버의 모든 설정을 작업하는 것이다. 먼저 사용자 잠금 파일을 추적하기 위해 잠금 데이터베이스의 전체 경로를 WebDAV 서버로 연결해야 한다.

다음에 Location 지시자를 사용해 WebDAV 공유 디렉토리에 앨리어스를 정의했다. WebDAV 서버는 /webdav URL에 HTTP 메소드를 사용할 때 동작한다. 해당 Location 영역에서 DAV를 활성화시켜 공유될 수 있고, SSL 암호화를 사용할 수 있으며, 사용자 기반의 기본 패스워드 인증 방식을 사용할 수 있게 명시했다. 사용자 계정의 패스워드는 `/etc/httpd/conf/dav_passwords`라 불리는 사용자 계정 데이터베이스에 저장된다. 해당 데이터베이스 파일에 유효한 계정을 생성하기 위해 커맨드라인에서 아파치 `htpasswd` 유틸리티를 사용했다. 마지막으로 변경 사항을 적용하기 위해 WebDAV 서비스를 재시작했다.

테스트를 진행하기 위해 EPEL 저장소의 `davfs2` 패키지를 이용해 `davfs` 파일 시스템 드라이버를 사용했다. `cadaver`와 비슷한 WebDAV 커맨드라인 클라이언트(EPEL 저장소에서 사용 가능하다)가 있다. 또한 GNOME, KDE, Xfce와 같은 그래픽 유저 인터페이스에서 통합 WebDAV 기능을 사용할 수 있다.

NFS 설치와 설정

NFS^{Network File System} 프로토콜은 네트워크 연결을 통해 파일 시스템에 원격으로 접근할 수 있게 해준다. NFS는 클라이언트-서버 아키텍처 기반이며, 다른 컴퓨터와 파일을 공유할 수 있는 중앙 서버를 지원한다. NFS 클라이언트는 NFS 서버에 편리하게 접근하기 위해 NFS 서버의 외부 공유 파일 시스템을 내부 파일 시스템으로 위치시킬 수 있다. SAMBA와 AFP는 윈도우와 OS X에서 일반적인 분산 파일 시스템인 반면, NFS는 리눅스 서버 시스템에서 사실상 표준이고 핵심 요소다. 이 예제에서는 네트워크로 파일을 공유할 수 있는 NFS 설정 방법이 얼마나 쉬운지 소개한다.

준비

이 예제를 진행하려면 동작 중인 센트OS 7 운영체제, root 권한, 선호하는 콘솔 기반의 텍스트 편집기, 추가 패키지를 다운로드할 수 있는 인터넷 연결이 필요하다. NFS 서버와 모든 클라이언트는 서로 ping 커맨드로 정상 동작 여부를 확인할 수 있고, 고정 IP 주소로 서로 연결돼 있다(2장의 '고정 네트워크 연결 구축' 절을 참조한다). 예제에서 NFS 서버의 IP는 192.168.1.10이고, 두 개의 클라이언트 IP는 각각 192.168.1.11, 192.168.1.12이며, 네트워크의 도메인 이름은 example.com이다.

예제 구현

다음 절에서 NFS 서버의 설치 방법과 설정 방법을 배우고 NFS 클라이언트에서 사용할 수 있게 공유 디렉토리를 생성하고 공유한다.

NFS 서버 설치와 설정

NFSv2는 기본적으로 설치되지 않기 때문에 필요한 패키지를 다운로드하고 설치한다.

1. 먼저 NFS 데몬을 실행하기 원하는 서버에 root로 로그인하고, 필요한 패키지를 설치하기 위해 다음 커맨드를 실행한다.

   yum install nfs-utils

2. NFSv4를 동작시키기 위해 모든 클라이언트와 NFS 서버에 동일한 기본 도메인이 필요하다. NFS 서버와 클라이언트의 하위 도메인 이름을 정의한다. DNS를 이용해 도메인 이름을 설정하지 않았다면(9장을 참고한다). /etc/hosts 파일에 컴퓨터에 대한 새로운 장비 이름을 추가한다.

   ```
   echo "192.168.1.10 myServer.example.com" >> /etc/hosts
   echo "192.168.1.11 myClient1.example.com" >> /etc/hosts
   echo "192.168.1.12 myClient2.example.com" >> /etc/hosts
   ```

3. 이제 /etc/idmapd.conf 파일을 열고 NFS 서버의 기본 도메인 이름을 저장한다. #Domain = local.domain.edu 라인을 찾은 후 다음 내용으로 교체한다.

   Domain = example.com

4. 다음에 NFS 서버에 접근할 수 있게 여러 방화벽 포트를 연다.

```
for s in {nfs,mountd,rpc-bind}; do firewall-cmd --permanent
--add-service $s; done; firewall-cmd --reload
```

5. 마지막으로 NFS 서비스를 시작하고 재부팅 이후에 NFS 서비스가 자동으로 실행될 수 있게 활성화한다.

```
systemctl start rpcbind nfs-server systemctl enable rpcbind
nfs-server systemctl status nfs-server
```

NFS 공유 디렉토리 생성

NFS 서버가 설정됐고 실행 중이다. NFS 클라이언트에서 공유할 수 있는 공유 디렉토리를 생성한다.

1. 먼저 공유할 디렉토리를 생성하고 권한을 변경한다.

```
mkdir /srv/nfs-data
```

2. 특정 GID로 새로운 그룹을 생성하고, 공유할 디렉토리에 새로운 그룹이 사용할 수 있게 권한을 변경한 후 디렉토리의 권한을 변경한다.

```
groupadd -g 50000 nfs-share;chown root:nfs-share /srv -R;chmod
775 /srv -R
```

3. 다음 파일을 연다.

```
vi /etc/exports
```

4. 이제 매우 집중해서 다음 내용을 입력한다.

```
/srv/nfs-data *(ro) 192.168.1.11(rw) 192.168.1.12(rw) /home
*.example.com(rw)
```

5. /etc/exports 파일을 저장하고 종료한 후 다음 커맨드를 사용해 /etc/exports의 모든 항목을 다시 공유할 수 있게 한다.

```
exportfs -ra
```

센트OS 7 운영체제에서 이전 버전보다 개선된 NFS의 버전 4를 설치할 수 있다. NFS 버전 4는 이전 버전보다 더 유연한 인증 옵션을 제공하며, 구 NFS 버전과 완벽히 호환된다. 이 예제에서는 NFS 서버의 설치 방법과 설정 방법이 얼마나 쉬운지 보여주고, 클라이언트에서 사용할 수 있는 공유 디렉 토리의 생성 방법을 소개했다.

그렇다면 이 예제에서 무엇을 배울 수 있는가?

이 예제에서는 센트OS 7에서 NFS 서버 기능을 기본적으로 사용할 수 없기 때문에 `nfs-utils` 패키지를 먼저 설치했다. 그런 다음 예제에서처럼 DNS 서버에서 도메인 이름을 전혀 설정하지 않았기 때문에 /etc/hosts 파일에 서 버의 도메인 이름을 설정했다. DNS 서버에 도메인 이름을 설정하려면 이 절에서 언급한 것처럼 동일한 도메인 이름의 구조를 따라야 한다. DNS 서 버는 NFSv4를 작동하는 데 매우 중요한 요소며, 모든 클라이언트와 서버의 기본 도메인이 동일해야 한다. 예를 들어 example.com의 모든 하위 도메인 (myClient1.example.com, myClient2.example.com, myServer.example.com)을 명시했다. 클 라이언트와 서버의 도메인 이름이 일치하면 NFS 서버는 서버의 파일에 대 한 클라이언트 접근을 허용하기 때문에 데이터를 공유하는 방법이 안전함을 의미한다(예제에서 서버와 클라이언트는 example.com 도메인의 일부분이다). 다음에는 idmapd.conf 파일에 기본 도메인을 저장해 사용자 이름과 그룹 ID를 NFSv4 ID로 매핑했다. 그리고 firewalld 서비스 인스턴스 중 클라이언트와 서버 사 이에서 모든 기능의 사용과 통신에 필요한 `nfs`, `mountd`, `rpc-bind` firewalld 서비스를 활성화했다. 기본 설정을 종료하기 위해 `rpcbind`와 NFS 서버를 시작했고, 부팅 이후에 NFS 서버가 자동으로 시작될 수 있게 활성화했다.

NFS 서버의 설정 작업을 성공적으로 완료한 후 서버의 공유 폴더에 접근할 수 있는 모든 클라이언트를 허용하기 위해 공유 폴더를 추가했다. 따라서 모든 공유 파일을 보관할 수 있는 파일 시스템의 특정 디렉토리를 생성했다.

/srv/nfs-data라는 공유 폴더를 nfs-share라는 새로운 그룹이 사용할 수 있게 권한을 지정했고, 읽기/쓰기/실행 권한을 해당 공유 폴더에 지정했다. 실용적인 이유로 그룹 단위로 공유할 수 있도록 리눅스 파일 권한을 통제할 수 있다. 그룹 이름은 중요하지 않지만 그룹 식별자(GID)는 고정 값이어야 한다 (예, 50000). 새로운 GID는 서버뿐 아니라 저장 권한을 갖기 원하는 모든 사용자의 모든 클라이언트에서 동일해야 한다. NFS는 네트워크를 기반으로 서버와 클라이언트 간의 사용자 식별자(UID) 또는 GID 레벨로 접근 권한을 전송하기 때문이다. /etc/exports 파일은 전체 공유 설정 파일이다. 해당 파일은 공유 디렉토리와 클라이언트의 접근 보안과 관련된 중요한 모든 정보를 테이블 구조로 명시한다. 해당 파일의 모든 라인은 시스템의 한 개의 공유 폴더와 대등하고, 접근할 수 있는 모든 장비 목록을 공백 단위로 분리하며, 장비 이름 다음에 괄호 안에 접근 권한 정보를 표시한다. 예제에서 본 것처럼 IP 주소나 장비 이름을 사용해 대상 클라이언트를 정의할 수도 있다. 장비 이름을 열거할 때 파일을 더욱 간략히 하고, 한 번에 여러 장비를 허용하기 위해 *와 ?와 같은 와일드카드를 사용할 수 있을 뿐 아니라 하나의 장비 이름에 export 옵션을 사용해 정의할 수 있다. 모든 export 옵션을 설명하는 것은 이 책의 범위를 벗어난다. 도움이 필요하다면 man exports 커맨드를 사용해 exports 매뉴얼을 살펴본다.

예를 들어 /srv/nfs-data *(ro) 192.168.1.11(rw) 192.168.1.12(rw) 라인을 살펴보자. /srv/nfs-data 디렉토리의 내용을 모든 장비(* 기호를 사용했다)에 공유한다. 읽기 전용(ro)는 모든 클라이언트가 디렉토리의 내용을 읽을 수 있지만 저장할 수 없다는 옵션이다. IP 주소가 192.168.1.11과 192.168. 1.12인 클라이언트는 읽기/쓰기(rw)가 가능하다. 2번째 라인은 /home 디렉토리를 *.example.com의 하위 도메인에 있는 모든 클라이언트에서 읽기와 쓰기(rw)가 가능하다. /etc/exports 파일이 변경될 때마다 NFS 서버에 변경을 적용하기 위해 exportfs -r 커맨드를 실행한다.

마지막으로 센트OS 7의 NFSv4를 설치하고 설정하는 작업과 시작이 무척 쉽다고 말할 수 있다. NFSv4는 리눅스 시스템 간, 또는 중앙 집중식 home 디렉토리에서 파일을 공유할 수 있는 완벽한 솔루션이다.

NFS로 작업

클라이언트 컴퓨터가 NFS 서버의 공유 파일 시스템을 사용하기 전에 파일 시스템에 제대로 접근할 수 있도록 설정돼야 한다. 이 예제에서는 NFS 서버에 접근하기 위해 클라이언트 컴퓨터에서 NFS를 설정하고 작업하는 방법을 소개한다.

준비

이 예제를 진행하려면 동작하는 센트OS 7 운영체제, root 권한, 선호하는 콘솔 기반의 텍스트 편집기, 추가 패키지를 다운로드할 수 있는 인터넷 연결이 필요하다.

'NFS 설치와 설정' 절을 따라 했고, NFS 서버를 이미 설치하고 설정했다고 가정한다. 모든 클라이언트는 ping 커맨드를 통해 서로를 알 수 있고, NFS 서버에 연결된 상태이며, 고정 IP 주소를 사용(2장의 '고정 네트워크 연결 구축' 절을 살펴본다) 중이라고 가정한다. 예제에서 NFS 서버는 192.168.1.10인 IP에서 실행 중이고, 두 클라이언트는 각각 192.168.1.11, 192.168.1.12인 IP에서 실행 중이라고 가정한다.

예제 구현

NFS 클라이언트와 NFS 서버 간의 통신을 연결하기 위해 NFS 클라이언트에서도 NFS 소프트웨어 패키지가 필요하고, NFS 서버 설정과 동일한 설정이 있어야 한다.

1. 먼저 root로 로그인하고 'NFS 설치와 설정' 절의 3단계까지 동일하게 진행한다. firewalld 서비스는 사용할 일이 없기 때문에 4단계는 건너뛴다. 그리고 nfs-server를 시작하고 활성화한 5단계 대신 rpcbind 서비스를 시작하고 활성화한다.

```
systemctl start rpcbind
systemctl enable rpcbind
```

2. 여기까지 진행하고 원래 예제에서 진행된 내용을 더 이상 적용하지 않는다. NFS 서버와의 연결을 테스트하기 위해 다음 커맨드를 사용한다.

```
showmount -e myServer.example.com
```

3. 이제 NFS 공유 기능이 동작하는지 확인하기 위해 새로운 사용자 john을 수동으로 생성한다. 먼저 다음 커맨드를 사용해 nfs-share 그룹에 john 계정을 추가하고, john 사용자로 공유 디렉토리에 파일을 저장할 수 있는지 확인한다.

```
groupadd -g 50000 nfs-share;useradd john;passwd john;usermod -G
nfs-share john
mount -t nfs4 myServer.example.com:/srv/nfs-data /mnt
su - john;touch /mnt/testfile.txt
```

4. 파일이 공유 디렉토리에 잘 생성되면 운영체제가 부팅 시 자동으로 NFS 공유 디렉토리에 마운트될 수 있게 fstab 파일에 관련 정보를 저장할 수 있다.

```
vi /etc/fstab
```

5. /etc/fstab 파일에 다음 라인을 추가한다.

```
myServer.example.com:/srv/nfs-data /mnt nfs defaults 0 0
```

6. 마지막으로 fstab 파일의 모든 내용을 다시 마운트하려면 다음 커맨드를 실행한다.

```
mount -a
```

이 예제에서는 기존 NFSv4 서버에 공유 파일 시스템을 추가하는 방법이 얼마나 쉬운지 소개했다.

그렇다면 이 예제에서 무엇을 배울 수 있는가?

이미 살펴본 것처럼 NFS 클라이언트를 설치하기 위해 NFS 서버에서 진행한 설치와 비슷한 절차를 따라 해야 한다. 차이점은 `nfs-server` 서비스(이름에서 암시하는 것처럼 서버 쪽에서만 필요하다) 대신 `rpcbind` 서비스를 시작하는 것이다. `rpcbind` 서비스는 포트를 매핑하는 기능이 있고, NFS 작동에 필요한 표준 통신 방법인 RPC(Remote Procedure Calls, 원격 프로시저 호출)를 사용한다. 기억해야 할 내용으로, 설정에서 매우 중요한 단계는 /etc/idmapd.conf 파일에 도메인 이름을 설정하는 것이다.

클라이언트와 서버 간 NFSv4 통신을 하기 위해 서버에 동일한 기본 도메인 (example.com)을 사용해야 한다. `rpcbind` 서비스를 실행하고 활성화한 후 `mount` 커맨드(-t 타입에 nfs4를 사용)를 직접 사용하거나, fstab 파일을 통해 NFS 공유 디렉토리를 내부 디렉토리에 마운트할 수 있다. 공유 디렉토리에 읽기/저장/실행 권한을 원하는 모든 시스템 사용자는 NFS 서버에서도 동일한 권한이 필요하며, 예제에서는 식별할 수 있는 GID 레벨로 권한을 제대로 관리한다. 예제에서 공유 디렉토리를 마운트할 수 있는 기본 옵션을 사용했다. 다양하고 고급 옵션이 필요하다면 `man fstab` 커맨드를 참고한다. fstab 파일의 변경된 내용을 모두 적용하려면 `mount -a` 커맨드를 실행한다.

SAMBA를 이용한 안전한 자원 공유

SAMBA는 파일, 프린터, 기타 공통 자원을 네트워크로 공유할 수 있는 소프트웨어 패키지다. SAMBA는 대부분의 작업 환경에서 중요한 툴이다. 이기종 네트워크(윈도우와 리눅스와 같은 여러 컴퓨터가 존재하는 네트워크)를 통해 파일을 공유를 하기 위한 가장 일반적인 방법 중 하나는 시스템 사용자의 home 디렉토리를 사용해 '사용자 레벨 보안'으로 기본 파일 공유 서비스를 제공하기 위해 독립형standalone 파일 서버로 SAMBA를 설치하고 설정한다. 독립형 서버가 관리하는 모든 자원에 내부 인증과 접근 제한을 제공할 수 있게 독립형 서버를 설정할 수 있다. 대개 SAMBA는 모든 관리자에게 매우 인기 있는 오픈소스 배포판이라 알려져 있다. 이 예제에서는 다양한 운영체제를 사용하는 컴퓨터 환경과 많은 사용자의 작업 환경을 원활하게 통합할 수 있는 SAMBA의 파일 공유 기능을 쉽게 설치하는 방법과 설정 방법을 소개한다.

준비

이 예제를 진행하려면 동작하는 센트OS 운영체제, root 권한, 선호하는 콘솔 기반의 텍스트 편집기, 추가 패키지를 다운로드할 수 있는 인터넷 연결이 필요하다. 이 예제의 서버는 고정 IP 주소를 사용할 것이라 가정한다.

예제 구현

SAMBA는 센트OS 7에 기본으로 설치되지 않기 때문에 필수 패키지를 다운로드하고 설치한다.

1. 먼저 root로 로그인하고 필수 패키지를 설치하기 위해 다음 커맨드를 사용한다.

   ```
   yum install samba samba-client samba-common
   ```

2. 설치 후에 SAMBA의 원본 설정 파일을 백업한다.

   ```
   mv /etc/samba/smb.conf /etc/samba/smb.conf.BAK
   ```

3. 이제 다음 커맨드를 사용해 새로운 설정 파일을 생성한다.

   ```
   vi /etc/samba/smb.conf
   ```

4. 다음 라인을 /etc/samba/smb.conf에 추가해 새로운 설정을 적용한다. 필요하면 프로퍼티 값을 좋은 값으로 교체한다.

```
[global]
unix charset = UTF-8
dos charset = CP932
workgroup = <워크그룹_이름>
server string = <서버_이름>
netbios name = <서버_이름>
dns proxy = no
wins support = no
interfaces = 127.0.0.0/8 XXX.XXX.XXX.XXX/24 <네트워크_이름>
bind interfaces only = no
log file = /var/log/samba/log.%m
max log size = 1000
syslog only = no
syslog = 0
panic action = /usr/share/samba/panic-action %d
```

 WORKGROUP_NAME은 윈도우 워크그룹의 이름이다. WORKGROUP_NAME이 없다면 표준 윈도우 이름 WORKGROUP을 사용한다. MY_SERVERS_NAME은 서버의 이름이다. 대부분의 경우에 FILESERVER 또는 SERVER1 등과 같은 식으로 이름을 짓는다. XXX.XXX.XXX.XXX/XX는 SAMBA 서비스가 동작할 주요 네트워크 주소다(예, 192.168.1.0/24). NETWORK_NAME은 이더넷 인터페이스의 이름이다(예, enp0s8).

5. SAMBA를 독립형 서버로 실행할 수 있게 설정한다. 이렇게 설정하기 위해 다음 라인을 SAMBA 설정 파일에 추가한다.

```
security = user
encrypt passwords = true
passdb backend = tdbsam
obey pam restrictions = yes
unix password sync = yes
```

```
passwd program = /usr/bin/passwd %u
passwd chat = *Enter\snew\s*\spassword:* %n\n *Retype\snew\s*\
spassword:* %n\n *password\supdated\ssuccessfully* .
pam password change = yes
map to guest = bad user
usershare allow guests = no
```

6. SAMBA를 도메인 마스터나 마스터 브라우저로 구성하지 않을 것이다. 이렇게 설정하기 위해 다음 라인을 SAMBA 설정 파일에 추가한다.

```
domain master = no
local master = no
preferred master = no
os level = 8
```

7. 이제 유효한 사용자가 자신의 home 디렉토리에 접근하기 위해 home 디렉토리 공유 기능을 추가한다. home 디렉토리 공유 기능은 읽기/저장 권한을 지원하고, 모든 디렉토리가 다른 사용자로부터 보호될 수 있게 설정한다. 해당 기능을 적용하기 위해 다음 라인을 SAMBA 설정 파일에 추가한다.

```
[homes]
    comment = Home Directories
    browseable = no
    writable = yes
    valid users = %S
    create mask =0755
    directory mask =0755
```

8. SAMBA 설정 파일을 저장하고 종료한다. 생성된 SAMBA 설정 파일의 문법이 정상적인지 확인하려면 다음 커맨드를 사용한다.

testparm

9. 이제 기존 운영체제 사용자인 john 계정을 SAMBA 사용자 관리 시스템에 추가한다(테스트는 뒷부분에서 진행한다. 필요하면 운영체제 사용자 중 한 계정으

로 변경한다).

```
smbpasswd -a john
```

10. 이제 방화벽의 포트를 오픈한다.

```
firewall-cmd --permanent --add-service=samba && firewall-cmd
--reload
```

11. SELinux에 SAMBA home 디렉토리를 사용하겠다는 내용을 설정한다.

```
setsebool -P samba_enable_home_dirs on
```

12. 이제 부팅 이후에 samba와 nmb 서비스가 시작할 수 있게 설정하고, 해당 서비스를 시작한다.

```
systemctl enable smb && systemctl enable nmb systemctl start smb
&& systemctl start nmb
```

예제 분석

이 예제에서 SAMBA를 설치하고 네트워크상에서 최근 컴퓨터 운영체제를 완벽히 연결할 수 있는 SAMBA의 파일 공유 서비스를 설정한다.

그렇다면 이 예제에서 무엇을 배울 수 있는가?

필수 패키지를 설치했고, 원래 설정 파일이 잘못되지 않게 설정 파일을 백업했으며, 비어있는 smb.conf 설정 파일로 시작해 조금씩 SAMBA 설정을 추가했다. 새로운 smb.conf 파일을 열어 글로벌 설정을 추가해 유니코드 기반 문자열과 호환되게 설정했다. 설정 값은 환경과 네트워크에 따라 달라질 수 있다. man smb.conf 커맨드를 실행해 자세한 내용을 확인할 수 있다.

smb.conf 작업을 진행한 후 워크그룹과 서버의 이름을 결정했고, WINS를 불가능으로 설정했으며, SAMBA 로그 파일을 설정했고, 네트워크 인터페이스를 등록했다. 그리고 사용자 기반의 보안 옵션, 패스워드 암호화, tdbsam 데이터베이스 백엔드와 같은 독립형 서버의 옵션을 설정했다. 선호하는 보안 모드는 사용자 레벨 보안이고, 이 방식을 적용한다는 것은 특정 사용자에게 개별 공유 디렉토리를 할당함을 의미한다. 그러므로 사용자가 공유 디렉토리에 대한 연결을 요청할 때 SAMBA는 설정 파일과 SAMBA 데이터베이스의 인증된 사용자 정보와 요청된 사용자 이름과 패스워드를 비교해 해당 연결 요청을 인증한다. 다음에 master 정보를 추가했다. 여러 운영체제를 쓰는 환경에서 하나의 클라이언트가 마스터 브라우저가 되려고 할 때 알려진 충돌이 발생한다. 이러한 충돌이 전체 파일 공유 서비스를 중단하지 않지만, SAMBA 로그 파일에 저장될 잠재적 문제가 발생할 것이다. 따라서 클라이언트가 마스터 브라우저를 주장하지 않도록 SAMBA 서버를 설정함으로써 언급된 충돌 이슈의 발생 가능성을 줄일 수 있다. 이 단계까지 완료하면 예제는 home 디렉토리의 파일 공유를 활성화하는 주요 작업이 됐다.

물론 home 디렉토리에 주어진 옵션을 실험해볼 수 있지만, 간단한 커맨드 집합으로 유효한 사용자가 관련 읽기/저장 권한으로 사용자의 home 디렉토리에 접근할 수 있을 뿐 아니라, browseable 옵션으로 no로 설정해 home 디렉토리를 공개하지 않고 숨길 수 있고 사용자가 생각하는 개인 정보 보호 수준을 달성할 수 있다. 이 설정에서 SAMBA는 리눅스 시스템 사용자를 기반으로 동작하지만, 기존 사용자 또는 새로운 사용자는 자동으로 SAMBA에 추가되지 않아 수동으로 smbpasswd -a 커맨드를 실행해서 SAMBA 데이터베이스에 추가해야 한다.

따라서 새로운 SAMBA 설정 파일을 저장한 후 testparm 프로그램으로 해당 설정 파일의 문법을 확인했고, samba 서비스를 사용해 SAMBA 관련 firewalld 포트를 열었다. 다음 단계에서 SAMBA가 정상적인지 확인하고, systemctl을 이용해 부팅 시 SAMBA 관련 프로세스가 동작할 수 있게 처리했다. SAMBA는 정상적으로 동작하려면 2개의 주요 프로세스인 smbd와 nmbd가 필요하다. smbd 서비스의 역할은 파일 공유, 서비스 출력, 사용자 인증, 윈도우 기반 클라이언트가 SMB(또는 CIFS) 프로토콜을 사용한 자원 잠금 기능이다. smbd와 함께 실행되는 nmbd 서비스는 NetBIOS 이름 서비스의 요청을 리스닝하고 분석하며 응답한다.

 SAMBA는 종종 winbindd라는 서비스를 포함하지만, WINS(Windows Internet Naming Service) 기반 서비스와 Active Directory 인증은 추가 고려 사항이 필요하기 때문에 winbindd는 크게 무시된다. WINS 기반 서비스와 Active Directory 인증은 이 예제의 범위를 넘어선다.

최종적으로 마지막 작업은 SAMBA 서비스(smb)와 관련 NetBIOS 서비스(nmb)를 시작했다.

이제 SAMBA의 설치, 설정, 유지 보수 작업이 얼마나 간단한지 알게 됐다. SAMBA에 대해 알아야 할 내용이 많지만, 이 예제에서는 SAMBA의 상대적으로 사용하기 쉬운 기능, 간단한 문법을 간단히 설명했다. SAMBA는 다양하고 많은 요구 사항을 충족시켜 주고, 다양한 컴퓨터 시스템에서 사용할 수 있는 솔루션으로 향후 몇 년간 파일 공유에 대한 요구 사항을 충족시킬 수 있을 것이다.

부연 설명

ping을 이용해 서버가 살아있는지 확인할 수 있는 네트워크의 클라이언트에서 SAMBA 서버 설정을 테스트할 수 있다. 윈도우 기반 클라이언트라면 윈도우 익스플로러의 주소 창에 \\<Samba 서버의 ip 주소>\<리눅스 사용자 이름>을 입력한다. 예를 들어 \\192.168.1.10\john을 사용한다(연결이 성공되면 SAMBA 사용자의 패스워드를 입력해야 한다). 리눅스 클라이언트 시스템에서 NFS 서버에서 사용할 수 있는 모든 공유 디렉토리를 출력하기 위해 다음 커맨드 라인을 실행한다(센트OS 7에 samba-client가 설치돼 있어야 한다).

```
smbclient -L <NFS 서버의 장비 이름 또는 IP 주소> -U <사용자_이름>
```

예를 들어 다음과 같이 실행할 수 있다.

```
smbclient -L 192.168.1.10 -U john
```

테스트하기 위해 다음 문법을 이용해 공유 디렉토리를 마운트한다(센트OS 7에 `cifs-utils` 패키지가 필요하다).

```
mount -t cifs //<Samba 서버의 ip 주소>/<리눅스 사용자 이름> <내부 마운트 위치>
-o "username=<리눅스 사용자 이름>"
```

예를 들어 다음과 같이 실행할 수 있다.

```
mkdir /mnt/samba-share
mount -t cifs //192.168.1.10/john /mnt/samba-share -o "username=john"
```

/etc/fstab 파일에 다음과 같은 문법을 사용해 공유 디렉토리를 영구적으로 마운트한다.

```
//<서버>/<공유 디렉토리> <마운트 지점> cifs <옵션 목록>  0  0
```

예를 들면 다음 라인을 파일에 추가한다.

```
//192.168.1.10/john /mnt/samba-share cifs username=john,password=xyz 0 0
```

/etc/fstab에 일반 텍스트로 된 패스워드를 사용하고 싶지 않다면 `man mount.cifs`를 사용해 인증 자격과 관련된 부분을 살펴본다. 그리고 home 디렉토리에 인증 자격 파일을 생성하고, home 디렉토리에 `chmod 600`를 사용해 다른 사용자가 읽지 못하게 설정한다.

7장에서는 SAMBA를 사용할 수 있도록 독립형 서버로 SAMBA를 설정하는 방법, home 디렉토리를 활성화하는 방법, 클라이언트가 접속하는 방법을 소개했다. 하지만 SAMBA는 언급한 내용 이상의 작업들을 할 수 있다. SAMBA는 서비스를 출력하거나 완벽한 도메인 컨트롤러처럼 동작할 수 있다. SAMBA에 대해 더 알고 싶다면 https://www.packtpub.com/에 방문해 관련 자료를 무료로 볼 수 있다.

8

FTP 작업

8장에서 다루는 내용은 다음과 같다.

- FTP 서비스 설치와 설정
- 가상 FTP 사용자로 작업
- FTP 서비스의 사용자 정의
- 사용자나 파일 전송과 관련된 문제 해결

소개

8장에서는 리눅스 세계에서 가장 기본적인 서비스 중 하나인 FTP^{File Transfer Protocol}를 소개하고, FTP의 설치, 설정 작업에 필요한 시작점을 제공한다.

FTP 서비스 설치와 설정

현대식이고 아주 안전한 파일 공유 기술이 여럿 있지만 가장 오래된 기술인 FTP는 가장 널리 쓰이고 있고, 컴퓨터 간에 파일을 공유하고 전송할 수 있는 인기 있는 프로토콜이다. 리눅스 세계에서 사용할 수 있는 수많은 FTP가 있다. 이 예제에서는 매우 안전한 FTP 데몬(vsftpd)의 설치와 설정 방법을 소개한다. vsftpd는 많이 알려져 있는 FTP 서버 솔루션으로서 다양한 범위의 기능을 지원하고, 내부 네트워크와 인터넷에서 큰 파일을 업로드하고 분산시킬 수 있다. 이 예제에서는 vsftpd 데몬의 설치 방법을 소개하고, 이 예제의 주목적인 vsftpd 데몬의 보안을 높일 수 있는 기본 설정을 제공한다.

 이 예제를 작업한 후에는 FTP 서버에 보안을 강화할 수 있도록 SSL/TLS 암호화를 사용하는 것이 좋다(6장을 참고한다).

준비

이 예제를 진행하려면 동작하는 센트OS 7 운영체제, root 권한, 선호하는 콘솔 기반의 텍스트 편집기, 추가 패키지를 다운로드할 수 있는 인터넷 연결이 필요하다. 서버가 고정 IP 주소를 사용하고, 하나 이상의 시스템 계정을 갖고 있다고 가정한다.

예제 구현

vsftpd는 기본으로 설치되지 않기 때문에 관련 패키지와 의존 라이브러리를 설치해야 한다.

1. 먼저 root로 로그인하고 다음 커맨드를 실행한다.

   yum install vsftpd

2. 주요 설정 파일의 백업 파일을 생성한 후 선호하는 텍스트 편집기로 설정 파일을 연다.

   cp /etc/vsftpd/vsftpd.conf /etc/vsftpd/vsftpd.conf.BAK

```
vi /etc/vsftpd/vsftpd.conf
```

3. 익명 사용자를 비활성화하려면 스크롤 다운해서 anonymous_enable= YES 라인을 찾은 후 다음처럼 변경한다.

```
anonymous_enable=NO
```

4. 보안을 높이기 위한 chroot 환경을 활성화하고, 다음 라인의 주석을 푼다(라인의 맨 앞에 있는 #을 삭제한다).

```
chroot_local_user=YES
chroot_list_enable=YES
```

5. 다음으로 파일의 끝까지 스크롤 다운해서 다음 라인을 추가한다.

```
use_localtime=YES
```

6. 마지막으로 내부 사용자가 home 디렉토리를 저장할 수 있게 다음 라인을 추가한다.

```
allow_writeable_chroot=YES
```

7. vsftpd.conf 파일을 저장하고 종료한 후 다음과 같은 빈 파일을 생성한다.

```
touch /etc/vsftpd/chroot_list
```

8. 다음에 서버의 21번 포트에 FTP 연결을 허용하기 위해 방화벽을 설정한다.

```
firewall-cmd --permanent --add-service=ftp
firewall-cmd --reload
```

9. 이제 FTP 홈 디렉토리 기능을 사용하기 위해 SELinux를 사용한다.

```
setsebool -P ftp_home_dir on
```

10. 부팅 시 vsftpd를 활성화한다.

```
systemctl enable vsftpd
```

11. 이 예제를 진행하기 위해 FTP 서비스를 시작할 수 있게 다음 커맨드를 실행한다.

```
systemctl start vsftpd
```

12. 이제 FTP 서버가 있는 동일 네트워크에 클라이언트 컴퓨터의 연결을 테스트할 수 있다. 컴퓨터에 이미 FTP 클라이언트가 설치돼야 한다(센트OS 컴퓨터이면 yum install ftp를 실행한다). 클라이언트 컴퓨터의 일반 계정으로 로그인하고 다음 커맨드의 <IP_주소>를 vsftpd 서비스가 실행 중인 IP로 변경한다.

```
ftp <IP_주소>
```

13. FTP 서버와 연결되면 FTP 클라이언트는 사용자 이름과 패스워드를 물어본다. 여기서 FTP 서버의 시스템 사용자 이름을 입력한다. 로그인을 성공하면 230 login successful 메시지가 출력되고 ftp> 프롬프트가 화면에 나타난다. 이제 테스트를 종료하기 위해 현재 ftp 디렉토리의 모든 파일을 보여주기 위해 다음 FTP 커맨드를 실행한다. 그리고 FTP 서버에 저장 권한이 있는지 다음 커맨드를 실행한다.

```
ls
mkdir test-dir
rmdir test-dir
```

14. FTP 세션을 종료하기 위해 다음 커맨드를 실행한다.

```
exit
```

예제 분석

vsftpd는 빠르고 신뢰할 수 있으며 가벼운 ftp 서버로 널리 알려져 있다. 이 예제에서는 유효하고 많은 시스템 사용자에게 빠른 성능을 전달하기에 최적화된 기본 FTP 서비스를 구축하는 방법을 소개했다.

그렇다면 이 예제에서 무엇을 배울 수 있는가?

예제에서는 먼저 vsftpd라는 필요한 YUM 패키지를 설치했다. 그리고 /etc/vsftpd/vsftpd.conf 설정 파일을 백업한 후 /etc/vsftpd/vsftpd.conf 파일을 열었다. 다음에 익명 FTP 접근을 비활성화하고, 모르는 사용자에 대한 FTP 서비스의 보안을 강화했다. chroot 감옥을 활성화해 사용자는 사용자의 home 디렉토리만 접근할 수 있게 했다.

> chroot 감옥은 필수 보안 기능을 의미한다. 한 번 chroot 감옥을 적용하면 모든 사용자는 자신의 home 디렉토리의 파일에만 접근하게 제한된다.

그리고 서버의 내부 시간을 사용할 수 있게 vsftd 설정을 변경했다. 그런 후 allow_writeable_chroot 옵션을 활성화해 chroot가 적용된 FTP 사용자가 저장 권한을 가질 수 있게 설정했다. 작업한 내용을 저장한 후 chroot 감옥에 있도록 모든 사용자 이름을 포함시킬 수 있는 /etc/vsftpd/chroot_list 파일을 새롭게 생성했다. 이때 chroot_list 파일을 생성해야 한다. chroot_list 파일을 생성하지 않으면 vsftpd는 사용자의 로그인을 금지한다. 하지만 chroot 감옥 기능은 FTP 서버의 중요한 보호 메커니즘이기 때문에 chroot_list 파일의 내용을 항상 빈 상태로 둬야 한다.

다음에 연결이 유입될 수 있게 방화벽 설정에 표준 FTP 프로토콜의 21번 포트를 추가했다. 그리고 변경 사항을 적용하기 위해 방화벽을 재로드했다. 또한 SELinux의 불리언 변수인 ftp_home_dir을 true로 설정해 FTP 홈 디렉토리를 활성화했다. 해당 작업은 SELinux에서 디렉토리를 유효하게 한다. SELinux에 대해 더 알고 싶다면 14장을 참고한다. 다음에는 부팅 이후에 vsftpd가 실행될 수 있게 활성화했고, systemd로 vsftpd 서비스를 실행했다. 이 시점부터 vsftpd는 동작 중이고, FTP 기반 일반 데스크톱 소프트웨어로 vsftpd를 테스트할 수 있다. 사용자는 서버의 이름, 도메인, IP 주소를 연결한 후 유효한 시스템 사용자 이름과 패스워드를 사용해 로그인할 수 있다(서버 설정에 의존한다).

이 예제에서는 vsftpd의 설치와 설정 방법이 어렵지 않다는 것을 보여줬다. 항상 해야 할 일이 더 있기는 하지만, 간단한 소개를 따라 하면서 표준 FTP 서비스를 빨리 실행할 수 있을 것이다.

부연 설명

기본 FTP 서비스를 설치하고 설정한 후에 사용자가 vsftpd 서버에 로그인하면 home 디렉토리의 특정 디렉토리로 바로 이동시키는 방법이 궁금할 수 있다. 이 방법을 적용하려면 먼저 /etc/vsftpd/vsftpd.conf 파일을 연다.

vsftpd.conf 파일의 끝까지 스크롤 다운하고, 필요에 맞는 디렉토리 이름을 설정하기 위해 다음 라인의 <사용자의 내부 디렉토리 이름> 값을 변경한 후 vsftpd.conf 파일에 추가한다.

`local_root=<사용자의 내부 디렉토리 이름>`

예를 들어 FTP 서버가 개인 웹 서버의 주소와 동일하고, 주로 사용자의 개인 웹 페이지에 대한 컨텐트 파일에 접근하고 업로드하는 작업에 쓰인다면 /home/<사용자_이름>/public_html 디렉토리에 사용자의 home 디렉토리로 사용할 수 있게 아파치 웹 서버의 설정을 변경할 수 있다. vsftpd 설정 파일의 맨 마지막에 다음 내용을 추가할 수 있을 것이다.

`local_root=public_html`

관련 작업을 종료하면 설정 파일을 저장하고 종료한 후 vsftpd 서비스를 재시작한다. 지금까지 설명한 내용을 테스트하려면 local_root로 설정한 경로가 로그인할 사용자의 home 디렉토리에 존재해야 한다.

가상 FTP 사용자로 작업

이 예제에서는 내부 시스템의 사용자 계정을 사용하는 대신 가상 사용자를 구현하는 방법을 소개한다. 서버의 생명 주기 동안 내부 시스템 계정이 없는 사용자에게 FTP 인증을 활성화해야 할 때가 있다. 또한 특정 개인이 FTP 서버의 여러 위치에 접근하기 위해 하나의 계정을 유지할 수 있게 할 필요도 있을 것이다. 이런 종류의 설정은 가상 사용자를 이용해 유연성을 일정한 정도로 제공할 수 있다. 이는 내부 시스템 계정을 사용하지 않고 향상된 보안을 제공하는 방법이라 할 수 있다.

준비

이 예제를 진행하려면 동작하는 센트OS 7 운영체제, root 권한, 선호하는 콘솔 기반의 텍스트 편집기가 필요하다. 고정 IP 주소를 사용하고, chroot 감옥을 적용한 vsftpd가 이미 설치되고 현재 실행 중이다고 가정한다. 이 예제는 policycoreutils-python 패키지가 설치돼 있어야 한다.

예제 구현

1. vsftpd가 설치된 서버에 먼저 root로 로그인하고, 사용자 이름과 패스워드 목록을 관리하는 virtual-users.txt라는 일반 텍스트 파일을 다음처럼 생성한다.

```
vi /tmp/virtual-users.txt
```

2. 이제 사용자 이름과 관련 패스워드를 다음처럼 추가한다.

```
virtual-username1
password1
virtual-username2
password2
virtual-username3
```

```
password3
```

3. 가상 사용자 작업을 완료하면 가상 사용자 파일을 저장하고 종료한다.
   그리고 다음 커맨드를 실행해 데이터베이스 파일을 구축해야 한다.

   db_load -T -t hash -f /tmp/virtual-users.txt /etc/vsftpd/virtual-users.db

4. db_load 커맨드를 실행한 후 가상 사용자가 유효한지 확인할 수 있는
   virtual-users.db를 사용하는 PAM 파일이 생성될 것이다. PAM 파일
   을 열려면 다음 커맨드를 실행한다.

   vi /etc/pam.d/vsftpd-virtual

5. 이제 /etc/pam.d/vsftpd-virtual 파일에 다음 라인을 추가한다.

   auth required pam_userdb.so db=/etc/vsftpd/virtual-users
   account required pam_userdb.so db=/etc/vsftpd/virtual-users

6. vsftpd-virtual 파일 작업을 종료하면 해당 파일을 저장하고 종료한다.
   선호하는 텍스트 편집기에 vsftpd 설정 파일을 다음처럼 연다.

   vi /etc/vsftpd/vsftpd.conf

7. 이제 vsftpd.conf 파일을 열어 pam_service_name=vsftpd가 포함된
   라인을 검색한 후 라인의 맨 처음에 있는 # 기호를 다음처럼 추가한다.

   #pam_service_name=vsftpd

8. vsftpd.conf 파일의 끝까지 스크롤 다운하고 원하는 대로 설정을 정의
   하기 위해 가상 사용자의 home 디렉토리를 의미하는 local_root에
   값을 정의하는 다음 라인을 추가한다(예를 들어 다음과 같이 local_root의 값에

/srv/virtualusers/$USER를 설정한다).

```
virtual_use_local_privs=YES
guest_enable=YES
pam_service_name=vsftpd-virtual
user_sub_token=$USER
local_root=/srv/virtualusers/$USER
hide_ids=YES
```

9. local_root 지시자로 명시한 디렉토리에 이전 단계에서 정의한 /tmp/ virtual-users.txt 파일에서 개별 가상 사용자를 위한 하위 디렉토리를 생성한다. FTP 사용자에게 해당 디렉토리에 대한 권한을 줘야 한다. /srv/virtualusers 디렉토리에도 유지하기 위해 다음과 같은 자동화 코드를 실행한다(필요하면 /srv/virtualusers 디렉토리를 다른 디렉토리로 교체한다).

```
for u in `sed -n 1~2p /tmp/virtual-users.txt`;
do
mkdir -p /srv/virtualusers/$u
chown ftp: /srv/virtualusers/$u
done
```

10. 이제 /home 디렉토리 외의 local_root 디렉토리에 가상 사용자가 읽기/ 저장 권한을 얻을 수 있게 SELinux에 알려야 한다.

```
setsebool -P allow_ftpd_full_access on
semanage fcontext -a -t public_content_rw_t "/srv/
virtualusers(/.*)?"
restorecon -R -v /srv/virtualusers
```

11. 다음에는 아래와 같이 FTP 서비스를 재시작한다.

```
systemctl restart vsftpd
```

12. 이제 보안상 일반 텍스트 파일을 삭제하고, 일반 텍스트 파일로 생성했던 데이터베이스를 보호한다.

```
rm /tmp/virtual-users.txt
chmod 600 /etc/vsftpd/virtual-users.db
```

이전 예제에 이어 이제 FTP 서비스에 접근할 수 있는 많은 가상 사용자를 제한 없이 초대할 수 있다. 해당 기능의 설정은 매우 간단했다. 전체 보안이 강화됐고, 모든 접근은 정의된 local_root 디렉토리로 제한된다. 가상 사용자를 사용하면 첫 번째 예제에서 진행했던 시스템 사용자 로그인이 불가능해진다.

그렇다면 이 예제에서 무엇을 배울 수 있는가?

예제에서는 먼저 모든 사용자 이름과 평문 패스워드가 포함된 임시 텍스트 파일을 생성했다. 그리고 새로운 라인으로 구분해 순차적으로 사용자 이름과 패스워드를 하나씩 추가했다. 모든 가상 사용자 작업을 완료한 후 센트OS 7에 기본적으로 설치된 db_load 커맨드를 실행하기 전에 해당 파일을 저장하고 종료했다. 텍스트 파일을 버클리DB^{BerkeleyDB} 데이터베이스를 생성하는 데 사용할 수 있다. 해당 데이터베이스는 FTP 사용자 인증에 사용된다. 이 단계를 완료한 후 /etc/pam.d/vsftpd-virtual라는 PAM^{Pluggable Authentication Modules} 파일을 생성했다.

vsftpd 서비스에서 PAM 파일은 일반 PAM 설정 파일 문법을 사용(더 보기를 원한다면 man pam.d 결과를 살펴본다)해서 인증 기능을 제공하기 위한 버클리DB 데이터베이스 파일을 읽는다. 그리고 vsftpd 설정 파일(/etc/vsftpd/vsftpd.conf)을 열어 vsftpd가 PAM을 통해 가상 사용자를 인증하기 위해 새로운 설정 지시자를 추가했다.

가장 중요한 설정은 기본 경로를 정의한 local_root 지시자였다. 해당 경로에 가상 사용자를 위한 모든 사용자 디렉토리가 존재한다. 해당 디렉토리 경로 끝에 $USER 문자열을 추가하는 것을 잊지 않는다. 이전에 텍스트 파일에서 정의했던 모든 가상 사용자 정보를 바탕으로 연관 가상 호스팅 디렉토리를 생성했다. 가상 사용자는 실제 시스템 사용자가 아니기 때문에 새로운 FTP 사용자의 모든 파일 권한을 모두 주기 위해 FTP 시스템 사용자를 할당해야 한다. /tmp/virtual-users.txt 임시 파일에 정의된 모든 사용자에 대한 처리를 자동화하기 위해 bash의 for 루프를 사용했다. 다음에 가상 사용자가 시스템에 접근할 수 있도록 /srv/virtualusers 디렉토리에 올바른 문맥을 허용하기 위해 SELinux 불리언 값을 설정했다. 모든 변경 내용을 적용하려면 systemctl 커맨드를 사용해 vsftpd 서비스를 간단히 재시작한다.

그리고 패스워드가 평문으로 저장된 임시 사용자 텍스트 파일을 삭제했다. root가 아닌 다른 사용자에서 접근하지 못하게 함으로써 버클리DB 데이터베이스 파일을 보호했다. 정기적으로 FTP 사용자를 추가, 변경, 삭제할 계획이 있다면 임시로 생성한 평문 파일(/tmp/virtual-users.txt)을 삭제하는 것보다는 /root 디렉토리와 같이 안전한 위치에 두는 것이 좋다. 그리고 chmod 600을 사용해서 해당 파일을 보호할 수도 있다. 그리고 db_load 커맨드를 재실행해 해당 파일에서 변경이 일어날 때마다 사용자 정보를 최신으로 유지할 수 있을 것이다. 나중에 새로운 사용자를 추가해야 한다면 새로운 가상 사용자에 대한 새로운 사용자 디렉토리를 생성해야 한다(예제에서 9단계의 커맨드를 재실행한다). 그리고 restorecon -R -v /srv/virtualusers 커맨드를 실행한다.

이 예제에서는 새롭게 생성된 계정을 사용해서 FTP 서버에 로그인함으로써 새로운 가상 계정을 테스트할 수 있다.

FTP 서비스의 사용자 정의

이 예제에서는 vsftpd를 사용자 정의하는 방법을 소개한다. vsftpd는 많은 설정 매개변수를 있다. 이 예제에서는 vsftpd 서비스에서 환영 배너를 사용자 정의로 생성하는 방법, 서버의 기본 타임아웃을 변경하는 방법, 사용자 연결 수를 제한하는 방법, 사용자를 금지하는 방법을 설명한다.

이 예제를 진행하려면 동작 중인 센트OS 7 운영체제, root 권한, 선호하는 콘솔 기반의 텍스트 편집기가 필요하다. 서버가 고정 IP를 사용하고 있고, chroot 감옥이 포함된 vsftpd가 이미 서버에 설치돼 동작 중인 것을 가정한다.

예제 구현

1. 먼저 root로 로그인하고 vsftpd 설정 파일을 연다.

   vi /etc/vsftpd/vsftpd.conf

2. 먼저 FTP 접속 시 환영하는 메시지를 제공하기 위해 다음 라인을 찾아 주석을 삭제한다. 필요하다면 메시지를 수정한다. 예를 들어 다음처럼 메시지 문구를 작성할 수 있다.

   ftpd_banner=Welcome to my new FTP server

3. 기본 FTP 타임아웃을 변경하기 위해 다음 라인의 주석을 풀고 원하는 숫자 값으로 변경한다.

   idle_session_timeout=600
   data_connection_timeout=120

4. 이제 데이터 전송률(bytes/second), 클라이언트 개수, IP당 최대 연결 개수와 같은 연결의 개수를 제한한다. vsftpd 파일의 끝에 다음 라인을 추가한다.

   local_max_rate=1000000
   max_clients=50
   max_per_ip=2

5. 다음에 vsftpd.conf를 저장하고 종료한다. 특정 사용자가 FTP 서버로 접근할 수 없게 하려면 다음 커맨드의 '사용자_이름'을 시스템 사용자

이름으로 교체할 수 있다(필요에 따라 시스템 사용자 이름으로 교체할 수 있다).

```
echo "사용자_이름" >> /etc/vsftpd/user_list
```

6. 변경한 내용을 적용하기 위해 FTP 서비스를 재시작한다.

```
systemctl restart vsftpd
```


예제 분석

이 예제에서는 매우 중요한 vsftpd 설정의 일부 내용을 소개했다. vsftpd 의 모든 설정을 다루는 것은 이 예제의 범위를 넘어선다. vsftpd에 대해 더 알고 싶다면 유용한 많은 주석을 포함한 /etc/vsftpd/vsftpd.conf 설정 파일을 모두 살펴보거나 man vsftpd.conf 매뉴얼을 살펴본다.

그렇다면 이 예제에서 무엇을 배울 수 있는가?

예제에서는 먼저 vsftpd의 설정 파일을 열고, ftpd_banner 지시자를 사용해 환영 배너를 활성화하고 사용자 정의했다. 그 다음부터 로그인이 성공하면 새로운 환영 메시지를 볼 수 있을 것이다. 다음에 FTP 서비스가 많은 사용자를 처리할 때 FTP 서비스의 효율성을 높이기 위해 기본 타임아웃 값을 변경하거나 연결을 제한하기 원할 수 있다.

먼저 FTP 서버의 타임아웃 값을 변경했다. idle_session_timeout 값을 600(초)으로 설정해 사용자가 10분간 가만히 있으면 사용자를 로그아웃시킨다. data_connection_timeout 값을 120(초)으로 설정해 클라이언트의 데이터 전송이 2분 동안 멈춰진 상태라면 연결을 끊어버린다. 그리고 연결 제한 값을 변경했다. 초당 1000000바이트인 local_max_rate 값은 한 사용자의 데이터 전송률을 거의 초당 1MB로 제한한다. max_clients 값을 50으로 설정해 FTP 서버에게 시스템에 최대 50명까지만 접속할 수 있게 한다. max_per_ip 값이 2이면 IP 주소당 2개의 연결만 허용한다.

그리고 vsftpd.conf 파일을 저장하고 종료한다. 마지막으로 사용자에게 FTP

서비스의 사용을 금지하는 방법을 소개했다. 특정 사용자가 FTP 서비스를 사용할 수 없게 금지하고 싶다면 사용자 이름을 /etc/vsftpd/user_list 파일에 추가해야 한다. 언제든 해당 사용자를 다시 사용할 수 있는 상태로 변경하려면 이전 과정과 정반대로 /etc/vsftpd/user_list 파일에서 해당 사용자의 이름을 삭제한다.

사용자나 파일 전송과 관련된 문제 해결

로그 파일의 분석은 모든 종류의 문제를 해결하거나 리눅스의 서비스 개선에 가장 중요한 기술이다. 이 예제에서 문제가 발생할 때 시스템 관리자를 돕거나 서비스의 모니터용으로 쓰기 위해 vsftpd의 로그 확장 기능을 설정하고 활성화하는 방법을 소개한다.

준비

이 예제를 진행하려면 동작하는 센트OS 7 운영체제, root 권한, 선호하는 콘솔 기반의 텍스트 편집기가 필요하다. 서버가 고정 IP 주소를 사용하고, 서버에 chroot 감옥이 적용된 vsftpd가 설치되고 현재 실행 중이라고 가정한다.

예제 구현

1. root로 로그인하고 선호하는 텍스트 편집기에서 주요 설정 파일을 열기 위해 다음 커맨드를 실행한다.

   vi /etc/vsftpd/vsftpd.conf

2. 이제 로그를 많이 출력할 수 있도록 설정 파일의 끝에 다음 라인을 추가한다.

```
dual_log_enable=YES
log_ftp_protocol=YES
```

3. 마지막으로 변경한 내용을 적용하기 위해 vsftpd 데몬을 재시작한다.

```
systemctl restart vsftpd
```

예제 분석

이 예제에서는 두 개의 분리된 로깅 메커니즘을 활성화하는 방법을 소개했다. 첫 번째는 사용자 업로드와 다운로드에 대한 상세한 정보를 로그로 저장하는 xferlog 로그 파일이고, 두 번째는 vsftpd 서버에서 사용할 수 있는 가장 상세한 로그 정보를 출력할 수 있고, 클라이언트와 서버 간의 모든 FTP 프로토콜 트랜잭션을 포함하는 vsftpd 로그 파일이다.

그렇다면 이 예제에서 무엇을 배울 수 있는가?

이 예제에서는 vsftpd 설정 파일을 열었고 파일의 끝에 두 개의 지시자를 추가했다. 먼저 dual_log_enable을 활성화하면 로깅에 사용될 xferlog와 vsftpd 로그 파일을 둘 다 사용한다는 의미다. 그리고 log_ftp_protocol을 활성화해 vsftpd 로그 파일에 상세한 로그가 출력되게 했다.

vsftpd 서비스를 재시작하면 /var/log/xferlog와 /var/log/vsftdp.log 파일이 생성되고, 유용한 FTP 활동 정보가 로그에 저장된다. 이제 두 파일을 열기 전에 FTP 사용자의 활동을 생성한다. ftp 커맨드라인 툴을 사용해 FTP 서버에 FTP 사용자로 로그인한다. 클라이언트에서 서버로 임의의 파일을 업로드하기 위해 ftp> 프롬프트에서 다음 FTP 커맨드를 실행한다.

put ~/.bash_profile bash_profile_test

이제 FTP 서버로 돌아가 /var/log/xferlog 파일을 열어 업로드 파일에 대한 상세한 정보가 있는지 살펴보고, /var/log/vsftpd.log 파일에 다른 사용자의 활동 로그(예를 들어 로그인 시간, 사용자가 실행한 FTP 커맨드)가 있는지 확인한다.

두 로그 파일은 사용자와 FTP 활동을 추적하는 용도로만 쓰이고, vsftpd 서비스의 설정 파일 에러와 같은 문제를 해결하는 데 쓰이지 않는다. vsftpd 서비스를 디버깅하려면 systemctl status vsftpd -l 또는 journalctl -xn 커맨드를 사용한다.

9

도메인 작업

9장에서 다루는 내용은 다음과 같다.

- 캐시 전용 네임 서버의 설치와 설정

- 권한 전용 네임 서버 설정

- 통합 네임 서버 솔루션 구축

- 도메인 얻기

- 보조(슬레이브) DNS 서버 구축

소개

9장에서는 네트워크 세계의 모든 작업이 이뤄지는 핵심 컴포넌트 중 하나인 도메인 서비스 기술을 이해할 수 있는 예제를 다룬다. 이메일부터 웹 페이지와 온라인 채팅을 위한 원격 로그인까지, 9장에서는 작업 환경 개선에 도움이 되는 센트OS의 도메인 이름 서비스를 얼마나 빨리 구축할 수 있는지에 대한 필수적인 상세 내용을 제공한다.

캐시 전용 네임 서버의 설치와 설정

컴퓨터 사이의 모든 네트워크 통신은 통신의 정확한 종단을 식별할 수 있는 고유 IP 주소를 사용할 때만 연결될 수 있다. 사람의 두뇌는 숫자를 기억하기보다는 이름을 잘 기억한다. 따라서 IT 개척자는 70년대 초반에 파일을 이용(좀 지나서는 데이터베이스를 사용했다)해 물리 네트워크 주소를 이름으로 변환하는 시스템을 발명했다. 인터넷이나 현대 컴퓨터 네트워크에서 컴퓨터와 IP 주소 이름 간의 관계가 DNS^{Domain Name System} 데이터베이스에서 정의된다.

DNS 데이터베이스는 전 세계에서 사용하는 분산 시스템이고, 도메인 주소를 IP 주소로 해석하거나 IP 주소를 도메인 주소로 해석하는 기능을 제공한다. DNS는 큰 주제다. 이 예제에서는 캐시 전용 네임 서버와 순방향 네임 서버를 설치하고 설정하는 방법을 보여줌으로써 DNS을 이해할 수 있는 완벽한 시작점을 제공한다. 이 예제는 가장 안전하고 빠른 재귀 기능과 캐시 기능이 있는 DNS 서버 솔루션인 언바운드^{Unbound}를 사용하고 추천하는 방식이다. 하지만 언바운드는 완전한 권한^{authoritative} DNS 서버(도메인 이름을 해석하는 레코드를 제공하는 서버를 의미)로 사용될 수 없기 때문에 9장 후반부의 예제에서는 인기 있는 BIND 서버를 사용할 것이다.

캐시 전용 DNS 서버는 모든 도메인 이름을 해석하는 질의를 원격 DNS 서버에 전달한다. 캐시 전용 DNS 서버는 요청한 도메인 해석 결과를 캐시해 일반적인 인터넷 접속을 빨리 할 수 있는 의도로 만들어졌다. 캐시 전용 DNS 서버는 클라이언트의 질의에 대한 회신을 찾으면 클라이언트에 해당 회신을 리턴한다. 하지만 캐시 전용 DNS 서버는 특정 기간 동안 회신을 저장한다. 해당 캐시는 전체 왕복 시간을 단축하기 위해 추후에 들어올 요청의 원본으로 사용될 수 있다.

준비

이 예제를 진행하려면 동작하는 센트OS 7, root 권한, 고정 IP 주소, 선호하는 콘솔 기반의 텍스트 편집기, 추가 패키지를 다운로드할 수 있는 인터넷 연결이 필요하다. 이 예제에서 DNS 서버는 사설 네트워크에서 192.168. 1.0/24의 네트워크 주소에서 동작한다.

이 예제에서는 캐시 전용 DNS 서버의 설정 방법을 먼저 다루고, 순방향 전문 DNS 서버의 설정 방법은 그 다음에 다룬다.

캐시 전용 언바운드 DNS 서버 설정

이 절에서는 언바운드의 역할을 캐시 전용 네임 서버로 가정한다. 캐시 전용 네임 서버는 다른 원격 DNS 서버에서 DNS 재귀 요청을 처리하게 하고, 서버에 동일한 이름을 해석하는 요청이 올 때 응답 시간을 개선하기 위해 특정 시간 주기만큼 질의를 캐시한다.

1. 먼저 root로 로그인한 후 다음 커맨드를 실행해 필수 패키지를 설치한다.

   yum install unbound bind-utils

2. unbound 설정 파일의 백업 파일을 만들어 변경 내용을 되돌릴 수 있게 한다. 선호하는 텍스트 편집기로 해당 파일을 연다.

   cp /etc/unbound/unbound.conf /etc/unbound/unbound.conf.BAK
   vi /etc/unbound/unbound.conf

3. `# interface: 0.0.0.0` 라인을 찾을 때까지 스크롤 다운한다. 맨 앞의 `#` 기호를 제거(활성화한다)하면 다음과 같이 보일 것이다.

   interface: 0.0.0.0

4. 다음에 `# access-control: 127.0.0.0/8 allow` 라인을 찾을 때까지 스크롤 다운한다. 주석을 제거(활성화한다)한 후 네트워크 주소를 변경한다. 필요에 맞게 네트워크 주소를 변경한다.

```
access-control: 192.168.1.0/24 allow
```

5. 언바운드 설정 파일을 저장하고 종료한 후 DNSSEC 보안 기능을 위해 RSA 키를 생성한 다음에 변경된 설정 파일이 정상적인지 확인한다.

```
unbound-control-setup && unbound-checkconf
```

6. 다음에 네트워크의 다른 클라이언트에서 새로운 DNS 서버에 질의할 수 있도록 서버의 `firewalld` 설정에서 DNS 서비스를 연다.

```
firewall-cmd --permanent --add-service dns && firewall-cmd
  --reload
```

7. 이제 DNS 서비스를 부팅한 후 사용할 수 있게 활성화한 다음에 DNS 서비스를 시작한다.

```
systemctl enable unbound && systemctl start unbound
```

8. 언바운드 DNS 서버에 도달할 수 있는지, DNS 질의를 보낼 수 있는지 확인하기 위해 언바운드 서비스가 실행 중인 동일 서버에서 www.packtpub.com의 주소를 찾을 수 있는지 다음 커맨드를 실행한다.

```
nslookup www.packtpub.com 127.0.0.1
```

9. 요청에 대한 상세 화면을 보기 위해 DNS 서버 내부에서 실행할 수 있다.

```
unbound-host -d www.packtpub.com
```

10. 예를 들어 DNS 서버의 IP가 192.168.1.7이면 네트워크의 다른 클라이언트(bind-utils가 설치돼 있어야 한다)는 새로운 DNS 서버를 사용해 공개 도메인 이름을 질의할 수 있다.

```
nslookup www.packtpub.com 192.168.1.7
```

11. 마지막으로 서버에서 새로운 네임 서버를 사용한다. 네임 서버 설정 파일의 백업 파일을 생성한 후 다음처럼 선호하는 텍스트 편집기로 설정 파일을 연다.

```
cp /etc/resolv.conf /etc/resolv.conf.BAK; vi /etc/resolv.conf
```

12. 현재 네임 서버의 목록을 삭제하고 다음처럼 변경한다.

```
nameserver 127.0.0.1
```

 network-scripts 인터페이스에 DNS 서버 정보를 설정했다면(고정 IP 주소로 설정하려면 2장을 참조한다), /etc/sysconfig/network-scripts/ifcfg-XXX 파일을 확인하고, 뿐만 아니라 DNS1=127.0.0.1로 읽을 수 있는지 현재 DNS 참조를 수정한다.

순방향 전용 DNS 서버 구축

캐시 BIND DNS 서버로 성공적으로 설정한 후 이 절에서는 순방향 DNS 서버로 변환하는 방법을 소개할 것이다. 순방향 DNS 서버는 캐시 전용 DNS 서버와 비교해보면 장비 이름의 해석에 대한 전체 대역폭을 줄일 수 있다.

1. BIND의 설정 파일을 다시 연다.

```
vi /etc/unbound/unbound.conf
```

2. 파일의 끝에 다음 라인을 추가한다.

```
forward-zone:
    name: "."
    forward-addr: 8.8.8.8
```

3. 다음에 설정 파일이 정상적인지 확인하고 DNS 서비스를 재시작한다.

```
unbound-checkconf && systemctl restart unbound
```

4. 마지막으로 이전 캐시 DNS 서버에서 사용했던 테스트 정보를 사용해 새로운 포워딩 DNS 서버가 정상적으로 동작하는지 확인한다.

예제 분석

이 예제에서는 전체 네트워크에 반응성을 높이려는 기본 목적으로 캐시 전용 언바운드 DNS 서버를 설치해서 모든 도메인 이름 기반의 질의에 대한 회신을 캐시하게 했다. 이런 프로세스를 사용함으로써 동일 도메인을 다음에 요청할 때 기다리는 시간을 줄일 수 있다. 크고 트래픽이 많거나 지연이 있는 네트워크를 관리할 경우 대역폭을 아끼기 위해 매우 유용한 기능이다. 캐시 DNS 서버는 도메인 이름을 해석하는 기능을 갖고 있지 않지만, 이 작업을 수행하기 위해 기본 최상위 도메인 DNS 서버를 사용한다(최상위 도메인은 후반부에서 설명한다).

또한 이미 살펴본 것처럼 캐시 네임 서버를 순수한 순방향 시스템으로도 쉽게 변환할 수 있다. 캐시 DNS 서버는 여러 개의 관련 DNS 서버에 재귀적인 요청을 생성하고, 여러 요청으로부터 완벽한 해석 결과를 구축할 수 있다. 순방향 DNS 서버는 완전한 재귀 DNS 검색을 대신 실행할 수 있는 다른 DNS 서버로 전달한다. 이런 동작 방식은 캐시 전용 DNS 서비스를 사용할 때 원격 해석 서버와 통신할 수 있는 하나의 네트워크 요청만 생성하기 때문에 DNS 서버의 대역폭을 더욱 절약할 수 있다.

그렇다면 이 예제에서 무엇을 배울 수 있는가?

이 예제에서는 먼저 `unbound`라 부르는 DNS 서버 프로그램과 `bind-utils` 같은 필수 패키지를 설치했다. `bind-utils`는 `dig`, `nslookup`, `host` 같이 DNS와 관련된 많은 네트워크 작업을 실행할 수 있는 작은 프로그램이다. 다음 단계에서는 언바운드 설정 파일의 원본을 백업한 후 언바운드 설정 파일에 필수 설정 변경을 수정했다. 설치 이후에 기본 DNS 서버를 내부에서만 사용할 수 있게 제한하고 있기 때문에 이 예제에서는 설치된 DNS 서버가 외부의 연결 요청을 최대한 받게 하는 것이다.

예제에서는 먼저 `interface` 지시자를 써서 사용 가능한 모든 네트워크 인터페이스를 들을 수 있게 DNS 서버의 설정을 변경했고, 내부 네트워크에

allow-query를 설정해 DNS 서버로 요청할 수 있는 네트워크를 정의했다. 즉, 이 말은 내부 네트워크에 있는 모든 사용자가 DNS 해석 요청을 보낼 수 있음을 의미한다.

다음에 unbound-checkconf 커맨드 실행에 필요한 unbound-control-setup 툴을 이용해 RSA 키를 생성했다. 디지털 서명을 사용해 원본 인증 기능을 제공함으로써 DNS 데이터를 보호할 수 있는 DNSSEC(언바운드의 DNS 보안 확장 Security Extensions) 기능을 사용하고 싶다면 생성한 키와 인증서는 중요하다 (DNSSEC의 설정 내용은 이 책의 범위를 넘어선다. 더 알고 싶다면 언바운드 설정 매뉴얼(man unbound.conf)을 확인한다).

그리고 언바운드 설정 파일이 문법적으로 정상적인지 확인할 수 있는 unbound-checkconf 커맨드를 사용했다. 해당 커맨드의 결과가 비어 있다면 설정 파일의 에러가 없음을 의미한다. 그리고 미리 정의된 dns 방화벽 서비스를 기본 방화벽에 추가했고, 내부 네트워크의 다른 컴퓨터에서 접근할 수 있게 53번 포트를 오픈한다. 마지막으로 언바운드 서비스가 부팅 시 시작될 수 있게 설정하고, 해당 서비스를 시작했다.

물론 이 예제를 진행하기 위해 새로운 DNS 서버가 도메인 이름에 맞는 IP 주소로 해석하는지 확인했다. 서버 내에서 nslookup 질의를 실행했을 뿐 아니라 동일 네트워크의 다른 컴퓨터에서 새로운 DNS 서비스가 외부에서 접근할 수 있는지 nslookup 질의를 실행했다. 추가 매개변수 없이 nslookup을 실행하면 장비 이름을 해석하기 위해 운영체제가 알고 있는 기본 DNS 서버에 요청한다. 따라서 대안 DNS 서버를 사용하려면 (127.0.0.1) 대신 질의하고 싶은 다른 DNS 서버의 주소를 매개변수로 추가한다.

테스트가 성공하면 테스트 결과에는 www.packtpub.com 서버의 해석된 IP 주소가 포함될 것이다. DNS 서버의 언바운드 서비스에서 DNS 질의 시 기술적인 내용을 더 얻기 위해 unbound-host -d 커맨드를 사용할 수 있다. 모든 테스트가 성공하면 내부의 실행 중인 DNS 서비스를 포함하는 DNS

서버에 현재 네임 서버 정보를 변경한다.

이제 BIND 서비스가 어떻게 DNS 정보를 캐시하는지 살펴본다. DNS 서버에서 이전에 방문하지 않은 특정 웹사이트를 선택하고 dig 커맨드를 실행한다. 그 예는 다음과 같다.

```
dig www.wikipedia.org
```

테스트를 실행할 때 결과 화면에서 질의 시간을 다음처럼 볼 것이다.

```
;; Query time: 223 msec
```

이제 동일 URL을 테스트한다. 네트워크 환경에 맞춰 다음 결과가 출력될 것이다.

```
;; Query time: 0 msec
```

다른 웹사이트를 다시 시도한다. 이전 커맨드를 반복할 때마다 질의 시간이 줄어들 뿐 아니라, 응답 결과를 빨리 얻는 것을 확인할 수 있다. 브라우저 리프레시를 할 때 동일한 결과가 확연히 나타난다. 간단한 예제를 통해 언바운드를 소개했고, 웹 서핑을 할 때 캐시 DNS 서버는 내부 네트워크의 속도를 개선하는 데 사용될 수 있다.

권한 전용 네임 서버 설정

이 예제에서는 권한 전용authoritative-only DNS 서버를 생성하는 방법을 소개한다. 권한 전용 DNS 서버는 (이전 예제에서 소개한 캐시 전용 DNS 서버와 같이) 다른 DNS 서버에 질의를 전달하는 대신 자체 DNS에서 도메인 질의에 대한 회신을 줄 수 있다. 사설 내부 네트워크에서 장비 이름과 서비스를 해석할 수 있는 DNS 서버를 구축한다.

이전에 언급한 것처럼 언바운드는 가장 안전한 DNS 서버 솔루션이기 때문에 캐시 전용 DNS 서버가 필요할 때 언바운드가 가장 첫 번째 선택이 될 수 있는 반면, 전문 DNS 서버로 사용하기에 만족할 수 없는 제한된 권한 기능만 가진다. 이 예제에서는 내부 서버를 조회하는 DNS 서버를 대신해 인기 있는 권한 BIND DNS 서버 패키지를 사용하고, 도메인 이름의 해석을 높은 수준으로 사용자 정의할 수 있는 새로운 DNS 존을 설정한다. 기술적으로 말하면 도메인에 대한 순방향 존^{forward zone}과 역방향 존^{reverse zone} 파일을 작성한다.

존 파일은 실제 도메인 이름이 IP 주소로 매핑된 정보와 IP 주소가 도메인 주소로 매핑된 정보를 갖고 있는 텍스트 파일이다. 모든 DNS 서버에 전달되는 대부분의 질의는 도네임 이름을 IP 주소로 변환하지만, 반대로 IP 주소를 도메인 주소로 올바로 변환해야 할 때의 설정도 중요하다. BIND 서비스를 권한에 대한 질의에만 회신하는 권한 전용 서버로 설정한다. 해당 DNS 서버가 요청된 도메인을 해석할 수 없다면 회신을 제대로 얻고 구축할 수 있게 재귀 요청을 사용함으로써 다른 DNS 서버에 요청을 멈추고 통신하지 않는다.

준비

이 예제를 진행하려면 동작하는 센트OS 7 운영체제, root 권한, 고정 IP 주소, 선호하는 콘솔 기반의 텍스트 편집기, 추가 패키지를 다운로드할 수 있는 인터넷 연결이 필요하다. 예제에서 DNS 서버는 사설 네트워크의 192.168.1.0/24 네트워크 주소로 동작한다. DNS 서버는 centos7.home(도메인.최상위-도메인^{domain.toplevel-domain}의 형식을 갖춘다)으로 결정된 내부 사설 도메인을 관리한다.

새로운 DNS 서버의 IP 주소는 192.168.1.7이고, 장비 이름은 ns1이며,

상위 도메인 주소^{FQDN, Fully Qualified Domain Name}는 `ns1.centos7.home`이 된다 (FQDN에 대해 더 알기를 원한다면 2장의 '장비 이름 설정과 네트워크 주소 해석' 절을 참고한다). 설정된 존 관리자의 이메일 주소는 `admin@centos7.home`이고, 내부 네트워크의 모든 컴퓨터는 단순하게 `client1`, `client2`, `client3` 등과 같은 장비 이름을 가진다. 내부 네트워크의 메일 서버, 웹 서버, FTP 서버는 서로 분리된 장비에서 실행된다. 이미 서버에서 53번 DNS 포트를 사용하는 언바운드 서비스가 실행 중이이기 때문에 같은 장비에서 BIND 서비스를 실행하려면 8053번 포트를 사용한다.

예제 구현

보안상 BIND 서비스에서 내부 LAN 전용 이름(권한 전용)으로 해석할 수 있게 하고, 내부 장비에서만 DNS 질의를 생성할 수 있게 설정한다. 네트워크의 어느 클라이언트도 해당 DNS 서버에 접속할 수 없다.

1. 먼저 언바운드 DNS 서버에 root로 로그인하고, 필요한 BIND 패키지를 설치한 후 부팅 시 DNS 서버를 활성화한다.

   `yum install bind && systemctl enable named`

2. BIND 패키지의 DNS 서버의 실제 이름은 `named`라 부른다. `named` 설정 파일의 백업 파일을 먼저 생성한 후 `named` 설정 파일을 수정하기 위해 파일을 연다.

   `cp /etc/named.conf /etc/named.conf.BAK; vi /etc/named.conf`

3. 먼저 `listen-on port 53 { 127.0.0.1; };` 라인을 찾고, 53번 포트를 다음처럼 사용자 정의한 8053번 포트로 변경한다.

   `listen-on port 8053 { 127.0.0.1; };`

4. 다음에 `listen-on-v6 port 53 { ::1; }` 라인을 찾고 다음으로 변경한다.

```
listen-on-v6 port 8053 { none; };
```

5. 다음에 권한 전용 서버를 설정할 계획이기 때문에 원격 DNS 서버에 연결하지 않도록 한다. recursion yes; 라인을 찾은 후 다음처럼 변경한다.

```
recursion no;
```

6. named 설정 파일을 저장하고 종료한다. 그리고 변경된 설정 파일의 문법이 정상인지 확인한다(결과 없다면 에러가 없다는 의미다).

```
named-checkconf
```

7. 이제 SELinux에 변경된 named의 DNS 포트를 알린다(policycoreutils-python 패키지가 필요하다).

```
semanage port -a -t dns_port_t -p tcp 8053
```

8. 이제 순방향 존 파일을 생성하기 위해 다음 커맨드를 실행한다. 파일명을 도메인의 리소스 레코드resource record를 따라 다음처럼 짓는다.

```
vi /var/named/<도메인>.<최상위 도메인>.db
```

9. 예제에서 centos7.home 도메인은 다음과 같다.

```
vi /var/named/centos7.home.db
```

10. 이제 순방향 존 파일에 다음 라인을 추가한다(도메인 이름에 마침표를 적는 것을 잊지 않게 주의해야 한다). SOAStart of Authority 블록으로 시작한다.

```
$TTL 3h
@ IN SOA ns1.centos7.home. admin.centos7.home. (
 2015082400   ; Serial yyyymmddnn
 3h                ; Refresh After 3 hours
 1h                ; Retry Retry after 1 hour
 1w                ; Expire after 1 week
 1h                ; Minimum negative caching
```

11. 그리고 다음 내용을 순방향 존 파일에 추가한다.

```
; add your name servers here for your domain
        IN    NS    ns1.centos7.home.
; add your mail server here for the domain
        IN    MX    10    mailhost.centos7.home.
; now follows the actual domain name to IP
; address mappings:

; first add all referenced hostnames from above
ns1         IN    A      192.168.1.7
mailhost    IN    A      192.168.1.8
; add all accessible domain to ip mappings here
router      IN    A      192.168.1.0
www         IN    A      192.168.1.9
ftp         IN    A      192.168.1.10
; add all the private clients on the Lan here
client1     IN    A      192.168.1.11
client2     IN    A      192.168.1.12
client3     IN    A      192.168.1.13
; finally we can define some aliases for
; existing domain name mappings
webserver   IN    CNAME    www
johnny      IN    CNAME    client2
```

12. 순방향 존 파일 작업을 완료한 후 해당 파일을 저장하고 종료한다. 도메인에 사용될 내부 서브넷에 대한 역방향 존 파일을 생성한다 (xxx.xxx.xxx와 같은 형태를 마침표로 구분하면 C-Class는 처음 세 숫자를 의미한다. 예를 들어 192.168.1.0/24 서브넷에 대한 C 클래스는 192.168.1이다).

vi /var/named/db.<검색 IP의 C 클래스의 역순>

13. 예제에서 centos7.home의 192.168.1 C 클래스 서브넷을 해석하는 역방향 존 파일은 다음과 같다.

vi /var/named/db.1.168.192

14. 역방향 존 파일에 이전 10단계와 정확하게 일치하는 SOA를 추가한 후 다음 내용을 파일의 맨 마지막에 추가한다.

```
;add your name servers for your domain
      IN    NS    ns1.centos7.home.
; here add the actual IP octet to
; subdomain mappings:
7     IN    PTR    ns1.centos7.home.
8     IN    PTR    mailhost.centos7.home.
9     IN    PTR    www.centos7.home.
10    IN    PTR    ftp.centos7.home.
11    IN    PTR    client1.centos7.home.
12    IN    PTR    client2.centos7.home.
13    IN    PTR    client3.centos7.home.
```

15. 역방향 존 파일을 저장하고 종료한 후 named 설정에 새로운 존 정보를 추가한다. 존 정보를 추가하기 위해 named.conf 파일을 다시 연다.

vi /etc/named.conf

16. 이제 "/etc/named.rfc1912.zones";이 포함된 라인을 찾는다. 바로 다음 라인에 공백을 생성하고 역방향 존을 활성하기 위해 다음과 같은 존 정보를 추가한다(XXX.XXX.XXX를 역방향 존 파일의 C 클래스 주소를 거꾸로 한 IP로 대체한다. 예를 들어 1.168.192이다).

```
zone "XXX.XXX.XXX.in-addr.arpa." IN {
  type master;
  file "/var/named/db.XXX.XXX.XXX";
  update-policy local;
};
```

17. 존 정보를 추가한 후 이제 순방향 존에 다음과 같은 존 문장을 추가할 수 있다(<도메인>.<최상위 도메인>.db 파일을 순방향 존의 파일명으로 교체한다. 예, centos7.home).

```
zone "<도메인>.<최상위 도메인>." IN {
  type master;
  file "/var/named/<도메인>.<최상위 도메인>.db";
  update-policy local;
```

```
};
```

18. 순방향 존 파일 작업을 완료했다면 해당 파일을 저장하고 종료한다.
그리고 다음 커맨드를 사용해 bind 서비스를 재시작한다.

```
named-checkconf && systemctl restart named
```

예제 분석

모든 DNS 서버는 캐시 기능을 수행할 수 있게 설정될 수 있지만, 캐시 전용
서버는 원격 DNS 서버의 질문에만 회신할 능력만 가진다. 권한 네임 서버
는 특별한 레코드에 대한 마스터 존을 유지하는 DNS 서버다.

그렇다면 이 예제에서 무엇을 배울 수 있는가?

이 예제에서는 권한 전용 BIND DNS 서버를 설정하는 방법과 권한 전용
BIND DNS 서버를 새로운 존에 제공하는 방법을 소개한다. DNS 존은 하나
의 도메인에 사용 가능한 모든 자원(장비 이름과 서비스)을 정의한다. 모든 DNS
존은 항상 순방향 존 파일과 역방향 존 파일로 구성해야 한다. 존 설정을
이해하려면 먼저 DNS 계층을 알아야 한다.

예를 들어 이 예제의 DNS 도메인을 client1.centos7.home으로 설정했
다. 사설 네트워크의 모든 컴퓨터는 각각 장비 이름(예, client 또는 www)을 갖고
있고, 도메인의 구성원이다. 도메인은 보조 도메인 이름[SLD, Second-Level Domain]
과 최상위 도메인 이름[TLD, Top-Level Domain]을 가진다. 최상위 도메인 이름[TLD]의
상위는 루트 도메인(마침표(.)가 쓰인다)이며, 다른 프로그램이나 설정과 연동할
때 종종 무시된다. 하지만 존 설정에서 FQDN을 정의하거나 작업할 때 마침
표(.)를 추가하는 것을 절대로 잊지 말아야 한다. 최상위 도메인 이름 뒤에
DNS 도메인 이름이 존재한다. client1 컴퓨터의 DNS 도메인 이름은
client1.centos7.home이지만, /etc/hosts 파일의 FQDN은 종종 client1.
centos7.home 형식으로 쓰인다(기술적으로 잘못됐지만, 대부분은 문제가 발생되지 않
는다).

루트 도메인은 루트 DNS 서버를 포함하기 때문에 매우 중요하다. 권한 DNS 서버가 내부의 기존 레코드(존) 또는 캐시에서 요청 도메인을 찾지 못하면 가장 먼저 루트 DNS 서버를 질의한다. 하지만 모든 도메인 계층의 DNS 서버를 갖고 있을 뿐 아니라 DNS 서버가 재귀 요청을 만드는 방법이다. 다른 모든 DNS 서버와 같이 루트 DNS 서버는 최상위 도메인인 모든 하위 도메인을 해석한다. 해당 최상위 도메인은 모든 보조 도메인^{SLD}을 해석할 수 있다(존 파일에서도 정의된다).

보조 도메인은 장비 이름을 해석한다(네트워크의 개별 컴퓨터 또는 서비스를 참조하기 때문에 특별한 하위 도메인이다). 따라서 모든 DNS 요청은 최상위 도메인 DNS 서버를 통해 루트 DNS 서버에서 보조 도메인 DNS 서버로 여러 서버 계층을 차례로 순회한다. 루트 서버와 최상위 도메인 DNS 서버는 `www.centos7.home`과 같은 상위 도메인에 대한 DNS 질의를 완벽히 해석할 수 없는 대신 계층적으로 DNS 서버를 순회하면서 DNS 질의를 해석한다. 이런 시스템에서는 루트 DNS 서버는 최상위 도메인 DNS 서버 주소를 제대로 찾고 최상위 도메인 DNS 서버는 올바른 존 파일을 가진 정확한 보조 도메인 DNS 서버에 항상 요청을 보내 요청한 DNS 질의를 마침내 회신할 수 있다.

그렇다면 이 예제에서 무엇을 배울 수 있는가?

이미 살펴본 대로 존 파일은 지시자와 리소스 레코드로 구성된 간단한 텍스트 파일이고, 2 글자로 축약된 많은 글을 포함하기 때문에 아주 복잡해보일 수 있다. 특정 도메인을 기반으로 실행 중인 모든 장비 이름과 서비스에 대한 기본 도메인 레벨(예, `centos7.home`)에서 존 파일(순방향 파일과 역방향 파일)을 설성해야 한다(예, `www`, `host1`, `api` 등).

명명된^{named} DNS 서버(BIND^{Berkeley Internet Name Domain} 패키지의 일부분)를 설치한 후 원본 설정 파일의 백업 파일을 복사하고, 기본 리스닝 포트를 53번 포트에서 8053번 포트로 변경했지만(언바운드가 이미 53번 포트로 리스닝하기 때문이다), 여전히 내부 장비만 리스닝했고 다른 마스터 DNS 서버와 호환성을 유지하기 위해 IPv6를 비활성화했다(IPv6 지원은 인터넷에서 여전히 제약이 있기 때문이다). 또한 BIND DNS 서버는 권한 전용 서버이기 때문에 재귀 요청을 비활성화했다. 즉, 이 말은 BIND DNS 서버가 존 레코드에 대한 질의를 해석할 수 없을 때 원격 DNS 서버에 순방향 DNS 요청을 전달할 수 없음을 의미한다.

그리고 /var/named/<도메인>.<최상위 도메인>.db와 같은 파일 형식을 가진 순방향 DNS 존 파일을 생성하고 사용자 정의했다. 해당 파일은 생존 시간^{Time to Live}을 의미하는 $TTL 제어 문장으로 시작했고, 네임 서버에 TTL 시간 값을 전달한다. TTL은 존에서 얼마나 오랫동안 레코드를 캐시할 수 있는지 결정하는 시간 값이다. 여타 지시자와 같이 기본 시간 단위는 초로 정의되지만, 분(m), 시간(h), 일(d), 주(w)의 간단한 형태로 BIND를 사용해 다양한 단위를 사용할 수도 있다. 예제에서는 3h로 작업했다.

순방향 존 파일에 TTL 다음에 SOA^{Start of Authority} 레코드를 제공했다. 해당 레코드는 존의 상세 정보를 전반적으로 포함한다. 레코드는 존 이름(@)으로 시작하고, hostname.domain.TLD 형식으로 네임 서버의 FQDN으로 존 클래스, 존 관리자의 이메일 주소를 명시한다. 뒤의 값은 전형적으로 hostmaster.hostname.domain.TLD 형식이며, @ 기호를 마침표(.)로 대체하는 형태다. 이 작업을 완료하려면 존의 연속된 값, 갱신 값, 재시도 값, 만료 값, 음수의 캐시 TTL^{time-to-live} 값을 할당하기 위해 괄호를 연다. 해당 지시자는 다음과 같이 요약할 수 있다.

- serial-number 값은 날짜의 역순(YYYYMMDD)에 추가 값(VV)을 구성된 숫자다. 존을 재로드하기 위해 named 서비스에게 알려주기 위해 존 파일이 매번 변경될 때마다 VV 값이 추가된다. VV 값은 일반적으로 00에서 시작하고 파일을 수정할 때마다 01, 02, 03 등으로 증분된다.

- time-to-refresh 값은 얼마나 자주 보조(슬레이브) 네임 서버에서 주요 네임 서버의 존에 반영된 변경 내용을 얼마나 자주 확인할지 결정한다.

- time-to-retry 값은 얼마나 자주 보조(슬레이브) 네임 서버가 주요 서버

에 시리얼 번호가 실패한 후 시도할지를 결정한다. 실패가 time-to-expire 값으로 명시된 타임 간격 동안 발생한다면 보조 네임 서버는 요청의 권한으로 응답을 중지한다.

- minimum-TTL 값은 얼마나 오랫동안 네임 서버가 음수의 응답을 캐시할 수 있을지 결정한다.

TTL와 SOA 관련 작업을 완료한 후 괄호로 해당 작업을 종료했다. 다음에 권한 네임 서버 정보(NS)를 IN NS <네임 서버의 FQDN> 정의에 추가했다. 일반적으로 말해 3개의 네임 서버가 없다면 최소 2개의 네임 서버를 가진다(새로운 IN NS 라인에 네임 서버의 FQDN를 각각 저장한다).

하지만 오직 하나의 네임 서버를 설정할 수 있는데, 사무실이나 집에 서버를 실행할 때 특별히 유용하며, .home, .lan, .dev 같은 내부 도메인 이름으로 해석되는 장점을 누릴 수 있다. 다음 단계는 메일 서버를 존에서 명시하기 위해 MX^{the Mail eXchanger} 레코드에 대한 참조를 포함한다. 해당 포맷은 IN MX <우선순위> <메일 서버의 FQDN>이다. 하나 이상의 메일 서버를 정의하려면 우선순위가 중요하다(분리된 IN MX 라인에서 개별로 정의한다). 숫자가 낮을수록 높은 우선순위를 가진다. 이런 관점에서 보조 메일 서버는 높은 값을 가져야 한다.

 SOA, NS, MA 라인에서 아직 IP 매핑(A 레코드)으로 정의하지 않았던 장비 이름을 이미 참고했다. 존 파일이 순차적으로 처리되지 않기 때문에 해당 작업을 실행할 수 있다. 하지만 각 장비 이름 뒤에 관련 A 라인을 생성하는 것을 잊지 말아야 한다.

예제에서 보여준 것처럼 서비스마다 전용 서버를 두지 않고, 필요에 맞게 메일 서버를 네임 서버로 사용할 수도 있을 것이다(MX 10 ns1.centos7.home 대신 사용할 수 있다).

다음에 A 레코드(주소 레코드)를 생성하고 IP 주소를 할당한다. 이 부분이 서버에 대한 모든 도메인 이름 요청에 대한 핵심이다. A 레코드는 FQDN을 IP 주소와 연관시키기 위해 사용되지만, 필요를 기반으로 많은 설정을 추가할 수 있다. 설정 파일에 네트워크에서 매핑하고 싶은 모든 내부 장비의 이름을 정의할 수 있다. 네임 서버 또는 메일 서버와 같은 존 파일에서 이전에 우리가 이미 도메인 이름을 사용하고 참조했기 때문에 이렇게 시작했었다.

그리고 모든 공개 클라이언트와 내부 클라이언트에서 사용할 수 있게 모든 장비 이름을 IP 주소 매핑으로 정의했다. A 레코드를 사용하면 동일한 IP 주소를 여러 장비 이름으로 매핑된 다양한 정보를 가질 수 있다. 예를 들어 네트워크에서 각 DNS, mail, web, ftp 서비스를 전용 서버에서 실행하는 대신 한 서버에서 실행하려면 다음 라인처럼 작성할 수 있다.

```
ns1       IN A 192.168.1.7
mailhost    IN A 192.168.1.7
www       IN A 192.168.1.7
ftp       IN A 192.168.1.7
```

이 작업을 위해 기존 A 레코드에 대한 앨리어스를 할당할 정식 이름(CNAME)을 사용할 수도 있다. CNAME 값을 A 레코드에 다시 지정함으로써 도메인 데이터 관리를 확실히 쉽게 할 수 있다. 또한 A 레코드의 IP 주소의 변경을 고민하는 중이라면 모든 CNAME 레코드는 자동으로 해당 레코드를 가리켰다. 하지만 이 예제에서 보여주려고 했던 것처럼 다른 해결책은 IP 주소를 변경하기 위해 여러 변경이 필요하다는 것을 암묵적으로 의미하는 여러 A 레코드를 갖는 것이다.

다음 단계에서 역방향 DNS 존으로 방향을 틀어 작업을 진행했다. 순방향 존 파일처럼 역방향 존 파일도 /var/named/db.<검색 IP의 C 클래스의 역순> 같은 특별한 이름 규칙을 가진다. 역방향 존 파일이 db.1.168.192와 같은 이름으로 된 것에 대해 무척 생소할 수 있지만, 역방향 조회가 어떻게 이뤄지는 알면 이해할 것이다. 높은 값을 가진 노드부터 시작하고(예제에서는 192이다. 192는 순방향 존 파일의 루트 도메인에 연관된다), 낮은 숫자 방향으로 탐색한다.

예제에서 살펴본 것처럼 파일에 저장한 내용은 순방향 존 파일에서 사용된 지시자와 자원의 내용과 비슷하다. 그러나 역방향 DNS는 순방향 DNS와 완전히 분리되고 별개임을 아는 것이 중요하다.

역방향 DNS 존은 도메인 이름을 IP 주소로 변환할 때 도움이 될 수 있게 설계됐다. 도메인 이름의 IP 주소 변환은 하나 이상의 장비 이름에 고유한 IP 주소를 할당하는 PTR^{Pointer Resource Record}을 사용해 수행될 수 있다. 이런 이유로 유일한 PTR 레코드가 모든 A 레코드를 위해 존재할 수 있도록 주의를 기울여야 한다. 모든 역방향 존 파일은 완전한 클래스 C 주소 범위(앞부터 3번째 숫자를 의미한다. 예, 192.168.1)에 대한 장비 이름을 해석할 수 있는 IP를 수집한다. IP 범위의 마지막 숫자(옥텟)는 파일에서 정의할 수 있는 장비 이름이다(옥텟^{octet}은 8비트 배열이다 - 옮긴이). PTR 레코드의 1번째 칼럼의 IP 주소 값은 마지막 숫자(옥텟)만 보여줘야 한다. 예를 들어 db.1.168.192 역방향 존 파일의 9 IN PTR www.centos7.home 라인은 www.centos7.home 도메인에 대한 192.168.1.9의 IP 주소 요청을 역으로 해석할 수 있다.

이 예제의 순방향 존 파일과 역방향 존 파일을 생성한 후 내부 네트워크의 내부 도메인 이름을 해석할 수 있는 도메인 네임 서비스를 시작하기 위해 BIND 서버에 새로운 존을 추가함으로써 named 서비스 설정 작업을 완료했다. 새롭게 추가된 순방향 존과 역방향 존의 정의 블록에 마스터 존 타입과 update-policy local;도 명시했다. 내부 장비에서 존을 동적으로 변경하기 위해 nsupdate 커맨드를 사용하려면 update-policy local로 설정해야 한다(뒷부분에서 설명한다). 존 정보를 무제한으로 추가할 수 있지만, 각 순방향 존이나 역방향 존에서는 중괄호 안에서 하나의 존 정보를 정의해야 한다.

요약하면 순방향 존 파일과 역방향 존 파일은 하나의 기본 도메인 이름을 기준으로 정의되고, 하나의 기본 도메인은 하나의 순방향 존 파일을 가진다고 말할 수 있다. 역방향 존 파일은 IP 주소로 작업하기 때문에 순방향 존 파일과 다르다. 도메인의 네트워크 주소의 C 클래스 주소 범위를 기반으로 하는 존 파일을 생성하고, 마지막 숫자는 장비 이름이라 불리며, 특정 파일에서 장비 이름에 대한 매핑을 정의한다.

BIND 서버는 큰 주제고 배워야 할 내용이 많지만, 이 예제에서는 BIND
서버에 대해 소개 정도만 보여줬다. 대부분의 경우에 초기 학습 시간에 시행
착오를 겪겠지만 극복할 것이다. 추가 순방향 존을 생성한다면 역방향 존에
도 항상 참조할 수 있게 한다. 연습은 완벽함을 만든다는 점을 기억하라.

부연 설명

존을 BIND 서버에 생성하고 추가한 후 설정을 테스트하기 위해 host, dig,
nslookup 커맨드를 사용할 수 있다. 예를 들어 순방향 DNS 해석 기능을
테스트하기 위해 dig 커맨드에 내부 장비에서 실행할 DNS 서버를 8053번
포트로 명시해 다음처럼 사용할 수 있다.

dig -p 8053 @127.0.0.1 client2.centos7.home

dig 커맨드는 성공적으로 DNS를 조회하고 다음 라인을 리턴한다(결과의 일부
가 생략됐다).

```
;; ANSWER SECTION:
client2.centos7.home.  10800  IN  A  192.168.1.12
```

역방향으로 조회하려면 다음처럼 IP 주소를 사용한다(예를 들어 사용된 IP 주소는
역방향 DNS를 설정하는 도메인에 해당된다).

```
nslookup -port=8053 192.168.1.12 127.0.0.1
```

BIND를 권한 전용 DNS 서버로 설정했기 때문에 존의 내부 레코드 영역이
아닌 모든 DNS 요청은 완전히 해석되지 않는다. dig -p 8053 @127.0.0.1
www.google.com을 테스트하면 REFUSED와 WARNING: recursion requested
but not available 메시지를 받을 것이다.

보안상 이유로 BIND 서버를 내부 장비에만 제한했고, 다른 DNS 서버로의

연결을 허용하지 않았다. 따라서 내부 네트워크에서 DNS 솔루션으로만 사용할 수 없다. 대신, 다음 예제에서 매우 안전하고 모든 기능이 있는 통합 DNS 서버 솔루션을 구축하기 위해 BIND에 언바운드를 통합하는 방법을 소개할 것이다. 하지만 이 방법을 사용하지 않고, 작업을 수행해 하나의 완벽한 권한 DNS 서버 솔루션을 사용한다면(센트OS 7에서는 더 이상 추천하지 않는다) 언바운드를 비활성화하거나 삭제하고, named.conf.BAK 설정 파일을 원복하고 BIND 구성 파일에 `allow-query {localhost;192.168.1.0/24;};` (DNS 요청을 생성할 수 있게 192.168.1.0/24 대역을 활성화한다), `listen-on port 53 {any;};`(모든 네트워크에서 오는 요청을 리스닝한다), `listen-on-v6 port 8053 { none; };`(IPv6를 활성화한다) 지시자를 활성화한다. 회신을 찾을 수 있는 재귀 요청을 사용하는 대신, 권한 없는 모든 요청을 전달하는 BIND를 원한다면 `forwarders { 8.8.8.8;};forward only;` 지시자도 추가하고 `bind` 서비스를 재시작한다(예제에서 모든 요청을 전달하기 위해 구글의 공식 DNS 서버를 사용하지만, 필요에 맞게 변경할 수 있다).

통합 네임 서버 솔루션 구축

지금까지 언바운드와 BIND를 설명했다. 언바운드는 매우 안전하고 빠르기 때문에 캐시 전문 DNS 서버 솔루션으로 사용했고, BIND는 존 관리가 무척 쉽고 사용자 정의가 가능하기 때문에 권한 전용 DNS 서버로 사용했다. BIND는 오랫동안 많이 사용된 DNS 소프트웨어다. 하지만 과거에는 심각한 버그가 많이 발견됐다(다행히 버그는 수정됐다). 이 예제에서는 언바운드와 BIND의 가장 좋은 장점을 살리기 위해 이 둘을 결합할 것이다. 매우 안전한 언바운드 서비스만 직접 개인 네트워크에서 노출될 수 있고, 클라이언트의 NDS 질의 요청을 받고 처리할 수 있다.

이전 예제에서 설정한 내용은 BIND 서비스를 내부 장비에만 국한했고, 내부 장비 이름을 해석할 수 있게 허용됐지만, 인터넷이나 클라이언트에서 직접 연결하지 않았다. 클라이언트는 언바운드 서비스에 접속하고 내부 네트워크의 장비 이름을 해석하려는 요청을 보내면 언바운드는 BIND 서버에 내부적으로 DNS 해석 기능에 문의하고 응답을 캐시한다. 반면 클라이언트가 외부 도메인 이름을 해석하려는 요청을 보낸다면 언바운드 자체는 재귀적으로 요청하거나 원격 DNS 서버에 전달하고 응답을 캐시한다. 두 DNS 서버를 통합하면 완벽한 만능 DNS 서버 솔루션을 구축할 수 있다.

준비

이 예제를 진행하려면 동작하는 센트OS 7 운영체제, 선호하는 콘솔 기반의 텍스트 편집기가 필요하다. 캐시 전용 언바운드 서버(53번 포트)와 권한 전용 BIND 서버(8053번 포트)가 설치돼 있고, 9장의 예제를 사용해 서버가 이미 실행 중인 상태임을 가정한다.

예제 구현

이 예제에서는 언바운드를 설정하는 방법을 소개해 클라이언트가 내부 장비 이름을 요청할 때마다 내부에서 실행 중인 권한 전용 BIND 서비스에 질의할 수 있게 한다. 모든 DNS 요청은 회신을 생성할 수 있는 원격 루트 서버에 대한 DNS 재귀 요청이 돼야 한다.

1. 언바운드와 BIND 서비스를 실행 중인 서버에 root로 로그인한 후 언바운드의 설정 파일을 연다.

   `vi /etc/unbound/unbound.conf`

2. 먼저 `server` 옵션에 다음 라인을 추가한다.

   `local-zone: "168.192.in-addr.arpa." nodefault`

3. 다음에 기본적으로 비활성화된 언바운드의 내부 장비 연결을 허용해야 한다. `# do-not-query-localhost: yes` 라인을 검색한 후 주석 처리

를 해제하고, 해당 옵션의 값을 no로 설정한다.

do-not-query-localhost: no

4. 다음에 BIND 서버는 DNSSEC를 사용해 설정되지 않았기 때문에 언바운드에 DNSSEC를 사용할 수 있게 알려줘야 한다(기본적으로 언바운드는 DNSSEC를 사용하지 않는 DNS 서버의 연결을 거부한다). # domain-insecure: "example.com"으로 시작하는 라인을 찾아 주석 처리를 해제하고 다음처럼 수정한다.

domain-insecure: "centos7.home."
domain-insecure: "168.192.in-addr.arpa."

5. 다음으로 내부 도메인 centos7.home에 대한 모든 요청을 내부에서 동작하는 BIND 서버(8075번 포트)에 전달하기 위해 언바운드를 알려줘야 한다. 언바운드 설정 파일의 끝에 다음 내용을 추가한다.

stub-zone:
    name: "centos7.home."
    stub-addr: 127.0.0.1@8053

6. 또한 BIND를 사용한 내부 도메인의 모든 역방향 조회가 동일한 것을 언바운드에 알린다.

stub-zone:
    name: "1.168.192.in-addr.arpa."
    stub-addr: 127.0.0.1@8053

7. 언바운드 파일을 저장하고 종료한 후 언바운드 서비스를 재시작한다.

unbound-checkconf && systemctl restart unbound

예제 분석

언바운드와 BIND의 좋은 부분을 통합한 모든 권한 기능을 가진 매우 안전한 DNS 솔루션을 갖게 됐다. 이 예제에서는 언바운드 서비스에 내부적으로 실행 중인 BIND 서비스를 순방향 요청과 역방향 요청에 연결할 수 있는 stub-zone을 사용해 설정하는 방법을 소개했다.

stub-zone은 공공 인터넷 서버를 사용해 접근할 수 없는 권한 데이터를 설정할 수 있는 특별한 언바운드 기능이다. stub-zone의 name 필드는 언바운드가 수신한 DNS 요청을 전달할 존 이름을 정의하고, stub-addr 필드는 접근할 DNS 서버의 경로(IP 주소와 포트)를 설정한다. 예제에서 8053번 포트로 실행 중인 내부 BIND 서버를 설명했다. 내부 장비에서 연결할 수 있는 언바운드에서 먼저 do-not-query-localhost: no 지시자를 사용해 내부 장비에 연결할 수 있게 설정하고, 순방향 도메인과 역방향 도메인이 위험^{insecure}하다고 설정한다. 또한 새로운 local-zone을 정의해서 언바운드가 클라이언트가 stub-zone 권한 서버에 질의를 보낼 수 있다는 것을 알 수 있게 설정했다.

부연 설명

새로운 언바운드/BIND DNS 클러스터를 테스트하기 위해 동일한 네트워크에 있는 다른 컴퓨터의 언바운드 서비스에 하나의 공개 DNS 요청과 하나의 내부 호스트 이름에 대한 DNS 요청을 생성한다(비슷한 테스트를 DNS 서버 자체에서 내부적으로 실행할 수도 있다). 언바운드/BIND DNS 클러스터의 IP 192.168. 1.7이고, 네트워크의 다른 컴퓨터에서 dig @192.168.1.7 www.packtpub. com 커맨드와 dig @192.168.1.7 client1.centos7.home 커맨드를 실행해 올바른 회신을 얻는다.

서비스 문제를 해결해야 하거나 새로운 언바운드/BIND DNS 서버의 DNS 질의를 모니터링해야 한다면 로깅 매개변수를 설정해야 한다. BIND의 경우 named.conf 설정 파일에서 로깅 결과를 자세히 출력할 수 있게 설정할 수 있다. severity라는 매개변수가 logging 지시자에서 찾을 수 있다. severity 매개변수에 이미 가장 많은 양의 로그 메시지를 출력하는

dynamic으로 설정돼 있다. `tail -f /var/named/data/named.run`을 사용해 현재 로그를 읽을 수 있다. 언바운드의 경우 unbound.conf 설정 파일의 로그 설정 레벨을 `verbosity` 지시자로 설정할 수 있다. `verbosity` 지시자의 가장 작은 숫자는 1이고, 가장 큰 숫자는 5다. 다양한 로그 레벨에 대해 더 알고 싶다면 man unbound.conf 커맨드를 실행한다. 언바운드 로그 정보를 읽으려면 `journald`를 사용하고, `journalctl -f -u unbound.service` 커맨드를 실행한다(커맨드를 종료하려면 Ctrl+c 키를 실행한다).

시스템과 서비스 정보의 로그를 출력할 뿐 아니라 질의 로그도 출력할 수 있다. 언바운드의 레코드 질의 정보를 보려면 `verbosity`를 3 이상의 값으로 설정한다. BIND의 경우 질의 로그(모든 결과는 named.run 로그 파일에 저장된다)를 활성화하기 위해 `rndc querylog on` 커맨드를 실행한다(로그를 출력하지 않게 하려면 rndc querylog off 커맨드를 실행한다). DNS 서버를 상용 환경에 설정할 때 질의 로그를 활성화하면 성능이 저하되기 때문에 질의 로그와 같은 로깅 정보를 너무 많이 출력하지 않도록 해야 한다. DNS 활동을 모니터링할 수 있는 dnstop(EPEL 저장소에서 다운로드할 수 있다) 같은 외부 툴을 설치할 수도 있다.

도메인 얻기

이 예제에서는 네임 서버에는 현재 알려져 있지 않은 권한 BIND 서버에 새로운 내부 도메인 레코드를 얼마나 빨리 추가할 수 있는지 살펴본다.

준비

이 예제를 진행하려면 동작하는 센트OS 7 운영체제, 선호하는 콘솔 기반의 텍스트 편집기가 필요하다. 서버에 언바운드와 BIND가 모두 설치되고 이미 실행 중이라고 가정한다. 또한 9장의 존 예제를 읽고 적용했고, 개인 네트워크의 장비 이름을 해석하기 위해 필요한 순방향 존 파일과 역방향 존 파일이 준비됐다고 가정한다.

DNS 서버에서 IP 주소와 매핑한 새로운 도메인 이름을 추가하고 싶다면,
즉 내부 네트워크의 새로운 장비나 모르는 장비를 추가하고 싶다면 두 가지
방법이 있다. 내부 네트워크에서 존 파일을 이미 생성했기 때문에 기본 도메
인 이름 안에 선호하는 텍스트 편집기를 사용해 순항뱡 존 설정 파일과 역방
향 존 설정 파일로 새로운 하위 도메인을 생성할 때마다 새로운 A 레코드
(CNAME을 사용할 수 있고, 안할 수도 있다)와 연관 PTR 항목을 추가할 수 있다. 대안으
로 DNS 서버를 재시작할 필요 없이 해당 레코드를 대화형 모드로 추가할 수
있는 nsupdate 커맨드라인 툴을 사용할 수 있다. 이 절에서는 nsupdate 툴
의 사용 방법과 DNS 서버의 연동 방법을 소개한다. 예제에서는 새로운 하위
도메인 client4.centos7.home를 추가한다. IP 주소가 192.168.1.14인
컴퓨터가 client4.centos7.home 하위 도메인을 가질 수 있수록 DNS 서
버 존에 추가한다.

1. BIND 서비스가 실행 중인 서버에 root로 로그인한다. 이제 SELinux가
   존 파일을 저장할 수 있게 named 서비스를 활성화해야 한다.

   setsebool -P named_write_master_zones 1

2. 다음에 named 설정 디렉토리에서 권한 문제가 발생하지 않게 처리해야
   한다. 그렇지 않으면 nsupdate는 존 파일을 수정할 수 없다.

   chown :named /var/named -R; chmod 775 /var/named -R

3. BIND 서버가 8053번 포트로 동작하기 때문에 내부적으로 대화형 모드
   로 nsupdate 세션을 시작할 수 있게 다음 커맨드를 실행한다.

   nsupdate -p 8053 -d -l

4. 프롬프트(>)에서 다음 커맨드를 실행해 내부 DNS 서버에 접속한다(커맨드를 종료하려면 엔터 키를 누른다).

```
local 127.0.0.1
```

5. IP 매핑에 대한 새 순방향 도메인을 DNS 서버에 추가하기 위해 다음 커맨드를 실행한다.

```
update add client4.centos7.home. 115200 A 192.168.1.14
send
```

6. 이제 다음 커맨드를 사용해 역방향 관계를 추가한다.

```
update add 14.1.168.192.in-addr.arpa. 115200 PTR client4.centos7.
home.
send
```

7. update 커맨드의 결과에 NOERROR 메시지가 존재한다면 Ctrl+c 키를 사용해 nsupdate 대화형 세션을 종료한다.

8. 마지막으로 새로운 존 항목에 대한 도메인과 IP 해석이 제대로 동작하는지 확인한다(언바운드 서버를 통해 원격으로 작업할 수도 있다).

```
dig -p 8053 @127.0.0.1  client4.centos7.home.
nslookup -port=8053 192.168.1.14 127.0.0.1
```

예제 분석

이 예제에서는 런타임에서 동적으로 nsupdate 툴을 사용해 BIND DNS 서버를 재시작할 필요 없이 얼마나 쉽게 새로운 도메인 이름 해석 레코드를 추가할 수 있는지 소개했다.

그렇다면 이 예제에서 무엇을 배울 수 있는가?

이 예제에서는 서버를 재시작하거나 존 파일을 수정할 필요 없이 실행 중인 BIND DNS 데이터베이스를 변경할 수 있는 유틸리티인 nsupdate 커맨드라인 툴을 소개했다. DNS 서버에 존 파일을 이미 설정했다면 DNS 서버를 변경하는 것이 바람직한 방법이다. 예를 들어 DNS 서버를 변경하기 위해 원격 DNS 서버에 연결할 수 있지만, 단순성과 보안상의 이유로 가장 간단한 형태만 사용하고 허용하고, BIND 서버 내부에서 nsupdate만 연결한다 (nsupdate를 사용해 원격으로 BIND 서버에 연결하기 위해 안전한 키 쌍을 생성하고 방화벽을 여는 작업 등과 같은 설정 작업을 진행해야 한다).

BIND 서버의 존 파일에 작성하기 위해 named를 허용하고(허용하지 않으면 SELinux에 의해 금지된다), 기본 named 설정 디렉토리에 권한 문제를 수정한 후 nsupdate 프로그램을 실행했다. nsupdate 프로그램이 사용된 매개변수로 내부 연결을 맺기 위해 -l을, 8053번 포트에 BIND DNS 서버에 접속하기 위해 -p를, 문제를 해결하기에 유용할 수 있는 디버그 출력을 하기 위해 -d 를 사용했다. 다음에 BIND의 특정 update 커맨드를 실행할 수 있는 대화형 셸로 프롬프트가 표시된다. 먼저 내부 서버와 연결하기 위해 local 127.0.0.1을 설정한 후 실행 중인 DNS 서버에 새로운 순방향 A 레코드를 추가할 수 있는 update add 커맨드를 사용했다.

update add 커맨드 문법은 존 파일의 레코드를 정의하는 방법과 비슷하다. IP 주소 192.168.1.14로 해석할 수 있는 client4.centos7.home 도메인 에 TTL이 3일인 새로운 A 레코드를 추가하기 위해 update add <도메인_이 름> <TTL> <타입> <IP 주소> 라인을 사용했다. 다음 라인은 새로운 도메인에 역방향 해석 규칙을 설정하기 위해 사용됐고, 해당 규칙은 도메인 이름을 PTR 항목으로 역방향 존에 추가한다. update add 역방향 규칙의 도메인 부분을 <규칙이 적용될 장비 이름>.<IP 주소의 C 클래스 역순>.in-addr.arpa처 럼 정의해야 한다.

마지막으로 DNS 서버의 데이터베이스에 커맨드를 실행하고 데이터를 영구 저장하기 위해 서버를 재시작할 필요 없이 역방향과 순방향 커맨드가 서로 다른 존을 대상으로 하기 때문에 두 커맨드에 대한 send 커맨드를 별도로 사용했다. 마지막으로 BIND 서버에 질의함으로써 DNS 서버 존 파일에 추 가된 새로운 항목이 동작하는지 확인했다.

보조(슬레이브) DNS 서버 구축

네트워크에서 높은 가용성을 보장하기 위해 어떠한 서버 장애를 해결하기 위해 하나 이상의 DNS 서버를 운영하는 것이 유용할 수 있다. 서비스에서 지속적인 접근이 중요한 공개 DNS 서버를 운영하고 있다면 특별히 맞는 얘기고, 한 번에 5개 이상의 DNS 서버를 운영하는 것도 드문 일이 아니다.

여러 DNS 서버를 설정하고 관리하는 작업은 시간이 소비되는 작업일 수 있기 때문에 BIND DNS 서버는 노드 간 존 파일을 전송하는 기능을 사용해 모든 DNS 서버가 동일 도메인에 대한 해석 기능과 설정 정보를 갖게 할 수 있다. 동기화 작업을 진행하기 위해 하나의 마스터 DNS 서버와 하나 이상의 보조(슬레이브) DNS 서버를 정의할 필요가 있다. 그리고 마스터 DNS 서버에 존 파일을 한 번 변경해 모든 보조 서버에 현재 버전 정보가 일관적이고 최신으로 유지되면서 전송할 수 있게 한다. 클라이언트 입장에서는 어떤 DNS 서버에 접속되든지 간에 차이점은 전혀 없다.

준비

이 예제를 진행하기 위해 동일 네트워크에 최소 2개의 센트OS 7 서버가 있어야 하고, 서버 간 핑이 동작해야 한다. DNS 서버 팜farm에 포함될 모든 컴퓨터에 BIND 서버 소프트웨어를 다운로드하고 설치하기 위해 필요한 인터넷 연결이 필요하다. 예제에서는 2대의 서버를 사용했다. IP가 192.168.1.7인 서버는 BIND 서버로 이미 설치되고 설정됐고, IP가 192.168.1.15인 서버는 서브넷이 192.168.1.0/24인 보조 BIND 서버로 설정될 것이다. 또한 DNS 서버 간 존 파일을 전송하기 원하기 때문에 9장에서 존 파일 예제를 읽고 적용한 후 순방향 존 파일과 역방향 존 파일이 생성돼 있어야 한다.

예제에서는 먼저 BIND DNS 서버 클러스터에 포함할 모든 센트OS 7 컴퓨터에 BIND를 설치했다. 설치를 진행하기 위해 해당 시스템에 '권한 전용 네임 서버 설정' 절의 예제를 그대로 진행한다. 시작하기 전에 어느 서버가 마스터 DNS 서버인지를 정의해야 한다. 예제에서는 단순히 IP가 192.168.1.7인 서버를 마스터 DNS 서버로 선택한다. 이제 각자의 역할을 인식하는 모든 DNS 서버 노드를 구축해보자.

마스터 DNS 서버의 변경

1. 마스터 DNS 서버에 root로 로그인한 후 DNS 서버의 설정 파일을 연다.

   vi /etc/named.conf

2. 이제 보조 DNS 서버가 존 파일을 모두 받을 수 있게 정의하자. 새 라인에 다음 커맨드를 추가하고 중괄호 사이에 옵션 값에 넣는다(IP가 192.168.1.15인 보조 DNS 서버만 설정한다. 필요하다면 IP를 변경한다).

   ```
   allow-transfer { 192.168.1.15; };
   notify yes;
   ```

3. 또한 마스터 DNS 서버에 연결할 수 있게 다른 네임 서버를 허용해야 한다. 네임 서버를 허용하려면 DNS 서버의 주요 네트워크 인터페이스를 포함할 수 있는 listen-on 지시자의 값을 변경해야 한다(192.168.1.7을 추가한다. 필요하면 변경한다).

   listen-on port 8053 { 127.0.0.1;192.168.1.7; };

4. 설정 파일을 저장하고 종료한다. 서버 방화벽에 새로운 8053번 포트를 연다(6장의 firewalld 서비스를 생성하는 방법을 살펴본다).

   ```
   firewall-cmd --permanent --zone=public --add-port=8053/tcp
   --add-port=8053/udp;firewall-cmd --reload
   ```

5. 다음에는 이전에 생성된 존 파일을 변경해서 새로운 시스템에서 사용할 수 있는 새로운 네임 서버의 IP 주소를 포함시킨다. 새로운 보조 DNS 서버를 포함하기 위해 순방향 존 파일(/var/named/centos7.home.db)과 역방향 존 파일(/var/named/db.1.168.192)을 변경한다(nsupdate 프로그램을 사용할 수도 있다).

```
NS      ns2.centos7.home.
ns2      A     192.168.1.15
```

6. 역방향 존 파일에 다음을 추가한다.

```
NS ns2.centos7.home.
15 PTR ns2.centos7.home.
```

7. 마지막으로 설정 파일을 확인하고 BIND 서비스를 재시작한다.

```
named-checkconf && systemctl restart named
```

보조 DNS 서버의 변경

단순하게 보여주기 위해 보조 BIND 서버로 사용될 모든 서버에 named를 설치한다(이 절에서 중요한 설정만 설명한다).

1. 새로운 서버에 root로 로그인한 후 BIND를 설치하고, BIND 설정 파일을 연다.

```
yum install bind; vi /etc/named.conf
```

2. 이제 include /etc/named.rfc1912.zones;이 포함된 라인을 찾는다. 그런 다음 라인에 작업을 위한 공간을 만들고 다음 영역을 추가한다(필요하면 존과 파일명을 변경한다).

```
zone "centos7.home" IN {
    type slave;
    masters port 8053 { 192.168.1.7; };
    file "/var/named/centos7.home.db";
};
```

```
zone "1.168.192.in-addr.arpa" IN {
    type slave;
    masters port 8053{ 192.168.1.7; };
    file "/var/named/db.1.168.192.db";
};
```

3. 설정 파일을 저장하고 종료한다. 그리고 BIND 디렉토리 권한을 변경하고 BIND를 재시작하기 전에 마스터 존 파일 디렉토리에 저장할 수 있는 named를 활성화한다.

```
chown :named /var/named -R; chmod 775 /var/named -R
setsebool -P named_write_master_zones 1
named-checkconf && systemctl restart named
```

4. 이제 새로운 존에 대한 전송을 초기화한다.

```
rndc refresh centos7.home.
```

5. 잠시 기다린 후 보조 DNS 서버가 예상대로 잘 동작하는지 테스트하기 위해 마스터 존 파일이 보조 DNS 서버로 잘 전송됐는지 확인한다.

```
ls /var/named/*.db
```

6. 마지막으로 보조 DNS 서버에 내부 도메인을 질의할 수 있는지 테스트할 수 있다.

```
dig @127.0.0.1 client2.centos7.home.
```

예제 분석

이 예제에서는 네트워크에서 DNS 서버의 안정성과 가용성을 높이는 데 도움이 될 수 있는 보조 BIND 서버를 설정하는 방법을 소개했다.

그렇다면 이 예제에서 무엇을 배울 수 있는가?

예제에서는 먼저 어느 서버가 마스터 DNS 서버인지, 어느 서버가 보조 DNS 서버인지 결정했다. 그리고 마스터 DNS 서버의 BIND 설정 파일을 열고,

DNS 클러스터에서 주요 서버가 될 수 있게 설정하기 위해 2라인(allow-transfer, notify yes 지시자)을 소개했다. allow-transfer 지시자는 변경된 존 파일을 전송받고 싶은 보조 DNS 서버를 정의했고, notify yes 지시자는 존 파일이 변경될 때마다 자동 전송된다. 여러 보조 BIND DNS가 있다면 allow-transfer 지시자에 세미콜론(;) 구분자를 사용해 하나 이상의 IP 주소를 추가할 수 있다. 그리고 이전 예제에서 생성한 존 파일을 열고, 시스템의 모든 DNS 노드가 알아야 할 보조 DNS 서버의 IP를 정의하는 IN NS <IP address> 라인을 새로 추가했다. 여러 서버를 추가하기 위해 여러 IN NS 라인을 추가할 수 있다. 마지막으로, 보조 DNS 서버에 마스터 DNS 서버의 존 파일을 성공적으로 전송했는지 쉽게 확인할 수 있는 방법을 소개했다.

그리고 보조 DNS 서버를 설정했다. 예제에서는 마스터 DNS 서버의 BIND 설정 내용과 같은 존 파일의 정의문을 소개했다. 해당 정의문은 master 대신 slave 타입을 사용해 보조 DNS 서버임을 알리고, masters 지시자에 마스터 DNS 서버의 IP 주소를 정의해 마스터 DNS 서버의 존 파일을 복사하게 설정함을 의미한다(예제에서 주요 BIND 서버는 디폴트 포트가 아닌 8053번 포트를 리스닝하고 있음을 잊지 않는다).

보조 DNS 서버에 존 파일을 생성하거나 복사하지 않았기 때문에 BIND 서비스 재시작 후 존 파일의 전송이 정상적으로 이뤄졌는지 ls 커맨드를 사용해 쉽게 확인할 수 있다. 마지막으로 보조 DNS 서버에서 동일한 내부 장비 이름을 해석할 수 있는지, dig 또는 nslookup을 사용해 테스트 질의를 실행해 전송된 존 파일의 내용을 검증했다. 추후 마스터 서버의 존 파일이 변경될 때 모든 슬레이브에 해당 변경 사항이 전송되도록 시리얼 번호를 증가시켜야 한다.

10

데이터베이스 작업

10장에서 다루는 내용은 다음과 같다.

- 마리아DB 데이터베이스 설치
- 마리아DB 데이터베이스 관리
- 마리아DB의 원격 접근 허용
- PostgreSQL 데이터베이스 설치와 관리
- PostgresSQL에 대한 원격 연결 설정
- phpMyAdmin과 phpPgAdmin 설치

소개

10장에서는 리눅스 세계에서 가장 인기 있는 데이터베이스 관리 시스템 중 두 데이터베이스를 설치하고 관리할 수 있는 필수 단계를 소개한다. 데이터에 대한 필요는 어디서든 존재하고, 거의 대부분의 서비스에는 데이터가 있어야 한다. 10장은 모든 환경에서 두 데이터베이스의 배포에 필요한 시작점을 제공한다.

마리아DB 데이터베이스 설치

MySQL은 30개 이상의 캐릭터 셋character set, 70개 이상의 콜레이션collation, 다중 저장소 엔진, 가상 환경에 배포를 지원하고, 전 세계에서 상용 서버로 쓰이는 미션 크리티컬mission critical 데이터베이스 서버다. MySQL은 무수히 많은 개별 데이터베이스를 호스팅할 수 있고, 전체 네트워크에 대한 다양한 Role 기능을 제공할 수 있다. MySQL 서버는 월드와이드웹WWW과 같은 의미고, 데스크톱 소프트웨어로 사용되며, 내부 서비스를 확장하고, 세계에서 가장 인기 있는 관계형 데이터베이스 중 하나다. 이 예제에서는 센트OS 7의 MySQL의 기본 구현체인 마리아DBMariaDB의 다운로드, 설치, 설정 방법을 소개한다. 마리아DB는 오픈소스고, MySQL과 완벽한 호환성을 가지며, 새로운 기능이 여럿 추가됐다. 예를 들어 새로운 기능은 넌블러킹non-blocking 클라이언트 API 라이브러리, 좋은 성능을 가진 새로운 저장소 엔진, 개선된 서버 상태 변수, 복제 등이 있다.

준비

이 예제를 진행하려면 동작하는 센트OS 7 운영체제, root 권한, 선호하는 콘솔 기반의 텍스트 편집기, 추가 패키지를 다운로드할 수 있는 인터넷 연결이 필요하다. 이 예제에서는 서버가 정적 IP 주소를 사용한다고 가정한다.

예제 구현

센트OS 7에 마리아DB 데이터베이스 관리 시스템DBMS, Database Management System는 기본적으로 설치되지 않는다. 필요한 패키지를 설치하려면 다음 과정을 진행한다.

1. 먼저 root로 로그인한 후 필요한 패키지를 설치하기 위해 다음 커맨드를 실행한다.

```
yum install mariadb-server mariadb
```

2. 설치가 완료되면 마리아DB 서비스가 부팅 시 시작할 수 있게 활성화하고 해당 서비스를 시작한다.

```
systemctl enable mariadb.service && systemctl start mariadb.service
```

3. 마지막으로 다음 커맨드를 실행해 안전한 설치 작업을 시작한다.

```
mysql_secure_installation
```

4. 먼저 이전 커맨드를 실행할 때 패스워드를 입력한다. 패스워드를 설정하지 않으려면 엔터 키를 입력해 패스워드(빈 값)를 설정하지 않는다.

5. 이제 마리아DB 시스템을 강화하는 과정에서 간단한 질문을 여럿 받을 것이다. 독자가 마리아DB 전문가가 아니고 특정 기능을 필요로 하지 않는다면 가장 높은 보안과 관련된 모든 질문에 Yes(Y)를 선택하는 것을 추천한다.

6. 마지막으로 mysql이라는 커맨드라인 클라이언트를 사용해 내부의 마리아DB 서비스에 연결하고 로그인할 수 있는지 테스트한다. 다음 커맨드를 실행할 때 모든 마리아DB의 사용자 이름과 관련된 장비 이름이 함께 출력된다면 테스트는 통과한다(프롬프트가 뜨면 마지막 단계에서 설정한 root 관리자의 패스워드를 입력한다).

```
echo "select User,Host from user" | mysql -u root -p mysql
```

예제 분석

마리아DB는 빠르고, 효율적이며, 멀티스레드 기반이고 안정성이 높은 SQL 데이터베이스 서버다. 마리아DB는 다중 사용자를 지원하고 많은 저장소 엔진에 접근할 수 있다. 위 간단한 단계를 따르면 마리아DB 서버의 설치 방법, 보안 기술 적용 방법, 로그인 방법을 알 수 있을 것이다.

그렇다면 이 예제에서 무엇을 배울 수 있는가?

예제에서는 먼저 마리아DB 서버(mariadb-server)와 마리아DB 서버를 제어하고 쿼리할 수 있는 클라이언트 셸 인터페이스(mariadb) 같은 필수 패키지를 설치했다. 설치 작업을 완료한 후 마리아DB 데몬(mariadb.service)을 시작하기 전에 부팅될 때 마리아DB 데몬이 자동으로 시작될 수 있게 처리했다. 설치가 완료된 시점에서 설치가 안전하게 됐는지 확실히 하기 위해 기본 설치를 강화할 수 있는 일부 단계를 간단히 안내하기 위해 안전한 설치 스크립트를 호출했다. 기본 설치 과정에서 root 사용자의 기본 암호를 설정할 수 없기 때문에 먼저 스크립트에서 root 사용자의 기본 패스워드를 설정했다. 따라서 root 사용자의 패스워드를 설정하지 않으면 어떠한 사용자도 마리아DB의 root 사용자 계정에 접근할 수 없다.

일반적인 마리아DB는 익명 사용자를 관리한다는 내용을 알 것이다. 익명 사용자를 관리하는 이유는 유효한 사용자 계정을 갖지 않아도 데이터베이스에 누구든지 로그인하기 위함이다. 익명 사용자 계정은 테스팅 목적으로 쓰이지만, 익명 사용자 기능을 꼭 써야 하는 상황이 아니라면 익명 사용자의 기능을 쓰지 않는 것을 항상 추천한다. 다음에 root 사용자가 마리아DB 서버로 원격에서 접근할 수 없게 하기 위해 테스트 데이터베이스를 삭제하고 권한^{privilege} 테이블을 다시 재로드하기 전에 root 사용자가 원격으로 접속하지 못하게 설정했다. 마지막으로 root 사용자가 데이터베이스를 연결할 수 있는지 user 테이블(표준 mysql 데이터베이스의 한 부분)에서 데이터를 쿼리할 수 있는지 확인하기 위해 작은 테스트를 실행했다.

이 예제를 진행한 후 마리아DB 서버의 설치 작업과 보안성을 높이는 작업이 매우 간단함을 알았다. 물론 수많은 설치 방법이 있지만, 이 예제의 목적은 새로운 데이터베이스 설치의 가장 중요한 부분인 보안 기능을 추가하는 것이다. 마리아DB가 상용 환경이나 개발 환경에 쓰이든 간에 mysql_secure_installation의 실행을 추천한다. 서버 관리자는 보안을 항상 최우선 과제로 세워야 한다.

마리아DB 데이터베이스 관리

이 예제에서는 마리아DB 서버에 새로운 데이터베이스를 생성하는 방법을 소개한다. 마리아DB는 다양한 그래픽 툴(예, 무료 MySQL 워크벤치^{Workbench})와 함께 사용될 수 있지만, 데이터베이스를 단순히 생성할 필요가 있다면 커맨드라인에서 연관 사용자를 생성하고, 올바른 사용자의 권한을 데이터베이스에 할당할 수 있다. 종종 커맨드라인에서 해당 작업을 수행하는 것이 유용할 때가 있다. 해당 커맨드라인은 마리아DB 셸^{shell}로 알려져 있으며, 간단한 상호 작용과 텍스트 기반 커맨드라인 기능을 제공해 모든 SQL 커맨드를 지원하고, 내부 데이터베이스 서버 또는 외부 데이터베이스 서버에 접속할 수 있다. 마리아DB 셸은 데이터베이스 서버에 대한 완전한 통제 기능을 제공하고, 마리아DB 작업을 시작할 수 있는 완벽한 툴이다.

준비

이 예제를 진행하려면 동작하는 센트OS 7 운영체제가 필요하다. 서버에 이미 마리아DB가 이미 설치돼 있고, 마리아DB 데몬이 실행 중임을 가정한다.

예제 구현

마리아DB 커맨드라인 툴은 배치^{batch} 모드(파일 또는 표준 입력에서 읽는다)와 대화형(문장을 실행하고 결과를 기다린다) 모드로 실행할 수 있다. 이 예제에서는 대화형 모드를 사용한다.

1. 먼저 센트OS 7 서버에 선호하는 계정으로 로그인한 후 마리아DB 셸과 root라 불리는 마리아DB의 관리 계정을 이용한 다음 커맨드를 실행해 마리아DB 서버에 접근한다(이전 예제에서 생성된 패스워드를 사용한다).

```
mysql -u root -p
```

2. 로그인이 성공하면 마리아DB 커맨드라인 인터페이스에 접속되고, 마리아DB 셀 프롬프트가 표시된다.

```
MariaDB [(none)]>
```

3. 먼저 새로운 데이터베이스를 생성하기 위해 다음 커맨드를 실행한다. 새로운 <데이터베이스_이름> 값을 적절한 값으로 변경한다.

```
CREATE DATABASE <데이터베이스_이름> CHARACTER SET utf8 COLLATE
utf8_general_ci;
```

 마리아DB 셀이 처음이라면 알아야 할 내용이 있다. 각 커맨드의 끝은 세미콜론(;)으로 끝내야 하고 커맨드를 입력한 후에는 엔터 키를 누른다.

4. 데이터베이스를 생성한 후 이제 마리아DB 사용자를 생성한다. 각 사용자 계정은 운영체제와 완전 별도인 사용자 이름과 패스워드로 구성한다. 보안상 데이터베이스의 접근은 내부 장비에서만 이뤄지게 해야한다. 내부 장비에서 접근할 수 있게 하려면 다음 커맨드에서 <사용자_이름>, <패스워드>, <데이터베이스_이름>을 필요에 따라 수정한다.

```
GRANT ALL ON <데이터베이스_이름>.* TO '<사용자_이름>'@'localhost'
IDENTIFIED BY '<패스워드>' WITH GRANT OPTION;
```

5. 다음에 새로운 사용자가 추가됐음을 마리아DB에 알린다.

```
FLUSH PRIVILEGES;
```

6. 이제 마리아DB 셀을 종료하기 위해 다음 커맨드를 실행한다.

```
EXIT;
```

7. 마지막으로 다음 커맨드라인처럼 마리아DB 셀을 사용해 추가한 <사용자_이름>으로 마리아DB에 접근할 수 있는지 확인할 수 있다.

```
mysql -u <사용자_이름> -p
```

8. 이제 마리아DB 셸(MariaDB [(none)]>)로 돌아가 다음 커맨드를 실행한다.

```
SHOW DATABASES;
EXIT;
```

예제 분석

이 예제에서는 데이터베이스 생성 방법뿐 아니라 데이터베이스 사용자의 생성 방법을 소개했다.

그렇다면 이 예제에서 무엇을 배울 수 있는가?

예제에서는 먼저 `mysql` 커맨드에 root 사용자를 사용해 마리아DB 셸에 접근했다. 그리고 `CREATE DATABASE`라는 간단한 함수를 사용해 <데이터베이스_이름> 필드를 사용자가 원하는 데이터베이스 이름으로 바꾼 후 데이터베이스를 생성했다. 또한 데이터베이스의 캐릭터 셋을 `utf8`로, 콜레이션을 `utf8_general_ci`로 명시했다. 캐릭터 셋은 데이터베이스의 문자열 인코딩 방법을 의미하고, 콜레이션은 캐릭터 셋에서 문자열을 비교하는 규칙 집합을 의미한다.

역사적인 이유로 마리아DB의 이전 버전과 하위 호환성을 유지하기 위해 기본 캐릭터 셋은 `latin1`과 `latin1_swedish_ci`지만, 요즘 데이터베이스에서는 utf-8이 가장 큰 표준이고, 국제 캐릭터 셋(영어 문자만 사용하지 않는다)의 호환성 인코딩이기 때문에 캐릭터 셋으로 `lation1` 대신 utf-8을 선호한다. 그러나 데이터베이스 이름이 이미 사용 중인지 확인할 필요가 있다면 데이터베이스 생성 커맨드를 `CREATE DATABASE IF NOT EXISTS <데이터베이스_이름>`으로 바꿀 수 있다. 이런 방식으로 데이터베이스를 삭제하려면 다음 커맨드를 사용할 수 있다.

DROP DATABASE IF EXISTS <데이터베이스_이름>;

데이터베이스 삭제 작업을 진행한 후 GRANT ALL 커맨드를 사용해 적절한 권한을 새로운 데이터베이스 사용자에게 추가한다. localhost에서 정의한 <패스워드>를 통해 <사용자_이름>에게 전체 권한을 부여했다. 특정 <데이터베이스_이름>을 선택하면 권한 레벨은 특정 데이터베이스에만 제한되고, <데이터베이스_이름>.*는 데이터베이스의 모든 테이블(별표 기호를 사용)에 대한 권한을 의미한다. 선택된 사용자에게 특정 권한을 줄 수 있는 일반 문법은 다음과 같다.

```
GRANT [권한_타입] ON <데이터베이스_이름>.<테이블_이름> TO
'<사용자_이름>'@'<장비_이름>';
```

보안상 이 예제에서 <장비_이름>을 localhost로 제한하지만, 원격 사용자에 대해 접근 권한을 주기 원한다면 <장비_이름> 값을 변경해야 한다(뒷부분을 참고한다). 예제에서 [권한_타입]을 ALL로 설정할 수 있지만, 한 타입 또는 콤마(,)로 구분된 권한 타입의 목록을 다음처럼 지정해 항상 권한을 최소화해야 한다.

```
GRANT SELECT, INSERT, DELETE ON <데이터베이스_이름>.* TO
'<사용자_이름>'@'localhost';
```

GRANT 커맨드에서 사용할 수 있는 권한을 요약하면 다음과 같다.

- **ALL** <사용자_이름> 계정에 모든 권한 타입을 허용한다.
- **CREATE** <사용자_이름> 계정으로 새로운 데이터베이스나 테이블을 생성할 수 있다.
- **DROP** <사용자_이름> 계정으로 데이터베이스나 테이블을 삭제할 수 있다.
- **DELETE** <사용자_이름> 계정으로 테이블에서 기존 로우를 삭제할 수 있다.
- **INSERT** <사용자_이름> 계정으로 테이블 로우를 추가할 수 있다.
- **SELECT** <사용자_이름> 계정으로 테이블 로우를 읽을 수 있다.

- **UPDATE**   <사용자_이름> 계정으로 테이블 로우를 변경할 수 있다.

하지만 권한을 추가할 때마다 새로운 설정을 마리아DB에 적용하기 위해 FLUSH를 실행해야 한다. 마리아DB 셸의 모든 커맨드는 세미콜론(;)으로 끝나야 한다는 점을 잊지 말아야 한다. 작업을 모두 완료했다면 EXIT; 문장을 사용해 콘솔을 종료한다.

마리아DB는 훌륭한 데이터베이스지만, 모든 서비스처럼 해킹될 수 있다. 따라서 항상 마리아DB의 관리를 게을리 하지 말아야 하고, 이 예제의 조언을 기반으로 설치된 마리아DB가 안전할 수 있게 유지시켜야 한다.

부연 설명

권한이 제한된 사용자의 생성은 데이터베이스 접근 제공 기능 중 하나지만, 개발자 팀에서 개발 서버에 계속 연결해야 하는 필요가 있다면 슈퍼 유저 권한이 있는 일반 사용자 계정의 제공을 고려할 수 있을 것이다. 이런 방식을 사용하려면 먼저 root 사용자로 마리아DB 셸에 로그인한 후 다음처럼 새로운 유저를 생성한다.

```
GRANT ALL ON *.* TO '<사용자_이름>'@'localhost' IDENTIFIED BY
'<패스워드>' WITH GRANT OPTION;
```

이 방식을 이용해 전체 마리아DB 서버에서 데이터베이스를 추가, 삭제, 관리할 수 있는 <사용자_이름>을 생성할 수 있지만(*.*의 별표의 의미는 마리아DB의 모든 데이터베이스와 해당 데이터베이스에 관련된 모든 테이블에 대한 권한을 의미한다), 주어진 관리자 계정의 권한 범위는 내부 장비에서만 모든 권한을 줄 수 있는 사용자 계정이다. 따라서 간단히 말해 모든 데이터베이스나 모든 테이블에 접근할 수 있는 <사용자_이름>을 제공하고 싶다면 데이터베이스 위치나 테이블 위치에 항상 별표(*)를 사용해야 한다. 마지막으로 사용자 권한을 변경할 때마다 EXIT;를 실행해 마리아DB 셸이 종료되기 전에 항상 FLUSH PRIVILEGES

커맨드를 사용해야 한다.

권한 조회와 삭제 또는 사용자 계정 삭제

사용자 계정을 사용하지 않는데, 사용자 계정을 계속 활성화된 상태로 두는 것은 좋은 아이디어가 아니다. 따라서 마리아DB 셸의 첫 번째 고려 사항은 다음 커맨드를 실행해 사용자 계정의 상태를 조회하는 것이다.

```
SELECT HOST,USER FROM mysql.user WHERE USER='<사용자_이름>';
```

권한 조회를 실행한 후 권한을 취소(REVOKE)하거나 사용자를 삭제하려면 DROP 커맨드를 사용할 수 있다. 가장 먼저 다음 커맨드를 실행해 사용자가 어떤 권한을 갖고 있는지 조회한다.

```
SHOW GRANTS FOR '<사용자_이름>'@'localhost';
```

2가지 옵션이 있다. 첫 번째는 사용자의 권한을 다음처럼 취소한다.

```
REVOKE ALL PRIVILEGES, GRANT OPTION FROM '<사용자_이름>'@'localhost';
```

그리고 두 번째는 이 예제에서 사용한 커맨드를 사용해 권한을 재조정하거나 대안으로 사용자 계정을 삭제할 수 있다.

```
DROP USER '<사용자_이름>'@'localhost';
```

마지막으로 EXIT; 커맨드를 셸에서 실행하기 전에 FLUSH PRIVILEGES;를 사용해 작업한 권한을 적용한다.

마리아DB의 원격 접근 허용

내부 웹 애플리케이션과 마리아DB 데이터베이스 서버를 동일 서버 장비에서 실행하지 않는다면 데이터베이스 서버에 대한 원격 접근이 불가능하기 때문에 대부분의 작업 환경이 아예 쓸모없다. 많은 IT 환경은 높은 가용성, 하드웨어에 최적화된 중앙 집중형 데이터베이스 서버(예, 대용량 RAM), 서버 외부에서 수백 개의 병렬연결이 가능한 다중 데이터베이스를 구축하는 사례를 찾을 수 있다. 이 예제에서는 데이터베이스에 대한 원격 연결을 생성하는 방법을 소개한다.

준비

이 예제를 진행하려면 동작하는 센트OS 7 운영체제, root 권한이 필요하다. 마리아DB 서버가 이미 설치됐고 실행 중이어야 한다. 그리고 권한을 설명하고 테스트(내부) 데이터베이스 연결을 테스트할 수 있는 방법을 설명한 '마리아DB 데이터베이스 관리' 절을 읽어보고 적용해야 한다.

예제 구현

이 예제에서는 클라이언트 컴퓨터(192.168.1.12)가 동일 네트워크에 위치한 마리아DB 데이터베이스 서버(192.168.1.33)에 접근하려 한다. 필요에 따라 IP 주소를 적절한 값으로 변경한다.

1. 먼저 마리아DB 데이터베이스 서버에 root로 로그인하고 유입될 마리아DB 연결에 대한 방화벽을 연다.

   ```
   firewall-cmd --permanent --add-service=mysql && firewall-cmd
   --reload
   ```

2. 그리고 마리아DB 서버의 외부에서 연결할 수 있는 사용자 계정을 생성해야 한다(보안상 이유로 root 계정으로 다음 단계를 진행하지 않았다). root 계정으로 마리아DB 커맨드라인 인터페이스인 mysql을 사용해 마리아DB에 로그인하고, 다음과 같은 마리아DB 문장을 실행한다(xxxx를 선호하는 패스워드로 변경하고, 서버에 연결하려는 사용자 이름과 원격 IP를 적용한다. 예제에서는 클라이언트의 IP는 192.168.1.33이었다. 필요에 따라 IP를 변경한다).

```
GRANT SELECT ON mysql.user TO 'johndoe'@'192.168.1.33'
IDENTIFIED BY 'XXXX';
FLUSH PRIVILEGES;EXIT;
```

3. 이제 네트워크에서 IP가 192.168.1.33인 클라이언트 컴퓨터에서 연결을 테스트할 수 있다. 클라이언트 컴퓨터는 설치된 마리아DB 셸(센트OS 7 클라이언트에서 `mariadb` 패키지를 설치한다)이 필요하고 마리아DB 서비스(예제에서 IP가 192.168.1.12였다)를 실행 중인 서버에 핑을 보낼 수 있어야 한다. 다음 커맨드를 사용해 서버와의 연결을 테스트할 수 있다(성공하면 `mysql` 사용자 테이블의 내용을 출력한다).

```
echo "select user from mysql.user" | mysql -u johndoe -p mysql -h
192.168.1.12
```

예제 분석

센트OS 7의 3306번 포트는 기본적으로 비활성화돼 있다. 예제에서 먼저 미리 정의된 마리아DB 서비스의 `firewalld`를 사용해 표준 마리아DB의 방화벽 포트인 3306번 포트를 열었다. 3306번 포트를 연 후 마리아DB 셸을 사용해 데이터베이스 레벨에서 수행된 데이터베이스 서버에 접근할 수 있게 허용된 IP 주소를 구성했다. 예제에서는 IP가 192.168.1.33인 클라이언트에서 `mysql`이라는 이름의 데이터베이스에 있는 `user` 테이블에 접근하기 위해 XXXX라는 패스워드를 가진 `johndoe` 사용자가 `SELECT` 쿼리만 실행할 수 있는 권한만 허용하도록 `GRANT SELECT` 커맨드를 사용했다.

또한 <장비_이름> 필드에 `%` 기호(모든 문자열을 포함한다)를 사용해 와일드카드를 사용할 수 있다. 예를 들어 C 클래스 네트워크의 사용할 수 있는 모든 장비 이름 조합을 정의하고 싶다면 192.168.1.%와 같이 `%` 기호를 사용할 수 있다. `mysql` 데이터베이스의 `user` 테이블(mysql.user) 접근을 승인한 이유는 오직 테스트용 목적이었다. 그리고 테스트를 종료할 때마다 `REVOKE ALL PRIVILEGES, GRANT OPTION FROM 'johndoe'@'192.168.1.33'`를 사용해 접근 권한에서 johndoe 사용자를 삭제해야 한다. 또한 더 이상 johndoe 사용자가 필요 없기 때문에 사용자를 삭제하고 싶다면 DROP USER 'johndoe' @'192.168.1.33'을 사용할 수 있다.

PostgreSQL 서버 설치와 관리

이 예제에서는 서버에서 PostgreSQL 데이터베이스를 설치하는 방법을 소개할 뿐 아니라 새로운 사용자를 추가하는 방법과 데이터베이스를 생성하는 방법도 다룬다. PostgreSQL은 오픈소스 세계에서 가장 진보된 오픈소스 데이터베이스일 것이다. 또한 PostgreSQL은 튼튼하고, 믿을 만하며, 트랜잭션을 완벽히 처리할 수 있게 잘 만들어진 시스템으로 미션 크리티컬^{mission critical} 애플리케이션으로 알려져 있다. PostgreSQL은 Ingres 데이터베이스의 자손이다. PostgreSQL은 커뮤니티 기반의 오픈소스이므로 세계의 많은 컨트리뷰터에 의해 유지 보수되고 있다. 마리아DB만큼 유연하거나 보급되지는 않았지만, PostgreSQL는 무결성 관점에서 가장 안전한 데이터베이스 시스템이다. 이 예제에서는 PostgreSQL을 살펴본다.

준비

이 예제를 진행하려면 동작 중인 센트OS 7 운영체제, root 권한, 선호하는 콘솔 기반의 텍스트 편집기, 추가 패키지를 다운로드할 수 있는 인터넷 연결이 필요하다. 서버는 고정 IP 주소를 사용하고 있다고 가정한다.

예제 구현

PostgreSQL(Postgres로도 알려져 있다)는 객체 지향 데이터베이스 관리 시스템이다. SQL 표준의 많은 부분을 지원하며, 서버 관리자가 많은 방식으로 확장할 수 있다. 하지만 시작하려면 필수 패키지를 설치해야 한다.

1. 서버에서 root로 로그인하고 다음 커맨드를 실행한다.

   yum install postgresql postgresql-server

2. 데이터베이스를 설치한 후 다음 커맨드를 실행해 부팅 시에 데이터베이스가 실행될 수 있도록 활성화해야 한다.

   systemctl enable postgresql

3. 이전 작업이 완료되면 다음과 같이 데이터베이스를 초기화한다.

   postgresql-setup initdb

4. 이제 데이터베이스 서버를 시작해 설치 과정을 종료한다.

   systemctl start postgresql

5. postgres 관리자의 새로운 초기 패스워드를 설정한다. postgres 기본 사용자는 현재 피어peer 인증을 사용하기 때문에 postgres 사용자 계정으로 Postgres 관련 커맨드를 실행해야 한다.

   su - postgres -c "psql --command '\password postgres'"

6. 요구 사항을 제거하기 위해 psql과 같은 Postgres 관련 커맨드를 실행하기 전에 postgres 사용자는 시스템 사용자로 로그인해야 한다. 일반적으로 데이터베이스 사용자 계정으로 로그인하기 위해 Postgres 클라이언트의 인증 설정 파일에서 peer의 내부 서버 인증 방식을 peer에서 md로 변경한다. 먼저 설정 파일의 백업 파일을 생성한 후 설정 파일을 직접 수정하거나 다음처럼 sed 툴을 사용할 수 있다.

   cp /var/lib/pgsql/data/pg_hba.conf /var/lib/pgsql/data/
   pg_hba.conf.BAK
   sed -i 's/^\(local.*\)peer$/\1md5/g' /var/lib/pgsql/data/pg_hba.conf

7. 다음에 변경을 적용하기 위해 postgresql 서비스를 시작해야 한다.

   systemctl restart postgresql

8. 이제 postgres 리눅스 사용자 계정 대신 Postgres 서버의 postgres 사용자 계정으로 Postgres 서버에 로그인할 수 있다.

```
psql -U postgres
```

9. 셸(postgres=#)을 종료하기 위해 다음 커맨드를 실행한다.

```
\q
```

10. 이제 데이터베이스의 새로운 사용자를 생성하기 위해 셸 커맨드를 실행한다. 필요에 따라 <사용자_이름>을 관련 사용자 이름으로 변경한다 (프롬프트가 나타나면 사용자의 새로운 패스워드를 입력하고 다시 반복한다. 그리고 설정을 적용하기 위해 관리자 계정 postgres의 패스워드를 입력한다).

```
createuser -U postgres -P <사용자_이름>
```

11. 이제 셸에서 첫 번째 데이터베이스를 생성하고, 새로운 사용자를 데이터베이스에 할당한다. 필요에 따라 <데이터베이스_이름>과 <사용자_이름> 값을 적당하게 변경한다(커맨드 결과에서 postgres 사용자의 패스워드를 입력한다).

```
createdb -U postgres <데이터베이스_이름> -O <사용자_이름>
```

12. 마지막으로 새로운 사용자로 모든 데이터베이스 이름을 출력해 Postgres 서버에 접속할 수 있는지 확인한다.

```
psql -U <사용자_이름> -l
```

예제 분석

PostgreSQL는 객체-관계형 데이터베이스 관리 시스템이고, 모든 센트OS 서버에서 사용할 수 있다. Postgres는 마리아DB만큼 일반적이지 않지만, Postgres의 구조와 많은 기능 때문에 데이터 무결성에 관련된 많은 기업은 Postgres를 매력적으로 생각한다.

그렇다면 이 예제에서 무엇을 배울 수 있는가?

예제에서는 먼저 yum을 이용해 postgres 서버와 클라이언트에 대한 필수 rpm 패키지를 설치했다. 설치를 완료한 후 postgresql-setup initdb 커맨드를 사용한 Postgres 데이터베이스를 초기화하기 전에 `postgres` 서비스가 부팅 후에 시작되게 설정했다. 다음 단계에서는 시스템을 견고할 수 있도록 Postgres 관리자의 패스워드 설정을 요구받는다. `postgresql` 패키지는 기본적으로 `postgres`라는 새로운 리눅스 시스템 사용자를 생성하고(또한 postgres 사용자는 Postgres DBMS에 접근할 수 있도록 Postgres 관리자로 사용될 수 있다), `su - postgres -c`를 사용해 `postgres` 사용자로 `psql` 커맨드를 실행할 수 있었다. Postgres를 설치하면 반드시 이렇게 할 수밖에 없다(이를 피어peer 인증이라 부른다).

관리자 계정의 패스워드를 설정한 후 모든 데이터베이스 사용자(postgres 관리자 계정을 포함)가 마리아DB 셸처럼 `psql` 클라이언트에서 `-U` 사용자 매개변수를 사용해 로그인할 수 있게 **pg_hba.conf** 파일(다음 예제를 참고한다)의 내부 장비에 대한 **peer** 인증을 `md5` 데이터베이스 패스워드 기반 인증으로 변경했다. `postgresql` 서비스를 재시작한 후 Postgres의 새로운 사용자를 생성하고, 데이터베이스에 연결하기 위해 Postgres의 `createuser`와 `createdb` 커맨드라인 툴을 사용했다(postgres 사용자만 권한이 있기 때문에 -U 매개변수를 사용해야 했다). 또한 특정 데이터베이스에 연결하기 위해 `psql -d <데이터베이스_이름> -U <사용자_이름>`처럼 `-d` 매개변수를 사용할 수 있다.

부연 설명

데이터베이스와 사용자를 생성하기 위해 이 예제에서는 `createuser` 또는 `createdb` 같은 Postgres 커맨드라인 툴을 사용했지만 Postgres 셸을 사용해 동일하게 작업할 수도 있다. 사실 해당 커맨드라인 툴은 실제로 Postgres 셸 커맨드의 단순한 래퍼고, Postgres 셸 커맨드와 커맨드라인 툴 사이에 사실상의 차이는 전혀 없다. `psql`은 Postgres 서버의 SQL 쿼리 또는 다른 커맨드를 입력할 수 있는 주요 커맨드라인 클라이언트 툴이고, 10장의 여러 예제에서 사용했던 마리아DB 셸과 같은 기능이 있다. 이 예제에서는 `template1`

이라 불리는 템플릿으로 psql을 실행한다. template1 템플릿은 데이터베이스 구축을 시작할 때 사용되는 재사용 가능한 템플릿(또는 기본 템플릿)이다. 로그인(psql -U postgres template1)하고, 관리자 패스워드를 입력하면 Postgres의 대화형 프롬프트가 보인다(template1=#). 이제 psql 셸에서 다음과 같이 새로운 사용자를 생성한다.

CREATE USER <사용자_이름> WITH PASSWORD '<패스워드>';

데이터베이스를 생성하려면 다음을 실행한다.

CREATE DATABASE <데이터베이스_이름>;

새로운 사용자에게 최근 생성된 데이터베이스의 모든 권한을 부여하려면 다음을 실행한다.

GRANT ALL ON DATABASE <데이터베이스_이름> to <사용자_이름>;

대화형 셸을 종료하기 위해 \q를 입력하고 엔터 키를 누른다. 이 예제를 완료한 후 PostgreSQL 설치 방법을 알 수 있을 뿐 아니라 PostgreSQL 데이터베이스와 마리아DB 간의 일부 구조적인 차이점을 확연히 알 것이다.

PostgreSQL에 대한 원격 연결 설정

이 예제에서는 Postgres 서버의 원격 접근을 설정하는 방법을 소개한다(원격 접근은 기본적으로 비활성화돼 있다). Postgres는 장비 기반 인증이라는 방법을 채택하고 있는데, 이 예제는 안전한 데이터베이스 서버의 실행에 필요한 접근 권한을 제공할 수 있는 개념을 소개한다.

준비

이 예제를 진행하려면 동작하는 센트OS 7 운영체제, root 권한, 선호하는 텍스트 편집기가 필요하다. PostgreSQL는 이미 설치되고 동작 중임을 가정한다.

예제 구현

이전 예제에서는 Postgres 클라이언트 인증을 피어가 아닌 md5로 변경하기 위해 장비 기반 인증 설정 파일인 pg_hba.conf을 sed로 수정했다. 이 예제에서는 Postgres 서버에 대한 원격 연결을 관리하기 위해 pg_hba.conf 설정을 변경한다.

1. 먼저 root로 로그인하고, 들어오는 모든 PostgreSQL 연결을 받아 들이기 위해 방화벽을 오픈한다.

   ```
   firewall-cmd --permanent --add-service=postgresql;firewall-cmd
   --reload
   ```

2. 이제 선호하는 텍스트 편집기에서 장비 기반 인증 설정 파일을 다음처럼 연다.

   ```
   vi /var/lib/pgsql/data/pg_hba.conf
   ```

3. 파일의 끝까지 스크롤 다운한 후 다음 라인을 추가한다(접근 권한을 줄 네트워크 주소에서 XXX.XXX.XXX.XXX/XX를 변경한다. 예를 들어 서버의 주소가 192.168.1.12이라면 네트워크 주소는 192.168.1.0/24가 될 것이다).

   ```
   host    all         all         XXX.XXX.XXX.XXX/XX    md5
   ```

4. 설정 작업을 완료한 후 평상시대로 해당 파일을 저장하고 종료한다. 그리고 주요 Postgres 설정 파일을 연다.

   ```
   vi /var/lib/pgsql/data/postgresql.conf
   ```

5. 다음 라인을 설정 파일의 끝에 추가한다.

```
listen_addresses = '*'
port = 5432
```

6. 설정 작업을 완료한 후 파일을 평상시처럼 저장한다. 그리고 다음 커맨드를 실행해 데이터베이스 서버를 재시작한다.

```
systemctl restart postgresql
```

7. 동일 네트워크의 다른 컴퓨터(이전에 xxx.xxx.xxx.xxx/xx 값으로 정의한 컴퓨터)에서 psql 셸을 사용해 Postgres 서버에 원격 연결이 가능한지 테스트할 수 있다(컴퓨터가 센트OS라면 yum install postgresql을 설치해야 한다). Postgres 서버에서 접속 여부를 확인하려면 원격 연결에 대한 로그를 출력하게 설정하고, 테스트 데이터가 출력되는지 확인한다. 예제에서 Postgres 서버는 IP는 192.168.1.12인 서버에서 동작 중이다.

```
psql -h 192.168.1.12 -U <사용자_이름> -d <데이터베이스_이름>
```

예제 분석

PostgreSQL은 안전한 데이터베이스 시스템이며, 종종 접근 위치(원격 또는 내부)에 따라 혼동을 일으킬 수 있다. 이 예제에서는 장비 기반 인증 방법을 분석하고, PostgreSQL를 원격 컴퓨터에서 사용할 수 있는 방법을 제공한다.

그렇다면 이 예제에서 무엇을 배울 수 있는가?

모든 원격 컴퓨터에서 연결하기 위해 예제에서는 먼저 firewalld의 Postgres 서비스의 표준 포트를 열었다. 선호하는 텍스트 편집기로 pg_hba.conf라는 Postgres의 장비 기반 인증 설정 파일을 열었다. 이전 예제에서는 사용자 기반 인증 기능을 제공하기 위해 모든 내부 연결을 peer에서 md5 인증으로 이미 변경했다. 추가된 장비 레코드 라인은 연결 타입, 데이터베이스 이름, 사용자 이름, 클라이언트 IP 범위, 인증 방법을 명시한다. 이전 커맨드의 대부분을 이미 이해할 수 있지만, 인증 방법이 여럿 있다.

- **trust** 연결을 무조건 허용하고, 패스워드 없이 데이터베이스 서버와 연결할 수 있다.

- **reject** 데이터베이스 서버와의 연결을 무조건 거절한다. 특정 IP 또는 특정 그룹의 특정 장비에서만 필터링하려고 할 때 유용하다.

- **md5** 인증 시 클라이언트가 MD5로 암호화된 패스워드가 필요하다는 것을 암시한다.

- **peer와 ident** 클라이언트가 리눅스 운영체제의 사용자 이름을 데이터베이스 사용자처럼 로그인할 수 있게 접근이 허용된다. ident는 원격 연결에서 사용되고, peer는 내부 연결에서 사용된다.

원격 컴퓨터에서 PostgreSQL 데이터베이스에 접근할 수 있는 작업을 완료한 후 pg_hba.conf 설정 파일을 저장하고 종료한 후 PostgreSQL의 설정 파일인 /var/lib/pgsql/data/postgresql.conf를 연다. 알고 있을지 모르겠지만 `listen_addresses` 설정을 적용하지 않으면 원격 연결을 맺을 수 없다. `listen_addresses`의 기본 설정은 내부 루프백 주소로 설정돼 있기 때문에 데이터베이스 서버가 모든 네트워크 인터페이스(* 기호를 표시한다)로 5432번 포트로 들어온 Postgres 연결에 리스닝할 수 있어야 한다. 작업을 완료한 후 파일을 저장했고 Postgres 데이터베이스 서버를 재시작했다.

더 많이 알아야 할 내용이 있지만, 이 예제를 완료함으로써 장비 기반 인증 방식을 이해할 수 있을 뿐 아니라 PostgreSQL 데이터베이스 서버를 내부 또는 원격으로 접근할 수 있는 능력을 가질 수 있을 것이다.

phpMyAdmin과 phpPgAdmin 설치

마리아DB 또는 Postgres 커맨드라인 셸을 사용한 작업은 10장에서 소개한 사용자 권한 설정 또는 데이터베이스 생성과 같은 기본적인 데이터베이스 사용자 작업을 수행하기에 충분한다. 테이블 간의 스키마^{schema}와 관계

relationship가 복잡해지고 데이터가 점점 많아질수록 더 나은 제어와 작업 성능을 위해 그래픽 데이터베이스 사용자 인터페이스를 사용하는 것을 고려해야 한다. 그래픽 인터페이스 툴은 데이터베이스의 초보 관리자에게 구문 강조 및 구문 검증 같은 기능을 제공하고, 일부 툴은 데이터베이스의 개체-관계 모델Entity Relationship Models 같은 정보를 그래픽으로 보여준다. 이 예제에서는 마리아DB와 PostgreSQL를 위한 가장 인기 있는 오픈소스 데이터베이스 관리 그래픽 소프트웨어인 phpMyadmin과 phpPgAdmin을 설치하는 방법을 소개한다. 해당 툴은 PHP로 작성된 웹 기반 브라우저 애플리케이션이다.

준비

이 예제를 진행하려면 동작하는 센트OS 7 운영체제, root 권한, 선호하는 콘솔 기반의 텍스트 편집기, 추가 패키지를 다운로드할 수 있는 인터넷 연결이 필요하다. 10장의 이전 예제를 따라 해서 마리아DB 또는 PostgreSQL 서버가 이미 실행 중인 것을 가정한다. 또한 내부 네트워크의 모든 컴퓨터에서 접근할 수 있어야 하는 장비에 아파치 웹 서버가 PHP를 포함한 채 설치되고 실행돼 있어야 한다(12장을 참고한다). 추가로 소프트웨어 패키지를 설치할 수 있는 EPEL 저장소를 활성화해야 한다(4장의 '외부 저장소 사용' 절을 참고한다). 마지막으로 그래픽 윈도우 관리자가 설치돼 있고, PHP 웹 애플리케이션에 접근할 수 있는 최근 웹 브라우저가 설치된 내부 네트워크의 컴퓨터가 한 대 필요하다.

예제 분석

이 예제에서는 원격 환경에서 접속할 수 있게 phpMyAdmin의 설치 방법과 설정 방법을 먼저 소개한 후 phpPgAdmin도 동일하게 진행한다.

phpMyAdmin 설치와 설정

phpMyAdmin을 설치하고 설정하기 위해 다음 단계를 수행한다.

1. 필요한 패키지를 설치하기 위해 다음 커맨드를 실행한다.

```
yum install phpMyAdmin
```

2. 이제 phpMyadmin 설정 파일의 백업 파일을 생성한다.

```
cp /etc/httpd/conf.d/phpMyAdmin.conf /etc/httpd/conf.d/
phpMyAdmin.conf.BAK
```

3. 이제 phpMyAdmin.conf 설정 파일을 열고, 웹 애플리케이션에 접근할 수 있는 서브넷 네트워크 주소가 포함된 Require ip XXX.XXX.XXX. XXX/XX 라인을 추가한다. 예를 들어 Require ip 192.168.1.0/24는 Require ip 127.0.0.1 아래에 위치한다. 파일에서 직접 두 번 작업 하거나 이전에 언급한 것처럼 sed 유틸리티를 사용해 자동으로 변환할 수 있다. 커맨드라인에서 NET= 환경 변수로 서브넷의 네트워크 주소를 정의한다.

```
NET="192.168.1.0/24"
```

4. 그런 후 설정 파일에 변경 사항을 적용하기 위해 다음과 같은 라인을 추가한다.

```
sed -i "s,\(Require ip 127.0.0.1\),\1\nRequire ip $NET,g" /etc/
httpd/conf.d/phpMyAdmin.conf
```

5. 그리고 아파치 웹 서버를 재시작하고 웹 애플리케이션이 실행 중인 IP 주소를 사용해 서브넷의 다른 컴퓨터(예, 192.168.1.12)에서 phpMyAdmin 웹사이트를 연다(마리아DB의 root 관리자 계정이나 다른 데이터베이스 사용자로 로그 인한다).

```
http://192.168.1.12/phpMyAdmin
```

phpPgAdmin 설치와 설정

다음은 phpPgAdmin을 설치하고 설정하는 단계다.

1. 필수 패키지를 설치하기 위해 다음 커맨드를 실행한다.

```
yum install phpPgAdmin
```

2. phpPgAdmin 설정 파일을 수정하기 전에 백업 파일을 먼저 생성한다.

```
cp /etc/httpd/conf.d/phpPgAdmin.conf /etc/httpd/conf.d/
phpPgAdmin.conf.BAK
```

3. phpPgAdmin에 대한 원격 접속을 허용하는 것은 phpMyAdmin과 매우 유사하다. phpPgAdmin.conf 파일의 `Require local` 라인 다음에 정의된 서브넷의 네트워크 주소를 포함한 `Require ip XXX.XXX.XXX.XXX/XX`를 추가하거나 sed 유틸리티를 사용해 자동으로 변환할 수 있다.

```
NET="192.168.1.0/24"
sed -i "s,\(Require local\),\1\nRequire ip $NET,g" /etc/httpd/
conf.d/phpPgAdmin.conf
```

4. 아파치 웹 서버를 재시작하고, phpPgAdmin 주요 페이지를 브라우저로 연다.

```
http://192.168.1.12/phpPgAdmin
```

예제 분석

이 예제에서 마리아DB와 Postgres를 위한 가장 인기 있는 그래픽 관리자 툴을 설치하는 방법을 간단히 소개했다. 해당 툴은 데이터베이스 서비스가 실행 중인 동일 장비에서 동작하고, 원격 접근이 가능하게 활성화됐다. 관리자는 웹 브라우저로 웹 애플리케이션(PHP로 개발됐다)을 사용할 수 있다.

그렇다면 이 예제에서 무엇을 배울 수 있는가?

마리아DB 데이터베이스에 대한 phpMyAdmin 설치와 Postgres 데이터베이스에 대한 phpPgAdmin 설치 작업은 yum 패키지 매니저를 사용한 rpm 패키지의 설치 작업만큼 쉬웠다. 공식 센트OS 7 저장소에서 해당 그래픽 관리자 툴을 찾을 수 있지만, EPEL 외부 저장소에서 설치할 수 있다. 웹 애플리케이션을 설치한 후 기본적으로 내부를 제외하고 서버로 유입되는 모든 요청은 거부된다(내부 접속만 가능하다). 네트워크의 다른 컴퓨터에서 접근하고 싶다면 먼저 원격 연결을 허용하는 웹 브라우저를 설치한다. 웹 애플리케이션에서는 아파치 mod_authz_core 모듈의 부분인 Require ip 지시자를 사용해 원격 연결에 대한 접근 권한을 설정할 수 있다. phpMyAdmin과 phpPgAdmin의 설정 파일에는 서버에 접속할 수 있는 192.168.1.0/24와 같은 전체 서브넷을 정의했을 뿐 아니라, 접근할 수 있는 하나의 IP 주소도 적용했다. sed 커맨드를 사용해 중요한 Require 라인을 설정 파일에 추가했지만, 이전에 얘기한 대로 선호하는 텍스트 편집기로 해당 설정 파일을 수정하고 싶다면 직접 수정할 수도 있다. 아파치 설정 파일을 재시작한 후 브라우저에서 예제의 두 URL을 입력하면 웹 페이지를 볼 수 있다. 내부 서버에서 접근할 수 있는 모든 데이터베이스 사용자라면 데이터베이스 사용자에게 원격 접근 권한을 주지 않고도 웹사이트의 첫 번째 페이지에서 데이터베이스 사용자로 로그인할 수 있다.

이 예제를 요약하면 phpMyAdmin과 phpPgAdmin 관리 툴의 기본 설정만 소개했지만, 해당 툴에 대해 다룰 내용이 많다. 예를 들어 SSL 암호화된 PHP 웹사이트를 고려하거나, 여러 데이터베이스 서버에 연결할 수 있게 인스턴스의 설정을 고려해야 한다. 또한 데이터베이스를 관리할 수 있는 데스크톱 소프트웨어를 선호한다면 오픈소스 MySQL 워크벤치 커뮤니티 에디션Workbench Community Edition을 살펴볼 수 있다. 공식 MySQL 웹사이트에서 MySQL 워크벤치의 운영체제(윈도우, OS X, 리눅스)별로 다운로드할 수 있다.

11

메일 서비스 제공

11장에서 다루는 내용은 다음과 같다.

- Postfix를 사용한 상위 도메인 메일 서비스 설정
- Postfix로 작업
- Dovecot로 메일 전송
- Fetchmail 사용

소개

11장에서는 요즘 인터넷의 가장 오래된 기술 중 하나로, 가장 변경하기 쉬운 기술 중 하나인 메일 서비스를 구현하고 유지 보수할 수 있는 필수 내용을 전달한다. 모든 사람은 이메일을 전달하고 받기를 원한다. 11장에서는 적절하고 효율적인 방법으로 메일 서비스의 배포에 필요한 시작점을 제공한다.

Postfix를 사용한 상위 도메인 메일 서비스 설정

Postfix는 SMTP 프로토콜을 사용해 메일 서버 간의 이메일 전송에 책임을 지는 MTA^{Mail Transport Agent, 메일 전송 에이전트}다. Postfix는 이제 센트OS 7의 기본 MTA다. 대부분의 중요한 네트워크 서비스처럼 Postfix의 기본 설정은 외부로 나가는 네트워크 연결은 허용되지만, 외부에서 들어오는 네트워크 연결을 허용하지 않는다. 이런 방식은 내부 메일은 내부 리눅스 서버 메일 시스템을 사용하고, 외부에 보낼 메일은 외부 메일 서버로 사용한다면 의미가 있다. 하지만 자체 내부 네트워크와 도메인에 중앙 집중형 메일 서버를 실행하고 싶다면 매우 제한적일 것이다. 따라서 이 예제에서는 네트워크의 모든 장비에서 보낸 이메일을 허용하는 상위 도메인 메일 서비스인 Postfix에 대한 설치 내용을 소개하고, 수신자가 내부 도메인의 이메일 주소를 가진 사용자라면 메일 서버에서 이메일을 메일박스로 제대로 전달하는 내용을 소개한다.

준비

이 예제를 진행하려면 동작하는 센트OS 7 운영체제, root 권한, 선호하는 콘솔 기반의 텍스트 편집기, 추가 소프트웨어 패키지를 다운로드할 수 있는 인터넷 연결이 필요하다. 내부 네트워크를 제대로 설치해야 하고, 모든 컴퓨터가 동일한 네트워크에서 하나의 도메인 메일 서버를 통해 메일을 전송할 수 있는 환경이어야 하며, 컴퓨터끼리 서로 통신할 수 있는 환경이어야 한다. 또한 모든 메일 서버의 시스템 시간을 올바로 설정하는 것은 매우 중요하다. 설정을 시작하기 전에 2장의 'NTP와 chrony를 사용한 시스템 시간 동기화' 절의 예제를 적용한다. 마지막으로 메일 서버에 FQDN^{Fully Qualified Domain Name}이 완벽히 설정돼 있어야 한다. 2장의 '장비 이름 설정과 네트워크 주소 해석' 절을 참고한다. 서버가 고정 IP 주소를 사용하고 하나 이상의 시스템 사용자 계정을 갖고 있다고 가정한다. 또한 예제 순서대로 계속 진행할 것이라 가정한다.

예제 구현

Postfix는 이미 센트OS 7에 기본적으로 설치돼 있고 실행 중이다. 예제에서의 내부 도메인 이름은 `centos7.home`이고, `192.168.1.0/24` 네트워크에 대한 중앙 집중형 메일 서버를 구축한다.

1. 먼저 root로 로그인하고, Postfix가 이미 내부에서 동작 중인지 확인하기 위해 시스템 사용자 계정으로 내부 메일을 보내는 테스트를 진행한다. 다음 커맨드를 실행하는데, <사용자_이름>을 명시해 리눅스 사용자에 메일을 보내는 커맨드를 실행한다.

   ```
   echo "This is a testmail" | sendmail <사용자_이름>
   ```

2. 센트OS 7의 Postfix는 외부 메일로 보낼 수 있게 설정돼 있어서 따로 설정 파일을 수정할 필요가 없다(내부 장비에서 보낼 때만 가능하다). 예를 들어 다음처럼 사용할 수 있다.

   ```
   echo "This is a testmail" | sendmail contact@example.com
   ```

 대규모 스팸 이메일이 많은 요즘에는 Postfix 서버가 신뢰하는 도메인과 인증서를 갖고 있지 않다면 대부분의 외부 이메일 서버에서 해당 Postfix 서버가 보낸 이메일을 거부하거나, 스팸 폴더로 바로 저장될 것이다.

3. 내부 메일 메시지가 정상적으로 전달됐는지 보기 위해 최신 메일 로그를 본다(로그를 종료하려면 Ctrl+C를 누른다).

   ```
   tail -f /var/log/maillog
   ```

4. 다음에 서버의 FQDN이 사용 가능한지 확인한다. 이 부분은 메일 서버를 동작하기 위해 반드시 필수적이다. 설정되지 않았다면 2장을 참조해 FQDN을 설정한다(예제에서는 `mailserver.centos7.home`이란 FQDN을 사용한다).

   ```
   hostname --fqdn
   ```

5. 이제 Postfix 설정 파일의 백업 파일을 생성한 후 다음 파일을 연다.

```
cp /etc/postfix/main.cf /etc/postfix/main.cf.BAK && vi /etc/postfix/main.cf
```

6. 먼저 내부 인터페이스만 리스닝하지 않고, 모든 네트워크 인터페이스를 리스닝하기 위해 Postfix를 설정한다. inet_interfaces로 시작하는 다음 라인의 주석을 푼다(라인의 맨 앞에 있는 # 기호를 삭제한다).

```
inet_interfaces = all
```

7. 이제 몇 라인 뒤의 inet_interfaces = localhost 라인을 찾아 # 기호를 라인의 맨 앞에 넣어 주석 처리한다.

```
# inet_interfaces = localhost
```

8. 다음에 메일 서버의 내부 도메인 이름을 설정해야 한다. 예를 들어 메일 서버의 FQDN이 mailserver.centos7.home이고, 메일 서버가 centos7.home이라는 내부 도메인 전체에 대한 이메일을 전송하는 책임이 있다면 도메인 이름을 다음처럼 설정한다(#mydomain = domain.tld 라인을 찾아 다음과 같이 변경한다).

```
mydomain = centos7.home
```

9. 해당 서버가 상위 도메인 메일 서버가 되려면 mydestination으로 시작하는 다음 라인을 수정해야 한다(예를 들어 mydestination 부분에서 mydestination 라인을 주석 처리하고, 그 다음 라인의 주석 처리를 제거한다).

```
mydestination = $myhostname, localhost.$mydomain, localhost, $mydomain
```

10. 다음에 사용자의 홈 디렉토리에 메일박스 파일의 경로 이름을 명시해야 한다. home_mailbox로 시작하는 라인을 찾기 위해 스크롤 다운하고 다음 옵션의 주석 처리를 제거한다(라인의 처음에 보이는 # 기호를 제거한다).

```
home_mailbox = Maildir/
```

11. 설정 파일을 저장하고 종료한다. 이제 서버로 들어오는 SMTP 연결을 허용하기 위해 방화벽의 Postfix 서버 포트를 연다.

```
firewall-cmd --permanent --add-service=smtp && firewall-cmd
--reload
```

12. 다음처럼 Postfix 서버를 재시작한다.

```
systemctl restart postfix
```

13. 그리고 동일 네트워크의 특정 컴퓨터에서 로그인하고, Postfix 서버 연결을 원격으로 테스트하기 위해 swaks^{Swiss Army Knife SMTP}를 다음과 같이 설치한다(설치를 위해 미리 EPEL 저장소를 설정해야 한다).

```
yum install swaks
```

14. 이제 SMTP의 표준 메일 포트인 25번 포트를 사용해 새로운 Postfix 서버에 연결할 수 있는지 테스트하기 위해 Postfix 서버의 시스템 사용자 중 john 사용자에게 IP 주소가 192.168.1.100인 Postfix 서버를 통해 메일을 원격으로 전송한다.

```
swaks --server 192.168.1.100 --to john@centos7.home
```

15. swaks는 메일 전송이 성공했는지 힌트를 보여주는 결과를 다음처럼 보여준다.

```
-> This is a test mailing
<- 250 2.0.0 Ok: queued as D18EE52B38
 -> QUIT
<- 221 2.0.0 Bye
```

16. Postfix 서버에 john 사용자로 로그인해 swaks의 마지막 커맨드가 성공했는지 확인해볼 수 있다. swaks 툴로 보낸 테스트 메일을 내부 메일박스의 받은 편지함에서 확인하고 읽는다. 테스트 메일은 파일로 존재하기 때문에 다음처럼 확인할 수 있다.

```
ls ~/Maildir/new
less ~/Maildir/new/14941584.Vfd02I1M246414.mailserver.centos7.home
```

예제 분석

보시다시피 Postfix는 모든 센트OS 7 운영체제에서 설치되고 실행 중이며, 기본 설정에서 메일 서버는 수신 메일을 받을 수 있게 내부 장비의 주소를 기반으로 리스닝하고 있다가 내부 리눅스 시스템 사용자 간의 내부 이메일을 외부 MTA에 연결할 필요 없이 전송할 수 있다. crond 데몬과 같은 시스템의 내부 서비스나 보안 위반에 대한 경고 내용을 전송하기 위해 내부에서 Postfix를 사용하기 있기 때문에 Postfix는 항상 실행 중이다(예, 관리자 권한이 없어서 sudo 커맨드로 실행됐다). 이 예제를 분석한 내용을 설명하기 전에 일반적인 Postfix MTA 시스템에 대한 기본 내용을 살펴볼 필요가 있다. Postfix MTA 서비스는 SMTP 프로토콜을 사용해 메일 클라이언트 또는 다른 원격 MTA 서버에서 도착한 이메일을 받을 수 있다.

도착한 이메일이 MTA 서버의 설정의 마지막 목적지 도메인으로 도달되면 (예를 들어 john@centos7.home이라는 수신자 주소가 포함된 메일이 Postfix MTA 서버로 설정된 centos7.home에 도착) 서버에 설치된 내부 사서함에 이메일을 배달한다(파일 시스템 또는 마리아DB와 같은 데이터베이스 시스템에 저장된다). 도착한 메일이 서버에 도착하지 않으면 다른 MTA에서 해당 서버로 전달relay한다.

Postfix 서버는 이메일 클라이언트나 MTA에 수신된 SMTP 연결을 받고, 메일을 서버의 내부 메일박스로 전달하며, SMTP를 사용해 다른 MTA에 메일을 전달하는 일만 한다. 일반적인 생각과 달리 Postfix는 내부 메일박스에서 종단 사용자에게 메일을 전달할 수 없다. 따라서 전송 에이전트delivery agent라 불리는 특정 타입의 MTA가 필요하다. 전송 에이전트는 IMAP 또는 POP3 같은 SMTP와 다른 메일 프로토콜을 사용한다.

이 예제에서는 Postfix 서버를 설정해서 동일 네트워크의 서로 다른 컴퓨터와 서버들이 Postfix 서버에 메일을 보낼 수 있었다(Postfix 서버는 기본적으로 이메일을 전송만할 수 있고, 기본적으로 블록돼 있다). 내부 네트워크의 다른 컴퓨터에서 전송된 이메일이 수신자 이메일 주소의 도메인 이름과 동일하면(Postfix 서버가

FQDN을 포함하기 때문) 수신자의 이메일 부분에서 정의된 내부 메일박스로 전달되고, 모든 외부 이메일 주소를 가진 이메일은 외부 MTA로 전달된다.

그렇다면 이 예제에서 무엇을 배울 수 있는가?

예제에서 먼저 시스템 사용자에게 내부 메일을 전달할 수 있는지 확인했다. root 사용자로 로그인했고 Postfix 패키지가 포함된 sendmail 프로그램을 사용해 메일을 내부 시스템에 보냈다. sendmail을 사용해 메일을 보낼 때마다 /var/log/maillog 파일에 새로운 라인이 추가된 것을 볼 수 있을 것이다. 해당 메일 로그 파일에는 메일의 상태 정보와 이메일과 관련된 중요한 로그 내용이 포함돼 있다.

서버의 FQDN이 centos7.home이고, root 사용자가 john인 사용자에게 이메일을 보냈다면 새로운 결과는 해당 로그 파일에 추가됐다. 성공했다면 결과 내용은 from=<root@centos7.home>, to=<john@centos7.home>, a status=sent가 포함될 것이다. 이러한 로깅 정보가 표시되지 않는다면 Postfix 서비스의 상태를 확인한다.

그리고 서버의 FQDN을 출력했다. 다른 MTA 또는 이메일 클라이언트에 접속할 때 FQDN 정보를 Postfix 서버 인증에 사용되기 때문에 FQDN 정보를 올바로 설정하는 것이 매우 중요하다. MTA는 다른 MTA가 알려준 FQDN을 확인하지만, FQDN이 없거나 MTA의 실제 도메인 이름이 FQDN과 다르다면 연결을 거절한다. 처음에 테스트를 진행한 후 Postfix 설정 파일의 백업 파일을 생성한 후 설정 파일을 변경했다. 이전에 언급한 것처럼 루프백 디바이스에서만 리스닝하는 Postfix 기본 설정을 따라 Postfix 서비스가 동작하는 서버에 시스템 사용자는 기본적으로 메일을 보낼 수 있다.

따라서 먼저 inet_interfaces = all 매개변수를 사용해 Postfix가 사용할 수 있는 모든 네트워크 인터페이스에서 리스닝할 수 있게 설정한다. 즉, 내부 네트워크의 클라이언트가 Postfix 서버에 연결할 수 있게 한다. 다음에 mydomain 매개변수를 사용해 Postfix가 사용할 도메인 이름을 설정했다. 네트워크에서 Postfix가 동작하기 위해 정의된 mydomain 변수의 도메인 이름이 서버의 도메인 이름과 동일해야 한다.

그리고 허용된 도메인 목록에 $mydomain 매개변수를 추가한 라인을 선택해서 mydestination 변수를 변경했다. Postfix 메일 서버에서 최종 대상 도메인으로 고려할 모든 도메인을 정의한다. Postfix 메일 서버가 특정 도메인에 대한 최종 대상 도메인으로 설정되면 다른 MTA에 메일을 전달하지 않고 메시지를 수신자의 내부 메일박스로 전달한다. 해당 내부 메일박스는 /var/spool/mail/<사용자_이름>(다음 단계에서 파일 위치를 변경한다)라는 파일에서 찾을 수 있다(예제에서 최종 대상 도메인을 $mydomain으로 추가했기 때문에 centos7.home 도메인으로 전달된 모든 메일을 전달할 수 있다).

그리고 Postfix 서버는 네트워크 정책을 많이 완화시킬 수 있는 중앙 서버를 통해 외부 이메일 주소(외부 MTA로 메일을 전송한다)로 이메일을 보낼 수 있기 때문에 기본적으로 Postfix는 동일 IP 서브넷의 모든 컴퓨터(SMTP 클라이언트)를 신뢰한다는 것을 기억할 필요가 있다. 스팸 이메일은 인터넷에서 항상 문제이고, 메일 서버가 스팸 메일을 보내지 못하게 하기 위해(오픈 릴레이 메일 서버가 스팸 메일을 보낼 수 있다. 해당 릴레이 메일 서버는 모든 클라이언트로부터 이메일을 받고, 메일 서버에 스팸 메일을 보낸다), 외부 MTA에 메일을 내부 장비에서만 전송할 수 있게 허용한다는 의미를 가진 mynetworks_style = host를 설정해 보안성을 높일 수 있다.

스팸 메일의 위험성을 줄일 수 있는 다른 방법은 메일 서버에서 연결하고 메일을 보낼 수 있게 허용된 네트워크나 IP 주소를 mynetworks 매개변수로 설정하는 것이다. 예를 들어 mynetworks = 127.0.0.0/8, 192.168.1.0/24라고 사용할 수 있다. 모든 Postfix 설정에 대해 더 알려면 man 5 postconf 커맨드를 사용해 Postfix 설정 매개변수에 대한 매뉴얼을 참고한다. 다음에는 내부 메일이 저장되는 경로를 변경했다. 수신된 모든 메일은 /var/spool/mail/<사용자_이름>에 위치한 중앙 메일박스 공간에 기본적으로 저장된다.

내부 사용자가 사용자의 home 디렉토리에서 메일을 수신할 수 있도록 모든 메일을 기존 디렉토리 대신 /home/<사용자_이름>/Maildir/로 변경하기 위해 `home_mailbox` 옵션에 대한 값을 `Maildir` 매개변수에 적용했다. 그리고 `firealld`에서 SMTP 서비스를 사용하기 위해 표준 SMTP 프로토콜 포트를 열었다. 이를 통해 Postfix는 다른 MTA나 메일 클라이언트와 통신을 하면서 수신 메일을 전송할 수 있다.

이미 Postfix 서비스를 부팅 시 시작할 수 있게 설정됐지만, 새로운 설정 내용을 적용하기 위해 Postfix 서비스를 재시작했다. 이 단계에서 Postfix 설정을 완료했지만, 원격 접근을 확인하기 위해 동일 네트워크의 다른 컴퓨터에서 로그인해야 했다. 따라서 내부 또는 원격 환경에서 SMTP 서버 연결을 테스트하기 위해 사용할 수 있는 `swaks`라는 커맨드라인 기반의 메일 클라이언트를 설치했다. 메일이 원격 Postfix 메일 서버로 전달되는지 테스트하기 위해 `swaks` 커맨드에 수신자 이름과 SMTP 서버의 IP 주소를 사용했다. 이 작업을 완료하면 테스트 메일 메시지를 받을 것이고, 모든 것이 제대로 동작했기 때문에 기쁠 것이다. 하지만 에러가 발생한다면 /var/log/maillog에 위치한 메일 서버 로그 파일을 확인해야 한다.

부연 설명

이 예제에서는 이메일 송신자 주소를 변경하고, SMTP 연결을 암호화하며, BIND DNS 서버에 메일 서버의 정보를 포함하는 설정을 진행한다.

이메일의 도메인 이름 변경

특정 MTA가 이메일을 전송하면 Postfix는 자동으로 송신자의 이메일 주소에 기본적으로 장비 이름을 추가한다. 명시적으로 장비 이름을 붙이지 않는다면 내부 메일을 보낸 네트워크에 있는 컴퓨터가 이메일을 내부적으로 보냈는지 추적할 수 있는 좋은 기능이 된다(반면 여러 컴퓨터에서 root라는 사용자로 메일을 전송하는 경우 메일의 출처를 찾기 어려울 수 있을 것이다).

종종 원격 MTA에 메시지를 전송할 때 이메일의 내부 장비 이름이 보이는 것을 원하지 않을 수 있다.

따라서 이메일에 내부 장비 이름 대신 도메인 이름만 가질 수 있는 방법이 있다. 이메일을 전송할 Postfix MTA 서버로 로그인하고, Postfix 설정 파일인 /etc/postfix/main.cf를 열고 다음 라인의 주석 처리를 제거(라인의 처음에 있는 # 기호를 삭제)해 myorigin 값을 도메인 이름으로 활성화하게 한다(다음에 Postfix 서비스를 재시작한다).

```
myorigin = $mydomain
```

SMTP 통신 시 TLS(SSL) 암호화 사용

소규모 환경 또는 사설 환경에서 자체 Postfix 서버를 실행 중이라면 인터넷 상의 어떤 이가 일반 텍스트로 전송되는 일반 SMTP 통신을 도청할 수 있기 때문에 주의해야 한다. TLS는 서버와 메일 클라이언트 간의 암호화된 SMTP 연결을 설정할 수 있다. 즉, SMTP 통신이 완전히 암호화돼 외부 사람이 통신 내용을 전혀 볼 수 없다. 이렇게 진행하기 위해 도메인에 대한 공식 SSL 인증서를 구매하지 않거나, 자체 서명 인증서를 생성하지 않았다면 6장의 '자체 서명 인증서 생성' 절을 참고해 인증서를 생성할 수 있다. 먼저 서버에 root로 로그인하고, 표준 인증서 경로인 /etc/pki/tls/certs에 접근한다. 다음에 make postfix-server.pem를 실행해 인증서를 구성하는 TLS/SSL 키, 내장된 공개 키, 개인 키를 생성한다(Postfix의 FQDN을 Common name에 입력한다, 예, mailserver.centos7.home). 다음에 Postfix 설정 파일인 /etc/postfix/main.cf를 선호하는 텍스트 편집기로 열고, 설정 파일의 끝에 다음 라인을 추가한다.

```
smtpd_tls_cert_file = /etc/pki/tls/certs/postfix-server.pem
smtpd_tls_key_file = $smtpd_tls_cert_file
smtpd_tls_security_level = may
smtp_tls_security_level = may
```

```
smtp_tls_loglevel = 1
smtpd_tls_loglevel = 1
```

main.cf 설정 파일을 저장하고 종료한다. smtpd_tls_security_level의
값을 may로 설정할 때 메일 클라이언트 프로그램에서 TLS 암호화를 적용할
수 있다면 TLS 암호화를 활성화하고, 메일 클라이언트 프로그램을 사용할
수 없다면 암호화가 적용되지 않은 연결을 사용함을 알아야 한다. 메일 서버
에 대한 모든 송신자가 해당 기능을 지원하는지 알고 있다면 smtpd_tls_
security_level에 encrypt를 적용한다. 송신자(외부 MTA 또는 메일 클라이언
트)가 해당 기능을 지원하지 않는다면 연결은 거부된다. 즉, 암호화되지 않은
이메일은 내부 메일박스로 전달되지 않는다. smtp_tls_security_level
= may를 사용할 때 Postfix 서버에서 외부의 다른 MTA로 나가는 SMTP
연결에 대해 TLS 암호화를 명시할 수도 있다. 자세한 로그 결과를 보기 위
해 Postfix의 클라이언트와 서버 모드에 TLS 로그 레벨을 1로 설정해 TLS
연결이 정상적으로 잘 동작하는지 확인할 수 있다. 일부 오래된 메일 클라이
언트는 표준 25번 포트 대신 SSL/TLS 기반의 암호화되고 오래된 SMTP
465번 포트를 사용한다.

465번 포트를 지원하기 위해 /etc/postfix/master.cf을 열고 다음 라인을 검색
한 후 주석 처리를 제거한다(각 라인의 시작에 있는 #을 제거한다).

```
smtps     inet  n   -   n   -   -   smtpd
-o syslog_name=postfix/smtps
-o smtpd_tls_wrappermode=yes
```

해당 설정 파일을 저장하고 종료한 후 Postfix를 재시작한다. 다음에 Postfix
서버로 들어오는 연결을 허용하기 위해 방화벽의 SMTPS 포트를 열어야 한
다. 센트OS 7에서 SMTPS firewalld 규칙이 없기 때문에 sed 유틸리티를
사용해 방화벽 파일을 생성해야 한다.

```
sed 's/25/465/g' /usr/lib/firewalld/services/smtp.xml | sed 's/Mail
(SMTP)/Mail (SMTP) over SSL/g' > /etc/firewalld/services/smtps.xml
```

```
firewall-cmd --reload
firewall-cmd --permanent --add-service=smtps; firewall-cmd --reload
```

swaks SMTP 커맨드라인 툴에 -tls 매개변수를 사용해 원격 컴퓨터에서 IP 192.168.1.100에서 실행 중인 Postfix 서버 간의 SMTPS 연결을 생성한 후 SMTPS 연결이 정상적인지 테스트할 수 있다. 예를 들어 swaks --server 192.168.1.100 --to john@centos7.home -tls를 실행할 수 있다. 해당 커맨드라인으로 SMTP 서버가 TLS 암호화(STARTTLS)를 지원하는지 확인한다. 어떤 이유로 사용할 수 없다면 에러 메시지와 함께 종료된다. 동작 결과는 다음과 같을 것이다(결과에서 중요한 라인만 보여주고 나머지 내용 중 일부는 생략됐다).

```
-> STARTTLS
<- 220 2.0.0 Ready to start TLS
=== TLS started with cipher TLSv1.2:ECDHE-RSA-AES128-GCM-SHA256:128
 ~> This is a test mailing
<~ 250 2.0.0 Ok: queued as E36F652B38
```

마지막 단계에서 Postfix 서버의 메일 로그 파일을 살펴보고 swaks 테스트 메일에 관련된 다음 라인을 살펴봄으로써 TLS 설정을 다시 확인할 수도 있다(결과는 다를 수 있다).

```
Anonymous TLS connection established from unknown[192.168.1.22]:
TLSv1.2 with cipher ECDHE-RSA-AES256-GCM-SHA384 (256/256 bits)
```

새로운 메일 서버를 사용할 수 있는 BIND 설정

상위 도메인 Postfix 서버를 설치하고 설정한 후 DNS 서버를 사용해 도메인의 새로운 메일 서비스를 공지해야 한다. BIND 서버에 대한 내용을 상세히 알고 싶다면 BIND 서버의 설치와 설정 방법을 설명한 9장을 참조하고, BIND 서버가 이미 없다면 MX^{Mail eXchanger} 레코드에 대한 세션을 특별히 살펴보길 바란다. 그리고 BIND 순방향 존 파일과 관련 역방향 존 파일에 새로운 MX 항목을 추가한다. 역방향 존 파일 IP가 192.168.1.100인 Postfix

서버에 다음 라인을 추가한다.

```
IN    MX    10    mailhost.centos7.home.
mailhost             IN    A     192.168.1.100
```

대신 역방향 존 파일에서 다음 라인을 추가할 수 있다.

```
100              IN    PTR    mailhost.centos7.local.
```

Postfix로 작업

이전 예제에서는 상위 도메인에 대한 이메일 서버인 Postfix를 설치하고 설정하는 방법을 소개했다. 이메일 작업에 관련해 리눅스에서 사용할 수 있는 다양한 툴과 프로그램이 있으며, swaks 툴과 sendmail 프로그램을 사용해 이메일을 보낼 수 있었다. 이 예제에서는 유닉스와 리눅스에서 가장 많이 사용되는 메일 유틸리티 중 하나인 mailx를 소개한다. mailx는 메일박스를 보내고 읽는 기능 중 sendmail에는 없는 기능을 갖고 있다.

예제 구현

예제에서는 먼저 상위 도메인 Postfix 서비스를 실행 중인 서버에 센트OS 7에서 기본 설치되지 않은 mailx 패키지를 설치한다.

1. 먼저 root로 로그인하고 다음 커맨드를 실행한다.

   yum install mailx

2. 표준 입력 모드로 mailx를 사용할 수 있는 가장 쉬운 방법은 다음과 같다.

   echo "this is the mail body." | mail -s "subject" john@centos7.home

3. 텍스트 파일을 메일로 전송할 수도 있다. 셸 스크립트에서 `mailx` 커맨 드를 실행할 수 있고, 여러 수신자에게 메일을 보낼 수 있으며, 첨부 파일을 사용할 수 있기 때문에 유용하다.

```
cat ~/.bashrc | mail -s "Content of roots bashrc file" john
echo "another mail body" | mail -s "body" john,paul@example.
com,chris
echo "this is the email body" | mailx -s "another testmail but with
attachment" -a "/path/to/file1" -a "/path/to/another/file"
john@gmail.com
```

원격 MTA로 mailx 연결

`sendmail` 프로그램 대신 `mailx` 프로그램을 사용했을 때의 장점 중 하나는 원격 MTA 메일 서버와 직접 통신할 수 있다는 점이다. 이 기능을 테스트하 기 위해 IP가 192.168.1.100인 Postfix 서버(이전 예제에서는 SMTP 방화벽 포트를 이미 열었다)와 동일 네트워크에 있는 리눅스 기반의 다른 컴퓨터로 로그인해 서 `mailx` 패키지를 설치하고 메일을 보낸다. 예제에서는 john 사용자에 내 부 메일을 보낸다.

```
echo "This is the body" | mail -S smtp=192.168.1.100 -s "This is a
remote test" -v john@centos7.home
```

메일박스에서 내부 메일 읽기

`mailx` 프로그램은 이메일 메시지를 모든 SMTP 서버에 보낼 수 있을 뿐만 아니라 Postfix 서버를 내부에서 실행했을 때 내부 메일박스에 대한 편리한 메일 수신 인터페이스를 갖고 있다. 사용자 메일박스를 `-f` 매개변수로 명시 해 메일 프로그램을 실행하면 프로그램은 받은 편지함의 모든 이메일을 보 여주면서 시작할 것이다.

하지만 `mailx`는 메일박스가 위치한 동일 서버에서 메일박스가 시작될 때에만 오직 내부 메일박스를 읽을 수 있다(원격에서 메일박스를 읽으려 한다면 Dovecot과 같이 POP3 또는 IMAP 프로토콜을 이해하는 MTA 접근 에이전트[access agent]를 설치해야 하며, 뒷부분에서 이 내용을 설명할 예정이다). 예를 들어 **Postfix** 서버에 `john` 사용자로 로그인한 후 `mailx -f ~/Maildir`을 실행해 사용자의 내부 메일박스로 메일 수신 프로그램을 연다.

이제 현재 인박스의 모든 메일 메시지 목록을 볼 수 있다. 특정 메일을 읽고 싶다면 메시지 목록의 숫자를 입력하고 엔터 키를 누른다. 메일 메시지를 읽고 난 후에 d와 엔터 키를 눌러 메일을 삭제하거나, r과 엔터 키를 눌러 메일을 회신할 수 있다. 현재 메일 메시지 화면으로 돌아가려면 z와 엔터 키를 누른다. 메일 메시지 화면이 하나 이상이면 z와 -(마이너스)와 엔터 키를 차례대로 눌러 이전 페이지로 이동한다. 프로그램을 종료하려면 x와 엔터 키를 누른다. 더 자세한 내용을 보려면 `mailx` 매뉴얼을 살펴본다(man mailx).

예제 분석

이 예제에서는 인터넷 메일을 보내고 읽을 수 있는 `mailx` 프로그램을 설치하고 사용하는 방법을 보여줬다. `mailx`는 기존 유닉스 메일 프로그램인 **Berkely** 메일 기반이며, 표준 `mailx` 커맨드 기능을 가진다. `mailx`는 `sendmail` 프로그램보다 많은 장점이 있고, IMAP, POP3, SMTP 프로토콜을 이해하기 때문에 중요한 센트OS 7 서버에는 `mailx`가 설치돼야 한다(사용자 친화적인 메일 수신, 전송 프로그램을 사용하고 싶다면 mutt를 확인할 수 있다. yum install mutt를 실행해 mutt를 설치할 수 있다. 그리고 매뉴얼을 읽으려면 man mutt를 실행한다).

그렇다면 이 예제에서 무엇을 배울 수 있는가?

예제에서는 먼저 **Postfix** 서버에 YUM 패키지 매니저를 사용해 `mailx` 패키지를 설치했다. `mailx` 패키지는 `mail`이나 `mailx` 커맨드로 실행할 수 있는 `mailx` 커맨드라인 프로그램을 포함한다. 그리고 이메일 제목을 명시하는 `-s` 매개변수와 수신자 이메일 주소를 추가로 명시했다. 해당 수신자 이메일 주소는 외부 주소나 내부 리눅스 시스템 사용자 이름 또는 메일이 될 수 있다.

무엇보다 mailx는 장비에서 메일 서버가 동작하는지 확인한 후 예제처럼 Postfix 서버에 메일을 묵시적으로 전달한다. 또한 mailx는 대부분 간단한 형태로 커맨드라인에서 수동적으로 메시지 바디 내용을 입력할 수 있는 인터랙티브 모드로 시작한다. 테스팅을 위해 메일을 빨리 작성할 수 있다는 점에서 좋지만, 대부분의 경우 다른 원본 자원의 내용을 예제처럼 파이프 형태로 전달할 수 있다. 예제처럼 mailx의 표준 입력STDIN 문자열을 작성하기 위해 echo 커맨드와 cat 커맨드를 사용할 수 있었다.

종종 사용되는 예제 중 하나는 특정 스케줄 시간마다 동작하는 cron을 사용해 관리자나 시스템 리포트에게 보낼 실패한 커맨드의 파일 결과 또는 로그 파일을 전송하는 사례다. 그리고 이메일 주소에 콤마로 분리된 여러 사용자에게 메일을 보낼 수 있고, -a 매개변수를 사용해 메일 메시지에 첨부 파일을 보내는 것을 예제에서 볼 수 있었다. 다음 섹션에서는 내부 매개변수를 설정(변수=값)하기 위해 -S 매개변수를 사용해 원격 SMTP 메일 서버로 이메일을 보내는 방법을 소개했다. 이 방법은 DNS 서버의 표준 메일 서버를 명시하지 않을 때 또는 원격 메일 서버를 테스트할 때 유용한 기능이다. 마지막으로 마지막 섹션에서 mailx를 사용해 Postfix 서버의 내부 메일박스를 읽는 방법을 소개했다. mailx는 내부 메일박스의 읽기, 삭제, 회신할 수 있는 편리한 브라우징 기능을 비롯한 고급 이메일 관리 기능을 갖고 있다. mailx의 인터랙티브 섹션에서 mailx 커맨드과 엔터 키를 함께 입력할 수 있다. 메일 브라우징을 원하지 않는다면 사용자의 ~/Maildir 디렉토리에서 grep, less 등과 같은 커맨드라인 툴을 사용해 항상 메일을 읽거나 필터링할 수도 있다. 예를 들어 모든 메일에서 PackPub.com 키워드를 대/소문자 구분 없이 검색하려면 grep -i packtpub ~/Maildir/new를 실행한다.

Dovecot로 메일 전송

이전 예제에서는 Postfix 서버를 상위 도메인 메일 전송 에이전트로 설정하는 방법을 살펴봤다. 11장의 첫 번째 예제에서 살펴본 것처럼 Postfix는 SMTP 프로토콜만 이해하기 때문에 다른 MTA나 메일 사용자 클라이언트에서 다른 원격 메일 서버로 메일을 전송하거나 내부 메일박스로 메일 메시지를 저장한다. 메일을 저장하거나 전달하면 Postfix 작업은 끝난다. Postfix는 SMTP 프로토콜만 이해하고 말할 수 있기 때문에 MTA 이외의 다른 데몬으로 메시지를 전송할 수 없다.

메일을 읽기 원하는 메일 메시지의 모든 수신 사용자는 ssh를 이용해 Postfix 서비스를 실행 중인 서버에 로그인해야 하고, 내부 메일박스 디렉토리를 살펴봐야 하거나, 그렇지 않으면 새로운 메일이 도착했는지 보기 위해 mailx를 일반적인 방식으로 실행해야 한다. 이런 시스템을 사용자가 사용한다면 매우 불편할 것이고 사용할 사람은 없을 것이다. 대신 사용자는 Postfix 서버가 위치한 서버가 아닌 워크스테이션으로 메일 서비스에 접근하고 읽고 싶어 한다. 따라서 접근 에이전트라 불리우는 MTA 그룹이 발전됐기 때문에 MTA 그룹은 Postfix 서비스가 실행 중인 서버에서 내부 메일박스 메시지를 동기화하거나 전송할 수 있는 주요 기능을 가진다.

해당 MTA 시스템은 SMTP 프로토콜 외에 POP3, IMAP 같은 다른 프로토콜을 사용한다. 이런 MTA 프로그램 중 하나가 Dovecot이다. 대부분의 전문적인 서버 관리자는 Postfix와 Dovecot가 완벽한 파트너라는 부분에 동의할 것이다. 이 예제의 목적은 내부 네트워크 사용자의 메일박스에 업계 표준 이메일 서비스를 제공하기 위해 기본 POP3/IMAP 서비스와 SSL 기반의 POP3/IMAP(POP3S/IMAPS) 서비스를 제공함으로써 Postfix에 Dovecot와 함께 연동할 수 있는 설정 방법을 배우는 것이다.

이 예제를 진행하려면 동작하는 센트OS 7 운영체제, root 권한, 선호하는
콘솔 기반의 텍스트 편집기, 추가 패키지를 다운로드할 수 있는 인터넷 연결
이 필요하다. 11장의 이전 예제를 차례대로 작업했다고 가정하고, Postfix는
상위 도메인 MTA로 설정됐다고 가정한다.

 이 예제에서는 내부 네트워크의 신뢰할 수 있는 사용자에 대한 기본 POP3S/IMAPS
서비스를 설정하는 가이드를 설명한다. 해당 설정 방법에 추가 보안 방법을 적용하
지 않는다면 일반적인 인터넷 사용에 적합하지 않다.

Dovecot는 센트OS 7에 기본적으로 설치되지 않기 때문에 주어진 단계를
따라 필수 패키지를 설치한다.

1. 먼저 root로 로그인하고 다음 커맨드를 실행한다.

   yum install dovecot

2. 패키지를 설치한 후 Dovecot 서비스를 부팅 시 실행할 수 있게 다음
   커맨드를 실행한다.

   systemctl enable dovecot

3. 이제 Dovecot 설정 파일의 백업 파일을 생성한 후 다음처럼 선호하는
   텍스트 편집기로 Dovecot 설정 파일을 연다.

   cp /etc/dovecot/dovecot.conf /etc/dovecot/dovecot.conf.BAK
   vi /etc/dovecot/dovecot.conf

4. 해당 설정 파일에서 protocols를 찾은 후 사용하고 싶은 protocols
   를 활성화(라인의 맨 앞에 있는 # 기호를 삭제한다)하고, 다음 라인을 수정한다.

```
protocols = pop3 imap imaps pop3s
```

5. 다음에는 루프백 주소만 리스닝하지 않고, 모든 네트워크 인터페이스를 들을 수 있게 Dovecot를 활성화한다. `#listen = *, ::` 라인을 검색하고 다음처럼 변경한다.

```
listen = *
```

6. 이제 해당 설정 파일을 저장하고 닫는다. 그리고 10-mail.conf 파일의 백업 파일을 생성한 후 선호하는 텍스트 편집기로 10-mail.conf 파일을 연다.

```
cp /etc/dovecot/conf.d/10-mail.conf /etc/dovecot/conf.d/10-
mail.conf.BAK
vi /etc/dovecot/conf.d/10-mail.conf
```

7. 스크롤 다운해서 다음 라인에서 주석 처리를 제거(# 문자를 제거한다)한다.

```
mail_location = maildir:~/Maildir
```

8. 그리고 해당 설정 파일을 저장하고 종료한다. 20-pop3.conf 파일의 백업 파일을 생성한 후 선호하는 텍스트 편집기로 20-pop3.conf 파일을 연다.

```
cp /etc/dovecot/conf.d/20-pop3.conf /etc/dovecot/conf.d/20-
pop3.conf.BAK
vi /etc/dovecot/conf.d/20-pop3.conf
```

9. 다음 라인을 찾아 주석 처리를 제거한다.

```
pop3_uidl_format = %08Xu%08Xv
```

10. 스크롤 다운해 다음 라인을 변경한다.

```
pop3_client_workarounds = outlook-no-nuls oe-ns-eoh
```

11. 해당 파일을 저장하고 종료한다. 10-auth.conf 파일의 백업 파일을 복사한 후 텍스트 로그인을 허락하는 설정을 진행한다.

```
cp /etc/dovecot/conf.d/10-auth.conf /etc/dovecot/conf.d/10-
auth.conf.BAK
vi /etc/dovecot/conf.d/10-auth.conf
```

12. `#disable_plaintext_auth = yes` 라인을 다음처럼 변경한다.

`disable_plaintext_auth = no`

13. 10-auth.conf 설정 파일을 저장하고 종료한다. 마지막으로 Dovecot에 자체 서명 서버 인증서를 사용한다. 11장의 다른 예제에서 생성한 Postfix 인증서를 사용하거나 Postfix 인증서를 새로 생성한다(이미 인증서를 생성했다면 이 단계를 건너뛴다).

cd /etc/pki/tls/certs; make postfix-server.pem

14. Dovecot의 표준 SSL 설정 파일의 백업 파일을 복사한 후 해당 설정 파일을 연다.

cp /etc/dovecot/conf.d/10-ssl.conf /etc/dovecot/conf.d/10-ssl.conf.BAK
vi /etc/dovecot/conf.d/10-ssl.conf

15. 이제 `ssl = required` 라인을 찾은 후 다음처럼 변경한다.

ssl = yes

16. 이제 서버 자체 인증서 경로에 설정하기 위해 다음과 같이 두 라인을 변경한다.

ssl_cert = < /etc/pki/tls/certs/postfix-server.pem
ssl_key = </etc/pki/tls/certs/postfix-server.pem

17. 해당 설정 파일을 저장하고 종료한다. 다음에는 방화벽에서 IMAP, IMAPS, POP3, POP3S 포트를 열어 관련 포트로 연결이 들어올 수 있게 설정한다. POP3와 IMAP의 경우 센트OS 7에 기본 설정이 없는 관계로 firewalld 자체 서비스 파일을 생성해야 한다.

sed 's/995/110/g' /usr/lib/firewalld/services/pop3s.xml | sed 's/ over SSL//g' > /etc/firewalld/services/pop3.xml
sed 's/993/143/g' /usr/lib/firewalld/services/imaps.xml | sed 's/ over SSL//g' > /etc/firewalld/services/imap.xml
firewall-cmd --reload

```
for s in pop3 imap pop3s imaps; do firewall-cmd --permanent
--add-service=$s; done;firewall-cmd --reload
```

18. 이제 Dovecot 서비스를 시작하기 전에 설정 파일을 저장하고 종료한다.

```
systemctl start dovecot
```

19. 마지막으로 새로운 POP3/SMTP 네트워크 서비스를 테스트하기 위해 동일 네트워크의 다른 컴퓨터에서 로그인한 후 다양한 접근 에이전트 프로토콜로 사용될 수 있도록 Dovecot와 연동된 원격 Postfix 서버에서 내부 메일박스에 접근할 수 있는 mailx를 사용할 수 있게 다음 커맨드를 실행한다. 예제에서 IP가 192.168.1.100인 Postfix 서버에 있는 john 시스템 사용자의 내부 메일박스에 원격 클라이언트에서 접근하려 한다(john 계정으로 로그인하기 위해 리눅스 사용자 패스워드가 필요하다).

```
mailx -f pop3://john@192.168.1.100
mailx -f imap://john@192.168.1.100
```

20. 다음에 안전한 연결을 테스트하기 위해 다음 커맨드를 사용해서 자체 서명된 인증서를 신뢰할지 여부를 묻는다면 yes를 입력한다.

```
mailx -v -S nss-config-dir=/etc/pki/nssdb -f pop3s://
john@192.168.1.100
mailx -v -S nss-config-dir=/etc/pki/nssdb -f imaps://
john@192.168.1.100
```

21. Postfix 서버 장비에서 내부 메일을 읽기 위해 mailx 커맨드를 실행한 화면처럼 4개의 이전 mailx 커맨드를 모두 실행할 때 john 사용자의 메일 메시지가 모두 저장된 메일박스를 mailx의 편지함 화면으로 볼 수 있어야 한다.

예제 분석

예제를 성공적으로 진행하면 네트워크의 유효한 모든 서버 사용자에 대한 POP3/SMTP 기본 서비스가 생성된다(SSL 암호화 적용 또는 미적용). 해당 서비스를 통해 Postfix 서버에서 클라이언트의 이메일 프로그램까지 내부 메일을 전달할 수 있다. 모든 내부 시스템 사용자는 직접 인증할 수 있고, 메일 서버에 연결할 수 있으며 메일을 원격 환경에서 얻어올 수 있다. 물론 메일 서비스를 더 좋게 할 수 있는 내용들이 여전히 많지만, 서버를 사용해 내부 시스템의 모든 사용자가 이메일 메시지를 송신과 수신할 수 있는 선호하는 이메일 데스크톱 소프트웨어를 설정할 수 있다.

 POP3는 서버에서 내부 장비로 메일을 다운로드하고 내부 장비의 메일을 삭제하는 반면 IMAP은 메일 삭제 없이 메일 서버의 메일과 동기화한다.

그렇다면 이 예제에서 무엇을 배울 수 있는가?

Dovecot를 설치해 예제를 시작했다. Dovecot를 설치한 후 설정 파일을 변경하기 전에 Dovecot를 부팅 후에 실행할 수 있게 활성화했다. Dovecot 설정 파일인 /etc/dovecot/dovecot.cf에서 어느 프로토콜이 사용되는지 설정하기 위해 IMAP, POP3, IMAPS, POP3S를 사용했다. 대부분의 다른 중요한 네트워킹 서비스와 마찬가지로 서버에서 Dovecot를 루프백 디바이스에만 듣지 않고, 모든 네트워크 인터페이스를 듣게 활성화했다. 10-mail.conf 파일에서 Dovecot의 메일박스 디렉토리 경로(mail_location 지시자를 사용)를 설정해서 Postfix가 메일박스 디렉토리 경로로 설정한 경로에 수신 메일을 저장해 Dovecot는 메일을 찾을 수 있다. 이 다음에는 pop3_ uidl_format과 pop3_client_workarounds 지시자를 사용해 다양한 이메일 클라이언트(예, Outlook 클라이언트)를 추가해 20-pop3.conf에서 POP3 프로토콜을 열었다. 마지막으로 /etc/dovecot/conf.d/10-auth.conf를 변경해 일반 텍스트 인증 기능을 활성화했다. SSL 인증 없이 POP3 또는 IMAP을 사용한 일반 텍스트 인증 기능이 안정성이 없다고 생각할 수 있지만, 내부 네트워크(신뢰 서버 사용자 집단)에 집중하기 때문에 반드시 위험 요소라고 볼 수 없다. 그 후에

10-ssl.conf 파일에서 ssl 지시자에 자체 서명 서버 인증서에 대한 경로를 설정해 SSL 기반의 POP3와 IMAP을 활성화했다. 암호화 인증을 필수로 하고 싶지만 오래된 이메일 클라이언트의 경우에는 암호화 인증을 필수로 하지 않길 원한다면 사용자가 암호화 인증을 사용할 수 있도록 선택할 수 있다. 이런 이유로 ssl = required를 ssl=yes로 변경해 Dovecot 서비스에 연결한 클라이언트가 SSL 암호를 반드시 사용하도록 강제하지 않았다. 그후에 내부 네트워크의 다른 컴퓨터에서 사용할 수 있는 Dovecot 서비스를 사용할 수 있도록 미리 정의된 firewalld 서비스 파일을 사용하고, IMAP과 POP3 방화벽 설정 파일은 새로 생성해 4개의 포트(POP3, IMAP, POP3S, IMAPS, 즉, 993, 995, 110, 143)를 활성화했다. 뒤에 Dovecot 서비스를 시작했고, mailx 커맨드를 원격으로 사용해 새로운 POP3/IMAP 서버를 테스트했다. -f 파일 매개변수를 적용해 프로토콜과 경로를 설정할 수 있었다. SSL 연결을 사용할 때 nss-config- dir 추가 매개변수를 센트OS 7에 저장된 인증서가 위치한 내부 네트워크 시큐리티 서비스Network Security Services로 설정했다.

에러가 발생할 때 /var/log/maillog 경로에 위치한 로그 파일을 항상 참조해야 한다. 기업의 상용 환경에서는 일반 텍스트 인증 기능을 사용하지 않고 SSL 기반의 POP3/IMAP을 사용하는 방식이 바람직하다.

부연 설명

이 예제에서는 이메일을 송신하고 수신할 수 있는 시스템 계정으로 신뢰할 수 있는 내부 시스템 사용자를 활성화하기 위해 Dovecot의 설치 방법을 보여줬다. 해당 사용자는 기존 사용자 이름을 이메일 주소로 사용할 수 있지만, 몇 가지를 개선함으로써 기존 사용자를 위한 대체 이메일 주소를 정의할 수 있는 방법인 앨리어스 기능을 빠르게 활성화할 수 있다.

사용자 앨리어스 목록을 구축하려면 먼저 선호하는 텍스트 편집기로 다음 파일을 연다.

```
vi /etc/aliases
```

해당 파일의 끝에 새로운 식별 정보를 추가한다. <사용자_이름>은 실제 시스템 계정 이름이다.

```
#users aliases for mail
newusernamea:    <사용자_이름>
newusernameb:    <사용자_이름>
```

예를 들어 `john`이라는 사용자가 이메일을 현재 `john@centos7.home`으로만 받는다면 `johnwayne@centos7.home`에 대한 새로운 앨리어스를 생성하기 원하고, 다음처럼 사용할 것이다.

```
johnwayne:    john
```

모든 앨리어스에 대해 이 작업을 반복해서 진행한다. aliases 파일을 일반적인 방법으로 저장하고 종료한 후 `newaliases` 커맨드를 실행한다.

이메일 소프트웨어 설정

시장에는 수많은 이메일 클라이언트가 있다. 지금 이메일을 송신하고 수신할 수 있는 내부 사용자의 설정 방법을 설명한다. 설정 방법은 절대로 복잡하지 않고, 좋은 출발을 위해 다음과 같은 원칙을 고려하는 것이 좋다. 이메일 주소의 형태는 `system_username@domain-name.home`이다.

수신 POP3 설정은 다음과 같다.

```
mailserver.centos7.home, Port 110
Username: system_username
Connection Security: None
Authentication: Password/None
```

POP3S의 경우 995번 포트로 변경하고, `Connection Security: SSL/TLS`를 사용한다. IMAP의 경우 포트를 143번으로 변경하고, IMAPS의 경우 포

트를 993번으로 변경한 후 Connection Security: SSL/TLS를 사용한다.
송신 SMTP 설정은 다음과 같다.

```
mailserver.centos7.home, Port 25
Username: system_username
Connection Security: None
Authentication: None
```

Fetchmail 사용

지금까지 두 가지 타입의 서로 다른 MTA를 소개했다. 먼저 Postfix MTA를
소개했다. Postfix는 메일 서버 간이나 메일 클라이언트에서 메일을 전달하
기 위해 또는 SMTP 프로토콜을 사용한 메일 서버에 내부 메일박스로 이메
일을 전송하는 전송 에이전트[transport agent]다. 그리고 가끔 접근 에이전트[access agent]라고 불리는 다른 타입의 MTA를 소개했다. 해당 MTA는 Dovecot 프로
그램이 사용될 수 있다. POP3 또는 IMAP 프로토콜을 사용해 내부 Postfix
메일박스에서 원격 메일 클라이언트 프로그램으로 메일을 전달한다. 이제
검색 에이전트[retrieval agent]라 불리는 세 번째 타입의 MTA를 소개한다. 해당
MTA는 Fetchmail 프로그램을 사용함으로써 설명한다. 요즘 대부분의 사람
들은 하나 이상의 이메일 제공자에서 하나 이상의 이메일 계정을 갖고 있다.
메일 프로그램에서 여러 웹 메일 사이트에 모두 로그인해야 하거나 다른 계
정을 사용해 로그인해야 할 때 메일 계정 관리가 어려울 수 있다. 이런 경우
에 Fetchmail을 사용할 수 있다. Fetchmail은 상위 도메인 Postfix 메일 서버
와 동일한 서버에서 실행되는 프로그램이고, 모든 이메일 제공자에서 모든
메일을 가져올 수 있으며, Postfix MTA의 내부 사용자 메일박스로 전달할
수 있다. 메일이 적절한 위치에 저장되면 사용자는 POP3 또는 IMAP를 통
해 접근 에이전트인 Dovecot가 제공하는 모든 메일에 접근할 수 있다. 이
예제에서는 Postfix MTA가 실행 중인 서버에서 Fetchmail의 설치 방법과

통합 방법을 설명한다.

준비

이 예제를 진행하려면 동작하는 센트OS 7 운영체제, root 권한, 선호하는 콘솔 기반의 텍스트 편집기, 추가 패키지를 다운로드할 수 있는 인터넷 연결이 필요하다. 11장의 이전 예제를 순서대로 진행했다고 가정하고, Postfix는 상위 도메인 MTA로 구성돼야 하고 Dovecot는 POP3/IMAP 메일 액세스 서비스를 제공하도록 설치돼야 한다.

이 예제에서는 Fetchmail을 테스트하기 위해 외부 이메일 주소를 등록해야 할 수도 있다. 외부 이메일 서버 주소의 이름과 이메일 제공자의 포트뿐 아니라 로그인 자격증명이 필요하다. 이런 정보는 이메일 제공자의 웹 페이지 FAQ^{Frequently Asked Questions} 섹션에서 찾을 수 있다. 또한 일부 이메일 주소의 경우에는 Fetchmail을 사용하기 전에 이메일 설정에서 POP3 또는 IMAP을 먼저 활성화해야 한다.

예제 구현

Fetchmail은 기본으로 설치되지 않아 필요 패키지를 설치해야 한다. 다음 단계를 수행한다.

1. 먼저 Postfix 서버가 실행 중인 메일 서버에 로그인하고, 다음 커맨드를 실행한다.

   ```
   yum install fetchmail
   ```

2. Fetch 메일을 설치한 후 외부 이메일 제공자에서 외부 메일을 내부 메일박스로 다운로드하기 위해 제공자에서 Fetchmail을 활성화하기 원하는 시스템 사용자 계정으로 로그인한다. 예제에서는 john 시스템 사용자(su - john)다. 이제 외부 이메일 주소로 Fetchmail을 설정하자. 이메

일 제공자가 mailhost.com이고, pop.mailhost.com에서 POP3 서버가 실행 중이고 imap.mailhost.com에서 IMAP가 실행 중이라면 이메일 제공자에서 메일 서버에 연결하고 메일을 수신하려면 username <사용자_이름> 정보와 함께 사용한 다음 커맨드라인을 사용한다.

```
fetchmail pop.mailhost.com -p pop3 -u <사용자_이름> -k -v
```

3. 대신 동일한 이메일 제공자의 IMAP를 사용하고 싶다면 다음 커맨드를 실행한다.

```
fetchmail imap.mailhost.com -p IMAP -u <사용자_이름> -v
```

4. Fetchmail 커맨드의 결과가 성공한다면 모든 새 메시지는 메일 서버에서 사용자 계정의 내부 메일박스로 다운로드될 것이다.

예제 분석

이 예제에서는 Postfix 서버의 내부 메일박스를 가진 사용자 계정에서 자동화된 메일 수신 기능을 제공하는 Fetchmail을 설치하고 테스트하는 방법을 소개했다. 그 결과 POP3 또는 IMAP을 사용 중인 메일 서버에 접속한 클라이언트가 일반적인 수신 이메일과 같이 보이는 방법으로 메일을 수신했다. Fetchmail은 종종 사용자의 모든 메일 계정을 하나의 계정으로 결합하고 묶는 데 사용되지만, 이메일 제공자가 바이러스 또는 스팸 필터링 기능을 갖고 있을 때에도 유용할 수 있다. 메일 서버에서 메일을 다운로드한 후 클라이언트 프로그램으로 메일을 보내기 전에 SpamAssassin 또는 ClamAV와 같은 툴을 사용해 메일을 처리한다.

그렇다면 이 예제에서 무엇을 배울 수 있는가?

예제는 Fetchmail에 대한 YUM 패키지를 설치하는 것으로 시작했다. john이라는 시스템 사용자의 메일박스에 대한 Fetchmail 설정을 원하기 때문에 john 사용자로 로그인했다. 그리고 하나의 이메일 제공자에서 메일을 수신하기 위해 간단한 커맨드라인을 실행해 Fetchmail 프로그램을 테스트했다. 이전에 말한 것처럼 Fetchmail을 사용하기 전에 외부 이메일 제공자에서 성공적으로 로그인하려면 서버의 정확한 로그인 정보(서버 주소, 포트, 사용자 이름, 패스워드, 프로토콜 타입)를 알아야 한다.

일부 이메일 제공자는 사용자가 SSL을 이용해 안전한 연결을 원하는지 또는 원하지 않는 경우든지를 결정할 수 있게 옵션을 제공하는 반면, 오직 안전한 연결만 허용하는 gmail.com과 같은 이메일 제공자도 있다. 즉, 이메일 제공자가 SSL 연결이 아닌 POP3/IMAP의 접근을 지원하지 않는다면 이 예제에서 살펴본 예제 커맨드가 모든 주요 이메일 제공자에서 실패할 수 있음을 의미한다. SSL POP3/IMAP 암호화로 Fetchmail을 사용하는 방법을 알기 위해 다음 절을 진행한다.

메일 제공자가 SSL 암호화 기능을 갖고 있다면 SSL 암호화를 항상 선호해야 한다. 또한 gmail.com과 같은 일부 이메일 제공자는 웹 메일로만 접근할 수 있지만, POP3/IMAP 서비스 기능은 기본적으로 비활성화돼 있다. 이메일 제공자의 웹사이트에서 계정 설정에 POP3/IMAP 서비스 기능을 활성화해야 한다(뒷부분에서 살펴본다).

fetchmail 커맨드에 -p 매개변수를 추가해 메일 프로토콜 타입을 명시했다. -u 매개변수를 사용해 메일 서버에 로그인할 때 사용될 수 있는 사용자 식별 정보를 명시했다. 해당 정보는 완전히 이메일 제공자와 독립적이다. POP3의 경우 -k 플래그를 사용해 서버에서 가져간 이메일을 절대 지우지 않도록 적용했다(POP3 프로토콜을 사용할 때 이메일을 서버에서 가져가면 이메일이 삭제되는 것이 기본 설정이다). 마지막으로 -v 플래그를 사용해 더 많은 로그 결과가 출력되게 했고, 간단한 테스트를 진행할 때 더 많은 정보가 나오게 했다. 이메일 제공자가 SSL을 지원하면 Fetchmail 커맨드에 -ssl 플래그와 메일 서버의 루트 인증서를 추가해야 한다. 커맨드를 실행한다면 Fetchmail은 즉시 메일 서버의 받은 편지함에서 모든 메일을 가져올지 물어보고, 사용자의 내부 메일박스에 메일을 다운로드한다.

이 절에서는 Postfix 설정 파일을 적용해 Postfix 서버의 내부 메일박스에 POP3, IMAP 프로토콜을 사용하거나, POP3S, IMAPS 프로토콜을 사용해 실제 이메일 제공자에서 메일을 다운로드할 수 있게 Fetchmail의 설정 방법을 소개했다. 마지막으로 Fetchmail 프로세스를 자동화하는 방법을 소개한다.

gmail.com과 outlook.com 이메일 계정으로 Fetchmail 설정

이 절에서는 Fetchmail가 인기 있는 gmail.com과 outlook.com 이메일 제공자와 my-email-server.com이라는 가상 이메일 제공자에서 다운로드할 외부 메일 계정을 설정한다. 이 예제에서 살펴본 것처럼 기본적으로 커맨드라인에서 Fetchmail은 설정 옵션을 처리하기 때문에 여러 메일 계정의 메일을 Fetchmail을 통해 자동으로 다운로드할 때 바람직한 방식이 아니다. 일반적으로 Fetchmail은 백그라운드로 서비스가 데몬 모드로 실행하거나 cron 작업으로 실행돼 특정 시간 간격으로 특수 설정 파일의 정의한 메일 서버 목록을 폴링^{polling}한다. 이를 사용하면 여러 메일 서버와 긴 목록의 옵션을 편하게 설정할 수 있다.

 이 책을 쓰는 시점에 gmail.com을 Fetchmail과 연동하고 싶다면 gmail.com 웹사이트에서 로그인한 후 '환경 설정'에서 '전달 및 POP/IMAP'으로 이동한 후 IMAP을 사용할 수 있게 활성화한다. 또한 gmail.com 계정의 '로그인 및 보안'에서 '보안 수준이 낮은 앱 허용'을 활성화한다. outlook.com의 경우 outlook.com 웹사이트에서 메일 계정으로 로그인한 후 options를 클릭하고, 다시 options를 클릭하면 Connect devices and apps with POP을 클릭하고 enable POP을 클릭한다.

outlook.com과 gmail.com 모두 안전한 POP3S와 IMAPS 프로토콜을 사용하며, 서비스를 사용하기 위해 Fetchmail 서버에 먼저 SSL 인증서를 서명하는 루트 인증서를 다운로드하고 설치해야 한다. 따라서 모질라^{Mozilla} 재단이 컴파일한 모질라 CA 인증서 묶음을 설치할 수 있다. 모질라 CA 인증서 묶음은 이메일 제공자가 사용하는 인증서와 같이 모든 주요 웹사이트와 서비스가 가장 많이 사용된 루트 서버 인증서를 포함한다.

gmail.com의 경우 Equifax Secure Certificate Authority의 루트 인증서가 필요하고, outlook.com의 경우 Globalsign의 루트 서버 인증서가 필요하다. Fetchmail은 이메일 서버에서 다운로드한 SSL 인증서가 유효한지 확인하기 위해 해당 루트 인증서가 필요하다. Postfix 서버에 root로 로그인하고 다음과 같이 패키지를 설치한다.

```
yum install ca-certificates
```

그리고 사용자 홈 디렉토리 하위에 Postfix 메일박스 디렉토리(~/Maildir)가 이미 있는 john이라는 리눅스 시스템 사용자로 로그인한 후 Fetchmail 설정 파일을 생성한다. Fetchmail 설정 파일에 모든 계정을 설정하기 전에 이전 예제에서 소개한 것처럼 Fetchmail 커맨드라인으로 특정 사용자 계정에 대한 연결과 인증이 잘 동작하는지 항상 먼저 확인해야 한다. 여러 이메일 제공자의 계정을 테스트하기 위해 3개의 커맨드라인을 호출해야 한다. 메일 프로바이더가 SSL 암호화를 사용할 수 있는지 확인하기 위해 -ssl 플래그를 사용해야 한다. SSL 연결을 허용하지 않는 메일 제공자의 일반적인 결과는 다음처럼 보일 것이다.

```
Fetchmail: SSL connection failed.
Fetchmail: socket error while fetching from <userid>@<mailserver>
Fetchmail: Query status=2 (SOCKET)
```

gmail.com과 outlook.com에서 메일 제공자의 사용자 이름이 johndoe라면 gmail.com의 IMAPS 테스트를 다음처럼 할 수 있다(프롬프트가 나타나면 이메일 사용자의 패스워드를 입력한다).

```
fetchmail imap.gmail.com -p IMAP --ssl -u johndoe@gmail.com -k -v
```

로그인이 성공하면 결과는 다음과 같을 것이다(결과의 일부는 생략됐다).

```
Fetchmail: IMAP< A0002 OK johndoe@gmail.com authenticated (Success)
9 messages (2 seen) for johndoe at imap.gmail.com.
Fetchmail: IMAP> A0005 FETCH 1:9 RFC822.SIZE
```

outlook.com을 POP3S로 다음처럼 테스트할 수 있다.

```
fetchmail pop-mail.outlook.com -p POP3 --ssl -u johndoe@outlook.com
-k -v
```

테스트가 성공하면 결과는 다음과 같다(결과의 일부는 생략됐다).

```
Fetchmail: POP3> USER johndoe@outlook.com
Fetchmail: POP3< +OK password required
Fetchmail: POP3< +OK mailbox has 1 messages
```

세 번째로 my-email-server.com이라는 가상 이메일 계정을 테스트하기 위해 SSL 없이 POP3, IMAP을 사용한다.

```
fetchmail pop3.my-email-server.com -p POP3 -u johndoe -k -v
fetchmail imap.my-email-server.com -p IMAP -u johndoe -v
```

외부 메일 제공자에서 가져온 모든 메일을 정상적으로 다운로드했는지 확인해야 한다. `mailx` 커맨드를 사용해 시스템 사용자의 내부 메일박스를 살펴본다(`mailx -f ~/Maildir`). Fetchmail이 서버에 연결할 수 있는지, 메일을 가져올 수 있는지 여부를 확인한 후 여러 메일 주소를 설정하고 자동으로 메일을 가져오기 위해 시스템 사용자의 홈 디렉토리의 내부에 Fetchmail 설정 파일을 생성할 수 있다. `vi ~/.fetchmailrc`를 사용해 새로운 파일을 연다. 커맨드라인으로 실행될 수 있는 모든 커맨드는 설정 파일에서 약간 다른 이름으로 사용될 수 있다(약간이 아닌 그 이상이 될 수 있다). 이제 다음 내용을 해당 설정 파일에 추가한다(실제 리눅스 시스템 사용자인 `john` 대신 `johndoe`라는 이메일 사용자 계정으로 변환하고, 해당 이메일 계정에 대한 실제 메일 패스워드를 `secretpass`로 변경한다).

```
set postmaster "john"
set logfile fetchmail.log
poll imap.gmail.com with proto IMAP
user 'johndoe@gmail.com' there with password 'secretpass' is john
here
ssl
fetchall
poll pop-mail.outlook.com with proto POP3
user 'johndoe@outlook.com' there with password 'secretpass' is john
here
ssl
fetchall
poll pop3.my-email-server.com with proto POP3
user 'johndoe@my-email-server.com' there with password 'secretpass'
is john here
fetchall
```

~/.fetchmailrc 설정 파일을 저장하고 종료한다. 다음과 같은 중요한 커맨드를 사용했다.

- **postmaster** Fetchmail에 문제가 발생하면 모든 경고 메일이나 에러 메일을 수신할 내부 리눅스 사용자를 정의한다.

- **logfile** Fetchmail을 백그라운드로 오랜 기간 계속 실행할 때 Fetchmail의 결과를 분석하고 디버그할 수 있는 로그 파일의 파일명을 정의한다.

- **poll 섹션** 특정 메일 제공자의 메일 다운로드를 명시한다. 모든 메일 계정에서 하나의 poll 섹션을 정의한다. 보다시피 문법은 하나의 연결을 테스트할 때 사용되는 커맨드라인과 매우 비슷하다. proto로 mail 프로토콜을 정의하고, user로 메일 계정의 로그인 사용자를 정의하며, is <사용자_이름> here 매개변수로 내부 시스템 사용자 계정이 어느 메일 계정과 관련돼 있는지 명시한다. SSL 연결을 위해 ssl 매개변수를 사용하고, 이메일 제공자가 모든 이메일을 읽고 다운로드할 수 있게 fetchall 매개변수를 명시했다. fetchall 매개변수를 명시하지 않으

면 Fetchmail은 이미 읽은 이메일은 다운로드하지 않는다.

.fetchmailrc 파일에 패스워드가 있기 때문에 해당 파일의 권한을 변경해 파일 소유자 외에는 아무도 읽지 못하게 한다.

```
chmod 600 ~/.fetchmailrc
```

마지막으로 Fetchmail 설정 파일의 주어진 설정대로 Fetchmail을 실행한다. 테스트 진행 시 `fetchmail -vvvv` 커맨드를 실행해 로그를 많이 볼 수 있게 실행한다. 이제 이메일 제공자의 새로운 모든 메일을 가져올 수 있기 때문에 로그 결과를 살펴보면서 모든 서버가 준비됐는지 살펴볼 수 있으며, 이전에 진행했던 커맨드라인으로 테스트한 것처럼 이메일을 받아볼 수 있을 것이다.

`mail -f ~/Maildir` 같은 `mailx` 커맨드를 사용해 내부 메일을 읽을 때 모든 이메일 제공자의 모든 새로운 메일이 저장돼 있어야 한다.

Fetchmail 자동화

이전에 언급한 것처럼 커맨드라인에서 `fetchmail`을 실행할 때마다 수동으로 폴링 작업을 시작할 수 있다. 수동 작업은 새로운 설정 파일에 명시된 메일 서버에서 모든 새로운 메일을 폴링하고 가져올 수 있고, 모든 메일 서버에서 메일을 가져온 후 Fetchmail은 종료된다. 이제 남아 있는 내용은 새로운 메일이 도착할 때마다 메일박스를 업데이트하기 위해 특정 시간 주기로 모든 메일 서버에 계속 질의할 수 있는 메커니즘이다. 해당 메커니즘을 구현하기 위해 두 가지 방법을 사용할 수 있다.

`fetchmail` 커맨드를 `cron` 작업으로 실행하거나 Fetchmail을 데몬 모드(.fetchmailrc 설정 파일에서 `set daemon` 매개변수를 활성화한다)로 시작해 백그라운드로 계속 두는 방법이 있다. 두 방법은 Fetchmail이 항상 실행 중이고 특정 시간부터 동작하기 시작해 모든 메일 동기화를 마칠 때까지 폴링하며, 다음 시간 주기가 돌아올 때까지 대기sleep한다.

두 방법은 기본적으로 동일하다. 여기서는 Fetchmail을 cron 작업으로 실행하는 방법을 소개한다. 이 방법은 따로 systemd 서비스 파일을 생성할 필요가 없기 때문에 설정하기 훨씬 쉽다(현재 센트OS 7에서는 fetchmail systemd 서비스를 지원하지 않는다). fetchmail 설정 파일이 있는 모든 시스템 사용자(예, john)에 대해 10분마다 이메일 서버에 대한 폴링 작업이 실행되도록 다음 커맨드처럼 cron 작업을 등록한다.

```
crontab -l | { cat; echo "*/10 * * * * /usr/bin/fetchmail &> /dev/null";
} | crontab -
```

 Fetchmail 폴링 주기를 매 5분 미만으로 설정하지 않는다. 해당 주기를 5분 미만으로 설정하면 시스템에 과부하를 줄 수 있기 때문에 일부 메일 제공자는 해당 사용자 계정을 차단하거나 막을 것이다.

12

웹 서비스 제공

12장에서 다루는 내용은 다음과 같다.

- 아파치 설치와 웹 페이지 제공
- 시스템 사용자 활성화와 공개 디렉토리 구축
- 이름 기반의 호스팅 구현
- 펄과 루비로 CGI 구현
- PHP의 설치, 설정, 테스트
- 아파치에 보안 기능 추가
- SSL^{Secure Sockets Layer}로 HTTPS 설정

소개

12장은 웹 페이지를 제공하기 위한 필수 단계를 제공하는 예제를 포함한다. 웹 서버의 설치부터 SSL를 통한 동적 페이지 전달까지, 12장은 언제, 어디서든 산업 표준 호스팅 솔루션 구축에 필요한 시작점을 제공한다.

아파치 설치와 웹 페이지 제공

이 예제에서는 정적 웹 페이지를 제공하는 아파치 웹 서버^{Apache web server}의 설치와 설정 방법을 소개한다. 아파치는 세계에서 가장 인기 있는 오픈소스 웹 서버 중 하나다. 아파치는 전체 인터넷 웹사이트의 절반 이상 사용되며, 정적 페이지와 동적 페이지를 제공할 수 있는 백엔드다. 일반적으로 httpd 라고 일컬으며, 많은 기능을 지원한다. 이 예제에서는 YUM 패키지 매니저를 사용해 쉽게 설치하는 방법과 최신 보안 업데이트로 아파치 서버를 유지 보수할 수 있는 방법을 소개한다. 센트OS 7에서는 아파치 2.4를 사용할 수 있다.

준비

이 예제를 진행하려면 동작하는 센트OS 7 운영체제, root 권한, 선호하는 콘솔 기반의 텍스트 편집기, 추가 패키지를 다운로드할 수 있는 인터넷 연결이 필요하다. 서버에 정적 IP 주소와 장비 이름이 있다고 가정한다.

예제 구현

아파치는 기본으로 설치돼 있지 않으므로 YUM 패키지 매니저를 사용해 필수 패키지를 먼저 설치한다.

1. 먼저 root로 로그인하고 다음 커맨드를 실행한다.

   ```
   yum install httpd
   ```

2. 다음을 실행해 홈 페이지를 생성한다.

   ```
   vi /var/www/html/index.html
   ```

3. 이제 필요한 HTML을 추가한다. 시작점으로 사용할 다음 코드를 사용할 수 있으며, 필요에 맞게 내용을 수정한다.

```
<!DOCTYPE html>
<html lang="en">
<head><title>Welcome to my new web server</title></head>
<body><h1>Welcome to my new web server</h1>
<p>Lorem ipsum dolor sit amet, adipiscing elit.</p></body>
</html>
```

4. 이제 다음 커맨드를 실행해 아파치 테스트 페이지를 삭제할 수 있다.

   rm -f /etc/httpd/conf.d/welcome.conf

5. 이전 단계를 완료한 후 httpd 설정 파일의 백업 파일을 생성한 후 기본 적인 사용법을 위해 httpd 서비스를 설정하기 위해 선호하는 텍스트 편집기로 httpd 설정 파일을 연다.

   cp /etc/httpd/conf/httpd.conf /etc/httpd/conf/httpd.conf.BAK
   vi /etc/httpd/conf/httpd.conf

6. 이제 ServerAdmin root@localhost 라인을 찾기 위해 스크롤 다운 한다. 해당 값을 설정하기 위한 기존 방식은 웹마스터^{webmaster} 계정을 사용하는 것이며, 필요에 맞게 간단한 이메일 주소로 변경한다. 예를 들어 서버의 도메인 이름이 www.centos7.home이라면 해당 라인은 다음과 같을 것이다.

   ServerAdmin webmaster@centos7.home

7. 이제 #ServerName www.example.com:80 라인을 찾기 위해 스크롤 다 운한다. 주석 처리를 제거(라인 처음의 # 기호를 삭제한다)하고, www.example. com 대신 필요한 값으로 변경한다. 예를 들어 서버의 도메인 이름이 www.centos7.home이라면 해당 라인은 다음과 같을 것이다.

   ServerName www.centos7.home:80

8. 다음에는 DirectoryIndex 지시자를 더 많이 확장한다. <IfModule dir_module> 블록의 부분인 DirectoryIndex index.html 라인을 찾고 다음처럼 변경한다.

```
DirectoryIndex index.html index.htm
```

9. 아파치 설정 파일을 저장하고 종료한다. 그리고 해당 설정 파일을 테스트하기 위해 다음 커맨드를 실행한다.

```
apachectl configtest
```

10. 다음에는 서버에 수신될 http 연결(기본 포트는 80번이다)을 허용하기 위해 웹 서버의 방화벽을 설정한다.

```
firewall-cmd --permanent --add-service http && firewall-cmd
--reload
```

11. 이제 부팅 시 httpd 서비스가 시작될 수 있게 설정하고, httpd 서비스를 시작한다.

```
systemctl enable httpd && systemctl start httpd
```

12. 이제 동일 네트워크의 컴퓨터에서 웹 서버로 접근해 httpd를 테스트할 수 있다. 새로 생성한 아파치 테스트 페이지를 보기 위해 서버의 IP를 브라우저의 URL로 입력한다. 아래 예제의 XXX.XXX.XXX.XXX를 실제 서버 주소로 변경한다.

```
http://XXX.XXX.XXX.XXX.
```

13. 웹 브라우저가 없다면 동일 네트워크의 컴퓨터에서 curl을 사용해 테스트 페이지로 호출해 아파치가 동작하는지 확인할 수 있다.

```
curl http://XXX.XXX.XXX
```

예제 분석

아파치는 웹 페이지를 퍼블리싱하고 제공할 수 있는 소프트웨어 패키지며, httpd, 아파치2 또는 간단히 아파치라 흔히 알려져 있다. 이 예제에서는 웹사이트를 구축하려는 사용자가 센트OS 7을 통해 얼마나 쉽게 웹사이트를 구축할 수 있는지 소개했다.

그렇다면 이 예제에서 무엇을 배울 수 있는가?

예제는 먼저 YUM 패키지 매니저(패키지 이름은 httpd)를 통해 아파치를 설치했다. 작업을 진행한 후 센트OS 7에서 정적 HTML을 보여줄 수 있는 기본 파일 경로가 /var/www/html인 것을 알 수 있었다. 따라서 첫 번째 작업은 홈 페이지에 어울릴 HTML을 /var/www/html/index.html에 생성하는 것이었다. HTML 수정을 진행할 수 있게 기본 HTML 템플릿을 사용했고, 웹 페이지를 원하는 대로 수정했을 것이라 가정한다. 이 작업을 진행한 후 /etc/httpd/conf.d/welcome.conf에서 기본 아파치 환영 페이지를 삭제한다.

삭제 작업을 완료한 후 문제가 발생했을 때 변경한 내용을 되돌릴 수 있게 httpd.conf 설정 파일의 백업 파일을 생성한다. 다음 단계는 선호하는 텍스트 편집기로 httpd.conf 설정 파일을 연다. 먼저 서버가 생성된 웹 페이지에 에러가 발생할 때 에러 메시지로 보여줄 서버의 이메일 주소와 서버 이름을 정의했다. 이런 이유로 도메인 이름을 반영해야 한다. 다음에는 사람들이 특정 디렉토리를 요청하면 브라우저로 먼저 보낼 파일을 정의하는 DirectoryIndex 지시자를 적용한다. 종종 사람들의 요청은 웹 페이지가 아닌 디렉토리가 될 수 있다. 예를 들어 www.example.com/welcome.html은 특정 웹 페이지를 요청하는 내용이라면 www.example.com은 디렉토리 단위로 요청한다. 기본적으로 아파치는 요청된 디렉토리에 index.html을 붙여 전달하지만, 많은 웹 페이지가 .html 확장자를 사용하기 때문에 이를 확장했다.

마지막으로 httpd 설정 파일을 저장한 후 종료했다. 그리고 아파치 설정 파일에 에러가 있는시 확인하기 위해 apachectl configtest 커맨드를 실행했다. 해당 커맨드의 실행 결과가 Syntax OK 메시지가 출력되면 부팅 시에도 httpd 서비스가 실행될 수 있게 설정한다. firewalld에서 HTTP 표준 포트 80번을 열어 HTTP 요청이 서버로 들어올 수 있게 처리하고 마지막으로 httpd 서비스를 실행한다. 아파치 설정 파일이 변경됐다면 httpd 서비스를 재시작을 하는 대신 systemctl reload httpd 커맨드를 사용해 재로드할 수 있다. 이 단계를 완료하면 동일 네트워크의 다른 컴퓨터에서 브라우저를 열어 아파치 서버의 시작 페이지를 볼 수 있는지 확인한다.

서버의 IP(예, `http://192.168.1.100`)를 사용할 수 있고, 장비 이름을 지원한다면 대신 장비 이름(예, `http://www.centos7.home`)을 사용할 수 있다. 아파치의 `acccess` 로그 파일과 `error` 로그 파일은 /var/log/httpd 위치에 있다. 현재 웹 서버에 접근하는 정보를 보려면 /var/log/httpd/access_log를 열고, 에러를 보려면 /var/log/httpd/error_log를 연다.

아파치는 이 책에서 모든 내용을 다룰 수 없는 큰 주제지만, 예제를 살펴보면서 웹 서버를 구축할 수 있는 부가 기능을 계속 다룰 것이다.

시스템 사용자 활성화와 공개 디렉토리 구축

이 예제에서는 아파치가 홈 디렉토리의 웹 페이지를 호스팅할 수 있는 옵션을 제공하는 방법을 살펴본다. 이 방법은 웹 호스팅이 시작될 때부터 ISP가 사용하는 방법이고, 가상 호스트를 사용하면 더 복잡하기 때문에 가상 호스트를 대신하는 기능으로 많은 곳에서 사용되고 있다. 이전 예제에서는 시스템 사용자에게 웹 호스팅 기능을 제공할 수 있는 아파치 웹 서버를 설치하는 방법을 소개했고, 이 예제에서는 센트OS 7의 시스템 사용자에게 웹 호스팅 기능을 제공하는 방법을 소개한다.

준비

이 예제를 진행하려면 동작하는 센트OS 7 운영체제, root 권한, 선호하는 콘솔 기반의 텍스트 편집기가 필요하다. 장비 이름 또는 도메인 이름을 지원하고 고정 IP를 사용하는 서버에 아파치 웹 서버가 이미 설치됐고 현재 실행 중이라고 가정한다. 또한 해당 서버에 최소한 하나의 사용자 계정이 존재해야 한다.

이 예제에서 제공할 기능을 위해 추가 패키지를 설치할 필요는 없지만, 아파치 설정 파일을 수정해야 한다.

1. 먼저 root로 로그인한 후 다음과 같이 userdir 설정 파일을 백업한 다음, 선호하는 텍스트 편집기로 아파치 userdir 설정 파일을 연다.

```
cp /etc/httpd/conf.d/userdir.conf /etc/httpd/conf.d/userdir.conf.BAK
vi /etc/httpd/conf.d/userdir.conf
```

2. 파일에서 UserDir disabled를 찾고 다음처럼 변경한다.

```
UserDir public_html
```

3. 이제 <Directory "/home/*/public_html"> 섹션을 찾을 때까지 스크롤 다운하고 다음으로 변경한다.

```
<Directory "/home/*/public_html">
    AllowOverride All
    Options Indexes FollowSymLinks
    Require all granted
</Directory>
```

4. userdir 설정 파일을 저장하고 종료한다. 이제 시스템 사용자 계정으로 로그인해 공개할 웹 디렉토리에 대한 작업은 진행하고(su - <사용자_이름>), 홈 디렉토리에 공개할 웹 폴더를 생성한 후 새로운 홈 페이지 파일을 생성한다.

```
mkdir ~/public_html && vi ~/public_html/index.html
```

5. 이제 필수 HTML을 추가한다. 다음 코드를 시작점으로 사용할 수 있으며, 필요에 맞게 수정한다.

```
<!DOCTYPE html>
<html lang="en">
```

```
<head><title>Welcome to my web folder's home page</title></head>
<body><h1>Welcome to my personal home page</h1></body>
</html>
```

6. 이제 다음을 실행해 리눅스 시스템 사용자의 홈 디렉토리(/home/<사용자_이름>)의 퍼미션을 수정한다.

    chmod 711 /home/<사용자_이름>

7. public_html 디렉토리에 755 퍼미션을 설정해 아파치가 해당 파일을 실행할 수 있게 한다.

    chmod 755 ~/public_html -R

8. 이제 su - root를 사용해 root로 다시 로그인해 사용자의 http 홈 디렉토리를 사용할 수 있는 SELinux를 설정한다.

    setsebool -P httpd_enable_homedirs true

9. root 계정으로 사용자 이름인 <사용자_이름>에 대한 사용자의 웹 공개 페이지에서 SELinux 보안 문맥을 변경한다(policycoreutils-python을 설치해야 할 수 있다).

    semanage fcontext -a -t httpd_user_content_t /home/<사용자_이름>/ public_html
    restorecon -Rv /home/<사용자_이름>/public_html

10. 이 예제를 완료하기 위해 httpd 서비스 설정을 재로드한다.

    apachectl configtest && systemctl reload httpd

11. 브라우저에서 http://<서버_IP_주소>/~<사용자_이름>를 입력해 설정이 제대로 됐는지 테스트할 수 있다.

예제 분석

이 예제에서는 얼마나 쉽게 사용자 계정으로 아파치 웹 서버의 사용자 디렉토리를 활성화할 수 있는지 살펴봤다.

그렇다면 이 예제에서 무엇을 배울 수 있는가?

사용자 디렉토리를 설정하기 위해 userdir.conf 설정 파일을 변경하면서 예제를 시작했다. 비활성화된 `UserDir` 지시자를 모든 사용자의 홈 디렉토리의 HTML 웹 디렉토리 이름으로 변경해 사용자 디렉토리를 활성화했다. 해당 HTML 웹 디렉토리는 public_html이라 부르며, 모든 사용자의 웹 컨텐트를 포함한다(HTML 웹 디렉토리는 public_html이 사실상 표준처럼 쓰이지만, 해당 디렉토리의 이름을 변경할 수 있다).

그리고 `<Directory /home/*/public_html>` 태그를 변경했다. 해당 지시자로 시작되는 /home/*/public_html 디렉토리 밑에 모든 옵션이 적용된다. 예제에서는 여러 옵션이 해당 디렉토리에 적용됐다. 디렉토리에 index.html이 없다면 HTML로 디렉토리의 파일과 컨텐트 정보를 보여주는 `Indexes` 옵션이 사용된다. 나중에 '아파치에 보안 기능 추가' 절에서 다룰 내용이지만, `Indexes` 옵션을 웹 루트로 설정하지 않도록 한다. 반면 사용자 디렉토리로 서비스하는 경우 외부에서 홈 디렉토리를 접근할 수 있게 설정하면 파일을 빨리 공유할 수 있는 좋은 선택이 될 수 있다(보안 문제가 발생한다면 `Indexes` 옵션을 삭제한다). `FollowSymLinks` 옵션은 public_html 디렉토리부터 public_html 디렉토리의 하위 디렉토리 또는 파일까지 심볼링 링크를 허용한다(man ln). 웹 root 디렉토리에서는 `FollowSymLinks` 옵션을 피한다. public_html 디렉토리에 특정 디렉토리를 복사하지 않고 해당 디렉토리에 접근할 때 `FollowSymLinks` 옵션이 유용할 수 있다(사용자 디렉토리는 종종 디스크 쿼터가 존재한다). 다음에 public_html 디렉토리의 접근 제어를 설정했다. `Require all granted` 설정은 HTTP 프로토콜을 통해 접속하는 모든 사용자가 public_html 디렉토리의 컨텐트에 접속할 수 있게 허용한다. public_html 디렉토리의 접근을 제한하려면 `all granted` 대신 다른 옵션을 변경한다. 장비 이름을 기반으로 접근하려면 `Require host example.com`처럼 사용할 수 있고, 내부 네트워크에서만 사용하려면 `Require ip 192.168.1.0/24`처럼 사용할 수 있다. 웹 서버가 여러 네트워크 인터페이스를 갖고 있고,

한 IP 주소에 공용 인터넷에 연결돼 있으며, 다른 IP 주소에서 내부 네트워크에 연결 중일 때 특별히 유용하다. Directory 블록에 여러 Require 라인을 추가할 수 있다. 내부 접근만 허용하려면 Require local을 설정할 수 있다.

userdir 설정 파일을 저장한 후 홈 디렉토리를 변경한다. 먼저 사용자 홈 디렉토리에 실제 사용자 웹 공개 디렉토리로 쓰이는 public_html 디렉토리를 생성했다. 다음에 사용자는 public_html 디렉토리에서 무엇이든 할 수 있지만, 다른 사용자와 그룹은 해당 디렉토리를 읽고 실행만 할 수 있게 public_html 디렉토리를 755로 변경했다. 아파치 웹 서버를 통해 컨텐트가 요청되는 경우 public_html 디렉토리의 모든 파일은 apache 사용자와 apache 그룹으로 접근할 수 있기 때문에 권한 타입이 필요하다. 사용자가 읽기 또는 실행 권한이 없다면(man chmod) 브라우저에서 Access denied 메시지를 얻을 것이다. 상위 디렉토리 권한이 하위 디렉토리 권한에 영향을 미칠 수 있기 때문에 미리 /home/<username> 디렉토리 권한을 변경하지 않는다면 동일하게 Access denied 메시지를 얻을 것이다. 센트OS에서 700 권한의 사용자의 홈 디렉토리는 소유자는 모든 작업을 할 수 있지만, 나머지 모든 사용자는 해당 사용자의 홈 디렉토리와 홈 디렉토리의 컨텐트에 접근할 수 없다는 것을 의미한다.

이전에 작성한 대로 아파치 사용자가 public_html 디렉토리에 접근해야 하기 때문에 해당 디렉토리의 권한을 711로 변경해서 모든 사용자가 해당 디렉토리를 최소한으로 변경할 수 있게 설정한다(그리고 public_html 디렉토리의 하위 디렉토리에도 동일하게 적용해 읽기/쓰기 권한을 설정한다). 다음에 SELinux를 위한 새로운 웹 폴더의 보안 문맥을 설정했다. SELinux가 실행 중인 시스템에서 아파치의 컨텐트를 사용할 수 있게 SELinux 레이블(httpd_user_content_t)로 모든 공개 디렉토리를 설정해야 한다. 또한 아파치 홈 디렉토리를 활성화하기 위해 httpd_enable_homedirs를 true로 설정한 방식처럼 SELinux 불리언 값을 설정해야 한다. SELinux에 대해 더 알려면 14장을 살펴본다.

홈 디렉토리를 관리하는 이전 작업 과정이 모든 사용자별로 반복돼야 한다.

새로운 시스템 사용자를 활성화하기 위해 매번 아파치 웹 서버를 재시작할 필요가 없지만, 첫 번째에서 진행했던 설정 작업을 완료한 후에는 변경 사항을 반영하기 위해 httpd 서비스를 재로드해야 한다. 이 시점에서 내부 시스템 사용자는 사용자 이름을 기반으로 하는 유일한 URL를 사용해 웹 페이지를 퍼블리싱할 수 있다.

이름 기반의 호스팅 구현

일반적으로 이전 예제에서 보여준 내용처럼 아파치를 설치한다면 아파치가 실행 중인 서버의 IP 주소 또는 도메인 이름에 접근하기 위해 http://192.168.1.100 또는 http://www.centos7.home처럼 웹사이트를 정확하게 호스팅할 수 있다. 호스팅하기를 원하는 모든 도메인마다 아파치를 개별로 설치해야 한다면 매우 낭비되는 시스템이 될 것이다. 이름 기반이나 가상 호스팅은 동일 아파치 웹 서버를 여러 도메인에서 서비스할 수 있게 지원한다.

DNS 서버나 내부 /etc/hosts 파일로부터 아파치 웹 서버의 IP 주소에 할당된 여러 도메인 이름이 존재한다면 가상 호스트를 사용 가능한 모든 도메인 이름으로 설정할 수 있어서 사용자의 요청을 가상 호스트에 대한 웹사이트 정보를 포함하는 아파치 서버의 특정 디렉토리로 전달할 수 있다. 최근 웹 기반의 제공자는 하나의 웹 서버 공간을 여러 공간으로 나눌 수 있는 이런 종류의 가상 호스팅을 사용한다. 트래픽을 한 서버에서 처리할 수 있는 한 시스템에서 생성할 수 있는 가상 호스트의 제한과 시스템에 대한 제한이 없다. 이 예제에서는 아파치 웹 서버에 이름 기반의 가상 호스팅을 설정하는 방법을 다룬다.

준비

이 예제를 진행하려면 동작하는 센트OS 7 운영체제, root 권한, 선호하는 콘솔 기반의 텍스트 편집기가 필요하다. 서버가 고정 IP 주소가 있고, 서버에 아파치가 설치되고 현재 실행 중이며, 이전 예제에서 작업한 대로 시스템 사용자의 공개 디렉토리를 활성화했다고 가정한다. 서버에 하나 이상의 도메인이나 하위 도메인을 이전에 설정해야만 아파치의 가상 호스트 이름으로 동작할 수 있다.

테스트를 진행하기 위해 `www.centos7.home` 같이 여러 도메인 이름이나 하위 도메인 이름을 사용하거나 아파치 웹 서버의 IP 주소를 입력해 /etc/hosts 파일에 설정(2장의 '장비 이름 설정과 네트워크 주소 해석' 절을 참조한다)하거나 BIND DNS 서버에 `A` 또는 `CNAMES`를 설정(9장을 참조한다)할 수 있다.

 아파치의 일반적인 오해는 아파치 웹 서버가 자체 도메인 이름을 구축할 수 있다고 하는 것이다. 이는 잘못 알고 있는 것이다. 아파치에서 가상 호스트를 설정하기 전에 가상 호스트를 사용해 디렉토리에 연동될 도메인 이름으로 아파치 서버의 IP 주소를 알려줄 수 있는 DNS 서버 또는 /etc/hosts에서 미리 설정돼 있어야 한다.

예제 구현

이 예제에서는 아파치 서버의 하위 도메인 이름으로 내부 가상 호스트를 구축하는 방법을 다룬다. 도메인의 네트워크 이름이 `centos7.home`일 때 `www.centos7.home`, `web1.centos7.home`, `web2.centos7.home`, `<사용자_이름>.centos7.home`에 대한 연관 내부 디렉토리는 /var/www/html, /var/www/web1, /var/www/web2, /home/<사용자_이름>/public_html이다. 도메인 이름은 교환 가능하고, 필요와 상황에 따라 적절한 값으로 사용자 정의된 이름을 사용할 수 있다.

1. 먼저 아파치 서버에 root로 로그인하고, 모든 가상 호스트 정보가 정의될 새로운 설정 파일을 생성한다.

```
vi /etc/httpd/conf.d/vhost.conf
```

2. 해당 설정 파일에 다음 내용을 저장한다. 필요에 따라 centos7.home 값과 <사용자_이름> 값을 적절한 값으로 정의할 수 있다.

```
<VirtualHost *:80>
    ServerName centos7.home
    ServerAlias www.centos7.home
    DocumentRoot /var/www/html/
</VirtualHost>
<VirtualHost *:80>
    ServerName web1.centos7.home
    DocumentRoot /var/www/web1/public_html/
</VirtualHost>
<VirtualHost *:80>
    ServerName web2.centos7.home
    DocumentRoot /var/www/web2/public_html/
</VirtualHost>
<VirtualHost *:80>
    ServerName <username>.centos7.home
    DocumentRoot /home/<username>/public_html/
</VirtualHost>
```

3. 이제 설정 파일을 저장하고 종료한 후 가상 호스트에서 사용될 디렉토리를 생성한다.

```
mkdir -p /var/www/web1/public_html /var/www/web2/public_html
```

4. 이전 단계의 작업을 진행한 후 선호하는 텍스트 편집기로 web1과 web2 하위 도메인의 기본 index 페이지를 생성할 수 있다.

```
echo "<html><head></head><body><p>Welcome to Web1</p></body></html>" > /var/www/web1/public_html/index.html
echo "<html><head></head><body><p>Welcome to Web2</p></body></html>" > /var/www/web2/public_html/index.html
```

5. 이제 아피치 웹 서버를 재로드한다.

```
apachectl configtest && systemctl reload httpd
```

6. 이제 간단한 테스트를 위해 다음의 가상 호스트에 접근하려는 클라이언트 컴퓨터의 hosts 파일에 새로운 아파치 웹 서버의 모든 하위 도메인을 추가한다. 하지만 BIND DNS 서버에서도 해당 하위 도메인을 설정할 수 있다. 클라이언트 컴퓨터에서 root로 로그인하고, 아파치의 IP 주소가 192.168.1. 100이라면 다음 라인을 /etc/hosts 파일에 추가한다.

```
192.168.1.100 www.centos7.home
192.168.1.100 centos7.home
192.168.1.100 web1.centos7.home
192.168.1.100 web2.centos7.home
192.168.1.100 john.centos7.home
```

7. 이제컴퓨터에서 브라우저를 열어 다음 주소를 주소 입력줄에 입력해 테스트한다(<사용자_이름>을 가상 호스트에 정의된 사용자 이름으로 교체한다).

```
http://www.centos7.home, http://web1.centos7.home,
http://web2.centos7.home, http://<사용자_이름>.centos7.home.
```

예제 분석

이 예제에서는 이름 기반의 가상 호스트를 구현하는 방법이 얼마지 쉬운지 살펴봤다. 해당 기술은 생산성을 높이고, 도메인 이름 기반의 웹 호스팅을 무제한으로 할 수 있는 기회를 제공한다.

그렇다면 이 예제에서 무엇을 배울 수 있는가?

예제에서는 먼저 가상 호스트 설정 내용을 모두 포함하는 아파치 설정 파일을 생성했다. 아파치 웹 서버가 시작되면 /etc/httpd/conf.d/ 디렉토리의 .conf 확장자로 끝나는 모든 파일은 자동으로 로드된다. 다음에 기본 루트 도메인인 centos7.home이며 앨리어스가 www.centos7.home으로 정의된 관련 지시자 블록을 저장했다. 가상 호스트 블록에서 가장 중요한 옵션은 파일 시스템에서 특정 디렉토리를 웹 서버의 IP 주소에 대한 기존 도메인 이름으로 매핑하는 ServerName 지시자다.

물론 포함할 수 있는 많은 설정이 존재하지만, 이전 방법은 처음 시작하는 사람에게 기본 빌딩 블록을 제공한다. 다음 단계에서 centos7.home의 하위 도메인인 web1, web2와 <사용자_이름>을 각각 생성했다. 각 가상 호스트는 전형적인 아파치 지시자를 지원하고, 필요에 맞게 사용자 정의가 가능하다. 더 많은 지식을 얻으려면 공식 아파치 매뉴얼을 참고한다(httpd-manual YUM 패키지를 설치한 후 /usr/share/httpd/manual/vhosts/로 이동한다). 모든 하위 도메인에 가상 호스트 블록을 생성한 후 실제 컨텐트가 저장될 디렉토리를 생성했고, 생성된 디렉토리마다 기본 index.html을 생성했다. 예제에서는 /var/www에 web1과 web2 디렉토리를 생성했다. 다른 위치에 새로운 폴더를 생성할 수 없음을 의미하지 않는다. 사실 대부분의 상용 서버는 /home/<사용자_이름>/public_html 예처럼 홈 디렉토리에 새로운 디렉토리를 생성한다. 하지만 이 방법을 사용한다면 새로운 디렉토리의 권한과 소유, SELinux 레이블을 수정(/var/www 위치 이외의 아파치 디렉토리를 httpd_sys_content_t로 레이블 처리를 진행해야 한다)해야 의도한 대로 사용할 수 있다. 마지막으로 아파치 웹 서비스를 재로드해서 새로운 설정이 즉시 반영되도록 처리했다. 클라이언트 컴퓨터에서 /etc/hosts 파일이 제대로 설정되거나 BIND DNS 서버가 제대로 설정되면 가상 호스트를 보기 위해 브라우저에서 하위 도메인을 직접 입력할 수 있다.

펄과 루비로 CGI 구현

이전 예제에서는 아파치 서비스의 정적 컨텐트만 보여줬다. 즉, 웹 브라우저가 요청한 모든 정보는 서버에서 고정 상태다. 예를 들어 평문 HTML 텍스트 파일처럼 변하지 않는 데이터다. 아파치는 웹 서버에서 브라우저로 특정 파일의 컨텐트를 응답으로 보낸다. 브라우저에서는 응답을 해석하고 화면으로 구성한다. 클라이언트로 보낼 컨텐트가 변경되지 않는다면 인터넷은 정말 지루했을 것이고, 오늘날처럼 크게 성공하지 못했을 것이다. 아파치 웹 서버의 현재 시간 정보를 웹 페이지에 보여줄 수 있는 것과 같이 동적 컨텐트의 가장 간단한 예를 보여줄 수 있다.

따라서 1990년대 초반에 일부 똑똑한 사람들이 웹 서버와 웹 페이지를 동적으로 생성할 수 있는 서버에 설치된 실행된 프로그램 사이의 통신을 가능케 하는 메커니즘을 개발하기 시작했다. 이는 사용자로 전송되는 HTML 컨텐트가 문맥과 조건에 따라 변화할 수 있음을 의미한다. 펄^{Perl}이나 루비^{Ruby}와 같은 스크립트 언어로 작성된 프로그램뿐 아니라 파이썬^{Python}, 자바^{Java}, PHP 같은 다른 컴퓨터 언어로도 동적인 HTML 컨텐트를 생성할 수 있다. 아파치가 순수 C와 C++로 개발됐기 때문에 아파치는 펄과 같은 프로그래밍 언어를 바로 실행하거나 해석할 수 없다. 따라서 서버와 프로그램 사이의 연결고리에 대한 방법이 정의돼야 한다. 통신 방법 중 하나는 동적 컨텐트를 제공하는 오래된 방법인 CGI$^{Common\ Gateway\ Interface}$다. 대부분의 아파치 웹 서버는 CGI 애플리케이션을 사용한다. 이 예제에서는 펄과 루비를 사용해 동적 컨텐트를 생성할 수 있는 CGI 설치 방법과 설정 방법을 소개한다.

 mod_perl, mod_python, mod_ruby 같은 특별한 아파치 웹 서버 모듈이 존재한다. 해당 모듈은 직접 웹 서버 프로세스에 언어 인터프리터가 내장됐기 때문에 CGI와 같은 인터페이스 기술과 대비 속도가 무척 빠르다.

준비

이 예제를 진행하려면 동작하는 센트OS 7 운영체제, root 권한, 선호하는 콘솔 기반의 텍스트 편집기, 추가 패키지를 다운로드할 수 있는 인터넷 연결이 필요하다.

서버가 고정 IP 주소를 갖고 있고 아파치가 설치돼 현재 실행 중이며, 서버가 하나 이상의 도메인이나 하위 도메인을 갖고 있다고 가정한다.

펄뿐 아니라 루비 같은 스크립트 언어는 센트OS 7의 최소 버전에 포함되지 않으므로 YUM을 사용해 필수 패키지를 설치한다.

1. 먼저 root로 로그인하고 다음 커맨드를 실행한다.

   ```
   yum install perl perl-CGI ruby
   ```

2. 다음으로 아파치 웹 서버를 재시작한다.

   ```
   systemctl restart httpd
   ```

3. 다음에는 CGI 스크립트를 사용하기 위해 SELinux를 설정해야 한다.

   ```
   setsebool -P httpd_enable_cgi 1
   ```

4. 다음에 SELinux의 cgi-bin 디렉토리에서 보안 문맥을 제대로 변경해야 한다.

   ```
   semanage fcontext -a -t httpd_sys_script_exec_t /var/www/cgi-bin
   restorecon -Rv /var/www/cgi-bin
   ```

첫 번째 펄 CGI 스크립트 생성

1. 이제 vi /var/www/cgi-bin/perl-test.cgi를 실행해 새로운 펄 CGI 스크립트 파일을 생성한 후 다음 내용을 해당 파일에 저장한다.

   ```perl
   #!/usr/bin/perl
   use strict;
   use warnings;
   use CGI qw(:standard);
   print header;
   my $now = localtime;
   print start_html(-title=>'Server time via Perl CGI'),
   h1('Time'),
   p("The time is $now"),
   end_html;
   ```

2. 다음에 apache 사용자가 실행할 수 있게 해당 파일의 권한을 755로 변경한다.

```
chmod 755 /var/www/cgi-bin/perl-test.cgi
```

3. 이전 스크립트에서 생성된 HTML을 확인하고 테스트하기 위해 커맨드 라인에서 펄 스크립트를 다음처럼 실행할 수 있다.

```
/var/www/cgi-bin/perl-test.cgi
```

4. 이제 네트워크의 컴퓨터를 브라우저로 열어 다음 URL을 브라우저에 입력해 아파치가 실행 중인 서버의 현재 시간 정보를 출력하는 펄 CGI 스크립트를 실행한다.

```
http://<서버_이름 또는 IP_주소>/cgi-bin/perl-test.cgi
```

5. 해당 스크립트가 동작하지 않는다면 /var/log/httpd/error_log 로그 파일을 살펴본다.

첫 번째 루비 CGI 스크립트를 생성

1. vi /var/www/cgi-bin/ruby-test.cgi를 실행해 새로운 루비 CGI 스크립트 파일을 생성하고, 다음 내용을 저장한다.

```
#!/usr/bin/ruby
require "cgi"
cgi = CGI.new("html4")
cgi.out{
    cgi.html{
        cgi.head{ cgi.title{"Server time via Ruby CGI"} } +
        cgi.body{
            cgi.h1 { "Time" } +
            cgi.p { Time.now}
        }
    }
}
```

2. 이제 apache 사용자가 실행할 수 있게 루비 스크립트 파일의 권한을 755로 변경한다.

```
chmod 755 /var/www/cgi-bin/ruby-test.cgi
```

3. 이전 스크립트에서 생성된 HTML이 실제 무엇인지 확인하기 위해 커 맨드라인에서 `/var/www/cgi-bin/ruby-test.cgi`를 실행해 해당 루비 스크립트를 직접 실행할 수 있다. `offline mode: enter name=value pairs on standard input` 라인을 본다면 실제 HTML 결과를 보기 위해 Ctrl+D를 선택한다.

4. 이제 네트워크의 컴퓨터에서 브라우저를 열고 다음 URL을 사용해 아 파치 웹 서버의 현재 시간 정보를 출력하는 루비 CGI 스크립트를 실행 한다.

```
http://<서버_이름 또는 IP_주소>/cgi-bin/ruby-test.cgi
```

5. 동작하지 않는다면 서버의 /var/log/httpd/error.log 로그 파일을 살펴 본다.

예제 분석

이 예제에서는 CGI를 사용해 동적 웹사이트의 구축이 얼마나 쉬운지 보여줬 다. CGI 자원에 접근하면 아파치 서버는 서버에서 CGI 프로그램을 실행하 고 결과를 브라우저에 보낸다. 해당 시스템의 주요 장점은 CGI가 특정 프로 그래밍 언어에 국한되지 않고, 리눅스 커맨드라인에서 실행 가능하고 결과 가 텍스트로 출력되는 한 잘 작동된다는 점이다. CGI 기술의 큰 단점은 무 척 오래되고 구식 기술이라는 점이다. 모든 사용자가 CGI 자원으로 요청하 면 프로그램은 새로운 프로세스를 시작한다. 예를 들어 펄 CGI 스크립트에 대한 모든 요청마다 새로운 인터프리터 인스턴스를 메모리에서 시작하고 로 드^{load}하기 때문에 부하가 많이 발생한다. 작은 웹사이트이거나 사용자의 요 청 개수가 작을 때만 CGI가 유용하다. 이전에 설명한 대로 FastCGI 또는

mod_perl 같은 아파치 모듈 기술을 사용해 CGI 이슈를 해결할 수 있다. 그렇다면 이 예제에서 무엇을 배울 수 있는가?

예제에서는 먼저 root로 로그인하고, 펄 인터프리터, 펄 표준 라이브러리에 포함되지 않은 CGI.pm 모듈, 루비 프로그래밍 언어를 위한 ruby 인터프리터를 설치했다. 다음에 아파치 웹 서버에게 새로운 프로그래밍 언어가 설치됐음을 알려주기 위해 아파치 프로세스를 재시작했다. 그런 후 CGI 스크립트를 동작시키기 위해 SELinux에서 표준 아파치 cgi-bin 디렉토리(/var/www/cgi-bin)를 시스템에서 실행할 수 있는 SELinux 문맥 타입으로 설정했다.

SELinux에 대해 더 알기 원한다면 14장을 참조한다. /var/www/cgi-bin 디렉토리에서 펄 CGI 스크립트와 루비 CGI 스크립트를 저장하고, 해당 스크립트를 아파치 사용자가 실행할 수 있게 변경한다. 아파치 설정 파일에서는 /var/www/cgi-bin 디렉토리가 표준 CGI 디렉토리로 기본 정의돼 있다. 즉, CGI 디렉토리에 실행 가능한 모든 파일이 CGI 스크립트로 정의된 .cgi 확장자로 존재하고, 접근 권한과 실행 권한을 적절히 갖고 있으며, 해당 스크립트가 어떤 프로그래밍 언어나 스크립트 언어로 작성됐는지 상관없이 웹 브라우저에서 접근되고 실행된다는 것을 의미한다. 스크립트를 테스트하기 위해 웹 브라우저를 열어 http://<서버_이름 또는 IP_주소>/cgi-bin/에 .cgi 스크립트 이름이 추가된 URL로 접근했다.

부연 설명

또한 웹 디렉토리에서 CGI 스크립트를 실행하고 싶다면 가상 호스트나 기존 Directory 지시자에 다음 두 라인을 추가(Options와 AddHandler)하거나 다음 내용처럼 새로운 위치에 CGI 디렉토리를 생성할 수 있다(새로운 CGI 디렉토리 위치에 대해서도 httpd_sys_script_exec_t SELinux 레이블을 설정해야 한다).

```
<Directory "/var/www/html/cgi-new">
    Options +ExecCGI
```

```
    AddHandler cgi-script .cgi
</Directory>
```

PHP 설치, 설정, 테스트

PHP^{Hypertext Preprocessor}는 웹 개발을 위해 설계된 가장 인기 있는 서버 사이드 스크립트 언어 중 하나다. PHP는 매우 빨리 최신 웹 애플리케이션을 구현할 수 있게 마리아DB 같은 관계형 데이터베이스 연결 기능 등의 괜찮은 기능을 이미 갖고 있다. 요즘 트렌드를 보면 큰 회사들이 PHP에서 벗어나 Node.js (서버 사이드 자바스크립트) 같은 신기술을 사용한다. 하지만 여전히 소비자 시장에서 PHP는 우수한 언어다. 세계의 모든 호스팅 회사에서 PHP 코드를 실행할 수 있는 LAMP 스택(리눅스, 아파치, MySQL, PHP) 종류를 제공한다. 또한 아주 인기 있는 웹 애플리케이션은 WordPress, Joomla, Drupal 같이 PHP로 개발됐기 때문에 PHP가 거의 모든 아파치 웹 서버에서 가져야 할 기능을 포함한다고 말하는 것이 맞다. 이 예제에서는 아파치 웹 서버에서 mod_php 모듈을 사용해 PHP를 설치하고 실행하는 방법을 소개한다.

준비

이 예제를 진행하려면 동작 중인 센트OS 7 운영체제, root 권한, 선호하는 콘솔 기반의 텍스트 편집기, 인터넷 연결이 필요하다. 서버가 고정 IP 주소를 갖고 있고, 아파치는 설치돼 실행 중이며, 하나 이상의 도메인이나 하위 도메인을 지원한다고 가정한다.

예제 구현

센트OS 7 최소 버전에 기본적으로 PHP가 설치되지 않기 때문에 먼저 PHP 와 아파치 mod_php 모듈을 설치한다.

1. 먼저 root로 로그인하고 다음 커맨드를 실행한다.

   yum install mod_php

2. 먼저 원본 파일의 백업 파일을 생성한 후 표준 PHP 설정 파일을 연다.

   cp /etc/php.ini /etc/php.ini.bak && vi /etc/php.ini

3. `; date.timezone =` 라인을 찾아 현재 타임 존으로 변경한다. 사용할 수 있는 모든 PHP 타임 존은 http://php.net/manual/en/timezones.php 에서 발견할 수 있다. 예를 들어 타임 존을 유럽의 베를린으로 변경하려면 다음과 같다.

   date.timezone = "Europe/Berlin"

4. 아파치에서 새로운 모듈과 설정을 정상적으로 로드하게 처리하려면 아파치 웹 서버를 재시작한다.

   systemctl restart httpd

5. 이전 예제의 CGI 예처럼 같은 테스트를 진행하기 위해 `vi /var/www/html/php-test.php`를 실행해 서버의 현재 시간 정보를 출력하는 동적 PHP 스크립트를 생성한다. 그리고 해당 스크립트에 중요한 PHP 정보를 출력할 수 있는 `phpinfo()` PHP 함수를 실행하도록 추가한다.

   ```
   <html><head><title>Server time via Mod PHP</title></head>
   <h1>Time</h1>
   <p>The time is <?php print Date("D M d, Y G:i a");?></p><?php
   phpinfo(); ?></body></html>
   ```

6. 이전 스크립트에서 HTML 결과물이 생성됐는지 보기 위해 PHP 스크립트를 `php /var/www/html/php-test.php`처럼 커맨드라인에서 실행할 수 있다.

7. 이제 네트워크의 컴퓨터에서 브라우저를 연 후 http://<서버 이름 또는 IP 주소>/php-test.php URL을 사용해 PHP 스크립트가 동작되게 한다.

이 예제에서는 아파치 웹 서버에 mod_php 모듈을 이용해 PHP를 설치하고 연동하는 방법이 얼마나 쉬운지 소개했다. mod_php 모듈은 내부 PHP 인터 프리터를 비롯해 아파치 프로세스에서 직접 실행할 수 있고, CGI를 사용하는 것보다 더 효율적이기 때문에 mod_php 모듈을 추천한다.

그렇다면 이 예제에서 무엇을 배울 수 있는가?

예제에서는 PHP 설치와 YUM을 사용한 mod_php 모듈 설치를 먼저 진행했다. 센트OS 7의 최소 버전에서는 PHP와 mod_php 모듈을 기본 지원하지는 않는다. 먼저 /etc/php.ini 파일의 백업 파일을 생성한다. mod_php를 설치할 때 /etc/php.ini 설정 파일에 mod_php 설정이 추가된다. /etc/php.ini 설정 파일은 PHP의 주요 설정 파일이고, 웹 서버의 보안과 관련 있는 설정이 많기 때문에 주의를 기울여 수정해야 한다. PHP를 시작할 때 설정 파일의 date.timezone 변수와 상관없는 모든 부분은 그대로 둔다. 현재 타임 존을 반영하기 위해 date.timezone 변수를 설정하는 부분이 PHP에서 중요한 이유는 해당 변수가 여러 시간과 날짜 시간 함수에서 사용되기 때문이다(예제 의 PHP 스크립트에서 날짜 함수를 사용하며, 다음을 참조한다). 그리고 PHP 스크립트를 생성했고, 웹 루트 디렉토리에 저장했다. PHP 스크립트의 절대 위치는 /var/ www/html/php-test.php일 것이다. PHP 스크립트는 PHP의 phpinfo() 함 수 결과뿐 아니라 현재 시간을 출력한다. 해당 스크립트는 설치된 PHP의 잘 분류된 개략 정보를 표 형식으로 출력한다. 이 정보를 통해 PHP 서버와 관련 문제를 진단하는 데 도움을 받을 수 있고, PHP에서 사용할 수 있는 모듈이 무엇인지 알 수 있다.

CGI와 비교해 PHP 스크립트를 cgi-bin과 같은 특별한 디렉토리에 꼭 저장 해야 하는지 궁금할 것이다. 이 궁금증을 정확히 해결하는 방법을 알아본다. mod_php를 설치하면 /etc/httpd/conf.d/php.conf라는 아파치 설정 파일이 아 파치 설정 디렉토리로 배포된다. php.conf 파일은 모든 웹 디렉토리에서

.php 확장자 파일이 정상적인 PHP 코드로 실행될 수 있게 설정돼 있다.

아파치에 보안 기능 추가

아파치 웹 서버는 가장 성숙도가 높은 애플리케이션 중 하나고, 센트OS 7에 포함된 안전한 서버 애플리케이션이지만 여전히 개선의 여지가 있으며, 많은 옵션과 기술을 사용해 아파치 웹 서버의 보안을 더욱 강화할 수 있다. 모든 보안 기능을 다루는 것은 이 책의 범위를 넘어서기 때문에 이 예제에서는 상용 환경에서 아파치 웹 서버의 보안을 높일 수 있는 좋은 사례를 소개한다.

준비

이 예제를 진행하려면 동작하는 센트OS 7 운영체제, root 권한, 선호하는 콘솔 기반의 텍스트 편집기가 필요하다. 서버에 고정 IP 주소가 있고, 아파치가 설치돼 현재 실행 중이며, 하나 이상의 도메인이나 하위 도메인을 지원한다고 가정한다.

예제 구현

아파치 설정 파일에서 대부분의 보안 옵션과 기술을 설정해야 하기 때문에 먼저 선호하는 텍스트 편집기를 연다.

httpd.conf의 보안이 강화된 설정 작업

1. 먼저 root로 로그인하고, 아파치 설정 파일을 연다.

   ```
   vi /etc/httpd/conf/httpd.conf
   ```

2. 이제 웹 다큐먼트 루트 설정을 검색한다.

```
<Directory "/var/www/html">
```

3. `<Directory "/var/www/html">` 태그로 시작하고, `</Directory>` 태그로 종료하는 내부 섹션에서 `Options Indexes FollowSymLinks` 라인을 찾은 후 해당 라인의 맨 앞에 #을 붙여 비활성화한다(주석 처리한다).

   # Options Indexes FollowSymLinks

4. 이제 설정 파일의 끝까지 스크롤 다운하고, # Supplemental configuration 라인 앞에 다음 라인을 추가해 웹 헤더의 상세 정보를 노출하지 않도록 한다.

   ServerTokens Prod

5. 그리고 변경된 내용을 적용하기 위해 아파치 설정 파일을 재로드한다.

   apachectl configtest && systemctl reload httpd

필요하지 않은 HTTPD 모듈 삭제

아주 안정적이고 성숙도가 높으며 잘 테스트된 프로그램이라 할지라도 버그가 포함될 수 있고, 취약점이 나타날 수 있다. 최근 뉴스에 따르면 OpenSSL에 하트브리드Heartbleed 버그 또는 배시bash에 셸쇼크Shellshock가 발생했고, 아파치 웹 서버도 예외가 아니다. 따라서 시스템의 보안 문제를 야기할 수 있는 기능을 제한하기 위해 필요하지 않은 모든 소프트웨어는 삭제하는 것이 유익하다. 아파치 웹 서버에서 보안성을 높이기 위해 불필요한 모든 모듈을 삭제할 수 있다(또한 성능을 높이고 메모리 사용을 줄일 수 있다). 설치된 모든 아파치 모듈을 검토함으로써 불필요한 모듈의 삭제 처리를 시작하자.

1. root 사용자로 로그인한 후 현재 설치되고 로드된 모든 아파치 모듈을 보여주려면 다음 커맨드를 실행한다.

   httpd -M

2. 이전 커맨드를 실행하면 /etc/httpd/conf.modules.d 디렉토리의 특수 설

정 파일을 이용해 아파치 웹 서버로 로드된 모든 모듈을 출력한다. 해당 디렉토리는 목적이 비슷한 아파치 모듈을 그룹화한 파일로 구성된다.

```
00-base.conf, 00-dav.conf, 00-lua.conf, 00-mpm.conf, 00-proxy.
conf, 00-ssl.conf, 00-systemd.conf, 01-cgi.conf, 10-php.conf
```

3. 따라서 모든 모듈에 대한 상세한 내용을 살펴보는 대신, 주요 내용을 살펴본다. conf.modules.d 디렉토리 내의 파일을 기반으로 전체 모듈 그룹을 활성화/비활성화할 수 있는 기능이 있어 사용하기 쉽다. 예를 들어 아파치 DAV 모듈이 필요하지 않으면 00-dav.conf 설정 파일의 확장자를 변경해 DAV 관련 모듈을 비활성할 수 있다. 아파치 웹 서버 는 .conf 확장자로 끝나는 파일만 자동으로 읽고 로드한다. 예를 들어 다음과 같다.

```
mv /etc/httpd/conf.modules.d/00-dav.conf /etc/httpd/conf.
modules.d/00-dav.conf.BAK
```

4. 그리고 해당 모듈 디렉토리에 대한 변경을 적용하기 위해 아파치 설정 파일을 재로드한다.

```
apachectl configtest && systemctl reload httpd
```

5. 세부적인 제어가 더 필요하다면 해당 디렉토리의 모든 설정 파일에 한 모듈을 활성화/비활성화를 할 수 있다. 예를 들어 선호하는 텍스트 편집기의 00-base.conf를 열고 비활성화하고 싶은 라인의 처음에 #을 추가해 해당 라인을 다음처럼 비활성화할 수 있다.

```
# LoadModule userdir_module modules/mod_userdir.so
```

6. 다음에 비활성화된 모듈을 사용하려면 .BAK 파일을 원래 파일로 변경하거나 설정 파일에서 # 기호를 삭제한 후 httpd 서비스를 재로드한다.

아파치 파일 보호

추가로 아파치 웹 서버의 보안을 높이는 아주 간단한 방법은 서버 사이드

스크립트와 설정을 보호하는 것이다. 이 시나리오에서는 root 사용자만 전체 아파치 웹 서버, 웹사이트, 서버 사이트 스크립트, 설정에 대한 책임을 지고 유지 보수했다. 따라서 root 사용자는 아파치 서버에 대한 전체 파일 권한(읽기/쓰기/실행)이 있었다. apache 사용자는 여전히 읽기와 실행 권한이 필요하고, 모든 아파치 관련 파일에 접근해야 한다. 따라서 아파치 웹 서버가 다른 시스템 사용자에게 잠재적인 보안 위험의 노출이나 HTTP 해킹을 통해 손상 받을 수 있는 위험을 최소화해야 한다. 위험을 최소화하는 두 가지 방법은 다음과 같다.

1. 먼저 아파치 설정 디렉토리와 표준 웹 루트 디렉토리의 권한을 root 사용자와 apache 그룹으로 변경한다.

   ```
   chown -R root:apache /var/www/html /etc/httpd/conf*
   ```

2. 그리고 파일 권한을 변경해 apache 사용자(root 사용자는 포함)를 제외하고 다른 사용자는 파일을 읽을 수 없게 한다.

   ```
   chmod 750 -R /var/www/html /etc/httpd/conf*
   ```

예제 분석

아파치 설정 파일(httpd.conf)을 열어 아파치 루트 웹 컨텐트 디렉토리(/var/www/html)에 대한 설정을 변경했다. Indexes와 FollowSymLinks 매개변수가 포함된 전체 Options 지시자를 비활성화했다. 이미 소개한 대로 아파치 웹 서버에서 파일 대신 디렉토리로 요청하면 디렉토리의 index.html이나 index.htm 파일로 자동 전송된다.

Indexes 옵션은 사용자가 아파치 웹 서버에 요청한 디렉토리에서 해당 파일을 찾을 수 없는 경우 디렉토리에 ls(디렉토리 목록 보기) 커맨드를 실행한 것처럼 자동으로 해당 디렉토리 목록을 HTML 페이지로 사용자에게 출력할 수 있도록 아파치 웹 서버를 설정한다. 인증되지 않은 사용자에게 비밀 정보나 사적인 정보를 노출하기 때문에 일반적으로 이 기능을 원하지 않으며,

많은 시스템 관리자는 이런 인덱싱을 일반적으로 보안 위협으로 생각하고 사용자 계정에게 알려준다. 또한 실수로 일부 파일 시스템(예, root 파일 시스템의 모든 디렉토리)을 쉽게 노출할 수 있기 때문에 FollowSymLinks 지시자는 상용 시스템에서 사용하면 안 된다. 마지막으로 서버의 보안을 강화하기 위해 다른 측정 방법을 추가하고, 서버의 버전 정보를 비활성화한다. 아파치 웹 서버가 웹 페이지, 에러 페이지, 의미 있는 정보(예, 아파치 서버 버전과 활성화된 모듈 정보)를 생성할 때 자동으로 관련 정보를 브라우저에 보낸다. 따라서 공격자가 시스템의 의미 있는 정보를 얻을 수 있다. ServerTokens를 Prod로 간단히 설정해 의미 있는 정보를 보내지 않게 할 수 있다. 그리고 시스템의 일반적인 버그를 줄이고, 시스템을 잘못 이용할 수 있는 일반적인 위험을 줄이기 위해 아파치 모듈을 비활성화하는 방법을 소개했다. 마지막으로 파일 보호가 제대로 될 수 있게 아파치 파일의 권한을 변경하는 방법도 소개했다.

아파치 웹 서버를 잘 운영하려면 고려해야 할 여러 가지 사항이 있다. HTTP 리퀘스트 메소드HTTP request method를 제한하기, TraceEnable, HttpOnly로 쿠키 설정하기, HTTP 1.0 프로토콜이나 SSL v2를 비활성화하기, 보안 관련 HTTP가 포함된 HTTP 헤더(예, X-XSS-Protection 같은 사용자 정의 헤더)를 수정하기 등과 같은 기술은 많이 진보된 기능이지만, 범용적으로 사용할 아파치 웹 서버를 너무 많이 제한할 수 있다.

SSL로 HTTPS 설정

이 예제에서는 OpenSSL을 사용해 자체 서명 SSLSecure Sockets Layer 인증서를 생성함으로써 아파치 웹 서버에 대한 보안 연결 방법을 소개한다. 해당 웹사이트는 신용카드나 로그인 정보와 같은 예민한 데이터를 웹 브라우저에서 서버로 전송해야 할 때 필요한 웹 서버다. 이전 예제에서 안전한 연결에 대한 수요 증가를 만족시킬 수 있는 아파치 웹 서버의 설치 방법을 소개했다. 이 예제에서는 아파치 웹 서버의 기능을 확장하는 방법을 소개해 현재 서버 설정을 개선하는 방법을 소개한다.

이 예제를 진행하려면 동작하는 센트OS 7 운영체제, 선호하는 콘솔 기반의 텍스트 편집기, 추가 패키지를 다운로드할 수 있는 인터넷 연결이 필요하다. 아파치 웹 서버가 설치돼 현재 실행 중인 것을 가정한다. 그리고 아파치의 새로운 SSL 인증서를 생성한다. SSL 인증서에 대해 더 알고 싶거나 자체 서명 인증서를 생성하는 방법을 보려면 6장을 참고한다. SSL을 사용할 때 도메인 이름이 중요하기 때문에 이 예제를 진행하기 위해 아파치 웹 서버에서 설정된 centos7.home 도메인 이름으로 진행한다(필요에 맞게 변경한다).

예제 구현

아파치는 기본적으로 SSL 암호화를 지원하지 않기 때문에 YUM 패키지 매니저를 사용해 mod_ssl 패키지를 설치한다.

1. 먼저 root로 로그인하고 다음 커맨드를 실행한다.

   yum install mod_ssl

2. mod_ssl 패키지를 설치하면 아파치 웹 서버에서 자체 서명 인증서와 키 쌍이 자동으로 생성된다. 웹 서버의 common name은 비어 있다. 따라서 다음 단계에서 Makefile를 사용해 필요한 SSL 파일을 재생성하기 전에 다음과 같이 파일을 삭제한다.

   rm /etc/pki/tls/private/localhost.key /etc/pki/tls/certs/localhost.crt

3. 이제 아파치 서버의 자체 서명 인증서와 서버 키를 생성해야 한다. 이 작업을 시작하기 위해 먼저 다음 커맨드를 실행한다.

   cd /etc/pki/tls/certs

4. 인증서와 내장된 공개 키, 비밀 키로 구성된 자체 서명 아파치 SSL 키 쌍을 생성하기 위해 다음을 실행한다.

```
make testcert
```

5. 인증서를 생성하는 과정에서 먼저 새로운 패스워드를 입력하고 확인하기 위해 다시 입력한다. 그리고 3번째에 다시 패스워드를 입력해야 한다. 평소와 마찬가지로 안전한 패스워드를 입력한다. 많은 질문에 적절히 대답한다. common name 값에 특별히 주의를 기울여 필수 상세 내용에 대답한다. 해당 값을 SSL 인증서에 사용될 웹 서버의 도메인 이름이나 IP 주소로 설정한다. 예를 들어 다음과 같이 입력한다.

```
www.centos7.home
```

6. 인증서 생성을 완료하면 다음과 같이 아파치 SSL 설정 파일의 백업 파일을 생성한 후 다음과 같이 해당 설정 파일을 연다.

```
cp /etc/httpd/conf.d/ssl.conf /etc/httpd/conf.d/ssl.conf.BAK
vi /etc/httpd/conf.d/ssl.conf
```

7. <VirtualHost _default_:443>으로 시작하는 섹션으로 스크롤 다운하고, "/var/www/html" 블록 안에 있는 # DocumentRoot "/var/www/html" 라인으로 커서를 옮긴다. # 기호를 삭제해 활성화한다.

```
DocumentRoot "/var/www/html"
```

8. 바로 다음에 #ServerName www.example.com:443 라인을 검색한다. 주석을 삭제한 후 SSL 인증서를 생성할 때 사용된 common name 값으로 변경한다.

```
ServerName www.centos7.home:443
```

9. 파일을 저장하고 종료한 후 HTTP SSL 연결이 443번 포트로 들어올 수 있게 firewalld의 HTTPS 포트를 활성화해야 한다.

```
firewall-cmd --permanent --add-service=https && firewall-cmd
--reload
```

10. 이제 변경 사항을 적용하기 위해 아파치 `httpd` 서비스를 재시작한다. SSL 패스워드^{passphrase} 입력을 묻는 프롬프트가 나타나면 SSL 인증서 생성 시 사용된 패스워드를 입력한다.

```
systemctl restart httpd
```

11. 동작하는 모든 HTTP URL을 HTTPS URL로 변경해 안전하게 서버에 연결할 수 있다. 예를 들어 http://www.centos7.home 대신 https://www.centos7.home을 사용한다.

 작업한 웹사이트에 브라우저로 접속할 때 서명된 인증서의 기관을 알지 못한다는 경고 메시지를 받을 것이다. 자체 서명 인증서를 사용할 때 경고 메시지를 받을 수 있지만, 계속 브라우저에서 탐색할 수 있게 확정할 수 있다.

예제 분석

예제에서 먼저 SSL을 활성화할 수 있는 기본 `mod_ssl` 모듈을 YUM 패키지 매니저를 설치했다. 다음 단계에서 센트OS 7이 시스템 인증서를 찾을 수 있는 표준 디렉토리(/etc/pki/tls/certs)로 이동했다. 해당 디렉토리에서 편리한 자체 서명 SSL 테스트 인증서를 생성하고, OpenSSL 프로그램에서 복잡한 커맨드라인 매개변수를 쓰지 않을 수 있는 헬퍼 스크립트인 `Makefile`이 존재한다. `Makefile`은 `clean` 옵션이 없기 때문에 실행될 때마다 수동으로 이전에 실행된 파일의 이번 버전을 삭제해야 한다. 그렇지 않으면 더 이상 진행되지 않는다. 이전 아파치 SSL 파일을 삭제한 후 `make`에 `testcert` 매개변수를 사용해 아파치 웹 서버에서 자체 서명 인증서를 생성하고, 이미 `ssl.conf` 파일에 설정(`SSLCertificateFile` 지시자와 `SSLCertificateKeyFile` 지시자로 정의)된 표준 위치에 해당 인증서가 저장됐다. 여기서 어떠한 변경도 진행하지 않는다.

작업을 진행하면서 여러 질문에 답하기 전에 패스워드의 입력을 받을 것이다. `common name` 값을 입력할 때 매우 주의를 기울여야 한다. 이 예제에서 언급한 것처럼 `common name` 값은 서버의 도메인 이름이나 IP 주소여야 한다. 다음 단계에서 선호하는 텍스트 편집기로 아파치 SSL 설정 파일(/etc/httpd/conf.d/ssl.conf)을 열어야 한다. SSL 설정 파일에서 `DocumentRoot` 지시자가 SSL 제어하에 있게 설정하고, 도메인 이름은 `ServerName`으로 설정했다. 해당 도메인 이름은 인증서의 `common name` 값과 동일해야 한다.

그리고 아파치 SSL 설정 파일을 저장하고 종료했다. 그리고 방화벽의 HTTPS 포트를 활성화해서 HTTPS 443 표준 포트로 연결이 들어올 수 있게 했다. 이 단계를 마친다면 자체 서명 서버 인증서를 사용한 연결은 안전하다. 단순히 웹 브라우저에서 URL 주소의 `http://` 대신 `https://`로 실행한다. 하지만 외부 공개용으로 상용 서버에서 SSL 인증서를 사용할 계획이 있다면 신뢰하는 인증기관[CA, Certificate Authority]에서 SSL 인증서를 구입하는 방법이 가장 좋을 것이다.

부연 설명

SSL 인증서는 SSL 패스워드로 보호된다는 것을 알았다. 따라서 아파치 웹 서버를 재시작해야 할 때마다 패스워드를 입력해야 한다. 아파치가 패스워드 없이 시작하려 한다면 서버 재시작은 실패한다. 패스워드 프롬프트를 없애려면 특별한 파일에 SSL 패스워드를 저장하고 root 사용자만 접근할 수 있게 변경한다.

1. 패스워드를 포함하는 파일의 백업 파일을 생성한다.

   ```
   cp /usr/libexec/httpd-ssl-pass-dialog /usr/libexec/httpd-ssl-pass-dialog.BAK
   ```

2. 이제 패스워드 파일을 다음 내용으로 덮어쓴다. 다음 커맨드의 XXXX는 현재 SSL 패스워드로 변경한다.

```
echo -e '#!/bin/bash\necho "XXXX"' > /usr/libexec/httpd-ssl-
pass-dialog
```

3. 마지막에 root 사용자만 패스워드 파일을 읽고 실행할 수 있도록 권한
   을 변경한다.

```
chmod 500 /usr/libexec/httpd-ssl-pass-dialog
```

13

운영체제 레벨의 가상화

13장에서 다루는 내용은 다음과 같다.

- 도커 설치와 설정
- 이미지 다운로드와 컨테이너 실행
- 도커 파일 이미지 생성과 도커 허브에 업로드
- 사설 도커 레지스트리 설정과 작업

소개

13장에서는 도커^{docker}의 설치, 설정, 작업에 대한 필수 단계를 제공하는 예제를 소개한다. 도커는 운영체제 레벨의 가상화를 통해 분산 애플리케이션을 빌드, 적재, 공유, 실행할 수 있는 오픈 플랫폼이다. 또한 리눅스 세계에서 수년 동안 사용돼 왔고, 기존 가상화 기술과 대비해 속도와 효율성을 제공할 수 있는 기술이다.

도커 설치와 설정

기존 가상화 기술은 하드웨어 가상화^{hardware virtualization}를 제공한다. 하드웨어 가상화는 완전한 하드웨어 환경을 생성해 각 가상머신^{Virtual Machine}이 하드웨어 환경에서 동작할 수 있는 운영체제가 필요하다는 것을 의미한다. 따라서 가상머신은 무겁고, 실행 중일 때 많은 부하가 발생하는 큰 문제점이 있다. 오픈소스 도커 컨테이너 엔진은 매력적인 대안을 제공한다. 리눅스 컨테이너에서 애플리케이션을 생성할 수 있고, 애플리케이션 가상화를 제공한다.

애플리케이션 가상화는 선택한 리눅스 프로그램을 의존성을 포함한 채 묶음 처리할 수 있고, 여러 인스턴스로 공유할 수 있으며, 최신 리눅스 커널에서 각 도커 컨테이너는 서로 완벽히 분리돼 독립된 프로세스로 실행된다. 따라서 런타임 성능은 리눅스에서 동작하는 것처럼 빠르고, 이식성이 좋고 확장성이 높다. 이 예제에서는 센트OS 7에서 도커를 설치하고 설정하는 방법을 소개한다.

준비

이 예제를 진행하려면 동작하는 센트OS 7 운영체제, root 권한, 선호하는 콘솔 기반의 텍스트 편집기, 추가 rpm 패키지를 다운로드할 수 있는 인터넷 연결, 테스트 도커 이미지가 필요하다.

예제 구현

도커는 센트OS 7 공식 저장소에서 패키지로 다운로드할 수 있다. 공식 저장소 대신 도커 공식 저장소에서 도커를 설치한다.

1. 먼저 root로 로그인한 후 YUM 패키지를 변경한다. 그리고 공식 도커 설치 스크립트를 다음처럼 다운로드하고 실행한다.

```
yum update && curl -sSL https://get.docker.com/ | sh
```

2. 부팅 시에 도커 데몬이 실행될 수 있게 활성화한다(처음 도커 데몬을 실행하려 한다면 시간이 조금 걸린다).

```
systemctl enable docker && systemctl start docker
```

3. 마지막으로 도커 데몬을 실행한 다음, 도커가 정상적으로 실행되는지 확인하기 위해 다음 커맨드를 실행한다.

```
docker run hello-world
```

예제 분석

센트OS 7에 소프트웨어를 설치할 때 대부분 외부 저장소에서 패키지를 다운로드하고 설치하기보다는 공식 센트OS 저장소에서 사용 가능한 패키지를 다운로드하고 설치하는 것을 추천한다. 하지만 예외로 도커를 설치할 때는 공식 도커 저장소를 사용한다. 도커는 최근에 만들어진 프로젝트이고, 빠르게 진화하며 많이 변경되기 때문에 도커 저장소를 사용했다. 비밀 데이터를 처리하는 중요 웹 서버나 프로그램을 포함한 모든 리눅스 애플리케이션을 실행하기 위해 도커를 사용한다면 도커 프로그램에서 소개되거나 찾게 된 버그로 인해 심각한 보안 이슈를 겪을 수 있다.

도커 공식 저장소를 사용하면 항상 빠르게 움직이는 프로젝트의 개발자로부터 가능한 한 빨리 다운로드할 수 있는 최신 업데이트와 패치를 얻을 수 있다. 따라서 바로 `yum update`를 실행해 패키지 매니저가 자동으로 도커 저장소에 도커의 새 버전이 있는지 질의하고 확인할 수 있게 한다.

그렇다면 이 예제에서 무엇을 배울 수 있는가?

예제에서 먼저 루트로 서버에 로그인한 후 YUM 패키지 데이터베이스를 변경했다. 다음에 https://get.docker.com/에서 도커의 공식 설치 스크립트를 다운로드하고 바로 실행했다. 스크립트는 도커 원본 패키지를 받을 수 있는 도커 공식 저장소를 YUM 패키지 매니저에 추가하고, 백그라운드로 도커를 자동으로 설치한다. 그리고 도커 서비스를 부팅 후에 사용할 수 있게 했고, systemd를 사용해 도커 서비스를 실행했다. 마지막으로 제대로 설치했는지 확인하기 위해 `docker run hello-world` 커맨드를 실행했다. 모든 작업이 성공적이면 다음 성공 메시지를 볼 것이다(결과의 일부는 생략됐다).

`Hello from Docker`

결과 메시지에서 도커가 제대로 동작 중임을 보여준다.

이미지 다운로드와 컨테이너 실행

도커를 실행 중인 컨테이너 시스템라고 오해하기도 한다. 도커는 코드, 런타임, 시스템 툴, 시스템 라이브러리 실행에 필요한 모든 것을 담은 파일 시스템에 의존성을 모두 가진 리눅스 기반 소프트웨어들을 모아놓을 수 있는 빌드 툴이다. 리눅스 컨테이너를 실행할 수 있는 운영체제 레벨의 가상화 Operating-system-level virtualization라 부르고, 최근에 출시된 모든 리눅스 커널로 구축된 격리 환경을 기본으로 제공한다.

배포될 환경과 상관없이 동일한 애플리케이션을 배포할 수 있음을 보장하기 때문에 애플리케이션의 이식성을 높여준다. 따라서 도커 애플리케이션을 리눅스 컨테이너로 배포할 때 2개의 주요 개념, 즉 도커 이미지Docker image와 컨테이너container를 알아야 한다. WordPress를 설정하고 실행하려고 할 때 이 예제에서 이미 구축된 WordPress 이미지를 도커 공식 허브를 통해 다운로드해 WordPress를 컨테이너에서 빨리 설정하고 실행할 수 있는 방법을 소개한다.

준비

이 예제를 진행하려면 동작 중인 센트OS 7 운영체제, root 권한, 선호하는 콘솔 기반의 텍스트 편집기, 추가 도커 이미지를 다운로드할 수 있는 인터넷 연결이 필요하다. 도커가 이미 설치돼 실행 중인 것으로 가정한다.

예제 구현

도커 허브^{Docker Hub}의 공식 WordPress 이미지는 자체 MySQL 서버가 없다. MySQL을 외부에서 의존하는 대신, 먼저 도커 허브의 MySQL 도커 컨테이너를 설치하고 실행한다.

1. 먼저 root로 로그인하고 다음 커맨드의 <패스워드>를 선호하는 MySQL 데이터베이스 패스워드로 변경한 후 다음 커맨드를 실행한다(이 책을 쓰는 시점에 최신 WordPress는 MySQL v5.7이 필요하다. MySQL 버전은 언제든지 변경될 수 있기 때문에 WordPress 공식 도커 허브 페이지를 확인해야 한다).

   ```
   docker run --restart=always --name wordpressdb -e MYSQL_ROOT_
   PASSWORD=<패스워드> -e MYSQL_DATABASE=wordpress -d mysql:5.7
   ```

2. 다음에 WordPress 공식 이미지를 설치하고 실행한다. WordPress 이미지는 도커 컨테이너의 인스턴스로 실행되며, MySQL 도커 컨테이너와 연결된다(이전 단계에서 사용된 <패스워드>를 동일하게 사용한다).

   ```
   docker run --restart=always -e WORDPRESS_DB_PASSWORD=<패스워드> -d
   --name wordpress --link wordpressdb:mysql -p 8080:80 wordpress
   ```

3. 이제 MySQL과 WordPress 컨테이너는 이미 실행 중이다. 현재 실행 중인 컨테이너를 확인하기 위해 다음을 실행한다.

   ```
   docker ps
   ```

4. WordPress 도커 컨테이너 설정을 모두 얻으려면 다음을 실행한다.

   ```
   docker inspect wordpress
   ```

5. WordPress 도커 컨테이너에서 컨테이너 로그 파일을 확인하기 위해 다음 커맨드를 실행한다.

```
docker logs -f wordpress
```

6. 동일 네트워크의 컴퓨터에서 도커 데몬이 실행 중인 서버에 연결하기
   위해 브라우저를 연다. WordPress에 접속하기 위해 다음 커맨드를 브
   라우저에서 사용한다(커맨드의 IP 주소를 자체 구축한 도커 IP로 변경한다).

   ```
   http://<도커 서버의 IP 주소>:8080/
   ```

예제 분석

도커 이미지는 소프트웨어 애플리케이션, 애플리케이션의 의존 라이브러리
뿐 아니라 컨텐트(체인지 로그change log 형태다)를 수정하거나 개선한 모든 변경
정보로 이뤄진 모든 파일을 모을 수 있다. 도커 이미지는 애플리케이션의
읽기 전용 버전이고, 실행될 수 없어서 ISO 파일과 비교될 수 있다.

도커 이미지를 실행하려 한다면 리눅스 컨테이너는 이미지를 복제해 자동으
로 생성된다. 그리고 정상적으로 실행된다. 동일한 도커 이미지로 여러 컨테
이너를 실행할 수 있기 때문에 도커 이미지는 실제 확장 가능한 시스템이다.
이미 다룬 것처럼 도커는 이미지와 컨테이너로 작업해야 할 툴로 사용될 뿐
아니라 미리 만든 모든 종류의 리눅스 서버 소프트웨어 이미지를 제공할 수
있는 툴이다. 처음 한 번 도커 이미지를 생성했다면 대부분은 두 번 이상
재구축할 필요가 없기 때문에 이것이 바로 도커 시스템의 묘미다. 도커 허브
(https://hub.docker.com)에 접속해 컨테이너로 사용하고 싶은 소프트웨어를 찾은
후 docker run 커맨드에 도커 허브의 이미지 이름을 추가하면 된다. 최신
유행하는 프로그램을 설치하고 컴파일하는 데 필요한 모든 의존 라이브러리
를 얻기 위해 노력하는 끝없는 시간을 상상한다면 도커는 정말 생명의 은인
이라 할 수 있다.

이 예제에서 무엇을 배울 수 있는가?

docker run 커맨드를 사용해 원격 도커 허브 저장소에서 두 개의 이미지
(mysql:5.7과 wordpress)를 다운로드한 후에 내부 이미지 저장소로 저장한 다음,

해당 이미지를 실행했다(컨테이너에서 이미지를 생성했다). 장비에 다운로드한 모든 이미지 목록을 보고 싶다면 docker images를 실행한다. 예제에서 살펴본 것처럼 컨테이너에서 환경 변수를 사용할 수 있는 -e 매개변수가 run 커맨드라인에 추가됐다. 커맨드라인에 실행하기를 원하는 MySQL 데이터베이스와 MySQL 데이터베이스를 설정하고, 접근할 수 있는 MySQL root 패스워드를 포함한다. 여기서 매우 중요한 도커의 기능, 즉 컨테이너끼리 서로 통신할 수 있는 기능을 볼 수 있다. 종종 여러 도커 컨테이너에서 애플리케이션을 하나로 모아 전체 시스템을 사용하기 쉽게 만들 수 있다. 중요한 매개변수 -p는 내부 HTTP 포트 80번을 장비에 8080번으로 매핑할 수 있게 사용될 수 있고, 또한 해당 포트로 트래픽이 유입될 수 있게 방화벽을 오픈한다. --restart=always 매개변수는 이미지 컨테이너를 재시작하는 데 사용되고, 해당 이미지 컨테이너는 자동으로 재시작한다. 다음에 실행 중인 모든 도커 컨테이너를 출력하는 도커의 ps 커맨드라인 매개변수를 소개했다. 커맨드는 출력해야 한다. wordpressdb와 wordpress라는 2개의 실행 중인 컨테이너를 출력한다. 각 컨테이너는 CONTAINER_ID를 가진다. CONTAINER_ID는 유일한 MD5 해시로, 특정 컨테이너를 명시해야 할 때 대부분의 도커 커맨드라인에서 항상 사용된다(이 예제에서는 최대한 컨테이너 이름을 사용했다). 다음에 inspect 매개변수를 사용해 컨테이너 설정을 출력하는 방법을 소개했다. 그리고 -f 매개변수를 사용해 열려 있는 스트림으로 WordPress 컨테이너 로그 파일의 로그 정보를 얻었다. 마지막으로 -p 8080:80 매핑 매개변수는 8080번 포트에 들어오는 접근 요청을 받을 수 있게 허용했기 때문에 동일 네트워크에 있는 모든 컴퓨터의 브라우저에서 WordPress에 접근할 수 있었다. 브라우저에서 WordPress 설치 화면이 열릴 것이다.

도커 허브에서 컨테이너를 다운로드할 때 dial tcp: lookup index.docker.io: no such host와 같은 연결 문제를 만나면 먼저 도커 서비스를 재시작하고 다시 시도한다.

이 절에서는 도커 컨테이너의 시작 방법 및 종료 방법과 컨테이너로 접속하는 방법을 소개한다.

컨테이너 중지와 시작

이 예제에서는 도커의 run 커맨드를 사용했다. run 커맨드는 실제 create와 start 커맨드를 한데 모은 커맨드다. 커맨드의 이름으로 추측할 수 있듯이 create 커맨드는 도커 이미지에서 컨테이너를 생성(복제)하고, 로컬 도커 이미지 캐시에 존재하지 않으면 도커 레지스트리(미리 정의된 도커 허브)에서 다운로드한다. star 커맨드는 실제로 도커 컨테이너를 실행한다. 컴퓨터에서 모든 컨테이너 목록(실행 중 또는 실행이 중지된 컨테이너)을 얻으려면 docker ps -a를 실행한다. 실행 중이거나 실행이 중지된 컨테이너를 식별하기 위해 CONTAINER_ID를 확인한다. docker start CONTAINER_ID를 실행하는 것처럼 올바른 CONTAINER_ID를 주어야 실행이 중지된 컨테이너를 시작하거나 실행 중인 컨테이너를 중지할 수 있다. 예를 들어 docker start 03b53947d812 또는 docker stop a2fe12e61545다(CONTAINER_ID 해시는 컴퓨터에 따라 달라진다).

종종 컨테이너를 삭제해야 할 때가 있다. 예를 들어 도커 이미지에서 만들기 위해 커맨드라인 매개변수를 완전히 변경하고 싶을 때가 있다. 컨테이너를 삭제하려면 rm 커맨드를 사용한다(먼저 실행 중지 상태가 되게 해야 한다).

```
docker stop b7f720fbfd23; docker rm b7f720fbfd23
```

컨테이너 접속과 상호작용

리눅스 컨테이너는 서버의 별도 환경에서 완벽히 격리돼 실행되는 프로세스이기 때문에 ssh를 이용해 서버 로그인을 할 필요가 없다. 컨테이너에 접근하려면 BASH 셸에서 docker exec 커맨드를 실행한다. 해당 커맨드는 문제에 대한 디버깅이나 컨테이너를 수정(예를 들어 새로운 패키지를 설치하거나 컨테이너의 프로그램이나 파일을 수정할 때)할 때 특별히 유용하다. docker exec 커맨드는 실행 중인 컨테이너에만 작동하기 때문에 docker exec 커맨드를 실행할 때(docker ps를 실행해 컨테이너를 찾는다) docker exec -it CONTAINER_ID /bin/bash 커맨드라인처럼 컨테이너 ID를 알아야 한다(예, docker exec -it d22ddf594f0d /bin/bash).

도커 파일 이미지 생성과 도커 허브에 업로드

이미지와 컨테이너를 제외하고 도커는 도커 파일^{Dockerfile}이라는 매우 중요한 개념이 있다. 도커 파일은 특정 애플리케이션을 위한 환경을 생성하는 레시피와 같다. 즉, 도커 파일은 특정 이미지 파일을 작성하는 방법에 대한 설계도와 정확한 설명이 포함돼 있다. 예를 들어 웹 서버 기반의 애플리케이션을 컨테이너로 생성하려면 애플리케이션의 의존성 라이브러리를 모두 정의해야 한다. 예를 들어 우분투^{Ubuntu}, 데비안^{Debian}, 센트OS 등(모든 운영체제를 가상화할 수 있을 뿐 아니라 시스템 의존성까지 사용할 수 있다는 것을 의미한다)과 같은 시스템 의존성 라이브러리를 제공하는 기본 리눅스 시스템뿐 아니라, 모든 애플리케이션, 동적 라이브러리, 도커 파일의 PHP, 아피치, MySQL 같은 서비스, 특별한 모든 설정 옵션이나 환경 변수를 포함한다. 자체 이미지를 구축할 수 있는 2 가지 방법이 있다. 첫 번째는 이전 WordPress 예제에서 작업한 것처럼 기존 기본 이미지를 다운로드하고, BASH를 사용해 컨테이너에 접속해서 추가 소프트웨어를 설치할 수 있고, 설정 파일에 변경 사항을 적용할 수 있으며, 도커 레지스트리에 새로운 이미지로 컨테이터를 저장할 수 있다. 두 번째는 이 예제에서 Express.js 웹 애플리케이션 서버를 사용하기 위해 새로운 도커 파일에서 도커 이미지를 구축하고 도커 허브 계정으로 해당 도커 이미지를 업로드하는 방법을 소개한다.

이 예제를 진행하려면 동작하는 센트OS 7 운영체제, root 권한, 선호하는 콘솔 기반의 텍스트 편집기, 도커 허브와 통신할 수 있는 인터넷 연결이 필요하다. 도커는 이미 설치돼 실행 중이라 가정한다. 또한 새로운 이미지를 도커 허브에 업로드하기 위해 새로운 도커 허브 사용자 계정을 생성해야 한다. https://hub.docker.com/에 접속해 무료로 계정을 등록한다. 예제에서는 가상의 도커 허브 사용자 ID인 johndoe 계정을 사용한다.

예제 구현

1. 먼저 root로 로그인하고 도커 허브 사용자 ID(johndoe 디렉토리 이름을 도커 허버의 본인 ID로 변경한다)를 사용해 새로운 디렉토리 구조를 생성하고, 도커 이미지를 구축할 설계도로 저장하기 위해 빈 도커 파일을 연다.

```
mkdir -p ~/johndoe/centos7-expressjs
cd $_ ; vi Dockerfile
```

2. 다음 내용을 도커 파일에 저장한다.

```
FROM centos:centos7
RUN yum install -y epel-release;yum install -y npm;
RUN npm install express --save
COPY . ./src
EXPOSE 8080
CMD ["node", "/src/index.js"]
```

3. 도커 파일을 저장하고 종료한다. 이제 새로운 컨테이너로 배포할 수 있는 Express.js 웹 애플리케이션을 생성한다. 현재 디렉토리에서 다음 파일을 연다.

```
vi index.js
```

4. 이제 다음과 같은 자바 스크립트 내용을 저장한다.

```
var express = require('express'), app = express();
app.get('/', function (req, res) {res.send('Hello CentOS 7
cookbook!\n');});
app.listen(8080);
```

5. 이제 도커 파일에서 이미지를 구축하려면 현재 디렉토리에서 다음 커맨드를 실행한다(라인의 끝에 마침표 기호를 존재하는 것을 잊지 말아야 하고, johndoe는 도커 허브가 본인 ID로 대체한다).

```
docker build -t johndoe/centos7-expressjs .
```

6. 도커 이미지를 성공적으로 구축한 후 도커 이미지를 컨테이너로 실행한다.

```
docker run -p 8081:8080 -d johndoe/centos7-expressjs
```

7. 마지막으로 새로운 컨테이너에서 동작 중인 Express.js 웹 애플리케이션 서버로 HTTP 요청을 보낼 수 있는지 확인한다.

```
curl -i localhost:8081
```

8. 도커 이미지가 성공적으로 Express.js 서버를 실행한 상태라면 다음과 같은 HTTP 응답이 출력된다(결과의 일부는 생략됐다).

```
Hello CentOS 7 cookbook!
```


도커 허브에 이미지 올리기

1. johndoe라는 새로운 도커 허브 계정 ID을 생성한 후 도커 파일을 저장한 디렉토리(이전 단계라면 ~/johndoe/centos7-expressjs 디렉토리다)에서 다음 커맨드를 사용해 도커 허브에 로그인한다(프롬프트에서 사용자 이름, 패스워드, 등록한 이메일을 입력한다).

```
docker login
```

2. 이제 이 예제에서는 도커 허브에서 생성된 새로운 이미지를 푸시[push]하기 위해 다음을 실행한다(johndoe는 도커 허브의 본인 ID로 변경한다).

```
docker push johndoe/centos7-expressjs
```

3. 업로드가 완료된 후 도커 허브의 웹 검색 페이지에 도커 이미지를 검색할 수 있다. 아니면 다음 커맨드라인에서 실행하면 도커 이미지를 검색할 수 있다.

```
docker search expressjs
```

예제 분석

이 예제에서는 Express.js 애플리케이션이 포함된 센트OS 7 컨테이너를 생성할 수 있는 도커 파일 생성 방법을 살펴본다. Express.js 애플리케이션은 최신 LAMP 스택의 대안으로, 클라이언트와 서버에서 개발할 수 있는 자바스크립트 프로그램이다.

그렇다면 이 예제에서 무엇을 배울 수 있는가?

지금까지 살펴본 대로 도커 파일은 이미지를 생성하기 위한 모든 커맨드를 기술할 수 있는 세련된 방식이다. 커맨드는 이해하기 무척 쉽고, 커맨드로 도커 이미지를 구축하기 위해 어떤 작업을 진행할지 도커에게 알려줄 수 있는 특별한 키워드를 사용한다. FROM 커맨드는 도커에게 어떤 기본 이미지를 사용할지 알려준다. 다행히 누군가가 센트OS 7 운영체제를 기반으로 하는 기본 이미지를 이미 생성했다(도커 허브에서 다운로드할 것이다). 다음에 BASH 커맨드라인과 같은 커맨드를 실행할 수 있는 RUN 커맨드를 실행했다. Express.js 애플리케이션을 실행하기 위해 시스템의 의존 라이브러리를 설치할 수 있는 RUN 커맨드를 사용했다(Express.js 애플리케이션은 Node.js 기반으로 만들어졌고, EPEL 저장소를 설치한 후 rpm 패키지로 설치됐다). COPY 커맨드는 장비에서 컨테이너의 특정 위치로 파일을 복사한다. index.js 파일을 복사하기 위해 COPY 커맨드가 필요하다. 뒷부분에서 index.js를 사용해 컨테이너에 모든 Express.js 웹 서버 코드를 생성한다. EXPOSE 커맨드는 이름에서 추측할 수 있는 것처럼 내부 컨테이너 포트를 호스트 장비에 노출한다. 기본 Express.js

는 8080번 포트로 리스닝하기 때문에 EXPOSE 커맨드에 8080번 포트를 추가해야 한다. 이미지를 생성할 때 지금까지 보여준 모든 커맨드는 한 번씩만 실행되지만, 컨테이너를 시작할 때마다 CMD 커맨드는 매번 실행된다. node /src/index.js 커맨드가 실행되고, 시스템에 index.js 파일로 Express.js 웹 서버를 실행하게 지시한다(호스트 장비에서 이미 해당 디렉토리를 복사했다). 프로그램의 자바스크립트 부분에 대해 자세히 들여다 볼 필요가 없다. Express.js 는 HTTP GET 요청을 받아 Hello World 문자열을 리턴한다. 이 예제의 두 번째 절에서 도커 허브에서 생성된 새로운 이미지를 푸시하는 방법을 소개했다. 먼저 도커 사용자 계정으로 로그인하고, 도커 저장소로 이미지를 푸시할 수 있다.

WordPress 도커 이미지는 매우 간단한 도커 파일이지만, 도커파일에 대해 알아야 할 내용이 많다. 도커 파일에서 다운로드할 수 있는 모든 커맨드 목록을 보려면 man Dockerfile을 실행한다. 또한 도커 허브에 접근해서 관심 있는 프로젝트의 도커 파일을 살펴봐야 한다(도커 파일은 소스 저장소^{Source Repository} 섹션 밑에 있고, 깃허브^{Github} 서버에 호스팅돼 있다). 이를 통해 소수의 커맨드로 매우 정교한 이미지 파일을 생성하는 방법을 배울 수 있다.

사설 도커 레지스트리 설정과 작업

이전 예제에서 살펴본 대로 도커 공식 허브에 자체 이미지를 업로드하는 방법이 얼마나 쉬운지 알고, 업로드한 이미지가 외부에 노출되는 것도 알게 됐다. 회사에서 사설 프로젝트 또는 외부로 노출되면 안 되는 프로젝트로 작업해야 하거나 외부 공개 전에 미리 테스트해야 할 때 보호 구역의 자체 도커 레지스트리^{Docker registry} 또는 기업형 사설 도커 레지스트리를 선호하는 경향이 많다. 이 예제에서는 내부 네트워크에서 사용하고, TLS 암호화로 보호되며, 도커 이미지를 사용할 수 있는 사람을 정확히 제어할 수 있는 사용자 인증 기능이 있는 도커 레지스트리의 구축 방법과 사용 방법을 설명한다

(도커 이미지를 도커 레지스트리에 푸시^{push}하고, 도커 레지스트리에서 도커 이미지를 다운로드^{pull} 할 수 있다).

준비

이 예제를 진행하려면 동작 중인 센트OS 7 운영체제, root 권한, 선호하는 콘솔 기반의 텍스트 편집기, 추가 패키지를 다운로드할 수 있는 인터넷 연결 이 필요하다. 예제에서는 IP가 192.168.1.100인 서버에 도커 레지스트리 를 설치한다. 필요에 따라 예제의 커맨드 내용을 변경할 수 있다. 서버에 FQDN을 설정해야 한다. FQDN을 설정할 수 없다면 도커 레지스트리는 작 동되지 않는다. 간단하게 진행하기 위해 DNS 서버를 설정하는 방식 대신 /etc/hosts 방식을 사용한다(DNS 서버를 설정하고 싶다면 9장을 참고한다). 또한 도커 서버에 아파치 웹 서버가 실행 중이어야 하며, 도커 서버는 내부의 모든 네트 워크에서 접근할 수 있어야 한다.

예제 구현

도커 레지스트리 서버에 접속하기 원하는 내부 네트워크에 있는 모든 컴퓨 터의 root 계정으로 이 예제의 다음 단계를 모두 실행한다.

1. 도커 레지스트리로 접근하기 원하는 모든 컴퓨터와 도커 레지스트리 서 버(IP는 192.168.1.100이다)를 포함해서 도커 레지스트리 서버의 도메인 이 름을 정의해야 한다. 예제에서 도커 레지스트리 서버의 도메인 이름을 dockerserver.home으로 설정했다(다른 도메인을 사용한다면 dockerserver. home을 원하는 도메인 이름으로 변경한다).

    ```
    echo "export DCKREG=dockerserver.home" >> ~/.bash_profile
    source ~/.bash_profile
    ```

2. 이제 내부 네트워크의 모든 컴퓨터에 레지스트리 기능을 사용하기 위 해 도커 레지스트리 서버의 FQDN을 정의한다(도커 레지스트리 서버에도 진

행한다). 모든 장비에 root로 로그인하고 다음 커맨드를 실행한다. 도커 레지스트리 서버의 도메인 이름을 BIND DNS 서버를 사용해 이미 정의했다면 이 단계를 진행할 필요가 없다(필요에 맞게 IP가 192.168.1.100인 도커 서비스를 실제 구축한 서버의 IP로 변경한다).

```
echo "192.168.1.100 $DCKREG" >> /etc/hosts
```

도커 레지스트리 서버(192.168.1.100)에서 처리돼야 할 단계

1. 먼저 도커 레지스트리 인증서에 대한 TLS 인증서를 생성한다(Common Name (eg, your name or your server's hostname) []:이라는 입력 프롬프트에 DCKREG로 정의된 FQDN인 dockerserver.home을 입력한다).

```
cd; mkdir -p ~/certs; openssl req -newkey rsa:4096 -nodes -sha256
-keyout certs/domain.key -x509 -days 365 -out certs/domain.crt
```

2. 다음에 새로운 인증서를 도커의 신뢰할 수 있는 인증 경로뿐 아니라 시스템에서 기본적으로 신뢰하는 인증 경로에도 복사한 후 인증서를 재구축한다.

```
mkdir -p /etc/docker/certs.d/$DCKREG\:5000
cp ~/certs/domain.crt /etc/docker/certs.d/$DCKREG\:5000/ca.crt
cp ~/certs/domain.crt /etc/pki/ca-trust/source/anchors/docker-
registry.crt
update-ca-trust
```

3. 또한 아파치 웹 서버로 인증서를 복사해서 도커 클라이언트가 쉽게 접근할 수 있게 한다.

```
cp ~/certs/domain.crt /var/www/html/docker-registry.crt
```

4. 이제 마지막으로 도커 레지스트리를 컨테이너로 다운로드, 생성, 실행할 수 있게 변경한다.

```
mkdir ~/auth; touch ~/auth/htpasswd ; docker run -d -p 5000:5000
--restart=always --name registry -v /
```

```
root/certs:/certs -v /root/auth:/auth -v /reg:/var/lib/registry -e
REGISTRY_HTTP_TLS_CERTIFICATE=/certs/domain.crt -e
REGISTRY_HTTP_TLS_KEY=/certs/domain.key -e "REGISTRY_AUTH_
HTPASSWD_REALM=Registry Realm" -e REGISTRY_AUTH_HTPASSWD_PATH=/
auth/htpasswd -e REGISTRY_AUTH=htpasswd registry:2
```

5. 이제 도커 레지스트리가 실행 중인지 다음 커맨드를 실행해야 한다(결과 화면에서 ::]:5000, tls로 리스닝하는지 찾는다).

```
docker logs registry
```

6. 레지스트리에 사용자 인증을 설정하려면 다음 커맨드를 사용한다(인증에 필요한 사용자 이름으로 johndoe를, 패스워드에는 mysecretpassword를 사용한다. 필요에 맞게 두 값을 변경한다. 로그인할 모든 사용자 계정에 대해 다음 커맨드를 반복해서 실행한다).

```
cd; docker run -it --entrypoint htpasswd -v $PWD/auth:/auth -w /
auth registry:2 -Bbc /auth/htpasswd johndoe mysecretpassword
```

7. 다음 사용자 계정에 대한 변경 내용을 적용하기 위해 도커 레지스트리를 재시작한다.

```
docker restart registry
```

8. 이제 새로운 firewalld 서비스를 생성하고, 새로운 도커 레지스트리에 5000번 포트로 연결될 수 있게 방화벽을 활성화한다.

```
sed 's/80/5000/g' /usr/lib/firewalld/services/http.xml | sed
's/WWW (HTTP)/Docker registry/g' | sed 's/<description>.*<\/
description>//g' > /etc/firewalld/services/docker-reg.xml
firewall-cmd --reload
firewall-cmd --permanent --add-service=docker-reg; firewall-cmd
--reload
```

도커 레지스트리 서버에 모든 클라이언트가 접근할 수 있게 처리하는 단계

1. 마지막으로 동일 네트워크의 모든 컴퓨터에서 로그인해 개선된 TLS 기반의 사설 도커 레지스트리에 사용자 인증 기능을 테스트할 수 있다.

2. 먼저 도커 레지스트리에 접근하기 원하는 모든 클라이언트에 도커를 설치한다.

   ```
   yum update && curl -sSL https://get.docker.com/ | sh
   ```

3. 다음에는 도커 레지스트리에 연결하기 전에 새로운 도커 레지스트리에 접속하기 원하는 모든 클라이언트에 서버의 인증서를 설치했다(이 단계는 센트OS 7에만 테스트됐다).

   ```
   mkdir -p /etc/docker/certs.d/$DCKREG\:5000
   curl http://$DCKREG/docker-registry.crt -o /tmp/cert.crt
   cp /tmp/cert.crt /etc/docker/certs.d/$DCKREG\:5000/ca.crt
   cp /tmp/cert.crt /etc/pki/ca-trust/source/anchors/docker-
   registry.crt
   update-ca-trust
   ```

4. 테스트를 위해 공식 도커 허브에서 작은 테스트 이미지를 다운로드하려 한다. 도커 공식 허브에 도커 허브 계정으로 로그인한다(이전 예제를 참고한다).

   ```
   docker login
   ```

5. 이제 docker pull 커맨드를 사용해 busybox라는 작은 이미지를 다운로드한다.

   ```
   docker pull busybox
   ```

6. 그리고 이 예제에서 설정한 자체 도커 레지스트리 서버로 변경한다(사용자 이름과 패스워드를 입력한다. 예를 들어 johndoe / mysecretpassword가 될 것이다. 이메일 필드는 공백으로 남긴다).

   ```
   docker login $DCKREG:5000
   ```

7. 다음에 도커 이미지를 클라이언트에서 새롭게 구축한 사설 도커 레지스트리로 푸시^{push}하기 위해 도커 레지스트리의 도메인에 사용될 태그를 설정해야 한다.

```
docker tag busybox $DCKREG:5000/busybox
```

8. 마지막으로 내부 레지스트리에 이미지를 푸시한다.

```
docker push $DCKREG:5000/busybox
```

9. 축하한다. 사설 도커 저장소에 이미지를 푸시했다. 이제 다른 클라이언트에서 해당 도커 저장소의 `$DCKREG:5000/busybox` 이미지를 다운로드할 수 있다. 다운로드할 수 있는 모든 도커 이미지 목록을 얻으려면 다음 커맨드를 실행한다(계정 정보는 필요에 따라 변경한다).

```
curl https://johndoe:mysecretpassword@$DCKREG:5000/v2/_catalog
```

예제 분석

이 예제에서는 도커 컨테이너에서 동작하는 자체 도커 레지스트리를 서버에서 설정하는 방법을 소개했다. 모든 시스템에서 제대로 작동하려면 레지스트리 서버에서 FQDN을 설정해야 한다.

그렇다면 이 예제에서 무엇을 배울 수 있는가?

/etc/hosts 접근 방식을 사용해 모든 컴퓨터에서 도커 레지스트리의 FQDN을 설정했다. 그리고 클라이언트와 도커 레지스트리 서버 간의 TLS 암호 통신을 사용해 암호화된 통신을 사용하기 위해 도커 레지스트리 서버에서 새로운 인증서를 생성했다. 그런 후 httpd 서버에 새롭게 생성된 인증서를 설치해 모든 클라이언트에서 접근할 수 있게 했다. 그리고 도커가 특정 도커 디렉토리, 서버의 신뢰할 수 있는 기본 인증 경로를 접근할 수 있게 설정했고, 서버에서 인증서 캐시를 재생성했다. 다음에 서버의 도커 레지스트리에서 새로운 도커 컨테이너를 다운로드, 설치, 실행하기 위해 docker run 커맨드

를 사용했다. 여기서 TLS 암호화와 사용자 인증을 설정할 수 있는 매개변수 목록을 사용했다.

다음 단계에서 새로운 `htpasswd` 계정을 생성하기 위해 도커 레지스트리에 접속했다. 도커 레지스트리에 접속할 새로운 계정이 필요할 때마다 이 단계를 반복할 수 있다. 그리고 도커 레지스트리 컨테이너의 재실행을 잊지 말라. 다음에 새로운 도커 레지스트리에 연결하기 원하는 모든 클라이언트뿐 아니라 도커 레지스트리 서버에서도 서버의 인증서를 설치해야 한다. 그리고 이전에 생성한 HTTP URL에서 인증서를 다운로드한 후 여러 경로에 인증서를 복사했다. 클라이언트에서 테스트하기 위해 도커 공식 허브에서 접속해 다음 단계에서 사설 도커 레지스트리에 푸시하기를 원하는 임의의 이미지를 다운로드했다. `busybox` 이미지를 자체 이미지 캐시에 다운로드했고, 도커 허브 대신 새로운 사설 도커 레지스트리로 연결했다. 새로운 경로로 이미지를 업로드하기 전에 새로운 서버 이름에 맞는 적절한 태그 이름을 설정했고, 새로운 도커 레지스트리에 이미지를 푸시할 수 있었다. 서버는 모든 네트워크에서 5000번 포트로 연결할 수 있는 상태다. 클라이언트에서 더 이상 사설 레지스트리를 사용하지 않는다면 `docker login`을 사용해 `docker` 저장소로 변경할 수 있다.

도커에 대해 알아야 할 내용이 많다. 이 예제에서는 도커 플랫폼의 겉만 다뤘다. 도커에 대해 더 자세히 알고 싶다면 https://www.Packtpub.com에 접속해서 도커에 관련된 많은 주제 중 하나를 선택할 수 있을 것이다.

14

SELinux 작업

14장에서 다루는 내용은 다음과 같다.

- 중요 SELinux 툴 설치와 설정
- SELinux 보안 문맥으로 작업
- 정책 적용
- SELinux 문제 해결

소개

14장에서는 기본 보안 시스템에 추가된 추가적인 보안 기능을 사용해 리눅스 시스템을 강화하는 성숙한 기술인 SELinux^{Security-Enhanced Linux}를 설명한다. 오랜 시간동안 센트OS에서 SELinux가 사용되고 있었다. 하지만 그럼에도 불구하고 SELinux는 시스템 관리자가 다소 잘 알지 못하고, 혼란스러운 주제다.

중요 SELinux 툴 설치와 설정

리눅스 시스템의 가장 중요한 보안 기능은 접근 제어 기능을 제공하는 것이다. 해당 접근 제어 기능을 종종 DAC^{Discretionary Access Control}라 부르며, 리눅스의 보안 속성을 설정하기 위해 객체(예, 파일)에 소유자를 허용한다(예를 들어 chown과 chmod 커맨드를 사용해 파일에 읽기 또는 쓰기 권한을 결정한다). 오래된 유닉스 시절에는 간단하고 오래된 보안 시스템의 접근 제어 방식이 충분했지만, 서버와 서비스가 인터넷에 지속적으로 연결된 환경에서는 접근 제어 기능이 최신 보안 요구 사항을 충족시키지 못한다.

해커가 애플리케이션의 버그 또는 잘못된 설정을 이용해 해커 자신에게 권한을 주는 방식을 사용함으로써 보안 침해가 종종 발생할 수 있다. 이런 이유로 SELinux가 개발됐다. SELinux의 주요 목적은 리눅스의 DAC 시스템의 보안을 강화하는 것이다. SELinux는 MAC^{Mandatory Access Control}라 부르는 DAC의 상위 보안 레이어를 추가돼 동작한다. MAC는 시스템의 모든 단일 구성 요소에 대한 세밀한 접근 제어를 제공할 수 있다. SELinux는 이미 센트OS 7에서 활성화돼 있고, 인터넷에 직접 연결된 모든 서버에서 강력히 추천되고 있다. 이 예제에서 SELinux 시스템을 잘 관리할 수 있는 추가 툴의 설치, 설정 방법, 문제 해결 방법과 모니터링하는 방법을 소개한다.

준비

이 예제를 진행하려면 동작하는 센트OS 7 운영체제, root 권한, 추가 패키지를 다운로드할 수 있는 인디넷 연결이 필요하나. 최석의 학습 환경을 위해 예제들이 서로 연결돼 있기 때문에 예제를 순서대로 따라 하는 것을 추천한다.

이 책에서는 SELinux 환경을 관리하기 위해 policecoreutilspython RPM 패키지의 semanage와 같은 프로그램을 이미 적용했다. policecoreutils-python RPM 패키지를 설치하지 않았다면 이 예제를 진행한다(이미 해당 패키지를 설치했다면 1단계를 건너뛴다).

1. root로 로그인하고, SELinux로 작업하기 위해 다음 기본 툴킷을 설치한다.

   ```
   yum install policycoreutils-python
   ```

2. 이제 14장의 후반부에서 필요한 추가 툴을 설치한다.

   ```
   yum install setools setools-console setroubleshoot*
   ```

3. 다음에는 센트OS 7에 기본으로 설치되지 않은 SELinux 매뉴얼 페이지를 설치한다. 특정 정책, 보안 문맥, SELinux 불리언^{Boolean}에 대한 상세한 정보를 얻으려면 반드시 필요하다. 먼저 다른 해당 패키지를 설치해야 한다.

   ```
   yum install policycoreutils-devel
   ```

4. 그리고 시스템에서 사용 가능한 모든 SELinux의 보안 문맥 정책에 대한 매뉴얼 페이지를 생성하고, 매뉴얼 페이지 데이터베이스를 변경한다.

   ```
   sepolicy manpage -a -p /usr/share/man/man8; mandb
   ```

이 예제를 진행하기 위해 SELinux 작업에 필요한 모든 툴은 설치했다. 또한 사용 가능한 모든 SELinux 매뉴얼 페이지를 생성했다. SELinux를 작업하거나 SELinux 서비스에서 문제가 발생할 때 SELinux 매뉴얼 페이지를 많이 참고한다. 14장에서 남아있는 예제를 살펴보기 전에 SELinux에 대해 이해하기 위한 2가지 주요 기본 개념, 즉 레이블^{label}(좀 더 기술적으로 표현하면 보안 문맥)과 정책^{policy}이 있다.

SELinux 관점에서 리눅스 시스템은 수많은 객체로 분리돼 있다. 예를 들어 객체^{object}는 시스템의 모든 파일, 프로세스, 사용자, 소켓, 파이프다. SELinux 문맥에서 모든 객체는 특별한 레이블을 가진다. SELinux 정책은 객체에 정의된 레이블을 사용해 객체에 대한 접근을 제어할 수 있는 규칙이다. 객체에 대한 모든 접근 시도(예, 파일 읽기)가 발생할 때마다 접근 제어를 결정(접근을 허용 또는 거절)할 수 있는 특정 레이블에 대한 규칙이 있다면 시스템에서 사용할 수 있는 모든 SELinux 정책이 검색될 수 있다.

그렇다면 이 예제에서 무엇을 배울 수 있는가?

사람들이 SELinux를 두려워하는 것처럼 보이고, SELinux를 사용하고 싶지 않으며, 네트워크 서비스가 제대로 작동하지 않으면 당황하기 때문에 많은 시스템 관리자는 전염병처럼 SELinux를 피하고, 많은 설명 매뉴얼과 문서가 있음에도 불구하고 센트OS 7을 설치한 직후 SELinux를 비활성화하는 경향이 있다. 종종 시스템 관리자는 SELinux가 연결 문제를 일으킨다고 SELinux를 비난한다. SELinux의 내부 동작을 분석해서 연결 문제가 나타난 진짜 이유를 찾는 것보다 SELinux를 비활성화하는 것이 쉬운 것처럼 보일 수 있다. SELinux를 비활성화하면 공격이 발생해 시스템에 많은 손실이 막을 수 있는 센트OS 7의 가장 중요한 보안 기능 중 하나를 놓치고 있는 것이다. 지난 수년간 SELinux 프로젝트는 매우 많이 진화했고, 이전보다 사용하기 쉽다. SELinux 작업을 위한 편리한 툴이 많이 등장하고 있고, 사용 가능한 모든 주요 애플리케이션과 서비스와 함께 동작할 수 있는 완전한 정책들을 너 많이 얻을 수 있다. SELinux 관련 툴을 설치함으로써 이제 가장 편리한 방법으로 SELinux를 작업할 준비가 됐다.

SELinux를 사용할 때 3가지 모드를 사용할 수 있다. Enhancing 모드는 서버의 보안을 높이고, 시스템을 보호한다. 그리고 Disabled와 Permissive 모드가 있다. Disabled 모드는 SELinux를 사용하지 않음을 의미한다. 이 책에서는 Disabled 모드로 사용하지 않았고, 환상적인 센트OS 기능을 쓰지 않을 이유가 전혀 없기 때문에 다루지 않는다. Disabled 모드로 설정하면 SELinux 보안을 사용하지 않고, 직접 기존 DAC 보안 기능만 사용해서 시스템을 보호한다. Permissive 모드는 SELinux의 사용을 의미한다. 정책 규칙이 로드돼 모든 객체가 특정 보안 문맥을 가진 레이블로 설정되지만, 시스템에서 강제로 보안 정책을 시행하지 않는다. Permissive 모드는 많은 리눅스 기반의 커맨드라인 툴의 드라이-런$^{dry-run}$ 매개변수처럼 사용된다. Permissive 모드는 SELinux 보안 상태에서 시뮬레이션하고, 실제로 실행되면서 모든 SELinux 정책 위반이 발생할 때마다 시스템 로그가 생성된다. 따라서 Permissive 모드를 사용하면 시스템을 디버그하거나 시스템에서 정상 실행, 강제 실행 결과를 분석할 수 있다.

종종 SELinux 사용 시 SELinux에 대한 영향을 확신하지 못할 때 Permissive 모드를 사용한다. Permissive 모드는 추가적인 보안을 제공하지 않기 때문에 보안의 강화가 필요할 때 Enforcing 모드로 변경해야 한다. 다시 말해 Enforcing 모드로 설정해야 리눅스를 보호한다. 즉, Enforcing 모드를 사용하면 모든 정책이 로드된 상태로 실행될 때 시스템에 보안 규칙이 사용된다. 여러분은 모든 시스템에 Enforcing 모드를 적용해야 한다. 현재 모드를 보기 위해 sestatus 커맨드를 사용한다. 해당 커맨드 결과의 Current mode에서 현재 SELinux 모드를 볼 수 있다. 센트OS 7에서 SELinux는 기본적으로 Enforcing 모드이기 때문에 시스템은 완벽히 보호된다. Enforcing 모드를 Permissive 모드로 변경하려면 setenforce permissive 커맨드를 사용한다. 이제 sestatus를 사용해 설정을 확인할 수 있다. Enforcing 모드로 돌리기 위해 setenforce enforcing을 사용한다. setenforce를 사용해 SELinux 모드를 설정한 작업은 임시적이기 때문에 재시작하면 변경 내용이 적용되지 않는다(sestatus 결과에서 Mode from config 파일을 살펴본다). 영구적으로 SELinux 모드를 변경하려면 /etc/selinux/config 파일을 열어 SELINUX= 설정 매개변수를 변경한다.

SELinux 보안 문맥 작업

이전 예제에서 SELinux를 살펴본 것처럼 SELinux는 모든 레이블과 정책에 관한 내용이다. 이 예제에서는 보안 문맥으로 알려진 레이블의 사용 방법을 소개한다.

준비

이 예제를 진행하려면 동작하는 센트OS 7 운영체제, root 권한이 있어야 한다. 이번 예제에서 소개한 SELinux뿐 아니라 정책에 대한 모든 SELinux 매뉴얼 페이지도 설치돼야 한다. 알 수 있듯이 이 예제의 커맨드 일부는 이미 이 책의 여러 예제에서 소개됐다. 이 예제에서 커맨드를 자세히 설명한다. netstat 프로그램을 사용하기 위해 YUM 패키지 매니저로 net-tools 패키지를 설친다.

예제 구현

이전 예제에서 다룬 것처럼 SELinux 시스템의 거의 모든 컴포넌트는 객체(파일, 디렉토리, 프로세스, 사용자 등)다. 이 예제에서는 모든 객체에 -Z 커맨드라인 플래그를 사용해 SELinux 레이블을 출력하는 방법을 소개한다. SELinux 시스템을 지원하는 많은 리눅스 커맨드에서 -Z 커맨드라인을 지원한다.

1. 먼저 root로 로그인한 후 다양한 종류의 객체에서 SELinux의 보안 문맥 정보를 보기 위해 다음 커맨드를 실행한다.

```
id -Z
ls -Z
ps -auxZ
netstat -tulpenZ
```

2. 다음에는 시스템에서 파일과 디렉토리의 사용 가능한 모든 보안 문맥 이름을 출력하기 위해 다음 커맨드를 실행한다(httpd 레이블만 필터링했다).

```
semanage fcontext -l | grep httpd
```

3. 다음에 SELinux 보안 문맥으로 작업할 빈 파일을 새로 생성한다.

```
touch /tmp/selinux-context-test.txt
```

4. 새로운 파일의 현재 보안 문맥을 확인한다(user_tmp_t 타입이 포함돼야 한다).

```
ls -Z /tmp/selinux-context-test.txt
```

5. 마지막으로 user_tmp_t 타입을 임의의 samba_share_t 레이블로 변경한다.

```
semanage fcontext -a -t samba_share_t /tmp/selinux-context-test.txt
restorecon -v /tmp/selinux-context-test.txt
```

6. 변경된 내용이 제대로 반영됐는지 테스트를 수행한다.

```
ls -Z /tmp/selinux-context-test.txt
```

예제 분석

이 예제에서는 SELinux 객체 타입의 레이블을 출력하는 방법, 사용 가능한 모든 레이블 이름을 보는 방법, 파일 객체의 예에서 레이블을 수정 또는 설정하는 방법을 소개했다. 매일 SELinux로 적용된 시스템을 작업하면 대부분의 시스템 관리자는 파일, 디렉토리, 프로세스에 대한 보안 문맥을 관리해야하는 가장 중요한 객체를 확인해야 한다. 또한 모든 SELinux 객체는 하나의 보안 문맥만 가질 수 있다.

그렇다면 이 예제를 통해 무엇을 배울 수 있는가?

예제에서 살펴본 것처럼 SELinux 보안 문맥을 출력하기 위해 표준 리눅스 커맨드라인에서 -Z 매개변수를 사용했다. 예제의 커맨드라인에서 id, ls, ps, netstat 커맨드를 실행해 사용자, 파일, 디렉토리, 프로세스, 네트워크 연결의 레이블을 출력했다. 해당 커맨드의 결과에서 3가지 값, 즉 사용자(_u), 역할(_r), 타입(_t)으로 이뤄진 모든 객체의 모든 보안 문맥 레이블을 볼 수 있다. 타입 필드가 표준 SELinux 타입(Targeted라 불림)의 모든 접근 제어 결정을 진행하기 위해 주요 메커니즘으로 사용되기 때문에 종종 SELinux의 모든 접근 제어 프로세스 타입 정책SELinux access control process type enforcement 또는 TE 라 불린다.

고급 SELinux 구성에 매우 필수적인 객체 레이블의 사용자와 역할 값은 여기서 다루지 않는다. 시스템에서 사용할 수 있는 모든 문맥 타입을 보기 위해 seinfo -t 커맨드라인을 사용한다. 해당 SELinux 타입은 매우 중요한 개념이라 반드시 이해해야 한다. 파일과 디렉토리 객체는 서로 연관된 객체의 그룹으로 묶기 위해 쓰이고, 특정 정책 규칙을 파일과 디렉토리 객체에 정의할 수 있도록 동일하게 보호되거나 취급돼야 한다. 예를 들어 표준 메일 spool 디렉토리(/var/spool/mail)의 모든 파일을 mail_spool_t로 할당할 수 있고, 특정 접근을 허용할 수 있는 타입을 사용하는 접근 규칙 정책을 생성한다. 프로세스 문맥에서 타입 값은 도메인이라 불린다. 그리고 해당 타입은 프로세스를 격리하기 위해 사용된다. 특정 도메인 이름을 가진 모든 프로세스는 동일 도메인에서 다른 프로세스와 통신하고 상호 작용할 수 있다(트랜지 션transition과 같은 예외가 있는데, 이 책에서 다루지 않는다). 도메인으로 프로세스를 격리하는 부분은 보안 위험을 크게 줄일 수 있다. 격리된 프로세스가 손상되면 해당 프로세스는 다른 프로세스에는 영향을 주지 않고, 해당 프로세스에만 영향을 준다.

SELinux는 샌드박싱(sandboxing) 시스템이라 종종 불린다. 소프트웨어는 항상 버그가 있다는 가정에서 시작하기 때문에 SELinux는 하나의 소프트웨어 컴포넌트의 위반으로 다른 소프트웨어 컴포넌트가 손상되지 않게 소프트웨어 컴포넌트를 격리할 수 있는 방법을 제공한다.

ps -auxZ를 실행하면 unconfined_t라는 도메인으로 실행되는 프로세스를 볼 수 있다. unconfined_t 레이블로 실행되는 프로세스는 SELinux 정책으로 보호받지 못한다. 즉, 자유로운 프로세스가 손상되면 SELinux는 시스템 자원과 데이터에 접근 권한을 얻으려는 공격자를 방어할 수 없다. 그리고 보안은 표준 DAC 규칙으로 후퇴해서 시스템에서는 유일한 보안 정책이 DAC 규칙이 될 것이고 DAC 규칙만 적용될 것이다.

보안 문맥을 출력하는 방법을 다룬 후 이 예제의 다음 절에서는 보안 문맥을 설정하고 변경하는 방법을 소개했다. 오래된 SELinux 문서나 SELinux 정책 매뉴얼 페이지에서 객체의 보안 문맥을 수정할 수 있는 chcon 툴을 사용한 예제를 봤을 것이다. 이제는 chcon 툴을 더 이상 추천하지 않고, 대신 새로운 semanage fcontext -a -t 커맨드라인에 restorecon 프로그램을 함께 사용하는 것을 추천한다. semanage 커맨드에 -t 매개변수로 레이블 타입 이름을 추가한 후 해당 레이블 타입을 추가하고 싶은 파일명을 제공한다. 그리고 이전에 semanage 커맨드로 변경한 내용을 적용하기 원하는 파일명을 restorecon에서 사용한다. 보안 문맥이 두 레벨에서 설정될 수 있기 때문에 이 작업을 진행해야 한다. 정책과 파일 시스템 레벨에도 설정될 수 있다. chcon 커맨드는 파일 시스템에 새로운 문맥을 바로 설정할 수 있지만, 정책 문맥은 변경되지 않는다.

이 부분은 문제가 될 수 있다. 예를 들어 파일 시스템의 보안 문맥을 리셋하거나 변경할 때, 즉 모든 보안 문맥을 정책에서 파일 시스템으로 적용할 때 chcon으로 작업한 모든 변경이 덮어쓴다. 따라서 정책에 저장될 semanage

을 사용하는 편이 더 낫고, 모든 내용을 최신 내용으로 유지하고, 파일 시스템에 정책 레이블을 동기화하는 restorecon을 사용한다. 하나의 파일 대신 여러 디렉토리에 보안 레이블을 설정하고 싶다면 정규 표현식을 사용할 수 있다. 관련 예제와 커맨드라인 옵션을 보려면 man semanage-fcontext를 실행한 후 EXAMPLES 섹션을 참고한다.

정책 적용

모든 SELinux 시스템의 핵심은 정책이다. 정책은 모든 객체 간의 접근 권한과 관계를 정의하는 정확한 규칙이다. 이전에 소개한 것처럼 모든 시스템 객체는 레이블이 있고, 그중 하나는 정책에 의해 정의된 규칙이 적용될 수 있는 타입 식별자다. SELinux가 적용된 모든 시스템에서 기본적으로 정책 규칙이 다르게 정의되지 않는 한 모든 객체에 대한 모든 접근이 금지된다. 이 예제에서 SELinux 정책을 질의하고 최적할 수 있는 방법을 소개한다. 알려준 것처럼 httpd 데몬이나 ftpd 데몬 같은 대부분의 커맨드는 이미 이 책의 여러 예제에서 사용했다. 이제 정책의 동작 방법을 살펴본다.

준비

이 예제를 진행하려면 동작하는 센트OS 7 운영체제, root 권한이 필요하다. 이전 예제에서 SELinux 툴과 정책 관련 SELinux 매뉴얼 페이지를 설치했고, 14장의 예제를 순서대로 진행했다고 가정한다. 테스트를 위해 아파치 웹 서버가 설치돼 실행 중이어야 한다(12장의 '아파치 설치와 웹 페이지 제공' 절을 참고한다).

예제 구현

1. 먼저 root로 로그인한 후 httpd 데몬에만 적용된 모든 SELinux의 불리언 정책 설정을 보기 위해 다음 커맨드를 실행한다.

```
semanage boolean -l | grep httpd
```

2. 특정 정책에 대해 많은 정보와 불리언을 포함한 내용을 더 알고 싶다면 관련 매뉴얼 페이지를 읽는다. 예를 들어 `httpd`에 대한 정책을 보고 싶다면 다음을 실행한다.

```
man httpd_selinux
```

3. `httpd` 정책 관련 매뉴얼 페이지에서 사용 가능한 모든 `httpd`의 불리언 정책에 대한 상세한 정보를 찾는다. 예를 들어 `httpd_use_nfs` 세션을 참고한다. 특정 정책을 활성화하려면 `setsebool` 커맨드에 on 또는 off 매개변수를 갖는 불리언 정책 값을 사용해 다음과 같이 설정할 수 있다.

```
setsebool httpd_use_nfs on
setsebool httpd_use_nfs off
```

예제 분석

이 예제에서는 SELinux 불리언 값을 사용하는 방법을 소개했다. SELinux는 최소한의 권한 모델을 따른다. 즉, SELinux 정책은 모든 객체에 대한 최소한의 기능만 활성화한다는 의미고, 시스템 서비스와 같이 해당 기능만 수행하고 그 이상은 수행하지 않는다. SELinux 불리언 정책의 내부 동작 원리를 이해할 필요 없이 관련 SELinux 불리언 값을 사용해 런타임에 해당 정책 기능을 제어(활성화 또는 비활성화)할 수 있다. SELinux는 사용자가 정책을 정의할 수 있게 하고, 매우 유연하게 정의할 수 있도록 만들어졌다. 이 책의 여러 예제에서 기본적으로 SELinux 불리언 값이 비활성화였던 아파치 서버 또는 FTP 홈 디렉토리를 활성화한 것 같이 특별한 정책 기능을 추가하기 위해 SELinux 불리언 값을 활성화하는 작업을 진행했다.

이 예제에서 무엇을 배울 수 있는가?

SELinux 불리언은 SELinux 정책의 특정 기능을 활성화하거나 비활성화하

는 스위치와 같이 동작한다. 시스템에서 사용할 수 있는 모든 SELinux 불리언 값을 보여주기 위해 `semanage` 기능을 사용한 예제를 시작했고, `httpd` 서비스와 연관 있는 SELinux 불리언 값을 얻기 위해 `httpd`로 필터링했다. 예제에서 살펴본 것처럼 시스템에 SELinux 불리언 값이 많고, 대부분은 비활성화됐거나 `off` 상태(최소 권한 모델)로 돼 있다. SELinux의 특정 정책과 SELinux의 불리언 값에 대해 더 많은 정보를 얻고 싶다면 이제 예제에서 설치된 SELinux의 매뉴얼 페이지를 사용한다. 종종 원하는 정보에 대한 매뉴얼 정보를 찾기 어려울 수 있다. 그런 경우에는 `man -k selinux | grep http` 커맨드를 사용해 매뉴얼 페이지 이름을 검색한다. 예제의 `httpd_selinux`는 httpd 정책에 대한 상세한 정보를 얻을 수 있는 올바른 매뉴얼 페이지다. 마지막으로 특정 SELinux 불리언 기능을 사용하고 싶다면 `setsebool` 커맨드를 사용한다. 이렇게 변경하면 SELinux 불리언 기능이 부팅 전까지만 적용된다. 해당 정책을 영구적으로 변경하려면 `-P` 매개변수를 사용한다(예, `setsebool -P httpd_use_nfs on`).

부연 설명

이전 예제와 이 예제에서 알게 된 지식으로 이제 우리가 SELinux의 모든 것을 저장할 수 있는 예제를 보여줄 수 있다. 이 예제에서는 httpd 서비스를 사용 중일 때 SELinux 보안 문맥과 정책을 볼 수 있다. 아파치 웹 서버가 실행 중이라면 다음 라인을 사용해 `httpd` 프로세스의 SELinux 도메인 이름을 얻을 수 있다.

```
ps auxZ | grep httpd
```

결과에서 `httpd` 도메인(타입)이 `httpd_t`라 불리는 것을 볼 수 있다. 웹 루트 디렉토리의 SELinux 레이블을 보려면 다음 커맨드를 실행한다.

```
ls -alZ /var/www/html
```

해당 커맨드의 결과에서 아파치 웹 서버의 웹 루트 디렉토리에 있는 보안 문맥 타입이 `httpd_sys_content_t`인지 알 수 있다. 이제 `httpd_sys_content_t` 정보를 사용해 정책에서 아파치 도메인의 정확한 규칙을 얻을 수 있다.

```
sesearch --allow | grep httpd_t
```

위 커맨드는 사용할 수 있는 모든 `httpd` 정책 규칙을 출력한다. 출력 결과 중 `httpd_sys_content_t` 문맥 타입을 grep으로 필터링하면 다음 결과를 확인할 수 있다.

```
allow httpd_t httpd_sys_content_t : file { ioctl read getattr lock open }
```

결과에서 어떤 원본 대상 문맥이 허용되는지, 어떤 목적 대상 문맥이 허용되는지, 어떤 접근이 올바른지 보여준다. 아파치 웹 서버의 예에서 `httpd_t` 도메인으로 실행하는 `httpd` 프로세스가 `httpd_sys_content_t` 문맥 타입과 일치하는 파일 시스템의 모든 파일에 접근하고, 열고, 변경할 수 있게 명시한다(/var/www/html 디렉토리의 모든 파일이 이 조건에 일치한다). 이제 해당 규칙을 확인하기 위해 임시 파일을 생성한 후 해당 파일을 아파치 웹 루트 디렉토리로 옮긴다(echo "CentOS7 Cookbook" > /tmp/test.txt;mv /tmp/test.txt /var/www/html). 생성된 파일에 정의된 디렉토리의 보안 문맥을 해당 디렉토리의 모든 파일이 상속한다. 웹 루트 디렉토리에 직접 파일을 생성했거나 파일을 이동하지 않고 파일을 복사를 했다면 해당 파일은 자동으로 `httpd_sys_content_t` 문맥 타입으로 설정되고, 아파치에서 접근할 수 있다. 하지만 /tmp 디렉토리에서 파일을 복사했다면 웹 루트 디렉토리에서도 해당 파일은 `user_tmp_t` 타입으로 유지될 것이다.

`curl http://localhost/test.txt`와 같은 커맨드를 실행해서 URL을 얻어올 때 해당 파일이 `user_tmp_t` 타입이므로 파일 객체에 대한 `httpd_t` 정책 파일이 아니기 때문에 403 금지 메시지를 얻을 것이다. 이전에 언급한 대로 정책 규칙에서 정의되지 않는 모든 내용은 기본적으로 차단된다. 파일

접근이 가능하게 하려면 파일의 보안 문맥 타입을 올바른 타입으로 변경한다.

```
semanage fcontext -a -t httpd_sys_content_t /var/www/html/test.txt
restorecon -v /var/www/html/test.txt
```

이제 파일의 문맥 타입을 변경한 후 `curl http://localhost/test.txt`를 실행한다면 파일 접근이 돼 `CentOS7 cookbook`이라는 텍스트를 제대로 출력하는 것을 볼 수 있을 것이다. 파일을 복사할 때 해당 파일의 보안 문맥 타입은 부모 디렉토리의 보안 문맥 타입을 상속한다. 파일을 복사할 때 원본 파일의 보안 문맥으로 유지하기 원한다면 `cp -preserve=context`를 사용한다.

SELinux 문제 해결

이 예제에서는 SELinux 객체에 대한 접근이 거부될 때 가장 자주 필요한 SELinux 정책 문제를 해결하는 방법을 다루고, 왜 접근이 거부됐는지 이유를 알아본다. 이 예제에서는 사람이 읽고 이해할 수 있는 에러 메시지를 출력하는 `sealert` 툴의 사용 방법을 살펴본다.

준비

이 예제를 진행하려면 동작하는 센트OS 7 운영체제, root 권한이 필요하다. 14장의 예제를 순서대로 진행했다고 가정하고, 로그 파일 툴의 사용 방법을 보기 위해 SELinux의 거부 이벤트를 발생시켜야 하기 때문에 SELinux 툴이 설치돼 '정책 적용' 절이 이미 직용돼아 한다.

예제 구현

1. 먼저 root로 로그인하고, SELinux 에러 이벤트를 발생시킨다.

```
touch /var/www/html/test2.html
semanage fcontext -a -t user_tmp_t /var/www/html/test2.html
restorecon -v /var/www/html/test2.html
curl http://localhost/test2.html
```

2. 이제 사람이 읽을 수 있는 최신 로그 파일을 생성한다.

```
sealert -a /var/log/audit/audit.log
```

3. sealert 프로그램 결과에서는 경고라 불리는 라인의 끝에서 해당
   SELinux 문제에 대한 상세 설명을 얻을 수 있고, 문제 해결을 위한
   추천 솔루션을 찾을 수 있을 것이다. 예제에서는 다음과 같은 경고를
   볼 수 있을 것이다(결과의 일부는 생략됐다).

SELinux is preventing /usr/sbin/httpd from open access on the file
/var/www/html/test2.html.
/var/www/html/test2.html default label should be httpd_sys_
content_t

예제 분석

이 예제에서는 sealert 프로그램을 사용해 SELinux 문제를 해결할 수 있는
방법이 얼마나 쉬운지 살펴봤다. 웹 루트 디렉토리의 새로운 파일을 생성하
고 해당 파일에 user_tmp_t라는 잘못된 문맥 타입 값을 할당했다. httpd
정책에 user_tmp_t 문맥 값으로 접근 규칙을 정의하지 않았기 때문에
SELinux의 접근 에러가 발생됐다. 그리고 웹사이트에 연결하기 위해 curl
커맨드를 사용해 SELinux 로그에 AVC^Access Vector Cache 에러 메시지를 발생
토록 했다. SELinux가 접근을 거부할 때 해당 에러 메시지가 로그로 저장된
다. 감사 로그 파일(/var/log/audit/audit.log)에 SELinux의 모든 로그 정보가 저장
되고, 읽기 편한 에러 메시지는 메시지 로그 파일(/var/log/messages)에 저장된다.
감사 로그 파일과 메시지 로그 파일의 에러 메시지를 직접 grep으로 필터링
해 파일을 합치는 대신, sealert 툴을 사용한다. sealert 툴은 감사 로그

파일과 메시지 로그 파일을 분석하고, 사람이 읽을 수 있는 형태로 의미 있는 AVC 컨텐트로 만들 수 있는 편리한 프로그램이다. 모든 경고 메시지의 끝에는 문제 해결에 도움이 될 만한 내용이 출력된다. 하지만 출력 내용은 자동으로 생성된 메시지이기 때문에 적용하기 전에 항상 의문을 갖고 조심스럽게 처리해야 한다.

15

IT 인프라 장비 모니터링

15장에서 다루는 내용은 다음과 같다.

- 나기오스 코어 설치와 설정
- 원격 클라이언트 장비에 NRPE 설치
- 원격 시스템의 중요한 지표 모니터링

소개

15장에서는 업계에서 사실상 표준이고 오픈소스 네트워크 모니터링 프레임 워크인 나기오스 코어^{Nagios Core}의 설치와 설정 방법을 설명한다.

나기오스 코어 설치와 설정

이 예제에서는 '나기오스 코어 4'를 설치하는 방법을 소개한다. 나기오스 코어는 장비와 서비스가 잘 동작하는지 확인하고, 장비와 서비스를 사용할 수 없거나 문제가 발생할 때 사용자에게 알려줄 수 있는 오픈소스 네트워크 모니터링 시스템이다. 나기오스는 완벽한 IT 인프라 장비의 모니터링 방법을 제공하고, 고도의 확장 가능한 아키텍처로 설계됐고, 서비스를 모니터링하는 간단한 배시 스크립트 이상의 기능을 가진다(3장의 '중요한 서버 장비 모니터링' 절을 참조한다).

이 예제를 진행하려면 동작하는 센트OS 7 운영체제, root 권한, 선호하는 콘솔 기반의 텍스트 편집기, 추가 패키지를 다운로드할 수 있는 인터넷 연결이 필요하다. 나기오스 코어 4는 센트OS 공식 저장소에는 없지만, EPEL 저장소에는 존재한다. 설치하기 전에 나기오스 코어 패키지가 존재하는지 확인한다(4장의 '외부 저장소 사용' 절을 참고한다). 나기오스 웹 서버를 구축하려면 나기오스 서버를 먼저 설치해야 뿐 아니라 아파치 웹 서버와 PHP를 설치한다(12장의 예제를 참고한다). 예제에서 나기오스 서버의 IP는 192.168.1.7이고, 192.168.1.0/24 전체 서브넷의 모든 IT 장비를 모니터링할 수 있다.

예제 구현

나기오스 코어 4는 기본으로 설치돼 있지 않기 때문에 나기오스 코어 관련 필수 패키지를 먼저 설치한다.

1. 먼저 root로 로그인한 후 다음 커맨드를 실행한다.

   ```
   yum install nagios nagios-plugins-all nagios-plugins-nrpe nrpe
   ```

2. 이제 인증에 필요한 nagiosadmin라는 사용자 계정을 나기오스 웹 서버에 새로 생성하고(프롬프트가 나타나면 안전한 패스워드를 생성한다), 아파치 설정을 재로드한다.

   ```
   htpasswd /etc/nagios/passwd nagiosadmin && systemctl reload httpd
   ```

3. 이제 `nagiosadmin` 웹 사용자의 이메일 주소를 나기오스 설정에 추가하고, 다음 파일을 열어 `nagios@localhost`를 검색한 후 사용하고 싶은 이메일 주소로 변경한다(상위 도메인 또는 외부 이메일 주소가 될 수 있다).

```
vi /etc/nagios/objects/contacts.cfg
```

4. 이제 나기오스 설정 파일의 백업 파일을 먼저 생성한다. 그리고 뒤에서 모든 서버 설정을 저장할 나기오스 서버를 정의한 설정 디렉토리로 사용할 /etc/nagios/servers를 활성화하기 위해 나기오스 설정 파일을 변경해야 한다.

```
cp /etc/nagios/nagios.cfg /etc/nagios/nagios.cfg.BAK
sed -i -r 's/^#cfg_dir=(.+)servers$/cfg_dir=\1servers/g'
/etc/nagios/nagios.cfg
```

5. 이전 단계에서 정의한 서버 설정 디렉토리를 생성한다.

```
mkdir /etc/nagios/servers
chown nagios: /etc/nagios/servers;chmod 750 /etc/nagios/servers
```

6. 그리고 nagios.cfg 문법이 정상인지 확인하기 위해 다음 커맨드를 실행한다.

```
nagios -v /etc/nagios/nagios.cfg
```

7. 마지막으로 부팅 이후에 나기오스 데몬이 실행될 수 있게 활성화하고, 나기오스 서비스를 시작한다.

```
systemctl enable nagios && systemctl start nagios
```

예제 분석

이 예제에서는 센트OS 7에 나기오스 코어 4 서버를 설치하는 방법을 소개했다(나기오스 코어는 나기오스 프로젝트 중 오픈소스 버전이다). 나기오스 패키지 외에 나기오스 서버의 NRPE 패키지, 모든 나기오스 플러그인도 설치했다. 여러 패키지의 설치를 완료한 후 나기오스 웹에 로그인할 수 있는 사용자 계정을 생성하고, 나기오스 설정 파일에서 사용자 이메일을 설정했다. 다음에 `sed`를 사용해 /etc/nagios/servers 디렉토리를 활성화해 다음 예제에서 모든 서버 설정 파일을 /etc/nagios/servers 디렉토리에 저장할 수 있게 한다. 그리고 /etc/nagios/servers 디렉토리를 생성하고 나기오스 사용자가 해당 디렉토리를 사용할 수 있게 권한을 수정했다. 나기오스 서버가 제대로 설치됐는지 확인하기 위해 나기오스 서버에서 192.168.1.0/24 서브넷에 존재하는 컴퓨터의 브라우저에서 http://192.168.1.7/nagios를 열어 새롭게 만든 `nagiosadmin` 계정으로 로그인한다(예제에서 나기오스 서버의 IP는 192.168.1.7이기 때문에 필요에 따라 서버 주소를 변경한다).

원격 클라이언트 장비에 NRPE 설치

NRPE^{Nagios Remote Plugin Executor}는 특별한 클라이언트-서버 프로토콜을 사용하는 시스템 데몬이고, 원격으로 나기오스 서버를 통해 모니터링하고 원하는 모든 클라이언트 장비에 설치돼야 한다. NRPE를 이용하면 나기오스 중앙 서버는 부하를 낮추면서 클라이언트에 설치된 모든 나기오스를 안전하게 확인할 수 있다. 그리고 센트OS 7에서 NRPE를 사용할 수 있게 설치하는 방법과 설정하는 방법을 소개한다. 네트워크에 하나 이상의 컴퓨터가 존재하면 모든 컴퓨터에 NRPE를 동일하게 설치하고 설정해야 한다.

준비

이 예제를 진행하기 위해 센트OS 7 운영체제가 설치된 나기오스 서버 이외에 모니터링하고 싶은 한 대의 컴퓨터, root 권한, 선호하는 콘솔 기반의 텍스트 편집기, 추가 패키지를 다운로드할 수 있는 인터넷 연결이 필요하다. 해당 컴퓨터는 네트워크의 나기오스 서버에 접근할 수 있어야 한다. 예제에서 나기오스 서버의 IP 주소는 192.168.1.7이고, 클라이언트의 IP 주소는 192.168.1.8이다.

1. 센트OS 7이 설치된 클라이언트에 root로 로그인하고, 모든 나기오스 플러그인뿐 아니라 NRPE도 설치한다.

```
yum install epel-release;yum install nrpe nagios-plugins-all
nagios-plugins-nrpe
```

2. 그리고 NRPE 설정 파일의 백업 파일을 생성한 후 NRPE 설정 파일을 연다.

```
cp /etc/nagios/nrpe.cfg /etc/nagios/nrpe.cfg.BAK && vi /etc/
nagios/nrpe.cfg
```

3. allowed_hosts로 시작하는 라인을 찾아 콤마로 구분된 장비 목록에 나기오스 서버의 IP를 추가해 서로 통신할 수 있게 한다(예제에서 장비 목록은 192.168.1.7이고, 필요에 따라 IP를 변경한다). 다음처럼 보일 것이다.

```
allowed_hosts=127.0.0.1,192.168.1.7
```

4. NRPE 설정 파일을 저장하고 종료한 후 부팅 이후에 NRPE가 활성화되게 설정하고, NRPE 서비스를 시작한다.

```
systemctl enable nrpe && systemctl start nrpe
```

5. 방화벽의 NRPE 포트를 활성화하기 위해 NRPE 방화벽 서비스 파일을 생성한다. 방화벽의 NRPE 포트를 활성화한다.

```
sed 's/80/5666/g' /usr/lib/firewalld/services/http.xml | sed
's/WWW (HTTP)/Nagios NRPE/g' | sed 's/<description>.*<\/
description>//g' > /etc/firewalld/services/nrpe.xml
firewall-cmd --reload
firewall-cmd --permanent --add-service=nrpe; firewall-cmd --reload
```

6. 마지막으로 NRPE 연결을 테스트한다. 나기오스 서버(192.168.1.7)에 root로 로그인하고, 클라이언트(192.168.1.8)에 NRPE를 확인하는 커맨드를 다음처럼 실행한다.

```
/usr/lib64/nagios/plugins/check_nrpe -H 192.168.1.8 -c check_load
```

7. 커맨드 결과에 숫자가 포함된 OK - load average 메시지가 출력되면
   NRPE를 클라이언트에 성공적으로 설정했다는 뜻이다.

예제 분석

이 예제에서는 나기오스 서버로 모니터링하기 원하는 센트OS 7에 NRPE를
설치하는 방법을 소개했다. 데비안^{Debian}이나 BDS와 같은 리눅스 운영체제
를 모니터링하고 싶다면 리눅스 배포판에 맞는 NRPE 패키지를 설치하거나
NRPE를 소스 컴파일한 설치 방법을 사용할 수 있다. NRPE 패키지가 모든
나기오스 플러그인을 포함하지 않기 때문에 NRPE가 클라이언트 컴퓨터에
서 모니터링 커맨드를 실행할 수 있는 데몬이므로, 장비에 모든 나기오스
플러그인을 설치했다. 설치가 완료된 후 NRPE는 기본적으로 내부 장비
(127.0.0.1)의 연결 요청만 받을 수 있게 돼 있다. IP가 192.168.1.7인 나기
오스 서버의 요청을 받기 위해 NRPE 설정 파일의 allowed_hosts에 나기
오스 서버의 IP를 추가했다. NRPE에 대한 방화벽 규칙이 없어서 새로운
NRPE 서비스 파일을 생성해 방화벽 설정에 해당 설정을 추가했다. 그리고
check_nrpe 커맨드에 클라이언트 IP 주소를 사용해 나기어스 서버의 NRPE
를 테스트했다(check_load 커맨드는 시스템의 부하를 리턴한다).

원격 시스템의 중요한 지표 모니터링

check_multi 나기오스 플러그인은 전체 리턴 상태와 리턴 값을 생성하는
하나의 check 커맨드에 여러 check 커맨드를 실행할 수 있는 편리한 툴이
다. 이 예제에서 check_multi 나기오스 플러그인의 설정 방법과 클라이언
트의 중요한 시스템 측정 목록을 빨리 모니터링할 수 있는 방법을 소개한다.

예제를 순서대로 진행하고 있다고 가정하고, 실행 중인 나기오스 서버와 모니터링하기 원하는 다른 컴퓨터가 있어야 한다. 나기오스 서버는 해당 컴퓨터의 NRPE 서비스를 통해 외부에서 접근할 수 있어야 한다. 모니터링을 원하는 클라이언트 컴퓨터는 센트OS 7가 설치돼 있어야 하고, root 권한, 선호하는 콘솔 기반의 텍스트 편집기, 추가 패키지를 다운로드할 수 있는 인터넷 연결이 필요하다. 클라이언트의 IP는 192.168.1.8이다.

예제 구현

check_multi 나기오스 플러그인은 깃허브[Github]에서 다운로드할 수 있으며, 먼저 git 프로그램을 다운로드한 후 설치한다.

1. 클라이언트 컴퓨터에서 root로 로그인한 후 깃이 설치돼 있지 않다면 깃을 설치한다.

```
yum install git
```

2. 이제 check_multi 플러그인을 다운로드하고, check_multi 플러그인의 소스를 컴파일한 후 설치한다.

```
cd /tmp;git clone git://github.com/flackem/check_multi;cd /tmp/
check_multi
./configure --with-nagios-name=nagios --with-nagios-user=nagios
--with-nagios-group=nagios --with-plugin-path=/usr/lib64/nagios/
plugins --libexecdir=/usr/lib64/nagios/plugins/
make all;make install;make install-config
```

3. 다음에 센트OS 7 저장소에서 rpms 나기오스 플러그인이 없으므로 check_mem 플러그인의 소스를 컴파일한 후 설치한다.

```
cd /tmp;git clone https://github.com/justintime/nagios-plugins.git
cp /tmp/nagios-plugins/check_mem/check_mem.pl /usr/lib64/nagios/
```

```
plugins/
```

4. 다음에 하나의 커맨드에 결합하고 싶은 클라이언트의 모든 check 커맨드를 포함하는 check_multi 커맨드 파일을 생성하기 위해 다음 파일을 연다.

```
vi /usr/local/nagios/etc/check_multi/check_multi.cmd
```

5. check_multi 커맨드 파일에 다음 내용을 저장한다.

```
command[ sys_load::check_load ] = check_load -w 5,4,3 -c 10,8,6
command[ sys_mem::check_mem ] = check_mem.pl -w 10 -c 5 -f -C
command[ sys_users::check_users ] = check_users -w 5 -c 10
command[ sys_disks::check_disk ] = check_disk -w 5% -c 2% -X nfs
command[ sys_procs::check_procs ] = check_procs
```

6. 다음에 다음과 같은 커맨드라인을 사용해 이전 단계에서 생성한 커맨드 파일을 테스트한다.

```
/usr/lib64/nagios/plugins/check_multi -f /usr/local/nagios/etc/
check_multi/check_multi.cmd
```

7. 문제가 없다면 check_multi 플러그인의 다섯 커맨드 결과와 전체 결과가 출력된다(예, OK - 5 plugins checked). 다음에 NRPE 서비스의 새로운 커맨드를 설치해 나기오스 서버는 원격으로 클라이언트를 실행할 수 있다. 다음처럼 NRPE 설정 파일을 연다.

```
vi /etc/nagios/nrpe.cfg
```

8. 나기오스 서버에 check_multicmd라는 커맨드를 실행하기 위해 nrpe.cfg 설정 파일의 마지막 라인 뒤에 다음 라인을 파일의 끝에 추가한다.

```
command[check_multicmd]=/usr/lib64/nagios/plugins/check_multi -f
/usr/local/nagios/etc/check_multi/check_multi.cmd
```

9. 마지막으로 NRPE를 재로드한다.

```
systemctl restart nrpe
```

10. 이제 이전 단계에서 정의된 새로운 check_multicmd 커맨드를 나기오
스 서버에서 실행할 수 있는지 확인한다. 나기오스 서버에 root로 로그
인하고 다음 커맨드를 실행한다(예제의 192.168.1.8을 클라이언트 IP 주소로 변
경한다).

```
/usr/lib64/nagios/plugins/check_nrpe -H 192.168.1.8 -c "check_
multicmd"
```

11. 이전 단계의 check_nrpe 결과가 클라이언트에서 실행한 결과와 같다
면(이전 단계를 살펴본다) 서버를 통해 클라이언트에 NRPE 원격 커맨드를
실행할 수 있다. 따라서 나기오스 서버 시스템에서 커맨드를 정의하면
나기오스 시스템에서 커맨드를 실행할 수 있다. 다음 파일을 연다.

```
vi /etc/nagios/objects/commands.cfg
```

12. 모든 서비스에서 사용할 수 있는 새로운 check_nrpe_multi 커맨드를
정의하기 위해 commands.cfg 파일의 끝에 다음 내용을 추가하고 저장
한다.

```
define command {
    command_name check_nrpe_multi
    command_line $USER1$/check_nrpe -H $HOSTADDRESS$ -c
"check_multicmd"
}
```

13. 다음에 나기오스 서버를 모니터링하기 원하는 클라이언트에서 새로운
서버를 정의한다(설정 파일명을 도메인 이름이나 IP 주소와 같은 이름으로 짓는다).

```
vi /etc/nagios/servers/192.168.1.8.cfg
```

14. 이전 단계에서 생성한 설정 파일에 다음처럼 나기오스 커맨드를 사용
해 새로운 장비와 장비에 연관된 서비스를 정의한다.

```
define host {
    use            linux-server
    host_name      host1
    address        192.168.1.22
```

```
        contact_groups        unix-admins
    }
    define service {
        use generic-service
        host_name host1
        check_command check_nrpe_multi
        normal_check_interval 15
        service_description check_nrpe_multi service
    }
```

15. 마지막으로 새로운 서비스에서 에러가 발생하면 알림 이메일로 받아야
    할 모든 사람을 설정해야 한다. 다음 파일을 연다.

    vi /etc/nagios/objects/contacts.cfg

16. contacts.cfg 파일의 끝에 다음 내용을 저장한다.

```
define contactgroup{
    contactgroup_name      unix-admins
    alias                  Unix Administrators
}
define contact {
    contact_name           pelz
    use                    generic-contact
    alias                  Oliver Pelz
    contactgroups          unix-admins
    email                  oliverpelz@mymailhost.com
}
```

17. 이제 나기오스 서버를 재시작한다.

    systemctl restart nagios

예제 분석

커맨드라인에서는 깃허브에서 check_multi와 check_mem 나기오스 플러

그인을 다운로드하고 설치했다. 해당 플러그인은 일반적인 커맨드라인 툴이다. 나기오스는 외부 커맨드를 실행해서 확인 작업을 수행하고, 커맨드의 결과와 함께 오는 리턴 코드를 보고 성공했는지 실패했는지 판단한다. 나기오스는 플러그인, 애드온, 확장 모듈을 사용해 쉽게 확장할 수 있고, 매우 유연한 아키텍처를 갖고 있다. https://exchange.nagios.org/에서 모든 종류의 확장 모듈을 검색할 수 있다. 다음에 check_multi를 위한 커맨드 파일을 새로 만들어 해당 파일에 여러 check_ 커맨드를 추가했다. 해당 check_ 커맨드는 시스템 부하, 메모리 소비, 시스템 사용자, 여유 공간, 프로세스 등을 확인하는 자체 모니터링 커맨드다. 사용 가능한 모든 check_ 커맨드는 /usr/lib64/nagios/plugins/check_*에서 찾아볼 수 있다. 커맨드 파일에서 볼 수 있는 것처럼 check_ 커맨드의 매개변수는 매우 다양하기 때문에 이 예제에서 모두 설명하기에는 이 책의 범위를 벗어난다. 대부분의 check_ 커맨드는 특정 상태(예, CRITICAL 상태)에 도달하는 임계치를 설정하기 위해 사용된다. 특정 커맨드에 대해 더 많은 정보를 얻으려면 해당 커맨드에 --help 매개변수를 사용한다. 예를 들어 check_load -w 5, 4, 3 -c 10, 8, 6의 모든 매개변수가 무엇을 의미하는지 알기 위해 run /usr/lib64/nagios/plugins/check_load --help를 실행한다. 커맨드 파일에 기존 플러그인의 check 커맨드를 쉽게 추가할 수 있고, 원한다면 새로운 커맨드를 다운로드하고 설치할 수 있다. /usr/local/nagios/etc/check_multi/*.cmd 파일에 check_multi 플러그인을 사용한 많은 커맨드 파일 예가 있어 check 커맨드를 쉽게 배울 수 있다.

그리고 클라이언트에서는 check_multi 커맨드에 -f 매개변수를 추가해 드라이-런^{dry-run}으로 생성된 새로운 커맨드 파일이 문제없는지 확인했다. 해당 check_multi 결과를 살펴보면 다섯 커맨드가 개별로 실행한 것처럼 모든 결과가 하나로 출력된 것을 볼 수 있다. 하나의 커맨드가 실패했다 하더라도 check_multi는 모두 실행한다. 다음에 NRPE 설정 파일에 check_multicmd라는 새로운 NRPE 커맨드를 정의했다. check_multicmd 커맨드는 나기오스 서버에서 실행될 수 있으며, 다음 단계에서는 나기오스 서버에서 테스트를 했다. 테스트가 성공했다면 클라이언트에서 커맨드를 실행할 때 얻은 결과와 서버의 결과가 동일함을 기대한다. 다음에 나기오스 서버에서는 commands.cfg에서 커맨드를 정의해 모든 서비스 정의처럼 커맨드 이름(check_nrpe_multi)을 참고해 커맨드를 최대한 재사용했다. 다음에 모니터링하려는 클라이언트의 IP 주소 파일(192.168.1.8.cfg)을 생성했다(디렉토리에 원하는 파일명으로 cfg 확장자 파일을 만들 수 있다). 해당 설정 파일에 한 대의 장비만 정의하고 하나 이상의 서비스 정의를 포함하며, 장비의 host_name 값과 서비스 정의의 host_name 값이 연결된다.

설정 파일의 장비 정의 부분에서 contacts.cfg 파일의 연락 그룹과 연락 항목을 연결하는 contact_groups 연락 정보를 정의했다. 서비스를 확인하는 중에 에러가 발생하면 알림 이메일을 해당 연락 정보로 전달한다. 서비스 정의에서 가장 중요한 정보는 이전에 확인하고 정의된 커맨드인 check_command check_nrpe_multi 라인이다. 그리고 서비스의 정상 상태에 대한 확인 주기를 정의하는 normal_check_interval도 매우 중요하다. 따라서 15분마다 확인했다.

선호하는 한 대의 장비에 대한 많은 서비스 정의를 추가할 수 있다. 이제 추가된 새 장비와 서비스를 확인하기 위해 나기오스 웹에 접근한다. 예제에서 host1로 정의한 새 장비를 보기 위해 Hosts 탭을 선택하면 host1 장비의 상태 정보를 볼 수 있다. Services 탭을 선택하면 check_nrpe_multi 서비스를 확인할 수 있다. 하나의 check 커맨드 결과에 따라 Pending, OK, CRITICAL과 같은 상태를 보여준다. check_nrpe_multi 링크를 선택하면 check 커맨드 결과를 상세히 볼 수 있다.

이 예제에서는 기본 나기오스를 소개했다. 더 많은 나기오스 정보를 얻고 싶다면 나기오스 코어 공식 문서(https://www.nagios.org)를 참고하거나, Wojciech Kocjan이 저술한 『Learning Nagios 4』(팩트출판사)를 참조한다.

찾아보기

에이콘출판의 기틀을 마련하신 故 정완재 선생님 (1935-2004)

CentOS 7 리눅스 서버 쿡북

CentOS의 설치부터 SELinux와 인프라 장비 모니터링까지

인 쇄 | 2016년 12월 8일
발 행 | 2017년 1월 2일

지은이 | 올리버 펠츠 · 조나단 홉슨
옮긴이 | 김 용 환

펴낸이 | 권 성 준
편집장 | 황 영 주
편 집 | 나 수 지
디자인 | 이 승 미

에이콘출판주식회사
서울특별시 양천구 국회대로 287 (목동 802-7) 2층 (07967)
전화 02-2653-7600, 팩스 02-2653-0433
www.acornpub.co.kr / editor@acornpub.co.kr

이 도서의 국립중앙도서관 출판시도서목록(CIP)은 서지정보유통지원시스템 홈페이지(http://seoji.nl.go.kr)와
국가자료공동목록시스템(http://www.nl.go.kr/kolisnet)에서 이용하실 수 있습니다.(CIP제어번호: CIP2016029824)

책값은 뒤표지에 있습니다.